청소년을 위한
친절한 세계사

청소년을 위한
친절한 세계사

초판 1쇄 발행 2016년 7월 30일
개정판 1쇄 발행 2020년 8월 15일
개정판 6쇄 발행 2024년 12월 10일

지은이 | 헨드릭 빌렘 반 룬
옮긴이 | 박일귀
펴낸이 | 한승수
펴낸곳 | 문예춘추사

편집 | 이소라
마케팅 | 박건원
디자인 | 우디

등록번호 | 제300-1994-16
등록일자 | 1994년 1월 24일

주소 | 서울특별시 마포구 동교로27길 53, 309
호 전화 | 02 338 0084
팩스 | 02 338 0087
E-mail | moonchusa@naver.com

ISBN | 978-89-7604-421-1 43900

청소년을 위한
친절한 세계사

헨드릭 빌렘 반 룬 지음 | 박일귀 옮김

내 사랑하는 아들 한제와 빌렘에게

아빠가 열두 살인가 열세 살 때였던 것 같구나. 아빠에게 책과 그림에 흥미를 느끼게 해 준 삼촌이 계셨지. 삼촌은 잊지 못할 여행을 시켜 주겠다고 약속하셨어. 아빠는 삼촌이랑 로테르담에 있는 성 로렌스 성당의 탑 꼭대기에 올라가기로 했단다.

며칠 후 어느 화창한 날이었어. 성당지기 아저씨는 '베드로의 천국 열쇠'만큼 큰 열쇠를 가져오더니 성당의 탑으로 가는 신비한 문을 열어 주셨지. 아저씨는 우리에게 다 둘러보고 여기로 돌아오면 종을 치라고 했어. 그렇게 우리는 분주한 도시의 소음에서 멀어져 오래된 문 너머에 있는 새롭고 낯선 세계로 들어갔단다.

문을 열고 들어서자 아빠는 난생 처음으로 적막감이란 걸 느끼게 되었지. 탑을 오르는 계단에 첫발을 내딛었을 때 주변에 짙게 깔린 암흑은 지금도 잊을 수 없단다. 성냥불을 켜니 위로 올라가는 길이 보였어. 한 층을 올라가고 또 한 층을 오르고 계속 올라가다 보니 어느새 몇 층까지 올라왔는지 잊어버리고 말았어. 그렇게 계단을 올라 어떤 층에 이르자 갑자기 빛이 들어오기 시작했지. 그 층은 성당 지붕과 높이가 엇비슷했는데 창고로 사용하고 있더구나. 그곳엔 먼지가 두껍게 쌓여 있었고 오래전 이 도시의 선량한 시민들이 버려둔 성물(聖物)들이 널브러져 있었지. 우리 조상들에게 삶과 죽음을 의미했던 것들이 이곳에서는 한낱 쓰레기에 지나지 않았단다. 부지런한 쥐는 조각상 사이에 보금자리를 마련했고, 경계심 강한 거미도 활짝 펼친 성자의 팔 사이에 거미줄을 쳐 놓았더구나.

다시 위층으로 올라가자 빛이 들어오는 창문이 보였어. 쇠창살이 있는 큼지막한 창 바깥쪽으로 황량한 난간이 있었는데 그곳은 비둘기 수백 마리의 안식처였지. 쇠창살 사이로 불어오는 바람을 타고 기묘하고 경쾌한 음악 소리가 들려왔단다. 자세히 들어보니 저 멀리 천상의 음악 소리가 아니라 우리 발밑에 있는 도시의 소음이었어. 무거운 짐마차의 덜거덕거리는 소리, 말발굽이 달그락거리는 소리, 기중기와 도르래가 감기는 소리, '쉬익' 하며 내뿜는 증기 소리가 비둘기들이 '구구' 하는 소리와 섞여 오묘한 선율을 자아냈지.

여기서 계단이 끝났고 그 위로는 사다리를 타고 올라가야 했어. 사다리가 꽤 낡고 미끄러워서 조심히 발을 디뎠단다. 사다리는 곧장 시계탑으로 연결되어 있었지. 아빠는 시계의 심장을 보았어. 일 초, 이 초, 삼 초 …… 육십 초까지 초침의 둔탁한 맥박 소리를 들을 수 있었단다. 그러다가 갑자기 모든 톱니바퀴가 일시에 멈춘 뒤 또 다른 새로운 분(分)으로 시간이 옮겨 갔지. 시계는 쉬지 않고 다시 일 초, 이 초, 삼 초 움직이기 시작했어. 그렇게 시간이 얼마나 흘렀을까. 우리 머리 위로 천둥같이 우렁찬 종소리가 도시에 울려 퍼졌단다. 시계는 세상 사람들에게 정오를 알렸지.

한 층을 더 올라가니 종들이 보였어. 멋지게 생긴 작은 종들이 있었고 중앙에는 큰 종이 자리하고 있었지. 한밤중 들었던 으쓱한 이야기에 등장하는 바로 그 종이었어. 로테르담 시민들의 애환을 함께한 이 종은 지난 600여 년의 세월을 고스란히 담고 있는 듯했지. 큰 종 둘레에는 옛날 약방에서 사용하던 파란 항아리같이 생긴 종들이 가지런히 매달려 있었어. 이 작은 종들은 시장에서 물건을 사고파는 마을 사람들에게 거대한 세계가 움직이고 있다는 사실을 알려 주려고 일주일에 두 번씩 울렸단다. 한쪽 구석에 검은 종도 있었는데, 그 종은 조용하고 엄숙하게 죽음을 알리는 조종(弔鐘)이라고 하더구나.

종이 있던 곳에서 한 층 위로 올라가면 다시 어두운 곳에 사다리가 놓여 있었는데, 앞엣것보다 더 가파르고 위험했지. 그 사다리를 타고 오르니 갑

자기 탁 트인 하늘이 펼쳐지고 신선한 바람이 온몸을 감싸 안았단다. 마침 내 탑 꼭대기에 도착한 거야. 위로는 넓은 하늘이 드리워져 있었고 아래에 는 도시가 작은 장난감 마을처럼 보였단다. 도시 사람들은 일개미처럼 이리 저리 분주하게 돌아다녔지.

내가 태어나서 처음으로 본 커다란 세상이었단다.

그 이후로 시간이 날 때마다 아빠는 혼자서 탑 꼭대기에 놀러갔어. 탑에 오르는 건 힘든 일이었지만 계단을 오르고 나면 힘든 걸 모두 보상받을 수 있었지.

그리고 아빠는 이미 보상받을 거라는 사실을 알고 있었어. 탑 꼭대기에서 하늘과 땅을 볼 뿐 아니라 성당지기 아저씨한테서 재미있는 이야기도 들을 수 있었거든. 아저씨는 성당 근처 외진 곳에 있는 허름한 판잣집에서 살고 있었어. 시계와 종을 관리하던 아저씨는 마을 사람들에게 화재 소식을 알리 는 것 빼고는 늘 시간이 자유로웠지. 그래서 많은 시간 입에 파이프 담배를 물고 여유롭게 사색을 즐길 수 있었단다. 아저씨는 50년 전 학교를 졸업한 뒤로 책은 거의 읽지 않았어. 하지만 오랜 세월 탑 꼭대기에서 지내면서 넓 은 세상을 바라보는 혜안을 갖추게 되었단다.

무엇보다 아저씨는 '역사'에 대해 아주 잘 알고 있었지. 아저씨에게 역사 는 살아 있는 생명체와도 같았어. 아저씨는 구불구불 흐르는 강을 가리키며 이렇게 말하더구나. "애야, 저기 강 옆에 나무들 보이지? 저곳은 오라녜 공 (네덜란드 왕위 계승자의 칭호)이 레이덴을 구하기 위해 강둑을 터 적군을 익사시켰던 자리란다." 또 아저씨는 옛 뫼즈 강(프랑스 동북부에서 벨기에 의 동부, 네덜란드의 남부를 거쳐 북해로 흘러드는 강) 이야기도 해 주었지. 넓은 강에 원래 항구가 있었는데 지금은 사라지고 큰 도로가 생겼다고 했 어. 그 항구는 네덜란드 해군 제독 라이테르의 배와 트롬프의 배가 마지막 항해를 한 곳으로 유명하다고 했지. 그때만 해도 네덜란드 사람들은 바다를 자유롭게 오갔다고 하더구나.

당시 성당을 둘러싸고 형성된 작은 마을들은 수호성인(어떤 특정한 개인이나 단체, 지역, 국가, 교구, 성당을 보호하는 성인)들의 보금자리가 되었단다. 저 멀리 델프트의 사탑도 보였지. 사탑 꼭대기 아치가 있는 곳이 바로 은자(隱者) 빌렘이 죽임을 당한 장소라고 했어. 또 그로티우스가 처음으로 라틴어를 해석한 곳이기도 했고. 좀 더 먼 곳에는 낮고 길쭉한 모양의 하우다 성당이 있었어. 그곳은 정복자의 수많은 군대보다 지혜가 더 강하다는 사실을 증명해 보인 사람의 고향이란다. 에라스무스라는 이름 들어봤지?

마지막으로 아빠는 끝없이 펼쳐진 바다의 은빛 수평선을 바라보았단다. 우리 발밑에 있는 지붕과 굴뚝, 건물과 정원, 병원과 학교와 철도가 어지러이 뒤섞여 있는, 곧 우리가 사는 도시와는 대조적인 모습이었지. 하지만 성당의 탑에 올라서니 도시를 새로운 눈으로 볼 수 있었단다. 거리와 시장, 공장과 일터가 마치 인간이 지닌 능력과 목적의식을 질서 있게 잘 표현해 낸 것 같더구나. 무엇보다 좋았던 건, 영광스러운 과거를 넓은 시야로 바라보면 일상으로 돌아가서도 삶의 문제에 맞설 수 있는 새로운 용기가 생긴다는 거야.

'역사'는 시간이 켜켜이 쌓여 만들어진 웅대한 경험의 탑이란다. 이 오래된 탑 꼭대기에 올라 전체를 조망하는 일이 쉬운 일은 아닐 거야. 당연히 엘리베이터 같은 건 없지만 튼튼한 두 다리만 있다면 오르지 못하란 법도 없지.

이제 아빠는 너희에게 그 탑의 문을 열 수 있는 열쇠를 주고 싶구나.

너희도 여행에서 돌아오면 아빠가 이 오래된 탑을 왜 그토록 좋아했는지 이해할 수 있을 거야.

사랑하는 아빠가

■차례■

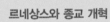

선사 시대

역사의 무대가 시작되다

이 세상 북쪽 끝에 스비스조드라는 땅이 있단다. 그곳에 높이와 너비가 모두 160km나 되는 거대한 바위산이 있지. 이 바위산에 천 년에 한 번씩 작은 새가 와서 부리를 날카롭게 다듬고 간다는구나. 그렇게 해서 이 바위산이 다 닳아 없어지면 영원의 하루가 지난다고 하지.

생명체가 탄생하다

우리는 커다란 질문을 안고 세상을 살아간단다.

우리는 누구일까?

우리는 어디에서 왔을까?

우리는 어디로 가야 할까?

천천히, 용기를 갖고 이 질문에 답을 찾을 거라 믿으면서 저 지평선 너머를 향해 한 걸음 한 걸음 나아가고 있지.

그래도 아직 많이 걸어가진 못했어.

우리가 아는 건 티끌만큼 작지만 그래도 지금 서 있는 자리에서 많은 걸 추측해 볼 수는 있단다.

이 장에서는 인류가 처음 출현하기 전 역사의 무대가 어떻게 마련되었는지 이야기해 볼 거야.

우리가 사는 지구라는 행성에 동물이 살았던 시기를 길게 한 줄로 그려 보면, 여기서 인간(또는 인간과 다소 닮은 생명체)이 살았던 기간은

선사 시대

고대 동방 문명

고대 그리스 문명

고대 로마 문명

중세 시대

르네상스와 종교 개혁

혁명의 시대

근대 민족 국가의 등장

현대 세계의 형성

아주 짧게 표시해야 하지.

인간은 가장 나중에 등장했지만 자연을 정복하기 위해 최초로 두뇌를 사용했어. 그렇기 때문에 우리는 고양이나 개, 말과 같은 짐승이 아닌 인간을 탐구의 대상으로 삼을 수 있는 거란다. 다른 짐승과 달리 인간이 걸어온 길에는 역사라는 흥미진진한 발자취가 남아 있거든.

태초에, 우리가 발 딛고 있는 이 행성은 커다란 불덩어리였단다. 물론 끝없는 우주 공간에 비하면 아주 작은 연기구름에 지나지 않았겠지만 말이야. 그렇게 수억 년이 지나고 불덩어리가 점점 식으면서 겉은 얇은 바위 층으로 덮였지. 이 생명 없는 바위 위에 억수같이 비가 쏟아져 내렸어. 빗물은 단단한 화강암을 침식시키고 수많은 모래 알갱이들을 높은 산봉우리들 틈에 생긴 골짜기로 옮겼단다.

마침내 태양이 짙은 구름을 걷고 이 작은 행성을 비추자 몇 개의 작은 물웅덩이가 모습을 드러냈지. 이 웅덩이들은 시간이 흐르면서 동반구와 서반구를 나누는 거대한 대양을 이루었단다.

그러던 어느 날, 아주 놀라운 일이 벌어졌어. 죽어 있는 줄만 알았던 이 행성에 생명체가 탄생한 거야!

최초로 살아 있는 세포가 바닷물에 떠다니기 시작했지.

수백만 년 동안 세포들은 바다의 조류를 따라 이리저리 떠돌아다녔단다. 그러면서 척박한 지구에서 좀 더 잘 살아남기 위해 나름의 적응력을 길렀어. 이 세포들 중 일부는 호수나 바다 밑바닥 어둡고 깊은 곳에 자리를 잡았지. 산꼭대기에서 흘러내려온 끈적끈적한 진흙에 뿌리를 내리고 식물이 되었단다. 다른 세포들은 움직이는 걸 더 좋아했어. 그래서 전갈의 다리처럼 관절이 있는 다리들이 점점 자라나더니 식물과 (해파리 같은) 초록색 물질이 있는 바다 밑바닥을 기어 다니기 시작했지. (비늘로 덮인) 다른 세포들은 먹이를 찾아 물속을 이리저리 헤엄쳐 다니다가 바닷속에서 무수히 많은 물고기가 되었단다.

한편, 식물들은 수가 엄청나게 불어나 새로운 서식지를 찾아야 했어. 바다 밑바닥에는 더 이상 살아갈 공간이 없었던 거야. 어쩔 수 없이 물을 떠나서 산 밑자락 습지나 개펄 같은 곳에 새 집을 마련했어. 하루에 두 번씩 바다의 밀물이 들어와 짠물이 식물들을 덮었어. 바닷물이 다시 빠져나가면 공기가 희박한 지구 표면의 환경 속에서 살아남으려고 애를 썼지. 오랜 훈련 끝에 식물들은 물속에서처럼 대기 속에서도 무사히 살아가는 법을 터득했어. 새로운 환경에 적응한 식물들은 크기가 커졌고 여러 종류의 나무들로 자라게 되었지. 나중에는 부지런한 벌과 새들의 관심을 끌 아름다운 꽃을 피워내기도 했단다. 이 벌과 새들이 씨앗을 날라다 준 덕분에 온 세상이 푸른 초원으로 덮이고 큰 나무의 그늘이 드리워질 수 있었어.

물고기 중 일부도 바다를 떠나기 시작했고 아가미뿐 아니라 폐로 숨쉬는 방법을 배웠단다. 이 생물을 '양서류'라고 하는데, 육지와 물속 양쪽에서 모두 살 수 있는 생물을 의미해. 땅 위에서 개구리가 폴짝폴짝 뛰어다니는 건 혹시 양서류가 되었다는 기쁨의 표현 아닐까?

물 밖으로 나온 동물들은 육지 생활에 점점 적응해 나갔지. 일부는 (도마뱀처럼 기어 다니는) '파충류'가 되어 곤충들과 함께 조용한 숲속에

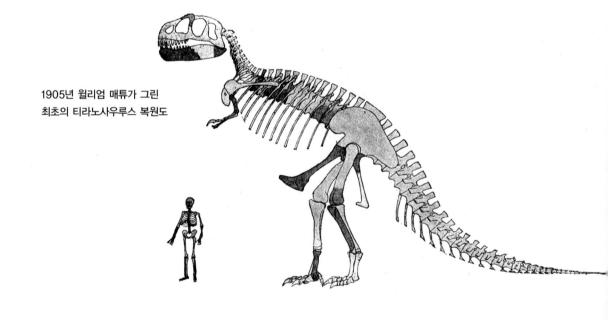

1905년 윌리엄 매튜가 그린
최초의 티라노사우루스 복원도

선사 시대

고대 동방 문명

고대 그리스 문명

고대 로마 문명

중세 시대

르네상스와 종교 개혁

혁명의 시대

근대 민족 국가의 등장

현대 세계의 형성

서 살아갔단다. 이들은 땅 위를 빠르게 움직이기 위해 다리와 몸통을 크게 키우게 되었지. 그래서 세상은 거대한 파충류들(생물학 책에서는 어룡, 거룡, 뇌룡이라는 이름으로 표현하지.), 즉 '공룡'들이 지배하기 시작했어. 공룡들은 크기가 보통 9~12m나 됐지. 마치 어미 고양이가 새끼 고양이를 데리고 놀듯, 공룡은 코끼리를 데리고 놀 정도로 컸단다.

이 파충류 중 일부는 30m가 넘는 높은 나무 꼭대기에 자리를 잡았지. 그러다 보니 땅 위를 걸어 다닐 다리보다는 이 가지에서 저 가지로 잽싸게 옮겨 다닐 만한 무언가가 필요했어. 그래서 몸통 좌우와 앞발

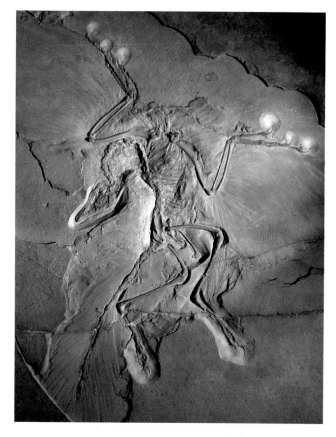

시조새 화석

쪽 가죽이 일종의 낙하산처럼 변했고 온몸에 깃털이 나기 시작했어. 꼬리는 방향을 잡는 키 역할을 했고. 마침내 이들은 이 나무 저 나무를 날아다니는 새(조류)가 되었단다.

공룡이 멸종하고 포유류가 점령하다

그런데 갑자기 지구에 이상한 일이 벌어졌어. 거대한 파충류들이 짧은 시간 안에 모조리 멸종하고 만 거야. 우리는 지금도 그 이유를 모

르고 있지. 갑작스럽게 기후가 변해서 그런가? 몸집이 너무 커져 헤엄을 치거나 걸어 다니거나 기어 다니지도 못하고 먹을 거라곤 나무나 잡초들밖에 없어서 굶어 죽은 건가? 이유야 어쨌든 공룡들이 세운 100만 년의 제국은 그렇게 무너지고 말았단다.

이제 세상은 전혀 다른 생물들이 점령하기 시작했어. 파충류의 자손이긴 했지만 파충류와는 다르게 어미가 새끼를 젖을 먹여 키웠지. 과학자들은 이 생물들을 '포유류'라고 불렀어. 포유류는 물고기처럼 비늘을 덮고 있지도 않고 새처럼 깃털을 입고 있지도 않았지. 대신 몸에 털이 돋아났어. 포유류는 다른 동물에 비해 자기들에게 이점이 되는 좋은 습성을 발전시켰단다. 암컷은 새끼가 부화할 때까지 알을 몸속에 넣고 다녔지. 다른 동물의 경우 새끼가 추위나 더위, 야생 동물의 공격 등 많은 위험에 노출되지만, 포유류는 새끼가 적과 충분히 싸울 수 있을 때까지 오랫동안 보호하고 키운다. 어린 포유류는 어미로

선사 시대

고대 동방 문명

고대 그리스 문명

고대 로마 문명

중세 시대

르네상스와 종교 개혁

혁명의 시대

근대 민족 국가의 등장

현대 세계의 형성

부터 많은 걸 배우기 때문에 생존할 가능성이 훨씬 높아지지. 너희도 어미 고양이가 새끼에게 몸을 보호하는 법, 세수하는 법, 쥐를 잡는 법을 알려 주는 걸 보았으니 아빠가 무슨 말을 하는지 이해할 거야.

포유류에 대해서는 잘 알고 있을 테니 더 이상 길게 얘기하지 않아도 되겠지? 우리 주변에는 포유류가 많이 살고 있어. 매일 길거리나 집에서 마주치기도 하고 우리와 덜 가깝긴 하지만 동물원 울타리 안에 있는 친구들 중에도 포유류가 많단다.

이제 우리가 인류의 시초를 살펴볼 단계까지 왔구나. 끝없이 살고 죽고를 반복하는 생명체들의 굴레에서 벗어나 마침내 머리(이성)를 사용하는 생명체가 등장하기 시작했어. 이로써 이들은 자신의 운명을 개척하게 된 거지.

특별히 한 종류의 포유류가 다른 동물에 비해 먹이를 구하고 살 곳을 찾는 능력이 월등히 뛰어났단다. 먹이를 쥐는 데 앞발을 사용하는 법을 터득했고 계속 앞발을 사용한 덕분에 손과 같은 모양으로 발달했어. 그리고 수없이 시행착오를 겪으며 노력한 끝에 뒷다리로 몸의 균형을 유지하는 방법을 배우게 된 거야. (인류가 백만 년 이상 두 발로 걸어 다녔다고 해도 아이들이 걸음마를 배우는 건 여전히 어려운 일이지.)

이 동물은 반은 원숭이, 반은 오랑우탄을 닮았지만 원숭이나 오랑우탄보다 훨씬 뛰어났어. 최고의 사냥꾼이 되었고 어떤 기후나 지역에도 잘 적응하며 살아갔단다. 안전을 위해 주로 무리를 지어 다니기도 했고. 새끼에게 위험을 알리기 위해 괴상한 소리를 지르기도 했는데, 목구멍에서 나는 이 소리는 수십만 년이 지나서 의사를 전달하는 수단으로 사용되기 시작했어.

믿기 어렵겠지만 이 동물이 바로 인류 최초의 조상이란다.

인류 최초의 조상

원시인의 모습은 어땠을까?

우리는 최초의 인류에 대해 거의 아는 바가 없단다. 사진이나 그림은 당연히 없지. 오래된 퇴적층을 파 보면 가끔 당시 사람의 뼛조각이 발견되곤 해. 오래전 지구상에서 사라진 동물들의 뼈 무더기 속에 사람 뼈가 섞여서 말이야. 인류학자들(인간을 동물의 왕국의 한 구성원으로 여기며 연구하는 과학자들)은 사람 뼈만 따로 모아 원시 조상의 모습을 아주 흡사하게 복원해 냈지.

1888년 독일의 헤르만 샤프하우젠이 복원 스케치한 '네안데르탈인'

우리 할아버지의 할아버지의 할아버지……는 못생기고 매력적이지도 않은 포유류에 불과했어. 오늘날의 사람들보다 몸집도 꽤 작았지. 뜨거운 햇볕에 그을리고 추운 겨울 칼바람을 맞아 피부는 짙은 갈색을 띠었어. 머리와 팔다리를 포함해 온몸이 길고 곱슬곱슬한 털로 덮여 있었어. 손은 원숭이처럼 가늘었지만 힘이 셌단다. 이마는 좁고 비스듬하며 턱은 이빨을 포크나

나이프처럼 사용하는 야생 동물처럼 강했지. 옷은 걸치지 않았단다. 화산이 폭발해 연기와 용암이 땅을 뒤덮을 때 말고는 불을 본 적도 없고 말이야.

원시인, 야생에 노출된 채 살아가다

　그들은 아프리카의 피그미 족처럼 울창한 숲속 축축하고 어두운 곳에서 살아갔단다. 배가 고프면 식물의 잎과 뿌리를 먹거나 새 둥지에서 알을 꺼내 자식에게 먹였지. 가끔은 참새나 작은 들개, 토끼를 끈질기게 쫓아가 잡아먹기도 했어. 그들은 음식을 요리해서 먹을 수 있다는 사실을 전혀 몰랐어. 그래서 잡은 동물을 날것 그대로 먹었단다.
　이 원시인들은 낮에 먹이를 찾아 이리저리 돌아다녔어.
　밤이 오면, 원시인은 아내와 아이들을 속이 빈 나무 안이나 큰 바위 뒤에 몸을 숨기게 했어. 사방에 먹이를 찾아 헤매는 맹수들이 깔려 있었고 땅거미가 지기 시작하면 녀석들은 자기 동료들과 새끼들을 먹이려고 사냥을 시작했거든. 특히나 연한 인간의 고기를 좋아했지. 세상은 먹거나 아니면 먹혀야 하는, 말 그대로 야생의 세계였지. 원시인은 두려움과 고통에 시달리며 살아가야 하는 불행한 존재였어.
　여름에는 타는 듯한 태양 아래 그대로 노출되었고, 겨울에는 강추위에 어미 품에 있던 자식들이 덜덜 떨다 얼어 죽는 일이 많았어. 동물을 사냥하다가 발목이 삐거나 뼈가 부러져도 치료해 줄 수 있는 사람이 없어 끔찍하게 죽어 가야 했지.
　동물원에 가면 동물의 울음소리가 많이 나잖니? 초기 인류도 뭐라고 재잘재잘 떠들기 좋아했어. 자기가 내는 소리를 듣는 게 좋아서 의미도 없는 소리를 계속 반복해서 내는 거였어. 그러다가 이 소리가 동료가 위험에 처할 때 경고하는 데 사용되기 시작한 거야. 아니면 "저기 호랑이가 있다", "코끼리 다섯 마리가 이리로 온다."라는 의미로

선사 시대

고대 동방 문명

고대 그리스 문명

고대 로마 문명

중세 시대

르네상스와 종교 개혁

혁명의 시대

근대 민족 국가의 등장

현대 세계의 형성

소리를 질렀어. 그러면 동료들은 "나도 봤어." 또는 "도망가서 숨자." 라고 대답하는 의미에서 소리를 질렀지. 아마도 이것이 모든 언어의 기원이 되었을 거야.

하지만 앞에서 말했듯이 우리는 처음 인류의 모습에 대해 아는 게 거의 없어. 초기 인류는 특별한 도구도 없었고 집도 없었지. 오랜 세월을 두개골이나 뼛조각 빼고는 아무런 흔적도 남기지 않고 그저 살아가다 죽었지. 그래도 이 뼛조각 때문에 수십만 년 전 세상에는 다른 동물들과는 전혀 다른 어떤 포유류가 살아가고 있었다는 사실을 알 수 있단다. 아마 뒷발로 걷고 앞발을 손처럼 사용하는 법을 익힌 유인원을 닮은 동물로 진화했을 거라고 추측하는 거야. 우리의 직접적인 조상이 된 동물과 아주 관련이 많을 거라고 보는 거지.

우리가 아는 건 정말 미미하고 나머지는 모두 베일 속에 가려져 있단다.

선사 시대*의 인류

선사 시대

고대 동방 문명

고대 그리스 문명

고대 로마 문명

중세 시대

르네상스와 종교 개혁

혁명의 시대

근대 민족 국가의 등장

현대 세계의 형성

빙하기가 시작되다

원시인에게는 '시간'에 대한 개념이 없었어. 따라서 생일이나 결혼 기념일, 사망일 따위를 기억하거나 기록하지 않았지. 일(日), 주(週), 년(年)에 대한 개념이 전혀 없었던 거야. 원시인들도 계절이 순서대로 돌아간다는 사실은 알았을 거야. 오랜 경험을 통해 추운 겨울이 지나면 어김없이 따뜻한 봄이 찾아오고 곧 더운 여름이 되어 열매가 익고 옥수수를 뽑아 먹어도 된다는 걸 깨달았지. 여름이 가면 세찬 바람이 불어와 나뭇잎을 쓸어가고 동물들이 겨울잠을 자려고 굴에 들어간다는 사실도 알았어.

그런데 갑자기 심상치 않은 일이 벌어졌단다. 여름이 생각보다 너무 늦게 찾아오는 거야. 열매도 전혀 익지 않았지. 지금쯤 풀로 덮여 있어야 할 산꼭대기는 여전히 눈 더미에 덮여 있었지.

그러던 어느 날 아침, 강 유역에 살고 있던 부족과는 다른 부족이 고원 지대에서 내려왔어. 그들은 아무도 알아들을 수 없는 소리로 중얼거렸지. 몸은 야위었고 굶주린 듯 보였어. 배고픔과 추위 때문에 살던

* 선사 시대
문자가 만들어지지 않아 문자 기록이 남아 있지 않은 시대를 말한다. 이와 구분해 문자 기록을 통해 알 수 있는 시대는 '역사 시대'라고 한다.

집을 버리고 산에서 내려온 것 같았거든. 강 유역에도 원래 살고 있던 부족과 새로 온 부족 모두 먹을 만큼 먹을 것이 충분하진 않았어. 새로 온 사람들이 계속 머무르려고 하니 급기야 싸움이 벌어졌고 많은 사람이 죽게 되었어. 살아남은 사람들은 숲으로 도망쳤지만 다시는 볼 수 없었지.

　이윽고 두 언덕 사이에 녹색을 띤 얼음 조각이 생기더니 해가 갈수록 크기가 커졌어. 거대한 빙하는 서서히 산등성이 비탈을 미끄러져 내려왔단다. 큰 바위들도 함께 계곡 아래로 떠밀려 왔지. 갑자기 천둥 소리를 내며 빙하와 바위들이 덮치는 바람에 계곡 아래에서 자고 있던 사람들이 죽고 말았어. 백 살이 넘은 나무들도 거대한 빙하에 쓸려 통째로 파묻히고 말았지. 그리고 눈이 내리기 시작했어.

인류, 빙하기를 견뎌내며 도구를 만들다

빙하가 깎아 만든
스위스의 마터호른 산

몇 달이 지나고, 또 몇 달이 지나고, 또 몇 달이 지나도록 눈은 그치지 않았단다. 식물들은 모두 죽었어. 동물은 따뜻한 남쪽 해가 비치는 곳으로 이동했지. 그 뒤를 따라 사람들도 자식을 등에 업고 새로운 보금자리를 찾아 떠났단다. 하지만 인간은 다른 야생동물들처럼 빠르게 이동할 수가 없었어. 빠른 시간 안에 살기 위한 묘안을 내든지, 아니면 빨리 죽는 편이 나았지. **그런데** 아마도 묘안을 찾아냈던 것 같아. 네 차례에 걸친 무시무시한 빙하기를 겪고도 용케 이 지구상에 살아남았으니 말이야.

우선 옷이 필요했어. 옷 없이는 추운 날씨를 견뎌 낼 수 없었거든. 인간들은 구덩이를 파고 그 위에 나뭇가지와 잎으로 가려 놓았다가 곰이나 하이에나가 구덩이에 빠지면 잽싸게 달려가서 큰 돌로 때려잡았어. 그러고는 가죽을 벗겨 옷을 만들어 입었지.

그 다음은 살 곳이 문제였어. 하지만 이건 해결하기 간단했어. 짐승들은 어두운 굴로 들어가 잠을 자는 습성이 있지. 그러니 사람도 짐승처럼 동굴에 들어가 살면 되는 거였어. 그래서 동굴에서 짐승들을 내쫓고 그 안에서 따뜻하게 지냈단다.

선사 시대 사람들이
사용한 뗀석기

그래도 날씨가 너무 추워 노인이나 아이들이 목숨을 잃는 경우가 많았어. 그때 불을 사용하는 지혜가 생기게 된 거야. 사람들은 난데없이 숲이 불에 타는 걸 보게 되었지. 그 불 때문에 화염에 휩싸여 죽을 뻔했던 기억도 있어. 그때까지만 해도 불은 인간의 적이었어. 하지만 이제는 고마운 친구가 되었지. 사람들은 동굴 속에 마른 나뭇가지를 모아 놓고는 불이 난 숲에서 불타는 나뭇가지를 가져와 불을 붙였단다. 모닥불이 동굴 속을 아늑하고 따뜻한 공간으로 바꿔 놓았어.

어느 날 저녁 죽은 닭이 우연히 모닥불 속에 들어갔어. 그걸 꺼냈을 때는 이미 노릇노릇 잘 구워진 상태였지. 사람들은 고기를 불에 익혀서 먹으면 더 맛있다는 사실을 알아냈어. 그래서 지금까지 다른 동물들처럼 날것 그대로 먹던 식습관을 버리고 음식을

선사 시대

고대 동방 문명

고대 그리스 문명

고대 로마 문명

중세 시대

르네상스와 종교 개혁

혁명의 시대

근대 민족 국가의 등장

현대 세계의 형성

요리해서 먹기 시작했단다.

　이렇게 수십만 년 빙하기가 지나가고 가장 영리한 두뇌를 지닌 인간은 거친 자연 속에서 살아남았어. 그들은 밤낮 추위와 배고픔에 싸워야 했지. 그러다가 도구를 발명하게 되었어. 돌을 뾰족하게 갈아서 도끼를 만들거나 망치를 만들었지. 추운 날이 오래 계속되자 음식을 저장할 커다란 창고도 마련했어. 진흙으로 그릇이나 항아리 같은 걸 만들어 햇볕에 말려 두면 단단해진다는 걸 알았어. 이처럼 인간의 생존을 위협했던 빙하기가 오히려 인간으로 하여금 두뇌를 활용하게 만든 훌륭한 교사가 되었으니 참 아이러니하지!

고대 동방 문명

상형 문자

인류 최초의 학교가 세워지다

광활하고 거친 유럽의 황야에서 살고 있던 최초의 조상들은 새롭게 많은 것을 배워 가고 있었어. 미개한 생활 방식들을 하나둘 버리고 자신만의 문명을 발전시켜 나갔다고 할 수 있지. 유럽이라는 변방에 살던 그들이 갑자기 새로운 세계를 만나게 된 거야. 누군가가 이들을 찾아냈던 거지. 미지의 남쪽 땅에서 한 여행자가 바다를 건너고 험한 산을 넘어 유럽 대륙에 사는 야만인들을 발견했어. 이 여행자는 아프리카에서 온 사람이었어. 고향은 바로 이집트였지. 서쪽 변방에

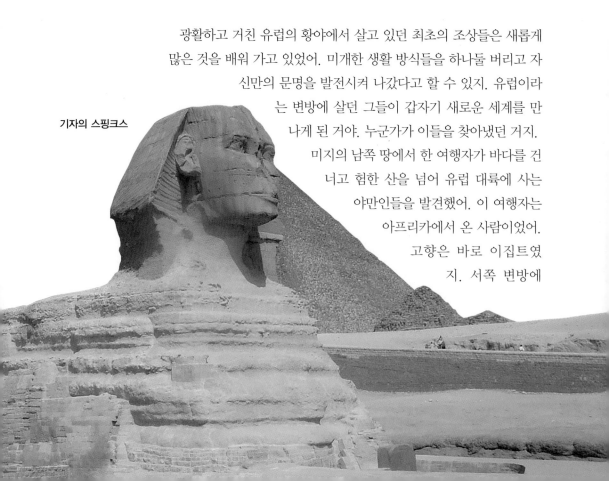

기자의 스핑크스

선사 시대

고대 동방 문명

고대 그리스 문명

고대 로마 문명

중세 시대

르네상스와 종교 개혁

혁명의 시대

근대 민족 국가의 등장

현대 세계의 형성

있던 사람들이 포크나 바퀴, 집 같은 건 꿈에도 상상하지 못하고 있을 때 이미 오래전부터 나일 강 유역에서는 높은 수준의 문명이 발전하고 있었단다. 그래서 이제 우리는 동굴 속에 살던 우리 조상들의 곁을 떠나 인류 최초의 '학교'가 세워진 지중해 동남쪽 해안가로 가 보려고 해.

람세스 2세가 만든 아부 심벨 신전

이집트 인들은 우리에게 많은 것을 가르쳐 주었어. 그들은 뛰어난 농부들이었지. 물을 끌어들여 농사짓는 법, 즉 관개 농업 기술을 터득하고 있었어. 건축 기술도 발달해서 신전을 지었는데 나중에 그리스 인들이 건물을 지을 때 이집트의 신전을 본보기로 삼았다고 해. 지금의 성당이나 교회의 최초 모델이나 마찬가지지. 날짜를 세기 위해서 달력을 발명해 내기도 했어. 신기한 건 그때 발명한 달력을 오늘날까지 거의 바꾸지 않고 그대로 사용하고 있다는 거야. 그런데 무엇보다도 중요한 사실은 이집트 인들이 후손들을 위해 언어를 담아 두는 방법을 개발했다는 거야. 즉, 문자를 발명한 거지.

우리는 신문이나 책, 잡지가 너무 흔해서 글을 읽고 쓰는 일에 대해 대수롭지 않게 생각하지. 하지만 사실 문자만큼 중요한 발명품도 없단다. 문서를 기록할 수 있는 문자가 없다면 인간은 새끼들에게 아주 단순한 것밖에 가르치지 못하는 개나 고양이와 크게 다를 바 없을 거야. 개와 고양이는 기록을 남기지 못하기 때문에 이전 세대의 경험을 활용할 수 없잖아.

이집트의 로제타석이 발견되다

기원전 1세기 무렵 로마 인들이 이집트에 갔을 때 나일 강 유역에서 무수히 많은 작은 그림들을 보게 되었지. 마치 그 나라의 역사와 관련되어 있는 것처럼 보였어. 하지만 로마 인들은 '이방 나라의 것'에는 전혀 관심이 없었어. 신전과 궁전 벽, 파피루스 갈대로 만든 종이에 그려진 이 기묘한 그림에 대해 연구해 볼 생각을 하지 않았지. 이 신성한 그림의 의미를 알고 있던 이집트의 마지막 사제들은 오래전에 세상을 떠나고 말았어. 이집트는 매우 중요한 역사적 문헌이 가득 채워져 있는 거대한 창고나 다름없었어. 물론 아무도 그 문헌을 해석하지 못해 사실상 아무짝에도 쓸모없었지만.

1,700여 년이라는 세월이 흐르는 동안 이집트는 수수께끼의 땅으로 남아 있었단다. 그러다가 1789년 나폴레옹 보나파르트라고 하는 프랑스의 장군이 영국의 식민지인 인도에

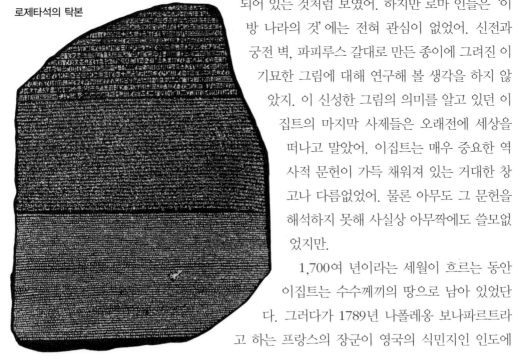

로제타석의 탁본

선사 시대

고대 동방 문명

고대 그리스 문명

고대 로마 문명

중세 시대

르네상스와 종교 개혁

혁명의 시대

근대 민족 국가의 등장

현대 세계의 형성

처들어가기 위해 동아프리카에 잠시 머물게 되었어. 하지만 나일 강을 건너지 못해 군사 작전은 실패로 돌아가고 말았지. 그런데 이 기간에 우연히도 프랑스 원정대가 고대 이집트의 상형 문자를 해독하게 된 거야.

프랑스군은 로제타 강(나일 강 어귀)에 진을 치고 있었어. 어느 젊은 프랑스 장교가 작은 요새 안에 갇혀 지내는 생활이 따분했는지 지루함을 달래려고 나일 강 삼각주 주변을 어슬렁거렸어. 그때 바위(일명 로제타석) 하나를 발견하고는 깜짝 놀랐지! 바위에는 이집트에서 보았던 그림 문자들이 빼곡히 적혀 있었어. 그런데 이 검은 현무암 판은 지금까지 봐 온 것과는 뭔가 달라 보였단다. 거기에는 세 가지 글이 있었는데, 그중 하나는 그리스 어로 적혀 있었지. 당시 그리스 어는 사람들이 많이 알고 있었어. 그래서 그 장교는 이렇게 생각했어. '그리스 어와 상형 문자를 비교해 보면 이집트 문자의 비밀을 풀 수 있을 거야.'

장 프랑수아 샹폴리옹

계획은 간단해 보였지만 이 수수께끼가 풀리기까지는 20년이라는 세월이 걸렸단다. 1802년에 샹폴리옹이라는 프랑스의 교수가 로제타석의 그리스 어와 이집트 문자를 비교하기 시작했어. 그리고는 1823년에 14개의 문자를 해독했다고 발표했지. 교수는 과로한 탓에 얼마 있지 않아 세상을 떠나고 말았지만, 이집트 문자의 주요 원리는 밝힌 셈이었어. 오늘날 이 나일 강의 이야기는 미시시피 강 이야기보다 더 유명하단다. 우리는 이 사건을 통해 4,000년의 역사 기록을 얻게 되었거든.

이집트 최고의 발명품, 상형 문자

고대 이집트의 상형 문자(hieroglyphics, 이 단어는 신성한 문자라는 뜻이다.)가 역사에서 매우 중요한 역할을 했기 때문에(상형 문자의 가운데 일부는 알파벳 모양에서도 발견됨), 너희도 5,000년 전에 이집트 인들이 후손들을 위해 발명한 독창적인 이집트 문자의 체계에 대해 알고 싶을 거야.

물론, 우리는 상징 문자가 무엇인지 알고 있어. 미국 서부 평원에 살던 인디언들은 들소를 얼마나 잡았는지, 한 팀에 사냥하는 사람들이 얼마나 있는지를 작은 그림의 형태로 기록했단다. 인디언들이 표시한 그림은 이해하는 데 크게 어렵지 않지.

하지만 고대 이집트 인들은 그런 상징 문자를 사용한 게 아니었어. 나일 강 유역에 살고 있던 영리한 사람들은 오래전에 그 수준을 넘어섰지. 이집트 인들이 남긴 상형 문자는 그들이 표현하고자 하는 것보다 더 많은 걸 의미했어. 지금부터 너희가 이해할 수 있도록 한번 설명을 해 보려고 해.

너희가 샹폴리옹이 되었다고 가정하고 파피루스 뭉치에 빼곡하게 적혀 있는 상형 문자를 해독한다고 해 보자. 갑자기 톱을 들고 있는 남자 그림이 눈에 딱 띈 거야. 그럼 너희는 이렇게 말하겠지. "그래, 이건 농부가 나무를 베러 간다는 뜻일 거야." 그런 다음 또 다른 파피루스를 펼쳐 들지. 그 파피루스에는 82세에 죽은 여왕의 이야기가 나오고 있어. 그 이야기 한가운데 톱을 들고 있는 남자 그림이 나오지. 그런데 82세나 되는 여왕이 굳이 톱질을 할 리는 없잖아? 따라서 그 상형 문자는 뭔가 다른 의미를 나타내는 거지. 그렇다면 그 문자는 무엇을 의미할까?

이것이 샹폴리옹이라는 프랑스 사람이 마침내 풀어낸 수수께끼였어. 그는 이집트 인들이 최초로 '표음 문자'라는 걸 사용했다는 사실을 밝혀낸 거야. 표음 문자란 점, 직선, 곡선을 조합해 발음되는 소리를 그대로 표현하는 문자 체계를 말하지.

다시 톱을 들고 있는 남자 그림으로 돌아가 보자. '톱(saw)'이라는 단어는 목공소에서 볼 수 있는 연장을 의미하지. 그와 동시에 '보다 (see)'의 과거형이기도 해.

이 문자가 이렇게 두 가지 의미를 지니게 되는 데 수세기가 걸렸지. 원래는 특정한 연장을 가리키는 말이었어. 그러다가 원래 의미는 사라지고 한 단어의 과거형이 된 거야. 몇 백 년이 지난 후에는 이 두 가지 의미가 모두 사라지고, ▨는 'S'라는 단일 문자를 나타내게 되었지. 다음의 짧은 문장을 보면 아빠가 무슨 말을 하는지 알게 될 거야. 현대의 영어 문장을 상형 문자로 적어 본 거야.

▨은 딱 봐도 얼굴에 있는 두 개의 둥근 신체 기관(눈, eye)을 뜻하지. 또는 말하고 있는 당사자인 '나(I)'를 가리키기도 해.
▨은 꿀을 모으는 곤충(벌, bee)을 의미하는 동시에, 존재한다는 의미의 '이다(be)'를 나타내지. 그리고 'become(되다)'이나 'behave(행동하다)'라는 단어의 접두어가 되기도 해. 이 그림 문자와 같은 경우, ▨는 'leaf(잎)', 'leave(떠나다)', 'lieve'를 의미하지. (이 세 글자는 발음이 똑같다.) 그 다음 나오는 단어는 첫 번째 단어와 같아.

마지막에 나오는 ▨은 기린을 뜻해. 이 단어는 상형 문자로 발전한 옛 상징 문자 중 하나야.

이제는 위에 나오는 문장을 어렵지 않게 읽을 수 있겠지?

선사 시대

고대 동방 문명

고대 그리스 문명

고대 로마 문명

중세 시대

르네상스와 종교 개혁

혁명의 시대

근대 민족 국가의 등장

현대 세계의 형성

'I believe I saw a giraffe. (나는 내가 기린을 보았다고 믿는다.)'

이집트 인들은 수천 년 동안 자신들이 원하는 건 무엇이든 표현할 수 있을 때까지 이러한 문자 체계를 발전시켜 왔어. 이렇게 '축적된 언어'를 가지고 동료들에게 의사를 전달하거나, 계산을 하거나, 자기 나라의 역사를 기록했던 거지. 후손들이 과거의 잘못으로부터 교훈을 얻을 수 있도록 말이야.

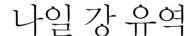

나일 강 유역

선사 시대

고대 동방 문명

고대 그리스 문명

고대 로마 문명

중세 시대

르네상스와 종교 개혁

혁명의 시대

근대 민족 국가의 등장

현대 세계의 형성

나일 강 유역에서 이집트 문명이 시작되다

인류의 역사는 한마디로 말하면 먹을 것을 찾아다니는 굶주린 사람들의 기록이라고 할 수 있어. 먹을 것이 풍부한 곳이라면 어디든지 사람들은 그곳으로 몰려가 보금자리를 틀었지. 일찍이 나일 강 유역의 명성은 주변 지역으로 분명히 퍼져 나갔을 거야. 아프리카 내륙, 아라비아 사막, 서아시아 지역에서 비옥한 농토를 차지하기 위해 많은 사람들이 이집트로 몰려들었으니까 말이야. 이 침입자들은 '레미'라고 불리는 새로운 종족을 형성했단다. 유럽 사람들이 아메리카로 넘어가 새로운 국가를 세웠듯이 말이야. 그들은 이 좁고 기다란 땅으로 옮겨 올 수 있게 해 준 운명의 신에게 감사의 제사를 올렸지. 매년 여름이 되면 나일 강은 범람해서 그 주변 일대가 호수처럼 변한단다. 물이 빠지고 나면 밭과 목초지에 비옥한 진흙이 두껍게 쌓이게 되지.

이집트에서 이 자비로운 강은 수많은 사람들에게 먹을 것을 베풀었고 최초의 대도시를 형성할 수 있는 기반이 되었어. 그렇다고 모든 경작지가 나일 강 유역에만 있었던 건 아니란다. 강에서 높은 제방까지

물을 옮기는 관개 시설이 이집트 곳곳으로 퍼져 나가기 시작했어.

선사 시대에 인류가 24시간 중 먹을 것을 구하기 위해 16시간 정도 일해야 했다면, 그에 비해 이집트 인들은 좀 더 여유롭게 여가 시간을 즐길 수 있었어. 이들은 여가 시간을 장식품을 만드는 데 할애했지. 쓸모는 없었지만 말이야.

하지만 여가 시간을 보낸다는 건 더 큰 의미가 있었단다. 어느 날 이집트 인들은 자기 두뇌가 먹고 자고 아이들을 위해 집을 마련하는 문제와는 아무 상관없는, 전혀 새로운 종류의 사고를 할 수 있다는 걸 깨달은 거야. 그들은 자신이 직면한 온갖 기이한 문제들을 탐구하기 시작했지. 도대체 별은 어디에서 왔는가? 사람을 놀라게 만드는 천둥소리는 누가 만들었는가? 누가 나일 강의 수위를 매년 규칙적으로 높였다가 낮추었다가 하는가? 죽음과 질병에 고통스러워하면서도 행복해하고 웃음 짓는 이 작은 생명체, 곧 나 자신은 누구인가?

이처럼 사람들은 무수히 많은 질문을 했고 이 질문에 답을 해 주어야 하는 사람들이 나타났지. 이집트 인들은 그 사람들을 '사제'라고 불렀어. 사제는 사람들의 생각을 이끌어 주게 되었고 공동체 안에서 존경을 많이 받았단다. 학식이 높았던 그들은 기록을 관리하고 보존하는 신성한 임무도 맡게 되었지. 사제들은 사람이 이승에서 눈앞의 이익만 생각하는 건 잘못된 일이라 보았어. 그래서 사람들의 관심을

『사자의 서』에 나오는 죽은 자를 심판하는 장면

서쪽 산 저 너머에 있을 저세상으로 돌리게 했지. 그리고 오시리스에게 사람들의 행위를 낱낱이 고해야 했어. 오시리스는 인간의 생사를 주관하고 그들의 행위를 심판하는 전능한 신이었단다. 사실 이시스와 오시리스의 세상인 저승은 상당 부분 사제들이 만들어 낸 것에 불과했지. 이집트 인들은 이승의 삶을 저세상을 준비하기 위한 기간으로 보았고, 비옥한 나일 강 유역은 죽은 자들에게 바쳐진 땅이라 생각했어.

이집트 인들, 내세를 믿다

희한하게도 이집트 인들은 이 세상에서 살아 있을 때의 육체가 사라지면 오시리스의 세상으로 갈 수 없다고 믿었어. 그래서 사람이 죽으면 바로 시신을 가져다가 방부 처리를 했지. 몇 주 동안 시신을 나트론(이집트에서 나는 탄산염 - 역주) 용액에 담가 두었다가 꺼내서 시신 속을 송진으로 채웠어. 페르시아어로 송진을 '무미아이(mumiai)'라고 했고 방부 처리를 한 시신을 '머미(mummy, 미라)'라고 했지. 이 미라를 특별히 준비한 긴 천으로 둘러싸고 특별히 마련한 관에 넣은 뒤 무덤으로 옮겼지. 이집트의 무덤은 진짜 집처럼 만들었어. 시신 주위에는 (저승으로 떠나는 시간을 기다리는 데 지루하지 않게 하려고) 가구와 악기를 두었고, (어두운 집 안에 있는 사람도 밥을 먹고 면도도 해야 하니) 요리사, 빵 굽는 사람, 이발사 조각상도 만들어 놓았지.

원래 이 무덤들은 서쪽에 있는 산 바위에 구멍을 뚫어 만들었단다. 그런데 이집트 인들이 북쪽으로 이동하면서 사막에 무덤을 만들어야 했어. 하지만 사막에는 야생 동물이 우글거렸고 도둑들도 들끓었지. 도둑들은 무덤을 파헤쳐 놓고 미라를 훼손하거나 미라와 같이 묻어 두었던 보물들을 훔쳐 갔어. 이런 신성 모독적인 짓을 막으려고 사람들은 무덤 위에 작은 돌 더미를 쌓아 놓았지. 이 작은 돌 더미가 점점

선사 시대

고대 동방 문명

고대 그리스 문명

고대 로마 문명

중세 시대

르네상스와 종교 개혁

혁명의 시대

근대 민족 국가의 등장

현대 세계의 형성

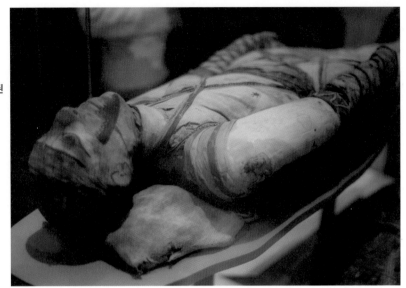

대영 박물관에 소장된
고대 이집트의 미라

크기가 커졌는데, 부자들이 가난한 사람들보다 더 높이 쌓으려고
했기 때문이야. 누가 누가 더 높이 쌓아 올리나 경쟁이 붙은
거지. 그중 가장 높은 무덤은 약 3,000년 전에 살았던 쿠
푸 왕의 것이었어. 그리스 어로는 케오프 왕이라고
하지. 그리스 인들은 그의 무덤을 가리켜 피라미
드(pyramid, '높은' 이라는 뜻의 이집트어 'pir-em-
us' 에서 유래되었지.)라고 불렀어. 높이는
무려 150m를 넘었지.

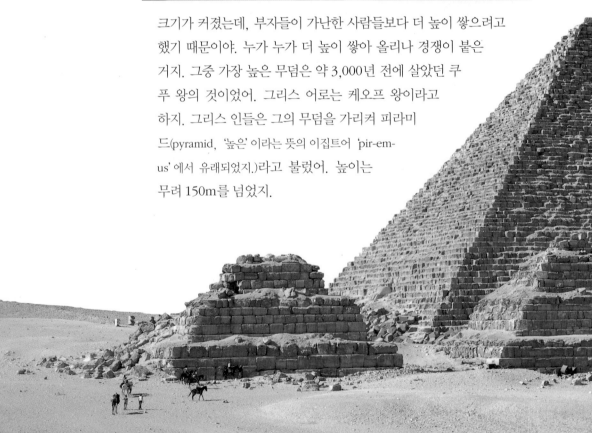

선사 시대

고대 동방 문명

고대 그리스 문명

고대 로마 문명

중세 시대

르네상스와 종교 개혁

혁명의 시대

근대 민족 국가의 등장

이 피라미드의 면적은 기독교 건축물 중에 가장 넓다고 하는 성 베드로 대성당보다 세 배나 넓다고 하더구나. 면적이 약 5만 3,000㎡라고 하지.

이 거대한 무덤을 건설하기 위해 장장 20년 동안 10만 명에 이르는 사람들이 동원되었단다. 이들은 강 건너편에서 돌을 날라 왔지. 돌을 배에 실어 나일 강을 건넜어.(수많은 사람들이 어떻게 이 일을 하게 되었는지 아직 밝혀진 바는 없어.) 머나먼 사막 길을 가로질러 마침내 알맞은 자리에 돌을 끌어올렸어. 왕의 건축가와 기술자들은 거대한 석조 괴물의 심장부에 있는 왕의 묘로 통하는 좁은 통로를 완벽하게 만들어 놓았지. 수십만 톤에 이르는 돌덩이들이 사방에서 내리누르는데도 오랜 세월 모양이 전혀 틀어지지 않았단다.

기자의 피라미드

이집트 이야기

이집트 제18왕조의
12대 파라오인
투탕카멘

파라오가 이집트를 다스리다

이집트 인들에게 나일 강은 다정한 친구였지만 가끔은 무서운 폭군이 되기도 했어. 그래서 나일 강은 그 주변에 사는 사람들에게 '협동'이란 걸 가르쳐 줬지. 함께 힘을 모아 관개 수로를 파고 무너진 둑을 다시 쌓아올렸어. 이렇게 이웃과 서로 돕고 어울리는 법을 배우면서 상호간의 이익을 위해 조직적인 국가 형태를 갖추게 되었지.

그러던 어느 날 근처 서아시아에서 나일 강 유역을 탐내던 외적이 침입해 들어왔어. 그때 이집트에서는 무리들 가운데 가장 힘이 센 사람이 공동체의 지도자이자 총사령관이 되었지. 그는 적에 대항하는 과정에서 왕이 되었고 지중해에서 서쪽의 산맥에 이르는 모든 지역을 다스렸어.

파라오(큰 집에 사는 사람)는 이러한 정치적 모험을 하면서 밭에서 힘들게 일하는 농부들에게는 거의 신경 쓰지 않았어. 농부들은 파라오에게 많은 세금을 바쳐야 했고 절대적인 오시리스의 다스림을 받아들이듯 왕의 통치를 순순히 받아들여야 했어.

이집트, 외적의 침입에 시달리다

하지만 외부 침입자들이 들어와 이집트 인들의 재산을 모조리 빼앗았을 때는 상황이 달랐어. 이집트는 2,000년 동안의 독립된 생활을 끝내고 말았지. 힉소스라는 야만적인 아랍 유목 민족이 이집트를 쳐들어와 500년 동안 나일 강 유역의 지배자가 되었어. 이집트 인들은 이 민족 통치자를 극도로 증오했어. 또 히브리 족이 황야에서 오랜 방랑 끝에 피난처를 찾아 고센 땅에 들어왔어. 히브리 민족은 외부 침입자들의 세금 징수인과 충복 노릇을 하면서 이집트 인들에게 꽤 미움을 샀단다.

기원전 1700년경에는 테베 사람들이 반란을 일으키고 오랫동안 저항한 끝에 힉소스를 이집트에서 몰아냈어. 마침내 이집트는 자유를 되찾은 거야.

하지만 1,000년이 지난 뒤 아시리아가 서아시아를 모두 점령하면서 이집트도 아시리아의 마지막 왕인 사르다나팔로스 제국의 일부가 되고 말았어. 그리고 기원전 7세기경에는 나일 강 삼각주에 자리한 사이스라는 도시에 살던 한 왕이 권력을 잡으면서 이집트는 다시 독립을 할 수 있었어. 그런데 기원전 525년 페르시아의 왕 캄비세스가 이집트를 차지했고, 기원전 4세기에는 페르시아가 알렉산더 대왕에게 정복당하자 이집트도 마케도니아 왕국의 속국이 되고 말았어. 알렉산더 대왕의 휘하에 있던 한 장군이 이집트 지역에 알렉산드리아라는 새로

선사 시대

고대 동방 문명

고대 그리스 문명

고대 로마 문명

중세 시대

르네상스와 종교 개혁

혁명의 시대

근대 민족 국가의 등장

현대 세계의 형성

운 도시를 건설하고 그곳에 프톨레마이오스 왕조를 세우자 이집트는 형식적으로 다시 독립을 얻었지.

기원전 39년 마침내 로마 인들이 이집트로 쳐들어왔어. 이집트의 마지막 여왕이었던 클레오파트라는 나라를 지키기 위해 최선을 다했지. 로마 장군들에게 클레오파트라의 아름다움과 매력은 이집트의 수많은 부대보다 더 위험한 것이었어. 여왕은 로마 장군들의 마음을 사로잡는 데 두 번이나 성공했지. 그러나 카이사르의 조카이자 후계자인 아우구스투스는 다른 장군들과 달랐어. 그는 기원전 30년에 알렉산드리아를 점령했지. 죽은 삼촌처럼 클레오파트라의 유혹에 넘어가지 않았어. 아우구스투스는 클레오파트라의 군대를 무참히 무너뜨리고 그녀만은 살려 두었지. 개선 행군할 때 전리품으로 자랑하려고 했던 거야. 그렇게 이집트는 로마의 속국이 되었단다.

메소포타미아

선사 시대

고대 동방 문명

고대 그리스 문명

고대 로마 문명

중세 시대

르네상스와 종교 개혁

혁명의 시대

근대 민족 국가의 등장

현대 세계의 형성

고대 동방 문명의 두 번째 중심지

우리가 피라미드 꼭대기로 올라갔다고 생각해 보자. 거기서 너희는 아주 멀리 볼 수 있는 매의 눈을 갖게 되었다고 상상하는 거야. 그러면 진짜 아주 아주 멀리 누런 황야 모래 너머로 희미하게 초록빛이 보일 거야. 그곳이 두 강이 흐르는 사이에 자리 잡은 지역, 바로 「구약 성경」에 나오는 낙원이지. 그리스 사람들은 이 신비롭고 놀라운 땅을 메소포타미아(두 강 사이의 땅을 의미함)라고 불렀어.

두 강의 이름은 각각 유프라테스(바빌로니아 인들은 푸라투라고 불렀음)와 티그리스(디클라트라고 알려져 있음)야. 이 두 강은 노아의 방주가 머물렀다던 아르메니아 산맥의 눈 덮인 산을 지나 남쪽 평원을 천천히 흘러 페르시아 만의 개펄에 이르지. 이 강이 흐르면서 건조한 서아시아 지역을 비옥한 땅으로 바꾸어 놓았단다.

나일 강 유역이 먹을 것을 제공해 사람들의 관심을 끌었듯이, 이 '두 강 사이의 땅'도 마찬가지로 사람들의 마음을 끌었지. 그곳은 약속의 땅이었어. 북쪽 산악 지역에 사는 사람들과 남쪽 사막을 떠돌아다니던 사람들이 서로 그곳을 자기네 땅이라고 우기며 독점하려고 했어. 산악 지역 사람들과 사막의 유목민들 사이에 끝없는 싸움이 이어졌지. 이곳은 힘 있고 용감한 부족만이 살아남을 수 있었어. 따라서 메소포타미아는 어느새 강한 종족의 본거지처럼 되었지. 이곳에 사는 사람들은 이집트처럼 모든 면에서 중요한 문명을 창조할 수 있었단다.

수메르 인

선사 시대

고대 동방 문명

고대 그리스 문명

고대 로마 문명

중세 시대

르네상스와 종교 개혁

혁명의 시대

근대 민족 국가의 등장

현대 세계의 형성

수메르 인, 쐐기 문자를 발명하다

15세기는 위대한 발견의 시대였어. 콜럼버스는 인도로 가는 항로를 찾으려다가 생각지도 못한 신대륙을 발견했지. 오스트리아의 어떤 주교는 무스코비 대공의 집을 찾아가려고 동쪽으로 항해하다가 길을 완전히 잘못 들어서고 말았어. 그럴 수밖에 없었던 것이 그전에 모스크바에 가 본 서양인이 한 명도 없었거든. 한편, 바르베로라고 하는 베네치아 인은 서아시아의 유적을 답사하다가 특이하게 생긴 글자를 가지고 왔어. 그 글자들은 시라즈 사원의 벽과 구워진 점토판에 새겨져 있었지.

하지만 당시 유럽은 다른 일들로 바빠 그 글자에 관심을 갖는 사람들이 거의 없었지. 그러다가 18세기 말 니부어라는 덴마크의 측량 기술자가 '쐐기 문자(글자가 쐐기 모양으로 생겨 이런 이름이 붙었다.)'가 새겨진 점토판을 유럽으로 가지고 들어왔어. 30년이 지나서 그로테펜트라는 독일의 교사가 네 글자를 판독해 냈어. 바로 'D', 'A', 'R', 'SH'

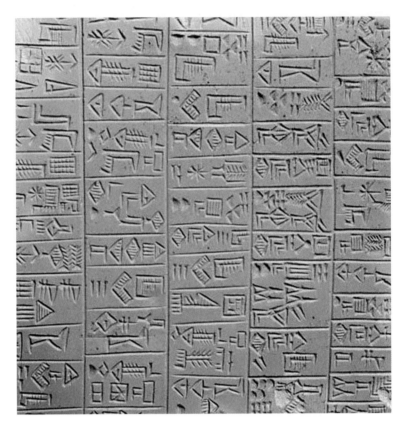

였는데, 페르시아의 왕 다리우스의 이름이었지. 또다시 20년이 흘러 이번에는 영국인 관리 헨리 롤린슨이 베히스툰의 명판을 발견해 서아시아의 쐐기 문자를 해독할 수 있는 열쇠를 제공했단다.

쐐기 문자를 판독하는 작업에 비하면 샹폴리옹이 했던 작업은 쉬운 일이었어. 이집트 인들은 그림을 사용한 반면, 메소포타미아의 최초의 거주자인 수메르 인은 점토판에 그림과는 전혀 관련 없는 V자형의 글자를 새겨 넣었지. 몇 가지 예를 들어 볼게. 벽돌에다 별을 나타낼 때 처음에는 못과 같은 도구로 ▧ 이렇게 새겼을 거야. 그런데 이 문자가 너무 번잡스러운 거야. 그래서 얼마 뒤 별에 '하늘' 이라는 의미가 추가되어 ▧와 같이 단순한 모양으로 바뀌었지. 이처럼 훨씬 알아맞히기 어려운 모양이 되었어. 같은 식으로 황소도 ▧에서

선사 시대

고대 동방 문명

고대 그리스 문명

고대 로마 문명

중세 시대

르네상스와 종교 개혁

혁명의 시대

근대 민족 국가의 등장

현대 세계의 형성

［그림］로 바뀌고, 물고기도 ［그림］에서 ［그림］로 바뀌었어. 태양도 원래 둥근 원인 ［그림］에서 ［그림］로 되었지. 만약에 오늘날 우리가 수메르 인의 문자를 사용한다면 배를 나타내는 ［그림］을 ［그림］로 표현할 수 있을 거야. 우리에게는 상당히 복잡해 보이는 이 문자 체계는 3,000년 동안 수메르 인, 바빌로니아 인, 아시리아 인, 페르시아 인, 그밖에 여러 종족들이 비옥한 메소포타미아 땅에서 사용해 왔지.

메소포타미아, 끝없는 전쟁과 정복의 역사

메소포타미아의 역사는 끊임없는 전쟁과 정복의 역사였단다. 맨 처음에는 북쪽에서 수메르 인들이 내려왔어. 수메르 인은 산악 지대에서 살던 백인이었지. 그들은 언덕 꼭대기에서 신에게 경배하는 풍습을 갖고 있었어. 평지로 온 뒤로도 인공적으로 작은 언덕을 만들어 거기에 제단을 쌓았단다. 그들은 계단을 만드는 법을 몰라 탑을 빙 둘러 경사진 길을 만들었어. 오늘날의 기술자들이 이 아이디어를 빌려 온

우르의 지구라트

브뤼겔이 그린 바벨탑

*바벨탑
「구약 성경」의 창세기에 바벨
탑에 관한 이야기가 나온다.
인류가 신과 같아지려고 하늘
까지 닿는 바벨탑을 쌓으려
하자, 신은 원래 하나의 언어
를 사용하고 있던 인류의 말
을 뒤섞고 모든 사람을 온 땅
에 흩어지게 했다.

것 같아. 철도역에서 한 층에서 위층으로 올라가는 경사로 된 길을 본 적이 있을 거야. 우리가 모르고 있지만 또 다른 아이디어들도 빌려 왔을 수도 있지. 수메르 인들은 나중에 비옥한 땅을 찾아 들어온 다른 종족에게 완전히 흡수되고 말았어. 하지만 그들이 세운 탑은 여전히 메소포타미아 유적 한가운데 서 있단다. 유대인들은 바빌로니아 땅으로 쫓겨났을 때 그 탑을 일컬어 바빌로니아의 탑, 즉 바벨탑*이라고 불렀다고 해.

기원전 4000년경에 수메르 인들은 메소포타미아로 들어왔어. 하지만 얼마 지나지 않아 아카드 족에게 점령당하고 말지. 아카드 족은 아리바아의 사막에서 온 여러 부족 중 하나였어. 수메르 인과 같은 언어를 사용하고 셈 족이라고 알려져 있었지. 옛날에는 사람들이 그들을 노아의 세 아들 중 하나인 셈의 직계 자손이라고 믿었어. 1,000년이 지난 후에 아카드 족은 또 다른 사막의 종족인 아모리 족에게 정복당했어. 이 종족의 함무라비 왕은 바빌로니아의 신성 도시에 거대한 왕궁을 세우고 법전을 제정해 바빌로니아를 고대 세계에서 가장 제도가 잘 갖추어진 제국으로 발전시켰어. 바빌로니아는 히타이트 족에게 멸망당했어. 히타이트 족도 「구약 성경」에 등장하지. 하지만 이들도 그 다음에 사막의 신 아수르를 섬기는 아시리아 인에게 정복당하고 만단다. 아시리아 인은 광대한 제국의 중심에 니네베라는 도시를 세우고 서아시아와 이집트 등 수많은 피정복 민족들에게 세금을 거두었지. 기원전 7세기경에는 또 다른 셈 족인 칼데아 족이 바빌로니아를 재건해 당시 가장 중요한 수도로 만들었어. 잘 알려진 네부카드네자르 왕은 과학 연구를 굉장히 장려했지. 현대 천문학과 수학 지식 대부분이 칼데아 인들이 발견한 원칙에 기초한다고 하더구나. 그런데 기원전 538년에 페르시아의 유목 민족이 침입하여 칼데아 인의 제국을 무너뜨렸어. 약 200년 뒤에는 알렉산더 대왕이 이 지역을 쳐들어와 그리스의 속령으로 만들어 버렸지. 그 다음에는 로마 인들이 침입해 들어왔고 이어서 투르크 인들이 들어왔어. 세계 문명의 두 번째 중심지였던 메소포타미아는 지금은 고대의 영광을 품은 채 황량한 벌판으로 남아 있단다.

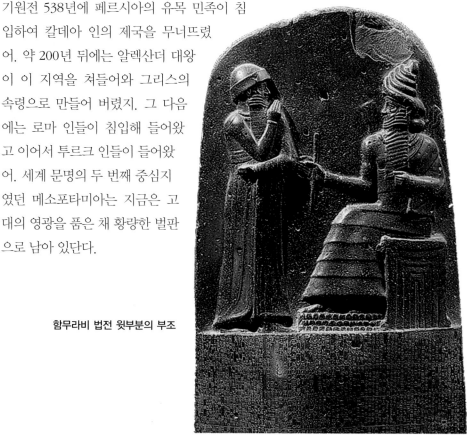

함무라비 법전 윗부분의 부조

선사 시대

고대 동방 문명

고대 그리스 문명

고대 로마 문명

중세 시대

르네상스와 종교 개혁

혁명의 시대

근대 민족 국가의 등장

현대 세계의 형성

모세

역사의 무대에 유대 민족이 등장하다

기원전 2000년경 작고 보잘것없는 셈 족의 한 유목 민족이 있었단다. 이 부족은 유프라테스 강 어귀의 우르라는 옛 고향을 떠나 새로운 목초지를 찾아 바빌로니아 왕국의 영토 안을 떠돌아다녔지. 그러다가 왕국의 군사들에게 쫓겨 서쪽으로 밀려났어. 이들은 장막을 칠 수 있는 주인 없는 땅으로 이동했지.

이 유목 민족이 바로 히브리 인이란다. 또는 유대인이라고도 부르지. 유대인들은 광활한 지역에서 지루하고 긴 유랑 끝에 이집트에 정착하게 돼. 500년 이상을 이집트 인들 틈바구니에서 살던 유대인들은 (이집트 이야기에서 말했듯이) 힉소스가 침략하자, 침략자들에게 협력하면서 자신들의 목초지를 확보할 수 있었어. 하지만 이집트 인들은 독립을 위한 오랜 전쟁 끝에 힉소스를 나일 강 유역에서 몰아냈지. 그 후 유대인들은 거의 노예 신분으로 전락했고 '왕의 길'이나 피라미드를 건설하는 데 강제로 끌려갔어. 이집트 군인들이 국경 지역을 철저히 지키고 있어서 도망갈 수도 없었어.

유대 민족의 지도자, 모세

고통의 세월을 보내던 유대인들은 모세(Moses)라고 하는 한 젊은 유대인 때문에 비참한 운명에서 벗어날 수 있었단다. 모세는 오랜 기간 황야에 머물게 되었어. 그러면서 도시 생활과 거리를 두고 외국 문명의 안락과 사치에 물들지 않기 위해 노력했던 자기 조상들의 소박한 미덕을 배우게 되었지.

모세는 고통 받고 있는 동포들을 선조들이 보여 준 사랑의 길로 돌아가게 하려고 마음먹었어. 그는 이집트 군대를 따돌리고 유대인들을

렘브란트가 그린 십계명 돌판을 들고 있는 모세

시나이 산 아래 평원으로 이끌고 갔지. 길고 외로운 광야 생활을 하면서 모세는 천둥과 폭풍우를 주관하는 위대한 신의 능력을 깨닫게 되었어. 양치기들은 하늘 위 천국의 주인인 신에게 자신의 생명을 의탁했단다. 서아시아에서 널리 경배를 받았던 많은 신들 가운데 하나인 이 신이 바로 여호와(Jehovah)라고 불리는 신이야. 모세의 가르침을 통해 이 신은 히브리 족의 유일신이 되었지.

하루는 모세가 유대인들 무리에서 사라졌어. 그가 두 개의 돌판을 가지러 어디론가 사라졌다는 소문이 돌았지. 그날 오후에는 시나이 산 꼭대기가 보이지 않았어. 짙은 먹구름 때문에 시야에서 가려진 거지. 그러다 마침내 모세가 다시 나타났어! 모세는 두 개의 돌판을 들고

선사 시대

고대 동방 문명

고대 그리스 문명

고대 로마 문명

중세 시대

르네상스와 종교 개혁

혁명의 시대

근대 민족 국가의 등장

현대 세계의 형성

예루살렘 대성전의 바위돔 사원

서 있었단다. 산에 있을 때 여호와는 그 돌판에 천둥과 번개가 동반하는 가운데 이스라엘 민족에게 전할 말을 새겨 놓았던 거지. 그 시간 이후로 여호와는 유대인들에게 운명을 주관하는 유일한 신으로 받아들여졌던 거야. 그 신은 유대인들에게 십계명의 교훈을 따라 신성한 삶을 살라고 가르쳤지.

유대인들은 모세를 따라 계속해서 황야를 유랑했단다. 모세는 유대인들에게 무엇을 먹고 마셔야 하는지, 황야의 더운 기후는 어떻게 피해야 하는지 알려 주었어. 그들은 모세의 말에 순종했지. 마침내 오랜 방랑 끝에 젖과 꿀이 흐르는 낙원을 눈앞에 두게 되었어. 그곳은 '필리스투(Pilistu)'의 나라라는 뜻의 팔레스타인이었어. 팔레스타인 족은 원래 크레타 섬에 살던 사람들이었는데, 그곳에서 쫓겨나 해안을 따라 정착한 작은 종족이었지. 불행하게도 팔레스타인이라는 본토에는 이미 가나안 족이라는 또 다른 셈 족이 자리를 잡고 살고 있었어. 하지만 유대인들은 그들을 골짜기로 몰아내고 스스로 도시들을 세웠고, 평화의 땅 예루살렘이라는 도시에는 거대한 성전을 지었단다.

　모세는 더 이상 유대인의 지도자 역할을 할 필요가 없었어. 그저 멀리서 팔레스타인의 산등성이를 바라볼 뿐이었지. 그리고 결국 영원히 눈을 감고 말았어. 그는 여호와를 기쁘게 하려고 충실하게 열심히 일을 했지. 외국에서 노예 생활을 하던 동포들을 구출해 새로운 땅에서 자유롭고 독립된 생활을 만끽할 수 있게 했어. 뿐만 아니라 모든 민족 가운데 유대인이 최초로 유일신을 섬기도록 가르침을 주었지.

선사 시대

고대 동방 문명

고대 그리스 문명

고대 로마 문명

중세 시대

르네상스와 종교 개혁

혁명의 시대

근대 민족 국가의 등장

현대 세계의 형성

페니키아 인

페니키아 인, 알파벳을 전해 주다

유대인의 이웃인 페니키아 인이라는 셈 족은 일찍이 지중해 연안에 자리 잡고 있었어. 이들은 티레와 시돈이라는 요새화된 도시를 세우고 지중해 서쪽 지역의 무역을 독점했단다. 페니키아 인의 배는 정기적으로 그리스, 이탈리아, 스페인을 항해했고, 주석을 사기 위해 지브롤터 해협(이베리아 반도 남쪽 끝과 아프리카 대륙 서북쪽 끝 사이에 있는 해협 - 역주)을 넘어 실리 제도(잉글랜드의 서쪽 끝에 있는 섬들 - 역주)까지 나아갔단다. 그들은 가는 곳마다 거류지라고 하는 작은 무역 기지를 세우기도 했어. 이곳이 나중에는 카디스나 마르세유와 같은 현재 항구 도시의 기원이 되었지.

페니키아 인들은 자신에게 이익이 되면 무엇이든 가져다 팔았어. 양심 같은 건 없는 사람들이었지. '정직'이나 '청렴'과도 거리가 멀었어. 가득 채워진 보물 상자가 선량한 시민이 가져야 할 최고의 이상으로 여겨졌어. 사실 그들은 불량한 사람들이었고 진실한 친구도 없었어. 그럼에도 후대에 물려준 가장 가치 있는 유산이 있었는데, 그것이 바로 알파벳이었지.

페니키아 인들은 수메르 인이 발명한 문자 체계를 잘 알고 있었어. 그런데 이 복잡한 글씨들을 기록하는 건 시간 낭비라고 생각했지. 그들은 실용적인 사업을 하던 사람들이라 복잡하게 한 글자 한 글자 새기고 있을 시간이 없었어. 그래서 옛날 방식보다 더 훌륭한 새로운 문자 체계를 고안해 냈지. 이집트 인의 상형 문자에서 몇 개를 빌려오고 수메르 인의 쐐기 문자 몇 개도 단순화시켰지. 글자 쓰는 속도를 높이기 위해 예전 글씨의 예쁜 모양도 과감히 포기했어. 그렇게 수천 개의 다양한 그림들이 24개의 단순한 알파벳으로 탈바꿈한 거야.

시간이 흘러 이 알파벳은 에게 해를 건너 그리스로 들어왔어. 그리스 사람들은 여기에 문자 몇 개를 추가해서 이탈리아로 전했지. 로마 인들은 이 문자 체계를 조금 수정해서 서유럽의 야만인들에게 가르쳐 주었어. 바로 우리가 이 야만인들의 후손이기 때문에 나는 이 책을 이집트의 상형 문자나 수메르의 쐐기 문자가 아닌 페니키아 인들이 전해 준 알파벳으로 쓰고 있는 거란다.

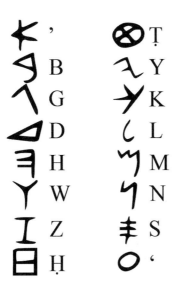

페니키아의 알파벳

인도-유럽 인

인도-유럽 인이라는 새로운 종족이 나타나다

고대 이집트, 바빌로니아, 아시리아, 페니키아의 세계는 거의 3,000 년 동안 지속되었어. 하지만 비옥한 땅에 살던 이 유구한 종족들도 시간이 지나면서 늙고 지쳐 갔지. 결국 지평선 너머로 젊고 힘 있는 종족이 등장하면서 이들도 운명을 마감해야 했어. 우리는 이 새로운 종족을 '인도-유럽 인'이라고 불러. 유럽을 정복했을 뿐 아니라 한때 영국령 인도로 알려진 지역까지 통치하고 있었거든.

이 인도-유럽 인들은 셈 족처럼 백인이었지만 언어는 전혀 달랐어. 이들이 사용한 언어는 헝가리, 핀란드, 스페인 북부의 바스크를 제외한 모든 유럽 인들이 쓰는 언어의 공동 조상이나 다름없었어.

인도-유럽 인들은 처음에 수세기 동안 카스피 해 연안에 살고 있었어. 그러다가 어느 날 장막을 거두어들이고 새로운 정착지를 찾아 떠났지. 이들 중 일부는 중앙아시아로 이동해서 이란 고원으로 둘러싸인 고원 지대에 정착했어. 우리는 이들을 아리안 족이라고 부르지. 다른 이들은 해가 지는 쪽을 향해 나아가다가 유럽 평원에 자리를 잡게 돼. 이 이야기는 나중에 고대 그리스와 로마가 나올 때 아빠가 자세히 이야기해 줄게.

인도-유럽 계통의 페르시아가 셈 족과 이집트 세계를 정복하다

그럼 여기서는 잠깐 아리안 족을 따라가 볼까? 위대한 교사인 자라투스트라(또는 조로아스터)의 지도 아래, 대부분의 아리안 족은 고원 지대를 떠나서 바다로 흘러 들어가는 인더스 강을 따라 산 아래로 내려갔지.

다른 사람들은 서아시아의 고원 지대에 남아서 반독립적인 메디아족과 페르시아 족을 세웠어. 두 민족의 이름은 옛날 그리스의 역사책에서 따온 이름이야. 기원전 7세기경 메디아 족은 메디아라는 왕국을 세웠지만 안샨이라는 부족의 족장인 키루스에게 정복당했고 그의 후손들이 서아시아 전역과 이집트의 절대적인 지배자가 되었단다.

자라투스트라

이 인도-유럽계 페르시아 인들은 기세를 몰아 서쪽으로 승리의 행진을 이어가지만 곧 큰 난관에 부딪치지. 몇백 년 전, 유럽 평원으로 이동해 그리스 반도와 에게 해의 섬들을 점령한 다른 인도-유럽 인들과 마주하게 된 거야.

그렇게 그리스와 페르시아 사이에 세 번의 유명한 전쟁이 벌어졌어. 페르시아의 다리우스 왕과 크세르크세스 왕은 그리스 반도의 북부 지역을 공격했지. 페르시아의 왕들은 그리스 지역을 파괴시켜 유럽 대륙으로 진출하기 위한 발판으로 삼으려고 했던 거야.

선사 시대

고대 동방 문명

고대 그리스 문명

고대 로마 문명

중세 시대

르네상스와 종교 개혁

혁명의 시대

근대 민족 국가의 등장

현대 세계의 형성

하지만 그들의 시도는 성공하지 못했어. 아테네의 해군을 이겨낼 수 없었던 거야. 그리스는 페르시아군의 보급로를 끊어 버림으로써 아시아의 지배자들을 다시 고향으로 돌아가게 만들었지.

이것이 고대의 교사인 아시아와 어린 학생인 유럽의 첫 번째 만남이었단다. 아빠는 뒤에 나오는 여러 장에서 이러한 동양과 서양의 결투가 지금까지 어떻게 이어져 왔는지 이야기해 줄 생각이야.

에게 해

선사 시대

고대 동방 문명

고대 그리스 문명

고대 로마 문명

중세 시대

르네상스와 종교 개혁

혁명의 시대

근대 민족 국가의 등장

현대 세계의 형성

슐리만, 미케네 유적을 발견하다

하인리히 슐리만(1822~1890)이라는 사람이 있었어. 너희처럼 어린 소년이었지. 어느 날 아이는 아버지에게 트로이의 이야기를 듣게 된단다. 그 이야기가 어찌나 흥미진진했던지 아이는 나중에 독립해도 될 만큼 자라면 꼭 그리스로 가서 트로이를 찾겠다고 마음먹었지. 아이는 자신이 메클렌부르크의 가난한 목사 아들이라는 사실에 전혀 개의치 않았어. 다만 발굴을 하는 데 돈이 많이 필요할 거라 생각해서 우선 돈을 벌어야겠다고 마음먹었어. 실제로 짧은 기간 안에 많은 돈을 벌었지. 어느 정도 탐험할 수 있는 돈이 모이자, 슐리만은 곧바로 트로이가 위치해 있을 거라고 추정되는 소아시아의 북서쪽으로 갔단다.

고대 소아시아였던 어느 한적한 곳에 잡초

하인리히 슐리만

1885년 슐리만이
미케네 성문 앞에서
동료 학자들과 찍은 사진

가 자라 있는 어느 동산
이 있었어. 전설에 따르
면 그곳은 트로이의 왕
프리아모스의 고향이었
지. 지식보다 열정이 강
했던 슐리만은 답사를 위
해 사전 조사를 하는 데
시간을 낭비할 생각이 없
었어. 도착하자마자 바로
발굴 작업에 들어갔단다.
도시의 심장부가 있을 것
으로 예상되는 지점을 열
심히 파 들어갔는데, 호
메로스가 말했던 트로이
보다 1,000년은 더 오래된 도시의 유적을 발견했지 뭐야!

　그때 아주 재미있는 일이 벌어졌어. 슐리만이 돌망치나 항아리 몇
개 정도 발견했다면 아무도 놀라지 않았을 거야. 그런데 그가 찾아낸
건 그리스 인이 등장하기 전 선사시대의 흔한 유물이 아니었어. 그리
스에서도 찾아볼 수 없는 아름다운 조각상과 값비싼 보석, 화려한 무
늬의 꽃병들이 발견된 거야. 슐리만은 트로이 전쟁이 일어나기 전 에
게 해 연안에 미지의 종족이 살고 있었다고 추론할 수 있었지. 여러
면에서 야만적인 그리스 인들보다 훨씬 뛰어난 종족이 살았다고 보았
어. 하지만 외부의 침입자들에 의해 문명이 파괴되거나 흡수되어 원
래 모습은 자취를 감춘 거라고 추측했지. 이러한 추측은 사실로 입증
되었어. 1870년대 말 슐리만은 미케네의 유적을 찾아갔단다. 미케네
는 로마의 여행 안내서에서도 극찬하는 유적지란다. 그곳에서 슐리만
은 작은 울타리 안에 있는 평판들 밑에서 귀중한 유적을 발굴해 냈어.
그곳은 그리스 해안에 도시와 성벽을 세웠던 미지의 사람들이 남긴

유적이었지. 성벽의 돌이 워낙 무겁고 튼튼해
서 그리스 인들은 타이탄의 작품이라고
까지 했어. 타이탄은 아주 먼 옛날 산
꼭대기에서 공을 가지고 놀았던
거인을 말하는 거야.

고도의 크레타 문명이 발전하다

이 많은 유적과 유물을 좀 더 주의 깊게 연
구해 본 결과, 전설 가운데 낭만적인 이야기들
은 사실이 아닌 걸로 밝혀졌어. 이 아름다운 예술
작품과 튼튼한 요새를 만들었던 사람들은 마법사가 아
니라 평범한 선원과 무역상들이었지. 그들은 크레타 섬을 비롯해 에
게 해의 여러 섬에서 살고 있었어. 노련한 장사꾼인 이들은 고도로 발
달한 동양과 더디게 발전하는 서양 사이에서 물품 교역을 통해 에게
해를 무역의 중심지로 만들어 갔어.

슐리만이
미케네 유적에서 발견한
아가멤논의 가면

1,000년 넘게 섬 제국을 유지하면서 높은 수준의 예술 문화를 발전
시키기도 했어. 크레타 섬의 북쪽 해안에 있는 크노소스는 현대의 도
시 못지않게 위생 시설과 편의 시설을 제대로 갖춘 고대 도시였지. 왕
궁은 배수 시설이 잘 갖추어졌고 일반 가정집에는 난방 장치가 설치
되었어. 크노소스의 시민들은 평상시 목욕탕을 사용한 최초의 사람들
로 알려져 있단다. 왕궁은 나선형 계단과 연회장으로 유명했어. 포도
주와 곡식, 올리브유를 저장하는 왕궁 밑 지하 창고는 엄청나게 규모
가 커서 이곳을 처음 발견한 그리스 인들은 감명을 받은 나머지, '미
궁' 이라는 말까지 했어. 미궁이란 통로가 매우 복잡해서 한 번 들어가
면 도무지 빠져 나오기 힘든 구조물을 말하지.

그런데 이 위대한 에게 해의 제국이 갑자기 몰락하게 된단다. 그 이

선사 시대
고대 동방 문명
고대 그리스 문명
고대 로마 문명
중세 시대
르네상스와 종교 개혁
혁명의 시대
근대 민족 국가의 등장
현대 세계의 형성

크노소스 궁전

유는 아무도 모르지.

　크레타 사람들도 문자를 사용했는데, 아직 아무도 비문을 해독하지 못해 그들의 역사를 알 수가 없어. 그래서 에게 해 사람들의 유적을 통해 그들의 행적을 재구성해 봐야 해. 유적을 보면 에게 해 세계는 북쪽의 유럽 평원에서 내려온 미개 종족에게 갑자기 정복당했다는 것을 알 수 있어. 우리의 추측이 틀리지 않다면, 크레타 문명과 에게 문명을 파괴한 침입자들은 바로 아드리아 해와 에게 해 사이에 있는 반도에 자리 잡은 그리스 인들이야.

고대 그리스 문명

그리스 인

인도-유럽계 헬레네 족이 그리스 지역을 차지하다

피라미드가 지어진 지 1,000년이 지나 이집트는 점차 쇠락의 징조를 보이기 시작하고, 바빌로니아 제국의 왕 함무라비가 죽어서 땅 속에 묻힌 지 수백 년이 지난 때였어. 작은 유목 민족이 고향인 다뉴브 강 유역을 떠나 새로운 목초지를 찾아 남쪽으로 내려왔지. 그들은 스스로를 헬레네 족(Hellenes)이라고 불렀단다. 데우칼리온과 피라의 아들인 헬렌(Helen)에게서 따온 이름이었어. 옛 신화에 따르면, 사람들이 극도로 사악해지자 올림포스 산에 있던 전능의 신 제우스가 화가 많이 나서 대홍수를 일으켜 온 세상을 싹 쓸어버렸다고 해. 그때 살아남은 사람이 바로 데우칼리온과 피라였어.

초기 헬레네 족에 관해 알려진 바는 거의 없단다. 아테네가 몰락할 쯤 등장한 역사학자 투키디데스*는 선조들에 대해서 '무가치한 자들'이라고 평가했어. 아마도 이 표현이 맞는 것 같구나. 그들은 아주 무례한 사람들이었어. 돼지처럼 탐욕스러웠고 포로들을 양을 지키는 들개들에게 던져 줬지. 타인의 권리에 대해 묵살하기 일쑤였어. 그리스

*투키디데스
(B.C. 460?~B.C. 400?) 고대 그리스의 역사가이다. 엄밀하고 객관적이며 통찰력 있는 역사 서술로 유명하다. 대표적인 저서로 『펠로폰네소스 전쟁사』가 있다.

반도에 살던 원주민들('펠라스기 안'이라 불렸음)을 닥치는 대로 죽이고 농장과 가축을 빼앗고 아내와 딸들을 노예로 삼았지. 그렇게 하면서도 헬레네 족을 테살리아 산과 펠로폰네소스 반도로 이끈 아카이오스 족의 용기를 찬양하는 노래를 끊임없이 만들어서 불렀어.

하지만 여기저기 높은 절벽 위에 견고한 성들이 우뚝 서 있어서 감히 에게 해 사람들을 공격할 수 없었어. 에게 해 병사들은 철제 칼과 창으로 무장되어 있었지만 헬레네 사람들은 고작 무기가 어설픈 돌도끼였으니까.

수백 년 동안 헬레네 사람들은 이 산에서 저 산으로, 이 골짜기에서 저 골짜기로 계속 옮겨 다니며 살아야 했어. 그러다가 점차 그리스 반도 전체를 차지하면서 유랑 생활도 마침표를 찍었지.

그리스 문명이 시작되다

그때부터 비로소 그리스 문명이 시작되었단다. 그리스 지역에 살던 농부들은 거만한 에게 해 사람들의 문화에 대해 호기심을 갖게 되었어. 미케네와 티린스의 높은 성벽 안에 살고 있는 에게 해 사람들로부터 뭔가 유용한 것을 많이 배울 수 있을 거라 생각한 거지.

그리스 인들은 영특한 학생들이었어. 에게 해 사람들이 바빌로니아와 테베에서 들여온 철제 무기 제조 기술을 짧은 시간 안에 습득한 거야. 그리고 항해술을 익히고 스스로 작은 배를 만들기도 했지.

그리스 인들은 에게 해 사람들에게서 모든 걸 배운 후 도리어 스승을 본래 살던 곳에서 내쫓아 버렸어. 그런 다음 곧바로 바다로 진출해 에게 해에 있는 모든 도시들을 정복했지. 마침내 기원전 15세기경에 헬레네 족은 크노소스를 멸망시키고 1,000년 후에는 그리스와 에게 해, 소아시아의 연안 지역을 다스리는 절대 강자로 우뚝 서게 되지. 고대 문명의 최후 상업적 중심지인 트로이는 기원전 11세기에 무너졌

선사 시대

고대 동방 문명

고대 그리스 문명

고대 로마 문명

중세 시대

르네상스와 종교 개혁

혁명의 시대

근대 민족 국가의 통합

현대 세계의 형성

어, 그러면서 유럽의 역사는 새로운 전환점을 맞이하게 된단다.

트로이 목마의 트로이 시가행진

그리스의 도시들

선사 시대

고대 동방 문명

고대 그리스 문명

고대 로마 문명

중세 시대

르네상스와 종교 개혁

혁명의 시대

근대 민족 국가의 등장

현대 세계의 형성

그리스 인의 미덕, 중용

오늘날 사람들은 무조건 '큰' 걸 좋아하는 것 같더구나. '큰' 나라의 국민이 되거나 '큰' 도시에 사는 걸 자랑스럽게 여기지. 오렌지나 감자도 '큰' 걸 좋아하고 죽어서도 '큰' 무덤에 묻히길 바란단다.

그런데 고대 그리스의 시민들은 우리가 이런 얘기를 하면 고개를 갸우뚱할 거야. '중용'을 중요한 신조로 여긴 그리스 인들은 크기만 크다고 해서 가치가 있는 것이라고 생각하지 않았지. 그들에게 중용은 특별한 경우에만 적용되는 미사여구가 아니었단다. 중용이라는 좌우명은 요람에서 무덤까지 평생의 삶에 지대한 영향을 미쳤어. 중용은 문학의 중요한 주제였고 작지만 완벽한 신전을 짓는 데도 반영되었지. 남자들이 입는 옷과 여자들의 반지나 팔찌에도 중용의 가치관이 담겨 있었어. 또한 건전한 양식을 가진 극장 관객에게 해로운 영향을 주는 극작가가 있다면 당장에 도시 밖으로 쫓겨났다고 하더구나.

그리스 인들은 특히 정치가나 유명한 운동선수들에게 중용의 미덕을 요구했단다. 한번은 스파르타 출신의 달리기 선수가 자신이 헬라스에서 한 발로 오래 서 있기를 가장 잘한다고 말하자, 사람들은 참 쓸데없는 것을 자랑한다며 그를 도시에서 쫓아내 버렸지.

너희가 이렇게 말할지도 모르겠구나. "괜찮은 것 같아요. 중용과 완벽함을 추구하는 건 확실히 훌륭한 미덕이죠. 그런데 고대 세계에서 왜 유독 그리스 인들에게서 그런 미덕이 발달했나요?" 아빠는 그 질문에 대한 답으로 그리스 인들이 살아가는 방식에 대해 이야기해 보려고 한단다.

그리스의 도시는 곧 국가다

이집트나 메소포타미아에서는 평범한 사람들이 최고 통치자의 '하인'에 불과했어. 신비로운 통치자는 그들과 아주 멀리 떨어진 폐쇄된 궁전 안에 있었고 좀처럼 대중 앞에 잘 나서질 않았지. 반면에 그리스 인들은 100여 개나 되는 독립된 소도시의 '자유 시민'이었어. 그 당시 도시는 현대의 지방 소도시보다도 훨씬 작았어. 우르에 사는 어느 농부가 자신이 바빌로니아 사람이라고 하면, 그건 서아시아의 지배자가 된 왕에게 공물을 바치는 수많은 사람 중 하나라는 말이었어. 하지만 그리스 인이 아테네나 테베 사람이라고 하면, 자신은 누구의 지배도 받지 않고 광장에서 자기의 의지를 충분히 표현할 수 있는 도시의 시민이라는 말이었지.

그리스 인에게 조국은 자기가 태어난 땅이었어. 유년 시절 아크로폴리스의 건물 기둥 뒤에서 숨바꼭질을 하고 너희처럼 친구끼리 서로 별명을 지어 부르며 놀면서 자란 곳이었지. 그들의 조국은 부모가 묻혀 있는 신성한 땅이었어. 높은 성벽 안에서 아내와 아이들이 안전하게 살아가는 가정과 같은 곳이었어. 기껏해야 500~600평의 대지 위에 도시를 세우고 살았던 거야. 이러한 환경은 사람이 행동하고 말하고 생각하는 데 어떤 영향을 미쳤을까? 바빌로니아와 아시리아, 이집트에서 산다는 건 수없이 많은 군중 안에서 지극히 보잘것없는 한 사람으로 사는 거였어. 말 그대로 거대한 군중 속에 파묻혀 버렸지. 반면 그리스 인은 주변 환경과 직접적으로 맞닥뜨려야 했어. 작은 도시 안에서 서로 모르는 사람이 한 명도 없었지. 항상 교양 있는 이웃이 자기를 지켜본다고 느꼈어. 자기가 무슨 일을 하든, 어떤 희곡을 쓰든, 어떤 조각이나 음악을 만들든 그 분야에 정통한 이웃들이 평가를 내린다는 걸 알고 있었지. 때문에 완벽을 추구할 수밖에 없었고 완벽함은 중용 없이는 불가능하다는 걸 어릴 때부터 알게 되었단다.

이러한 엄격한 환경 속에서 그리스 인들은 탁월한 능력을 발휘할 수 있었어. 현대인들도 감히 따라가기 힘든 새로운 정치 형태와 문학 형식, 예술의 새로운 이상들을 창조해 냈지. 그들은 오늘날 작은 마을 규모에 해당하는 곳에서 이처럼 기적 같은 일들을 수행했던 거야.

마침내 일이 터지고 말았어!

아크로폴리스의
파르테논 신전

선사 시대

고대 동방 문명

고대 그리스 문명

고대 로마 문명

중세 시대

르네상스와 종교 개혁

혁명의 시대

근대 민족 국가의 등장

현대 세계의 형성

기원전 4세기경 마케도니아의 알렉산더 대왕이 세계를 정복했지. 알렉산더 대왕은 정복 전쟁을 마치자마자 진정한 그리스의 정신을 모든 인류에게 전파하려고 마음먹었어. 그는 그리스의 문화를 가져다가 자기가 새롭게 정복한 지역에서 꽃을 피우고 열매를 맺게 하려고 했지. 하지만 그리스 인들은 낯익었던 신전이 눈앞에서 사라지고 익숙했던 마을 골목의 소리와 냄새를 잃게 되자, 옛날 도시국가의 영광을 위해 힘써 일하며 느낀 기쁨과 중용에 대한 감각도 상실하고 말았어. 안타깝게도 이류 작품에 만족해하는 저급 예술가로 전락하고 만 거야. 옛 헬라스의 도시국가들이 거대한 나라의 손에 넘어가는 날, 고대 그리스의 정신도 영원한 죽음을 고했단다.

그리스의 자치 정부

선사 시대

고대 동방 문명

고대 그리스 문명

고대 로마 문명

중세 시대

르네상스와 종교 개혁

혁명의 시대

근대 민족 국가의 등장

현대 세계의 형성

그리스에 소수의 권력층이 등장하다

초기에 그리스 인들은 모두가 부유하거나 모두가 가난했어. 모든 사람이 소와 양 몇 마리씩은 소유하고 있었지. 각자의 집은 자신의 성이나 마찬가지였어. 원하는 대로 이웃집에 자유롭게 오고갈 수도 있었단다. 공적으로 중요한 문제에 대해 의견을 모아야 할 때마다 모든 시민들이 광장에 모여들었고, 마을에서 가장 나이 많은 사람을 대표로 뽑았어. 마을의 대표는 모든 사람이 자신의 의견을 표현할 수 있도록 돕는 역할을 했지. 전쟁이 일어났을 때는 열정이 있고 자신감이 넘치는 사람을 지휘관으로 선출했단다. 그리고 사람들은 전쟁이 끝나면 지휘관의 권한을 없앨 수 있는 권리도 가지고 있었어.

그러다가 마을의 규모가 점차 커져 도시로 발전하게 되었어. 어떤 사람들은 열심히 일하는가 하면 또 어떤 사람들은 게으름을 피우기도 했지. 운이 나빠 가난해지는 사람도 있었고 부정한 방법으로 이웃을 속여서 재산을 모으는 사람도 있었어. 결과적으로 도시에 사는 사람들은 더 이상 평등해질 수 없었지. 오히려 소수의 부유층과 다수의 빈

곤층으로 분열되고 말았어.

그리고 다른 변화도 일어났는데, 전쟁을 승리로 이끌어 '족장'이나 '왕'으로 추대 받던 옛 지휘관들이 무대에서 사라져 버린 거야. 대신 그 자리를 귀족이 차지했지. 귀족은 시간이 흐르면서 부정한 방법으로 농장과 재산을 소유했어.

귀족은 평민인 자유민보다 더 많은 혜택을 누렸지. 동부 지중해의 시장에서 최고급 무기를 사들일 수 있었어. 전투 기술을 익힐 수 있는 여가 시간도 충분히 많았지. 집도 튼튼하게 지었고 개인적으로 병사를 사서 집을 지키게 했어. 귀족들은 도시의 통치권을 서로 차지하려고 늘 분쟁을 일으켰단다. 싸움에서 이긴 귀족은 도시에서 왕 노릇을 했어. 야심 있는 다른 귀족에게 죽임을 당하거나 쫓겨나기 전까지는 그 도시를 다스렸지.

이렇게 용병의 힘을 빌려 왕처럼 권한을 행사하는 사람을 '참주'라고 불렀단다. 기원전 7~6세기에 그리스의 모든 도시가 참주에 의해 통치되었지. 하지만 이 상태가 오래 가지는 못했어. 얼마 있지 않아 개혁의 바람이 불었고 세계 역사상 길이 남을 만한 최초의 민주 정치가 싹을 틔우게 된 거야.

개혁의 바람이 불다

기원전 7세기 초에 아테네 시민들은 조상인 아카이아 족이 했던 것처럼 다수의 자유민에게 더 많은 참정권을 주기로 했어. 시민들은 드라콘이라는 사람에게 부자로부터 가난한 사람들을 보호할 수 있는 법을 제정해 줄 것을 요청했지. 드라콘은 곧바로 작업에 착수했는데, 불행히도 전문적인 법률가였지만 실생활과 동떨어진 법을 제정했어. 그의 눈에는 범죄는 말 그대로 그냥 범죄였어. 아테네 시민들이 보니 드라콘의 법은 너무 엄격해 실제로 적용하기가 부담스러웠지. 사과 하

선사 시대

고대 동방 문명

고대 그리스 문명

고대 로마 문명

중세 시대

르네상스와 종교 개혁

혁명의 시대

근대 민족 국가의 등장

현대 세계의 형성

나만 훔쳐도 사형 죄에 처해야 했으니 범죄자의 목에 맬 밧줄도 모자랄 판이었어.

다시 아테네 시민들은 좀 더 인간적인 개혁가를 물색했지. 마침내 괜찮은 사람을 찾아냈어. 바로 솔론이라는 인물이었지. 그는 귀족 출신이었고 세계 각지를 돌아다니면서 각 나라의 정치 형태를 연구한 사람이었어. 요청을 받은 솔론은 그리스 인의 미덕인 중용과 조화를 이루는 법률을 만들어 시민들에게 제시했어. 그는 일반 농민의 처지를 개선하면서도 국가에 크게 이바지하고 있는 귀족들의 기득권은 침해하지 않으려 했지. 재판관이 함부로 권한을 남용해 힘이 없는 계층이 불이익을 받지 않게 하려고 불만이 있는 시민은 아테네 시민 30명으로 구성된 배심원단 앞에서 발언할 권한을 부여해 주었어.

무엇보다 중요한 건 솔론이 자유민에게 도시의 행정에 관심을 갖게 만들었다는 사실이야. 더 이상 "난 오늘은 바빠서 안 돼."라든가 "비가 와서 집밖에 나가면 안 되겠어."라며 집 안에만 틀어박혀 있지 못하게 되었어. 시민들은 각자의 몫을 수행해야 했지. 도시의 회의에 참석해야 했고 국가의 안전과 번영을 위해 맡은 의무를 다해야 했어.

그리스의 개혁가
솔론

'데모스(demos)', 즉 시민에 의해 이러한 정치 형태는 성공하지 못할 때도 많았어. 쓸데없는 탁상공론이 많았던 거지. 명예를 얻으려는 사람들이 경쟁하면서 추한 모습도 많이 보였어. 그럼에도 그리스 시민들은 자치 정부를 통해 독립과 상호 협력이 무엇보다 소중한 가치라는 걸 배우게 되었단다.

그리스 인의 생활

그리스의 노예는 어떤 사람들이었나?

너희가 이렇게도 물을 수 있을 것 같구나. "고대 그리스 인들이 나 랏일을 하러 광장으로 모두 가 버리면 가정은 누가 돌봤어요?" 이번 장에서는 그 이야기를 해 보려고 한다.

그리스 민주주의에서 정치와 관련된 일을 하는 건 시민 계급, 즉 자 유민에게만 인정되었어. 그리스의 도시에 사는 사람들은 소수의 시민 과 다수의 노예, 그리고 극소수의 외국인으로 이루어져 있었지.

아주 드물게 (주로 전쟁이 벌어져 남자가 필요할 때) 그리스 인들은 '야만 인' 이라고 불리는 외국인들에게 시민권을 주기도 했단다. 하지만 아 주 예외적인 경우였지. 시민권은 출생과 관련 있었거든. 만약에 아버 지와 할아버지가 아테네 사람이라면 나도 아테네 사람이 되는 거야. 그런데 내가 상인이나 군인으로서 굉장히 뛰어난 사람이더라도 부모 가 아테네 사람이 아니라면 나는 죽을 때까지 '외국인' 신분인 거지.

그러므로 그리스의 도시는 왕이나 참주가 지배했던 때를 제외하고 자유민이 운영했다고는 하지만, 시민의 대여섯 배나 되는 노예가 없었다면 도시 자체가 유지되기 힘들었을 거야. 오늘날 시간과 힘을 들여 가족을 부양하고 아파트의 집세를 내는 역할을 당시의 노예들이 담당했다고 보면 돼.

노예들은 도시 전체를 위해 음식을 만들고 빵을 굽고 촛대를 만들었어. 재단사, 목수, 보석 세공사, 교사, 회계 관리원은 모두 노예가 맡았어. 주인이 전쟁과 평화에 대한 토론을 위해 집회에 참석하거나, 아이스킬로스의 최신 연극을 보기 위해 극장에 가거나, 에우리피데스의 혁명에 대한 강연을 들으러 외출할 때, 노예들은 가게를 보거나 작업장을 관리해야 했어.

사실 고대 아테네는 근대에 등장한 사교 클럽과 비슷했지. 자유민은 모두 세습 가능한 회원이었고, 노예는 주인의 시중을 들면서 그렇게 조직의 일원이 되는 것에 만족해야 했어.

그런데 그리스의 노예는 「톰 아저씨의 오두막」에 나오는 노예와는 달랐단다. 죽을 때까지 밭에서 일해야 하는 노예의 처지가 좋을 리 없겠지만, 자유민이라도 농장에 고용되어 일해야 하는 처지라면 비참하기는 마찬가지 아니겠어? 더구나 도시에 사는 노예들은 빈민에 속하는 자유민보다 좀 더 풍요로운 생활을 할 수 있었어. 중용을 좋아하는 그리스 인들은 노예를 로마 인들처럼 잔인하게 다루지 않았지. 로마에서는 노예들이 공장의 기계처럼 혹사당해야 했고 사소한 잘못이라도 하면 사자의 밥이 되기 일쑤였거든.

그리스의 시민들은 노예제를 필수적인 제도라고 생각했어. 노예가 없으면 도시가 진정으로 문명화된 사람들의 보금자리가 될 수 없다고 믿은 거지.

노예들은 오늘날 사업가나 전문가들이 하는 업무를 수행하기도 했어. 너희 엄마와 아빠를 보면 알겠지만 가정을 꾸려 나가는 일은 정말 많은 시간과 노력을 필요로 하는 일이야. 여가와 휴식의 가치를 알고 있던 그리스 인들은 가정 일을 최소한으로 줄임으로써 극도로 단순한 생활을 즐겼단다.

선사 시대

고대 동방 문명

고대 그리스 문명

고대 로마 문명

중세 시대

르네상스와 종교 개혁

혁명의 시대

근대 민족 국가의 등장

현대 세계의 형성

자유 시민들의 소박한 가정생활

그리스 인들의 가정은 매우 소박했어. 심지어 부유한 귀족들도 흙으로 만든 헛간 같은 집에서 살았어. 특별히 편의 시설도 없었지. 그리스 인들의 집은 정말 단순하게 벽 네 개와 지붕 하나로 이루어져 있었단다. 도로 쪽으로 문이 하나 나 있었지만 창문은 없었어. 부엌과 거실, 침실은 안뜰 주위에 위치해 있었어. 안뜰에는 관상용으로 작은 분수나 조각상 화초 등을 가져다 놓았지. 가족들은 비가 오지 않거나 춥지 않으면 이 안뜰에서 지냈단다. 안뜰 한쪽에서는 요리사(노예)가 음식을 준비했고 다른 쪽에서는 가정교사(역시 노예)가 아이들에게 글과 구구단을 가르쳤어. 또 다른 쪽에서는 이 집의 안주인(결혼한 여성은 집밖으로 자주 다니지 않는 것을 미덕으로 여겼음)이 여자 노예들과 남편의 외투를 바느질하고 있었어. 대문 오른쪽에 있는 작은 사무실 공간에서는 주인이 농장 감독(역시 노예)이 보고서를 가지고 오길 기다리고 있었지.

식사가 준비되면 가족들은 한자리에 모여 앉았어. 음식은 간소했기 때문에 식사 시간은 길지 않았어. 그리스 인들은 먹는 것을 즐기지 않고 필요악으로 여겼던 것 같아. 먹는 것으로 시간 때우는 일 같은 건 하지 않았지. 사람들은 식사 때 빵과 포도주, 소량의 고기와 푸른 채소 등을 먹었어. 물은 필요하지 않으면 최대한 마시지 않으려고 했지. 물이 건강에 좋지 않다고 생각했거든. 그리고 지인끼리 서로 집에 초대하는 걸 좋아했어. 하지만 잔치를 벌였던 것은 아니야. 과식하는 것에 대해 좋지 않게 생각했지. 그저 식탁에 둘러앉아 물 탄 포도주를 마시며 고상하고 우아한 이야기를 나누는 걸 좋아했어. 물론 과음도 아주 싫어했지.

식당뿐 아니라 그들이 입는 옷을 보아도 얼마나 검소했는지 알 수 있어. 옷을 깨끗하게 손질했고 머리와 수염을 단정하게 깎았어. 체육관에 가서는 운동이나 수영으로 심신을 건강하게 단련시켰지. 알록달

록하고 화려한 무늬의 동양식 패션을 따르지 않고 단출하게 하얀색 긴 코트를 입었지.

남편은 아내가 장신구를 착용하는 걸 좋아했지만 다른 사람에게 재산이나 아내를 과시하는 건 천박하다고 생각했어. 그래서 여자가 외출할 때는 가능한 다른 사람의 시선을 끌지 않게 했지.

그리스 인의 생활은 한 마디로 말하면 중용과 검소라고 할 수 있단다. 의자, 탁자, 책, 집, 마차와 같은 '물건들' 은 주인의 시간을 빼앗기 마련이지. 그래서 물건이 오히려 주인을 노예로 만들고 물건을 닦고 손질하는 데 시간을 낭비하게 한다고 생각했지. 그리스 인들은 무엇보다 정신과 육체가 모두 자유로워지길 원했어. 자유를 계속해서 누리기 위해, 그리고 영혼이 진정으로 자유로운 상태에 이르기 위해 가능한 일상의 일들을 줄이려고 했던 거야.

선사 시대

고대 동방 문명

고대 그리스 문명

고대 로마 문명

중세 시대

르네상스와 종교 개혁

혁명의 시대

근대 민족 국가의 등장

현대 세계의 형성

그리스의 연극

최초의 연극은 어떻게 시작되었을까?

그리스는 헬라스에서 펠라스기 족을 쫓아내고 트로이를 무너뜨린 용감한 선조들을 찬양하는 시를 초기부터 모으기 시작했어. 이 시들은 공공장소에서 낭독되었고 이를 듣기 위해 많은 사람들이 몰려들었지. 하지만 연극은 이처럼 영웅들의 이야기를 낭송하는 것에서 발전된 건 아니었어. 연극의 기원은 아주 특이해서 따로 장을 마련해서 이야기해 주고 싶었어.

그리스 인들은 늘 가두 행진을 하는 걸 좋아했단다. 매년 그들은 술의 신 디오니소스를 기리면서 장엄한 행진을 진행했지. 그리스 인이라면 누구나 포도주(그리스 인에게 물은 단지 수영이나 항해를 할 때나 필요한 것이었음)를 마셨기 때문에 디오니소스는 아주 인기가 많았어. 너희가 음료수를 좋아하는 것처럼 말이야.

디오니소스는 사티로스(반은 인간이고 반은 염소인 괴물)와 함께 포도밭에 산다고 믿었기 때문에, 사람들은 진짜 염소 가죽을 뒤집어쓰고 발

선사 시대

고대 동방 문명

고대 그리스 문명

고대 로마 문명

중세 시대

르네상스와 종교 개혁

혁명의 시대

근대 민족 국가의 등장

현대 세계의 형성

굽을 달고 행진에 참가했어. 그리스어로 염소는 '트라고스'이고 가수
는 '오이도스'야. 그래서 염소처럼 메에~ 메에~ 노래하는 가수를 염
소 가수를 뜻하는 '트라고스 오이도스'라고 했단다. 이 특이한 이름은
'트래저디(tragedy, 비극)'라는 단어로 발전했어. 비극은 결말이 불행한
연극을 가리키지. 마찬가지로 결말이 행복한 연극은 코미디(comedy,
실제로 명랑한 노래라는 뜻)라고 해.

그럼 너희는 궁금해 하겠지? 염소처럼 분장한 가면 무도자들이 시
끄러운 소리를 내는 것이 어떻게 2,000년 동안 세계 연극의 주류를 이
룬 비극으로 발전할 수 있었는지 말이야.

**그리스 아테네에 있는
헤로데스 아티쿠스 극장**

염소 가수와 햄릿 사이의 연결 고리는 실은 아주 단순하단다.

처음에는 염소로 분장한 합창단을 보려고 사람들이 몰려들었지. 그런데 듣다 보면 염소 소리에 싫증을 느끼게 돼. 그리스 인들은 지루한 걸 추악함이나 질병 못지않게 악한 것으로 여겼거든. 사람들은 더 재미있는 걸 요구했어. 그때 아티카의 이카리아에서 온 젊은이가 기발한 아이디어를 냈는데 반응이 꽤 좋았어. 그는 염소 합창단에서 한 명이 앞으로 나와 뿔피리를 부는 지휘자와 대화를 나누게 했어. 이 사람은 줄에서 이탈해도 상관없었지. 지휘자에게 질문을 할 때 팔을 흔들고 여러 가지 몸짓(다른 사람들은 노래하면서 가만히 서 있을 때 이 사람은 '연기'를 했음)을 했지. 이때 질문을 들은 지휘자는 시인이 써 준 파피루스 두루마리를 펼쳐 들고 대답을 했단다.

디오니소스나 다른 신들의 이야기를 담은 준비된 대화(대사)는 사람들에게 인기를 끌었어. 그래서 모든 디오니소스 행진에는 이처럼 '연기 장면'이 추가되었어. 나중에는 이 연기가 행진이나 메에~ 메에~ 하는 노래보다 더 중요해졌지.

그리스의 연극, 대중오락으로 발전하다

아이스킬로스는 평생(기원전 526년~기원전 455년) 극본을 80편 이상이나 쓴 성공한 비극 작가였어. 그는 극 중에 한 사람이 아닌 두 사람을 등장시키는 과감한 시도를 했어. 한 세대가 지난 후 소포클레스는 배우를 세 사람으로 늘렸지. 5세기 중반에 에우리피데스가 끔찍한 비극을 쓰기 시작했을 때는 원하는 대로 배우들을 등장시켰어. 아리스토파네스가 올림포스의 신들을 포함하여 모든 사람과 사물을 비꼬는 희극을 썼을 때는 뒤에 서 있는 합창단의 역할을 그저 구경꾼으로 축소시켜 버렸지. 주인공이 신의 뜻을 거역하고 죄를 저지를 때만 합창단이 "정말 무서운 세상이야."라는 노래를 부르는 정도였어.

이 새로운 형태의 오락인 연극을 하려면 적당한 무대가 필요했어. 그래서 곧 그리스의 모든 도시에 언덕의 바위를 깎아서 만든 극장이 생기게 되었지. 관객들은 넓은 반원형 무대 쪽을 바라보며 나무 의자에 앉았어. 반원형 무대 위에는 배우와 합창단이 올라섰어. 이들 뒤에는 천막이 있었고 천막 뒤에서 배우들은 웃는 표정의 가면이나 우는 표정의 가면을 쓰고 앞으로 나왔지. 이 천막이 그리스어로 'skene'인데 이 단어가 변해서 무대 장치를 뜻하는 지금의 'scenery'로 변했어.

비극이 그리스 인들의 생활의 일부가 되자, 이제 사람들에게 극장에 가는 것은 단순한 오락거리를 넘어서게 되었어. 아주 진지한 마음으로 극장으로 향했지. 새로 나온 연극은 선거만큼이나 중요했고 성공한 극작가는 전쟁에서 승리하고 돌아온 개선장군과 맞먹을 정도로 영웅 대접을 받았다고 해.

선사 시대

고대 동방 문명

고대 그리스 문명

고대 로마 문명

중세 시대

르네상스와 종교 개혁

혁명의 시대

근대 민족 국가의 등장

현대 세계의 형성

페르시아 전쟁

전쟁의 서막이 열리다

그리스 인들은 페니키아의 학생이었던 에게 해 사람들에게 무역 기술을 배웠단다. 그래서 페니키아의 방식을 따라 곳곳에 거류지들을 세웠지. 그리고 페니키아의 방식을 좀 더 개선해 외국과 거래할 때 화폐를 사용했어. 기원전 6세기경 그리스는 소아시아 연안의 무역 경쟁에서 빠르게 페니키아를 앞질렀어. 물론 페니키아는 기분이 나빴지만 그리스와 전쟁을 치를 만큼 힘이 강하진 못했어. 그래서 가만히 때를 기다리고 있었지.

앞 장에서 페르시아의 유목 민족들이 갑자기 서아시아 지역으로 가서 그곳을 차지했다고 이야기했지? 페르시아는 주변 종족을 약탈할 만큼 충분히 문명화되어 있었고 매년 바치는 공물에 흡족해했어. 그렇게 소아시아 연안에 이른 페르시아는 그리스의 거류지인 리디아에 페르시아 왕을 받들고 세금을 내라고 강요했지. 그리스 인들은 거절했어. 페르시아도 다시 강요했지. 그러자 그리스 거류지들은 본국에 도움을 요청했고 그렇게 해서 전쟁의 서막이 열리게 된 거야.

사실 페르시아의 왕에게 그리스 도시국가의 정치 체제는 매우 위험해 보였어. 절대적인 페르시아 왕 앞에서 얌전한 노예처럼 지내야 할 다른 민족에게 나쁜 본보기를 보여 주었기 때문이지.

그리스 인들은 에게 해가 페르시아를 가로막고 있어 어느 정도 안심하고 있었어. 이때 오랜 적인 페니키아가 페르시아를 지원하고 나섰지. 페르시아 왕이 군대를 보내면 페니키아는 그 병력을 배로 태워 유럽으로 옮길 생각이었어. 기원전 492년 아시아는 한창 성장하고 있는 유럽을 파괴할 준비를 하고 있었던 거야.

페르시아 왕은 마지막 경고로 사신을 보내 그리스에게 항복의 표시로 '흙과 물'을 요구했어. 그러자 그리스 인들은 지체 없이 사신들을 흙과 물이 많은 우물 속에 처넣어 버렸지. 평화는 이미 물 건너가고 말았어.

제1차 페르시아 전쟁이 발발하다

올림포스의 신들이 후손들을 지켜보고 있었는지 페르시아 군대를 태운 페니키아의 배들이 아토스 산 근처에 이르자 폭풍의 신이 볼이 빵빵해질 만큼 바람을 힘껏 불어 댔어. 그 바람에 배는 모두 침몰되고 페르시아 군대도 모두 물속에 빠져 죽고 말았지.

2년 후에 페르시아는 더 많은 병력을 동원해 쳐들어왔어. 이번에는 에게 해를 건너 마라톤이라는 도시에 상륙했단다. 이 소식을 들은 아테네 사람들은 마라톤 평원을 둘러싸고 있는 언덕을 지키기 위해 1만 명의 군사를 보냈어. 그와 동시에 가장 달리기가 빠른 병사를 스파르타에 보내 도움을 요청했지. 하지만 평소 아테네의 명성을 시기하던 스파르타는 구원 요청을 거절했어. 1,000명의 지원병을 보낸 플라타이아이를 제외한 다른 도시들도 사정은 마찬가지였어. 기원전 490년 9월 12일 아테네의 사령관 밀티아데스는 적은 병력으로 거대한 페르

선사 시대
고대 동방 문명
고대 그리스 문명
고대 로마 문명
중세 시대
르네상스와 종교 개혁
혁명의 시대
근대 민족 국가의 등장
현대 세계의 형성

시아 군대를 향해 돌진했어. 그리스 군대는 비처럼 쏟아지는 활과 창을 헤치고 무질서한 페르시아 군대를 닥치는 대로 공격했지.

그날 밤 아테네 시민들은 불타는 배의 불길로 붉게 물든 하늘을 바라보면서 초조하게 소식을 기다리고 있었단다. 마침내 북쪽에서 작은 먼지 구름이 일어났어. 바로 그리스의 달리기 선수이자 전령인 페이디피데스였지. 그는 도착하자마자 지쳐 쓰러져 거의 숨이 넘어갈 지경이었어. 불과 며칠 전에 스파르타에 전령으로 보내졌다가 다시 돌아와 밀티아데스 군대에 합류했었지. 당일 아침 공격에 가담했던 페이디피데스는 사랑하는 조국에 승리의 소식을 알리기 위해 쉬지 않고 이렇게 달려왔던 거야. 사람들이 그를 부축하러 달려오자, 그는 "우리가 이겼다!"라는 말을 내뱉고는 그 자리에서 숨지고 말았어. 모든 사람이 그의 영광스러운 죽음을 오래도록 기억했지.

마라톤 전투의 승리를 아테네 사람들에게 알리는 그리스 병사

페르시아는 패배 후 다시 한 번 아테네 근처에 상륙을 시도하지만 아테네 군사들이 철통같이 방어하는 바람에 더 이상 공격하기가 어려웠어. 결국 페르시아는 물러나고 헬라스 땅에 평화가 찾아왔지.

제2차 페르시아 전쟁이 발발하다

그렇게 8년이 지났지만 그리스 인들은 방심할 수 없었어. 다시 페르시아가 공격해 올 때 어떻게 방어할지 그리스 국내에서 의견이 일치되지 않았지. 어떤 사람들은 육군을 늘려야 한다고 주장했고 또 다른 사람들은 강한 함대가 필요하다고 주장했어. 육군의 증강을 주장하는 아리스티데스와 해군의 강화를 주장하는 테미스토클레스를 중심으로 두 분파가 나눠져 격렬하게 다툼을 벌였지. 결국 아리스티데스가 추방당하자 테미스토클레스는 함대를 만들고 피레에프스를 강한 해군 기지로 만들었어.

기원전 481년 막강한 페르시아 군대가 그리스의 북부 지역인 테살리아에 다시 나타났어. 위급한 시기가 되자 군사 강국인 스파르타가 전체 지휘를 맡게 되었어. 하지만 스파르타는 자기 도시만 무사하다면 북부 지역이 어떻게 되든 신경 쓰지 않았지. 그래서 페르시아 군대가 그리스로 들어오는 길목에 대한 방비를 게을리했어.

레오니다스의 지휘 아래 있는 스파르타의 파견대는 테살리아와 남부 지역을 연결하는 좁은 길목을 지키라는 명령을 받았어. 레오니다스는 명령에 복종했지. 그 길목을 지키기 위해 적군과 있는 힘을 다해 싸웠어. 하지만 에피알테스라는 배신자가 말리스로 돌아가는 지름길로 페르시아 군대를 안내했고 레오니다스의 뒤를 공격할 수 있게 했지. 그래서 테르모필레 근처에서 격렬한 전투가 벌어졌어. 그리고 밤이 되자 레오니다스와 충직한 병사들은 적의 발 앞에 모두 쓰러지고 말았단다.

선사 시대

고대 동방 문명

고대 그리스 문명

고대 로마 문명

중세 시대

르네상스와 종교 개혁

혁명의 시대

근대 민족 국가의 등장

현대 세계의 형성

**테르모필레 전투의
레오니다스**

결국 길이 뚫리고 그리스의 많은 지역이 페르시아 군대의 손에 들어갔어. 페르시아 군은 아테네로 진격했고 아크로폴리스에 유격대를 보내 도시를 불태우게 했지. 아테네 사람들은 모두 살라미스 섬으로 피신했고, 모든 게 끝나 버린 것처럼 보였어. 하지만 기원전 480년 9월 20일 테미스토클레스는 살라미스 섬과 육지 사이에 흐르는 해협에서 페르시아와 접전을 벌인 끝에 적의 함대 중 4분의 3을 격파시켰지.

테르모필레에서 승리했음에도 불구하고 페르시아의 왕 크세르크세스는 물러날 수밖에 없었어. 내년에는 꼭 승부를 내겠다고 결심한 그는 테살리아에 군대를 주둔시키고 봄이 오길 기다렸단다.

한편, 스파르타는 이제야 사태의 심각성을 깨닫게 되었지. 더 이상 자기 울타리만 안전하게 지켜서는 안 된다고 판단하고 적극적으로 전쟁에 가담했어. 스파르타 군대는 코린트 지협을 건넜고 파우사니아스의 지휘 아래 페르시아 장군인 마르도니우스를 향해 돌격했어. 그리스 연합군(열두 개 도시에서 온 10만 명의 군대)은 플라타이아이 근처에서 적의 30만 대군을 맞섰단다. 다시 한 번 강력한 그리스 보병대가 적의 화살을 뚫고 진격했어. 이 전투에서 페르시아는 마라톤 전투에서처럼 패배하고 순순히 돌아갔지. 우연의 일치인지 바로 그날 소아시아의 미칼레 곶에서 아테네 해군도 적의 함대를 물리쳤어!

이렇게 아시아와 유럽의 첫 번째 만남이 끝이 났어. 아테네는 영광을 얻었고 스파르타는 용감하게 잘 싸웠어. 일찍이 두 도시가 협정을 맺었다면, 그리고 사소한 시기 질투를 버렸다면, 통합된 헬라스의 지도자로 우뚝 섰을지도 모르지.

그런데 어떡하나! 승리와 열정의 시간은 지나가 버리고 똑같은 기회는 두 번 다시 돌아오지 않았어.

페르시아의 크세르크세스

아테네 vs. 스파르타

달라도 너무 다른 두 도시국가

아테네와 스파르타는 둘 다 그리스의 도시국가였고 같은 언어를 사용했어. 하지만 그것 빼고는 모든 면에서 달라도 너무 달랐지. 아테네는 드넓은 평원에 세워진 도시였단다. 그래서 아테네 사람들은 에게해에서 불어오는 산들바람을 맞으며 눈앞에 펼쳐진 세상을 낙관적으로 바라보았어. 반대로 깊은 골짜기에 자리 잡은 스파르타는 외부의 사상과 문화가 들어오지 못하도록 주위의 높은 산을 장벽으로 삼았단다. 아테네는 해상 무역이 활발하게 이루어지는 상업 도시였던 데 반해, 시민 대부분이 군인이었던 스파르타는 거대한 군대 조직과도 같았지. 아테네 사람들은 따사로운 햇볕을 맞으며 시를 읊거나 철학자의 지혜로운 말을 듣는 걸 좋아했어. 그러나 스파르타 사람들은 문학과 관련된 글은 한 줄도 쓰지 않았고 오로지 싸우는 것만 좋아하고 싸우는 법만 가르쳤지. 그들의 모든 능력을 최고의 군대를 만드는 데에만 쏟았던 거야.

페리클레스의
전사자 추도 연설

이 칙칙한 스파르타 사람들이 아테네의 번영과 발전을 질투한 건 어쩌면 당연한 일이었겠지. 아테네 사람들은 처음에 조국을 지키는 데 쏟았던 힘을 이제는 좀 더 평화롭고 아름다운 일에 사용하게 되었어. 아크로폴리스를 재건하고 아테나 여신의 신전인 파르테논을 쌓았단다. 아테네 민주주의의 전성기를 이끈 페리클레스는 실력 있는 조각가와 화가, 과학자들을 불러 모으려고 먼 곳까지 사람을 보냈어. 도시를 아름답게 꾸미고 청년들에게 애국심을 고취시키기 위해서였지. 동시에 스파르타에 대한 경계도 늦추지 않았어. 바다를 끼고 성벽을 높게 쌓아 당시로서는 가장 강한 요새를 만들었다고 하더구나.

펠로폰네소스 전쟁이 일어나다

처음에는 아테네와 스파르타 사이에 얼마간 사소한 다툼이 일어나

선사 시대

고대 동방 문명

고대 그리스 문명

고대 로마 문명

중세 시대

르네상스와 종교 개혁

혁명의 시대

근대 민족 국가의 등장

현대 세계의 형성

더니 마침내 큰 전쟁으로 확대되었단다. 두 도시국가는 약 30년간 전쟁(펠로폰네소스 전쟁, B.C.431~B.C.404)을 지속했는데, 결국 아테네가 비참하게 패하고 말았어.

불행히도 전쟁이 시작되고 처음 3년 동안 아테네에 전염병이 돌았단다. 전염병으로 아테네 사람 절반 이상이 죽고 위대한 지도자 페리클레스마저 세상을 떠나게 되었지. 전염병이 창궐한 이후 정치도 매우 혼란해졌어. 이때 알키비아데스라는 젊고 유능한 정치가가 새로운 지도자로 추대되었지. 알키비아데스는 본토에서 스파르타를 꺾기 어렵다고 판단해 스파르타의 식민지인 시칠리아의 시라쿠스를 습격하자고 제안했어. 곧 원정대가 소집되고 모든 준비가 완료되었는데, 아뿔싸 이게 웬일! 알키비아데스가 사소한 다툼에 연루되어 규탄받고 결국 스파르타로 도망갔지 뭐야. 뒤를 이은 사령관은 너무 무능한 사람이었어. 해군 함대를 잃더니 다시 육군마저 잃고 말았지. 그나마 살아남은 아테네 군인들은 포로가 되어 시라쿠스의 채석장으로 끌려가 굶어 죽었단다.

이 원정으로 아테네의 청년들 대부분이 목숨을 잃었다고 하는구나. 아테네의 운명은 이미 정해진 거나 다름없었어. 아테네는 스파르타군의 오랜 포위 끝에 결국 기원전 404년 4월 두 손 들고 항복을 선언했지. 아테네의 높았던 성벽이 무너지고 막강한 해군도 스파르타군 앞에서 맥을 못 추었어. 더 이상 아테네는 패권을 장악한 식민 제국의 중심지가 아니었던 거야. 그렇지만 아테네의 전성기에 보여 준 자유 시민들의 지혜와 진리에 대한 남다른 욕구는 해군이나 성벽과 함께 무너지지 않았지. 그 열정은 오래도록 살아남아 역사 속에서 점점 빛을 발하게 되었단다.

아테네는 더 이상 그리스 제국의 운명을 좌우하지 못했어. 그러나 지혜의 전당인 대학의 시초로서 아테네는 좁은 그리스의 국경을 넘어온 세계 지성인들의 마음속에 영향력을 미치기 시작했지.

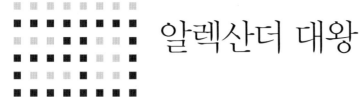

알렉산더 대왕

알렉산더 대왕이 세계 제국을 건설하다

아카이아 족은 새로운 목초지를 찾아 다뉴브 강 유역을 떠나 마케도
니아의 산악 지대에서 한동안 지내고 있었어. 이후에 그리스 사람들
은 북쪽 지역의 사람들과 다소 공식적인 관계를 유지하고 있었지. 이
를 통해 마케도니아 사람들은 계속해서 그리스의 사정을 잘 알고 있
었어.

스파르타와 아테네가 그리스의 패권을 두고 벌인 끔찍한 전쟁이 막
끝날 때 즈음 마케도니아는 필리포스라는 유능한 왕이 다스리고 있었
어. 필리포스는 문학과 예술에 담긴 그리스의 정신을 높이 평가한 반
면, 정치적인 일 때문에 스스로를 통제하지 못하는 것에 대해서는 경
멸했지. 그토록 훌륭한 사람들이 별 영양가 없는 싸움에 인재와 돈을
낭비하는 것에 굉장히 분개했어. 그래서 이 어려움을 극복하기 위해
자신이 그리스 전체의 지도자가 될 것을 결심하고 원정을 떠나려 했
어. 즉, 150년 전에 크세르크세스 왕이 그리스를 침공한 것에 대한 답
례로 페르시아를 찾아간다는 것이었지.

선사 시대

고대 동방 문명

고대 그리스 문명

고대 로마 문명

중세 시대

르네상스와 종교 개혁

혁명의 시대

근대 민족 국가의 등장

현대 세계의 형성

정복자 알렉산더 대왕

*아리스토텔레스
(B.C. 384~B.C. 322)
소크라테스, 플라톤과 함께
고대 그리스의 대표적인 철학
자이다. 고대 그리스 철학을
종합적으로 정리하였고 이후
에 스콜라 철학을 비롯한 전
반적인 학문 세계에 큰 영향
을 끼쳤다.

하지만 필리포스는 원정을 준비하는 도중에 누군가에게 살해를 당했어. 아테네를 파멸시킨 원수를 갚는 일이 이제 필리포스의 아들 알렉산더의 몫으로 돌아갔어. 알렉산더의 스승이 그리스 최고의 철학자 아리스토텔레스*야.

알렉산더는 기원전 334년 봄에 유럽과 작별 인사를 하고 7년 후에 인도에 이르렀어. 그 사이에 그리스 상인들의 오랜 경쟁자인 페니키아를 무너뜨리고 이집트도 정복했어. 나일 강 유역의 사람들은 알렉산더를 파라오의 아들이자 상속자로 떠받들었지. 알렉산더는 페르시아의 마지막 왕을 무찔러 페르시아 제국도 멸망시켰고 바빌로니아를 재건하라고 명령을 내렸어. 히말라야 산맥의 중심지에 군대를 이끌고 가기도 했어. 이렇게 그는 전 세계를 마케도니아의 통치 아래 두었지. 그런 다음 영토 확장을 멈추고 더 야심찬 계획을 밝혔어.

마케도니아, 그리스의 정신을 이어받다

새롭게 만들어진 제국은 이제 그리스 정신을 본받아야 한다고 생각했지. 사람들은 그리스 어를 배우고 그리스 양식에 따른 도시를 짓고 그 안에서 살아야 했어. 알렉산드리아의 병사들은 이제 학교 교사로 변했어. 어제의 군대 주둔지가 새롭게 수입된 그리스 문명의 평화로운 중심지가 되었어. 알렉산더가 기원전 323년 바빌로니아에 있는 함무라비 왕의 옛 궁전에서 열병으로 죽기 전까지, 그리스의 양식과 문화는 엄청나게 장려되었지.

그렇게 문명의 조류가 한 번 휩쓸고 지나갔어. 물이 지나간 자리에 발달된 문명의 비옥한 토양이 남아 있었지. 순수한 야망과 자부심을 지닌 알렉산더는 결국 인류에게 귀한 공헌을 한 것이나 마찬가지야. 하지만 그가 죽은 뒤 제국은 오래 지속되지 못했어. 야심찬 장군들이 제국의 영토를 여러 개로 나눠 놓았거든. 그래도 그리스와 아시아의 범세계적인 형제애에 대한 이상은 공유하고 있었어.

로마 인들이 서아시아와 이집트를 제국 안으로 병합하기 전까지는 그들은 독립을 유지할 수 있었어. (그리스, 페르시아, 이집트, 바빌로니아의 문화가 섞여 있는) 이 독특한 헬레네 문명의 상속자들이 로마의 정복자 앞에 무릎을 꿇은 뒤에도 그 정신만은 그대로 남아 로마에 단단히 뿌리내리고 오늘날까지도 영향을 미치고 있단다.

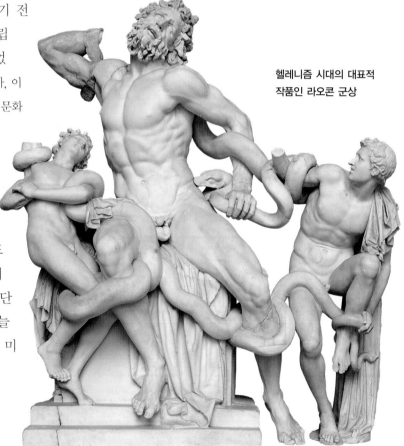

헬레니즘 시대의 대표적 작품인 라오콘 군상

선사 시대

고대 동방 문명

고대 그리스 문명

고대 로마 문명

중세 시대

르네상스와 종교 개혁

혁명의 시대

근대 민족 국가의 등장

현대 세계의 형성

중간 요약

1장에서 20장까지의 짧은 요약

높은 탑 꼭대기에서 우리는 지금까지 동쪽을 바라보고 있었어. 그런데 지금부터는 이집트와 메소포타미아의 역사가 그다지 재미있지 않단다. 그래서 눈을 돌려 서쪽 지역을 살펴보면 좋겠구나.

그러기 전에 잠깐 한숨 돌리면서 지금까지 이야기한 걸 정리해 보면 어떨까?

먼저 아빠는 선사 시대의 인류에 대해 이야기했어. 이때 인간은 아주 단순한 생활을 했고 생긴 것도 못생겼었지. 다른 동물들에 비해 자기를 보호할 능력도 없었고 다섯 개의 대륙을 어슬렁거리며 돌아다니기만 했어. 다만 동물들 중 두뇌는 가장 크고 훌륭했지.

빙하기가 찾아와 추운 날씨가 계속되면서 사람들이 지구에서 살아남기가 무척 힘들어졌어. 살고 싶으면 전보다 몇 배는 더 머리를 써야 했지. 이 '살아남고 싶은' 욕망은 마지막 숨을 거두는 순간까지 모든 살아 있는 생명체를 존재하게 하는 가장 중요한 원동력이었어. 지금도 마찬가지야. 빙하기를 살아가는 인류에게는 무엇보다도 절박한 바

선사 시대

고대 동방 문명

고대 그리스 문명

고대 로마 문명

중세 시대

르네상스와 종교 개혁

혁명의 시대

근대 민족 국가의 등장

현대 세계의 형성

람이었지. 많은 맹수들이 추위를 이기지 못하고 죽어 갔지만 인간만큼은 강인하게 살아남았어. 그뿐 아니라 빙하기가 끝나고 기후가 다시 따뜻해지자 살아가는 데 유리한 많은 것들을 배워나갔지.

초기 인류가 아주 서서히 발전해 나가고 있는데, 갑자기 나일 강 유역에 살던 사람들이 급부상해서 하룻밤 사이에 그곳이 최초로 문명의 중심지가 되었다는 이야기도 했어.

그 다음 '두 강 사이의 땅' 메소포타미아 이야기도 했지. 또 동양의 지식과 과학 기술이 에게 해라는 다리를 통해 이제 막 자라나는 서양에 전파되는 과정도 보여 주었단다.

다음에는 헬레네 족이라고 불리는 인도-유럽 인 종족에 대해서도 말했어. 이들은 수천 년 전에 아시아의 중심부를 떠나 기원전 11세기경에 그리스 반도로 들어왔어. 그때부터는 우리에게 그리스 인으로 더 많이 알려졌지. 도시지만 하나의 독립된 국가를 형성한 그리스의 도시국가들에 대해서도 이야기했지? 그리스는 고대 이집트와 아시아의 문명을 변형시켜 전보다 더 고상하고 훌륭한 문명을 만들어 냈어. 넓은 의미에서 그렇다는 거야. 무슨 말인지 알 거라 생각한다.

지도를 보면 이 시기에 문명은 반원을 그리면서 전파되었다는 사실을 알 수 있어. 처음에 이집트에서 시작해 메소포타미아를 거치고 에게 해의 섬들을 지나 유럽 대륙에 이르지. 인류 문명의 역사 중 처음 4,000년간은 이집트 인과 바빌로니아 인, 페니키아 인과 여러 셈 족 (유대인도 셈 족 중 하나였다는 사실을 기억하렴.)이 세상을 밝히는 횃불을 들었다고 할 수 있지. 그들은 이 횃불을 인도-유럽 인인 그리스 인에게 넘겨주었어. 그리스 인은 로마 인이라고 하는 또 다른 인도-유럽 인 종족의 스승이 되었지. 그리스 인이 지중해의 동쪽 절반을 장악하고 있을 때, 셈 족은 아프리카 북부 연안을 따라 서쪽으로 이동해 지중해의 서쪽 절반을 차지했어.

잠시 뒤면 너희도 알게 되겠지만 경쟁하는 두 종족 사이에 끔찍한 충돌이 벌어지고 결국 로마 제국이 승리를 거둔단다. 로마 제국은 이집트-메소포타미아-그리스 문명을 유럽 대륙의 변방으로 가져가서 오늘날 근대 유럽 문명의 토대를 이루지.

이런 이야기가 복잡하고 어렵게 들릴 수는 있지만 몇 가지 원리만 알고 있으면 이후의 역사는 훨씬 쉽게 다가갈 수 있을 거야. 지도를 보면 말로 설명하기 힘든 부분도 간단하게 이야기할 수 있어. 이제 짧은 휴식 시간을 끝내고, 다시 역사 이야기로 돌아가자꾸나. 그 유명한 카르타고와 로마의 전쟁 이야기가 우릴 기다리고 있단다.

고대 로마 문명

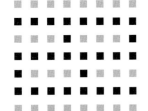

로마 vs. 카르타고

❝ 아프리카 북부 연안의 셈 족 카르타고와
이탈리아 서부 연안의 인도-유럽 인 로마가
지중해의 패권을 두고 전쟁을 벌이다 ❞

페니키아에서 카르타고가 갈려 나오다

페니키아의 무역 기지였던 카르트-하드샤트는 아프리카 해가 내려다보이는 낮은 언덕에 위치해 있었어. 아프리카 해는 아프리카와 유럽을 경계 짓는 폭이 약 140km인 해협을 말하지. 카르트-하드샤트는 무역의 중심지로서 매우 이상적인 지역이었어. 마침내 이 지역은 급속도로 성장하고 부유해졌지. 기원전 6세기에 바빌로니아의 네부카드네자르*가 티레를 멸망시키자, 카르타고는 본국과의 관계를 끊고 독립국가가 되었고 셈 족의 서쪽 전초 기지가 되었어.

불행히도 이 도시는 수천 년간 형성된 페니키아의 습성을 그대로 물려받았어. 도시는 강력한 해군이 보호하고 있었고 사람들은 인간의 도덕성보다는 경제적 실리 추구에 더 밝았지. 도시와 인근 지역, 멀리 떨어진 식민지들은 소수의 강력한 부자들에 의해 지배되고 있었어. 그리스 어로 '부유하다' 라는 말은 'ploutos' 라고 했고, 부자들에 의한 정치는 'plutocracy', 즉 금권 정치라고 했어. 카르타고에서는 금권 정치가 이루어지고 있던 거야. 나라의 실제 권력은 뒷돈을 거래

*네부카드네자르
(재위 B.C. 604~B.C. 562)
바빌로니아의 제2대 왕이다.
유대를 멸망시키고 유대 민족을 바빌로니아로 강제 이주시켰다.

하는 배 주인, 광산 주인, 상인들이 잡고 있었지. 이들은 조국을 자신에게 이익을 가져다주는 기업 정도로만 생각했어. 돈 버는 데는 누구보다도 밝았고 열정을 다해 일했지.

시간이 지나면서 주변 지역에 카르타고의 영향력이 점점 커져 갔어. 아프리카 연안의 대부분 지역과 스페인과 프랑스의 일부 지역이 카르타고의 손에 넘어갔단다. 이들은 아프리카의 강력한 도시 카르타고에 공물과 세금을 바쳐야 했지.

물론 '금권 정치'는 군중에 의해 좌우되는 경향이 있어. 일거리가 많고 봉급을 많이 주면 사람들도 대체로 만족하면서 정치인들의 행태에 눈감아 주고 까다로운 요구도 하지 않지. 하지만 일거리가 없어 배가 항구를 떠나지 못하고, 용광로에 넣을 석탄도 하나 없고, 부두 노동자들이 해고를 당하면 카르타고가 자치공화국 시절일 때처럼 함께 모여 의회를 구성했어.

이런 일을 미리 막기 위해 금권 정치가들은 도시의 사업을 최대한 활성화시켜야 했어. 이렇게 그들은 거의 500년 동안 도시를 성공적으로 운영해 왔던 거야. 그러던 중 이탈리아 서부 연안에서 이상한 소문이 들려왔어. 티베르 강 유역의 작은 마을이 갑자기 힘이 세져 중부 이탈리아에 있는 모든 라틴 부족들의 지도자로 급부상하고 있다는 거야. 게다가 로마라고 불리는 이 마을은 배를 만들어 시칠리아와 프랑스의 남부 연안까지 손을 뻗으려고 한다고 했어.

카르타고는 이런 경쟁자들을 가만히 놔둘 수 없었지. 신흥 경쟁자들을 제거하지 않으면 카르타고의 통치자들은 그동안 서부 지중해에서 누린 특권을 잃을 수밖에 없었거든. 서둘러 진상을 조사해 보니 그 소문들은 명백한 사실로 드러났어.

선사 시대

고대 동방 문명

고대 그리스 문명

고대 로마 문명

중세 시대

르네상스와 종교 개혁

혁명의 시대

근대 민족 국가의 등장

현대 세계의 형성

이탈리아 서쪽 변방에 로마가 태동하다

이탈리아의 서쪽 연안은 오랫동안 문명과는 거리가 먼 지역이었어. 그리스의 동쪽에 있는 항구들은 활기로 가득한 에게 해의 여러 섬들을 볼 수 있었지만, 이탈리아 해안의 원주민들은 지중해의 바다가 쓸쓸하게 파도치는 모습만 봐야 했지. 이들은 가난했어. 외국의 상인들도 거의 찾아오지 않았고 그저 누구의 방해도 받지 않고 그 지역의 언덕과 습지를 차지하며 살았지.

그런데 이 땅에 처음으로 침입자가 나타난 거야. 침입자들은 북쪽에서 왔어. 언제부터인지는 모르겠지만 어떤 인도-유럽계의 종족이 알프스 산맥을 넘어서 남쪽으로 밀려오기 시작했어. 어느새 이탈리아 장화의 앞쪽부터 뒷굽까지 온통 침입자들이 들어와 살았어. 이 사람들에 대해서 알려진 바는 아무것도 없어. 그들에게는 자신의 영광을 찬양할 호메로스 같은 사람도 없었지. 로마를 건설한 이야기(이 이야기도 로마가 제국의 중심지가 된 지 800년 후에 쓰임)는 단순한 우화에 불과하지 역사로 볼 수는 없단다. 로물루스와 레무스가 서로의 벽을 뛰어넘었다는 이야기는 흥미로운 이야깃거리일 뿐이야. 사실 로마 시의 건설은 생각보다 훨씬 평범하게 진행되었지. 로마는 미국의 많은 도시들이 그랬던 것처럼 물물 교환과 거래가 이루어지기 편리한 곳이었어. 이 도시는 중부 이탈리아의 평원에 자리 잡고 있었지. 티베르 강은 바다로 직접 연결되어 있었어. 북쪽에서 남쪽으로 뚫려 있는 육로도 일 년 내내 이용할 수 있었지. 그리고 강둑을 따라 늘어선 7개의 작

로물루스와 레무스

로마와 사비니 족의
싸움을 말리는
사비니의 여인들

선사 시대

고대 동방 문명

고대 그리스 문명

고대 로마 문명

중세 시대

르네상스와 종교 개혁

혁명의 시대

근대 민족 국가의 등장

현대 세계의 형성

은 언덕은 산악 지역에 사는 적들과 수평선 너머에 사는 적들로부터 주민들을 안전하게 보호하는 방패막이 역할을 했단다.

산악 지대에 있던 적은 사비니 족이라고 불렸어. 그들은 약탈을 밥 먹듯이 했고 문화는 굉장히 낙후되어 있었어. 돌도끼와 나무 방패를 가지고 철제 검을 가진 로마 인들을 상대할 순 없었지. 한편 해양 부족은 위험한 적이었어. 에트루리아 족이라고 불린 그들은 역사의 수수께끼 중 하나였지. 그들이 어디에서 왔고 왜 고향을 떠나왔는지 아무도 몰랐어. 이탈리아 해안을 따라 도시와 공동묘지, 급수 시설 유적 등이 발견되었어. 비문도 많이 발견되긴 했는데 에트루리아 문자를 해독할 수 있는 사람이 없어 무용지물일 뿐이야.

우리는 에트루리아 족이 소아시아에서 왔고 전쟁이나 전염병 때문에 새로 정착할 땅을 찾아온 게 아닐까 추측만 하고 있어. 등장하게 된 이유가 무엇이든지 간에 이 종족은 역사에서 나름대로 큰 역할을 담당했단다. 고대 문명의 꽃가루를 동양에서 서양으로 옮겨 왔지. 그들은 로마 인들에게 건축, 도로 건설, 전투 기술, 예술, 요리, 의학, 천문학 등을 가르쳐 주었어.

하지만 그리스 인들이 스승인 에게 해 사람들을 좋아하지 않았던 것처럼, 로마 인들도 스승인 에트루리아 족을 싫어했단다. 그리스 상인들이 이탈리아 상업의 가능성을 발견하고 배를 몰고 왔을 때, 로마는 에트루리아 족을 내쫓았지. 그리스 인들은 무역 통상을 위해 왔다가 아예 이탈리아로 들어와 로마 인들을 가르쳤단다.

실용성을 강조한 로마 인들

로마 지방에 사는 소위 라틴 족들은 실용적인 것이라면 물불 가리지 않고 받아들였어. 문자가 대단히 유용하다는 걸 깨닫고 그리스의 문자를 모방했어. 체계화된 화폐와 도량형이 상업 활동에 필수적이라는 사실을 알고는 바로 실전에 사용했지. 로마는 그리스 문명을 있는 그대로 흡수해 버렸다고 해도 과언이 아니야.

심지어 로마는 그리스의 신들도 그대로 수용했어. 제우스*는 로마로 들어와 주피터가 되었고 다른 신들도 줄줄이 따라 들어왔지. 하지만 로마의 신과 그리스 신의 다른 점이 있었어. 그리스에서는 신들이 인간과 가까운 동료였다면, 로마에서는 신들이 국가의 기능을 맡고 있었지. 신들은 각자 신중하고 정의감이 투철했지만 그렇기 때문에 사람들에게 복종할 것을 요구했어. 로마 인들은 신 앞에서 조심스러웠고 철저하게 복종했어. 올림포스의 신들과 그리스 인들 사이에 맺어진 따뜻하고 인간적인 우정과는 전혀 달랐지.

로마 인들은 그리스의 정치 형태는 그대로 받아들이지 않았어. 하지만 로마는 그리스와 같은 인도-유럽계였기 때문에 초기에는 아테네를 비롯한 그리스 도시와 비슷한 형태를 취했지. 로마 인들은 옛 부족장의 후손인 왕을 몰아내는 데 크게 어려워하지 않았어. 그러나 도시에서 왕을 몰아내고 귀족들이 힘을 발휘하지 못하도록 막았지만 로마의 자유민이 참정권을 얻기까지는 수백 년이 걸렸단다.

*제우스
그리스 신화에 나오는 최고의 신. 하늘을 지배하는 신으로 천둥과 번개를 마음껏 사용할 수 있다. 로마 신화의 주피터와 동일시된다.

그 이후 로마 인들이 그리스 인에 비해 한 가지 이점을 얻을 수 있었어. 굳이 많은 토론을 거치지 않아도 나라의 일을 처리할 수 있었던 거야. 현실적인 로마 사람들은 말보다는 행동을 더 좋아했지. 군중이 모이면 잡담이 많아져 귀한 시간을 낭비하기 쉽다는 걸 알았던 거야. 따라서 실질적인 도시 운영은 두 명의 '집정관'과 이들을 돕는 '원로원'이 맡았어. 원로원은 원로들의 의회를 말하지. 원로는 관습상, 그리고 실리적인 면을 감안해 귀족 중에서 뽑았단다. 하지만 이들의 권한은 엄격히 제한되어 있었지.

그리스는 빈부의 갈등 때문에 드라콘 법과 솔론 법을 만들어야 했었는데, 로마도 언젠가는 이 과정을 거쳐야 했어. 로마에서는 이러한 분쟁이 기원전 5세기에 일어났단다. 그 결과 자유민은 귀족 재판관의 횡포에서 자신을 보호할 '호민관(tribune)' 제도를 성문화하게 되었어. 호민관은 자유민 중에서 선출되는 관직이었어. 호민관은 정부 관료의 부당한 행동으로부터 시민을 보호할 권리가 있었어. 집정관은 사형 선고를 내릴 수 있었지만 범죄가 완전히 입증되지 못한 경우에는 호민관이 개입해 힘없는 시민의 생명을 구하기도 했지.

로마, 라틴 부족의 진짜 '조국'

여기서 아빠가 말하는 '로마'는 인구가 몇 천 명밖에 되지 않는 작은 도시를 가리켜. 로마의 실질적인 힘은 로마 밖에 있는 지방에 있었어. 초기에 로마가 식민지를 늘려갈 수 있었던 것은 순전히 외곽의 지방 정부들이 있었기 때문이야.

초반에 로마는 튼튼하게 요새화된 도시였는데, 다른 라틴 부족들이 외적의 침략을 받을 때 안전한 피난처를 제공해 주었지. 로마와 이웃한 라틴 부족들은 이처럼 강력한 친구와 가깝게 지내면 유리하다는 사실을 깨닫고는 동맹 관계를 맺으려고 했어. 이집트, 바빌로니아, 페

선사 시대
고대 동방 문명
고대 그리스 문명
고대 로마 문명
중세 시대
르네상스와 종교 개혁
혁명의 시대
근대 민족 국가의 등장
현대 세계의 형성

니키아, 그리스와 같은 다른 나라들은 '야만인들'에게 복종의 서약을 강요했어. 그렇지만 로마는 전혀 달랐지. '이방인들'에게 공동의 이익을 누릴 동반자가 될 기회를 주었지.

로마 인들은 이렇게 말했어. "우리와 함께 하고 싶은가? 좋다. 그러면 우리가 너희를 어엿한 로마 시민으로 대하겠다. 대신 너희가 특권을 누리는 대가로 우리 모두의 어머니인 로마를 위해 언제든 싸워야 한다."

'이방인들'은 로마 인들이 베푸는 관용을 감사하게 받아들였고 변함없이 충성을 다하는 모습을 보였지.

그에 비해 그리스에서는 도시가 공격을 당하면 외국인들이 가능한 재빨리 몸을 피하려고 했어. 집세만 내고 잠시 머물 임시 거처와 같은 곳을 굳이 목숨을 바쳐 지켜야 할 필요가 없었던 거야. 하지만 로마에서는 적들이 성문 앞에 다가오면 지방에 있던 모든 라틴 부족들이 로마를 지키기 위해 몰려들었어. 다름 아닌 어머니가 위험에 처했기 때문이지. 아무리 거리가 멀리 떨어져 평생 로마를 본 적 없더라도 그들에게는 로마가 자신의 진짜 '조국'이었어.

어떤 패배를 당해도 어떤 재난이 닥쳐도 라틴 부족들의 마음은 한결같았어. 기원전 4세기 초에 사나운 갈리아 인들이 이탈리아로 쳐들어왔어. 알리아 강에서 로마 군대를 무너뜨리고 당당히 로마에 입성했지. 로마를 점령한 갈리아 인들은 라틴 부족들이 달려와 항복할 거라 생각했어. 하지만 아무리 기다려도 그런 일은 일어나지 않았어. 얼마 있지 않아 지방의 라틴 부족들이 로마 시를 에워싸고 갈리아 인들의 보급로를 차단해 버렸지. 7개월이 지나 결국 갈리아 인들은 굶주림을 못 이기고 로마에서 철수할 수밖에 없었어. '외부인'을 내부의 시민들과 동등하게 대했던 로마의 정책이 실효를 거둔 것이고, 이로써 로마는 이전보다 더 굳건하게 설 수 있었어.

제1차 포에니 전쟁에서 로마가 승리를 거두다

지금까지 로마 초기의 역사를 짤막하게 설명했지만 너희는 로마와 카르타고가 상당히 달랐다는 사실을 눈치 챘을 거라 생각한다. 로마인들은 수많은 '동등한 시민들'과의 적극적이고 진심 어린 협력을 중요하게 여겼어. 반면 카르타고는 이집트와 서아시아의 예를 따라 사람들에게 불합리한 (그래서 비자발적인) 복종을 강요했지. 이런 정책이 실패로 돌아가면서 그들은 용병을 고용했어.

이제 너희는 왜 카르타고가 그토록 영리하고 강력한 적을 두려워했는지, 왜 카르타고의 금권 정치가들이 위험한 경쟁자를 더 늦기 전에 제거하려고 했는지 이해할 수 있을 거야.

하지만 탁월한 수완가 카르타고 인들은 결코 서두르지 않았어. 그들은 로마와 카르타고 두 도시를 중심으로 각각 지도에 원을 그리고 그 원 안을 서로의 세력권으로 인정하자고 로마에 제안했어. 이 협정은 바로 체결되었지. 하지만 두 도시 모두 토양이 비옥하고 무능한 정부 때문에 외국의 개입이 요구되던 시칠리아에 군대를 주둔해야 한다고 생각했어. 그 순간 협정은 깨지고 말았지.

그 후로 24년간 이른바 포에니 전쟁이 벌어졌어. 이 전쟁은 바다에서 이루어졌지. 처음에는 노련한 카르타고의 해군이 새로 만든 로마의 함선을 격퇴시키는 것처럼 보였어. 고대의 전술에 따라 카르타고의 배는 바로 돌진해 적의 함대를 들이받거나 측면에서 공격해 적의 노를 부러뜨렸어. 그런 다음 무력해진 적의 배에 활과 불덩이를 쏟아부어 적군을 죽였지. 하지만 로마의 기술자들은 보병대가 적의 함대로 쳐들어갈 수 있도록 배에 다리를 만들어 놓았어. 이 기술 때문에 전세는 곧바로 역전되었지. 카르타고는 밀레 전투에서 참패를 당하고 말았어. 카르타고는 화친을 요청해야 했고 결국 시칠리아는 로마의 손에 넘어갔단다.

선사 시대

고대 동방 문명

고대 그리스 문명

고대 로마 문명

중세 시대

르네상스와 종교 개혁

혁명의 시대

근대 민족 국가의 등장

현대 세계의 형성

제2차 포에니 전쟁에 카르타고의 한니발이 등장하다

23년이 지나고 다시 로마와 카르타고 사이에 마찰이 발생했어. 로마는 구리를 얻기 위해 사르데냐 섬을 차지했고, 카르타고는 은을 얻기 위해 스페인 남부 지방을 점령했지. 이 때문에 카르타고의 식민지와 로마의 식민지는 지리상 거의 마주 닿아 있게 되었어. 이런 상황에 불안감을 느낀 로마는 군대를 보내 피레네 산맥 너머 카르타고 군대를 감시하게 했지.

이렇게 해서 로마와 카르타고는 다시 전쟁이 일어나기 일보 직전 상황이 되었어. 이번에도 그리스의 어느 식민지가 전쟁의 구실이 되었지. 카르타고 인들이 스페인의 동쪽 연안에 있는 사군툼이라는 곳을 포위하고 있었어. 사군툼 사람들은 로마에 도움을 요청했고 로마는 늘 그렇듯 기꺼이 요청을 받아들였단다. 로마의 원로원은 군대를 출정시킬 준비를 하고 있었는데, 그 사이에 카르타고는 사군툼을 점령해 버렸지. 이는 로마에 대한 선전 포고나 다름없었어. 로마는 카르타고와 전쟁하기로 결심했지. 로마의 일부 병력은 아프리카 해를 건너 카르타고의 본국으로 상륙하기로 했어. 그리고 다른 병력은 스페인으로 가서 그곳에 있는 카르타고 군대가 본국을 지원하지 못하게 막으려 했어. 작전은 매우 훌륭했고 사람들은 로마의 승리를 기대했지. 하지만 신은 정반대의 결과를 허락했어.

로마군이 스페인에 있는 카르타고 군대를 공격하기 위해 이탈리아를 떠난 건 기원전 281년 가을이었어. 로마 시민들은 승리의 소식을 목이 빠지게 기다렸지. 바로 그때 '포(Po)'라는 평원 지대에서 무서운 소문이 들려오기 시작했어. 수천 년 전 헤라클레스가 게리온의 황소를 타고 스페인에서 그리스로 가던 그 길로 수십만 명이나 되는 갈색 사나이들이 나타났다는 거야. 그들은 집채만 한 기괴한 짐승을 타고 눈 더미 속에서 불쑥 튀어나왔다고 했어. 이를 본 사람들은 벌벌 떨 수밖에 없었지. 곧이어 로마의 성문 앞으로 난민 행렬이 끝없이 몰려

선사 시대

고대 동방 문명

고대 그리스 문명

고대 로마 문명

중세 시대

르네상스와 종교 개혁

혁명의 시대

근대 민족 국가의 등장

현대 세계의 형성

왔어. 그들에게서 자세한 소식을 들어 보니 하밀카르의 아들 한니발 이 5만 명의 보병과 9,000명의 기병, 그리고 37마리의 전투 코끼리를 이끌고 피레네 산맥을 넘었다고 했어. 한니발은 론 강 유역에서 스키 피오가 이끄는 로마군을 무찌르고 눈과 얼음으로 뒤덮인 10월의 알프 스 산맥을 안전하게 넘어왔지. 그런 다음 트레비아 강을 건너기 바로 직전 갈리아 인과 힘을 합쳐 두 번째로 로마군을 격파했어. 이제 한니 발은 로마와 알프스 지역을 연결하는 북쪽의 종점인 플라켄티아를 포 위했어.

론 강을 건너는 한니발의 전투 코끼리 부대

　로마의 원로원은 이 소식을 듣고 깜짝 놀랐지만 여느 때처럼 평정심 을 유지했어. 로마군의 패배 소식을 시민들에게 알리지 않고 적의 침 입을 막기 위해 2개 부대를 편성해서 내보냈단다. 한니발은 트라시메 노 호수 부근의 좁은 길목에서 로마군을 갑자기 공격해 로마 장군을 모조리 죽이고 병사들도 살아남은 사람이 얼마 되지 않았지. 소식을 들은 로마 시민들은 공포에 떨었지만 원로원은 침착하게 대응하려고

**알프스 산맥을 넘는
한니발의 전투 코끼리 부대**

애썼어. 곧 퀸투스 파비우스 막시무스가 이끄는 세 번째 부대가 조직
되었어. 그는 나라를 구하는 일이라면 어떤 행동도 할 수 있는 권한을
부여받았지.

　파비우스는 남은 군사마저 잃지 않으려면 매우 신중하게 결정하고

행동해야 한다는 걸 알고 있었어. 로마의 남은 군대는 훈련도 제대로 받지 않아 한니발의 노련한 군대에게는 상대가 되지 않았지. 그래서 전면전을 피하고 한니발 군대의 뒤를 계속 따르면서 보급로를 끊거나 소규모의 부대를 공격했어. 로마의 게릴라 공격에 카르타고 군대의 사기가 전반적으로 약해졌어.

하지만 두려움에 떨고 있던 로마 시민들은 파비우스의 전술로는 안전을 확보할 수 없다고 생각했어. 그들은 뭔가 결정적인 '행동'을 원했어. 카르타고 군대를 완전히 무찌를 행동 말이야. 이때 바로라고 하는 인기 있는 영웅이 등장했어. 바로는 대중에게 '느림보' 파비우스보다 자신이 훨씬 더 잘 싸울 수 있다고 말했어. 결국 인기에 힘입어 파비우스를 쫓아내고 총사령관이 되었지. 하지만 바로는 기원전 216년 칸나이 전투에서 로마 역사상 가장 비극적인 패배를 겪게 되지. 이 전투에서 7,000명 이상의 로마 병사가 목숨을 잃었어. 대신 한니발은 이탈리아의 새로운 지배자로 떠올랐어.

카르타고의 영웅
한니발

'해방자' 한니발이 조국의 굴레에 갇히다

한니발은 이탈리아 반도의 이 끝에서 저 끝으로 행진하면서 자신이 '로마를 굴레로부터 벗어나게 할 해방자'라고 선포했어. 그러면서 이탈리아의 지방 도시들에게 어머니 도시인 로마와의 싸움에 동참할 것을 요청했지. 하지만 이때도 로마

선사 시대

고대 동방 문명

고대 그리스 문명

고대 로마 문명

중세 시대

르네상스와 종교 개혁

혁명의 시대

근대 민족 국가의 등장

현대 세계의 형성

의 지혜가 다시 한 번 빛을 냈어. 카푸아와 시라쿠사를 제외한 나머지 이탈리아의 도시들은 로마에 끝까지 충성했어. 해방자 한니발은 자기에게 우호적일 거라 여겼던 도시들이 반대로 적대적이라는 사실을 알게 되었어. 본국에서 멀리 떨어져 있던 한니발에게 이런 상황이 좋을리 없었지. 한니발은 본국에 전령을 보내 보급 물자와 인력을 요청했어. 그런데 이걸 어째! 카르타고는 아무것도 보내 줄 수 없는 상황이었지 뭐야!

푸블리우스 스키피오

당시 주요 보급로였던 바다를 로마가 장악하고 있었어. 한니발은 스스로 보급로를 뚫어야 했지. 몰려오는 로마군을 계속해서 물리쳤지만, 한니발 자신의 군대도 점점 줄어들고 있었어. 그리고 이탈리아의 시민들은 여전히 이 자칭 '해방자'에게 쌀쌀맞았지.

몇 년 동안 한니발은 승리를 거듭했지만, 어느 순간 자신이 정복한 나라 안에 도리어 포위되어 있다는 사실을 깨달았어. 그 순간 자신의 운이 다한 것처럼 느껴졌지. 때마침 그의 동생 하스두르발이 스페인에서 로마군을 격파하고 형을 돕기 위해 알프스 산맥을 넘었어. 하스두르발은 전령을 보내 형에게 티베르 강에서 합류하겠다는 소식을 전했어. 하지만 불행하게도 이 전령은 로마군에게 잡혔고 한니발은 하염없이 동생의 소식을 기다렸지. 얼마 지나지 않아 동생의 머리가 바구니에 깨끗하게 담긴 채 카르타고 진영에 보내졌어.

하스두르발을 제거한 젊은 장군 푸블리우스 스키피오는 스페인을 손쉽게 정복했고 4년 뒤에는 카르타고에 대한 최후의 공격을 준비했어. 상황이 이렇게 되자 한니발은 다시 본국으로 돌아와야만 했지. 아프리카 해를 건너 본국에 방어선을 구축하려고 했어. 하지만 기원전 202년 자마 전투에서 카르타고군은 로마군에 크게 패했고 한니발은 티레로 도망갔어. 티레에서 다시 소아시아로 건너간 시리아 인과 마케도니아 인들을 설득해 로마에 대항하려고 했지. 하지만 이마저도 실패했어. 오히려 로마가 이를 계기로 전선을 확대해 에게 해 지역 대부분을 병합하게 되지.

한니발의 비참한 최후와 카르타고의 멸망

이 도시에서 저 도시로 정처 없이 쫓겨 다니던 한니발은 야심찬 꿈이 물 건너갔다는 걸 깨달았어. 사랑하는 조국 카르타고는 이미 전쟁으로 폐허가 되어 버렸지. 카르타고에는 군함도 남아 있지 않았어. 로마가 허락하지 않으면 전쟁조차 치를 수 없었어. 또 어마어마한 전쟁 보상금을 지불해야 하는 끔찍한 나날이 기다리고 있었지. 카르타고는 미래에 아무런 희망도 보이지 않았단다. 결국 기원전 190년 한니발은 독약을 먹고 스스로 목숨을 끊고 말았지.

그로부터 40년 후, 로마는 카르타고에 대한 마지막 전쟁을 수행했어. 3년 동안 옛 페니키아 식민지의 주민들은 이 새로운 공화국에 맞서 싸웠어. 하지만 기근이 찾아와 결국 항복하고 말았지. 살아남은 몇 안 되는 사람들도 노예로 팔려 나갔고, 도시는 온통 불바다가 되어 버렸지. 2주 만에 모든 상점과 궁전, 무기고가 불에 탔어. 검게 타 버린 끔찍한 폐허만 남긴 채 로마군은 승리의 개가를 부르면서 본국으로 돌아갔지.

이후 1,000년 동안 지중해는 유럽의 바다가 되었어. 하지만 로마 제국이 멸망하면서 아시아는 이 바다를 또 한 번 지배하려는 야욕을 드러내지. 그 이야기는 뒤에 마호메트가 나올 때 아빠가 들려주도록 하마.

선사 시대

고대 동방 문명

고대 그리스 문명

고대 로마 문명

중세 시대

르네상스와 종교 개혁

혁명의 시대

근대 민족 국가의 등장

현대 세계의 형성

로마의 탄생

로마는 어떻게 생겨나게 되었을까?

로마 제국은 우연히 등장하게 되었어. 아무도 계획한 사람이 없었지. 말 그대로 '우연히' 생겨난 거야. "동지들이여, 로마 인이여, 시민들이여, 우리는 제국을 세워야 한다. 나를 따라서 우리 모두 헤라클레스의 문에서 타우루스 산에 이르는 모든 지역을 정복하자." 이런 식으로 말하는 유명한 장군이나 정치가, 암살자가 없었다는 거지.

로마는 역사상 유명한 장군과 정치가, 암살자 등을 배출했고 로마군은 세계 전역에서 전쟁을 했단다. 그렇지만 로마가 제국으로 성장한 건 사전에 아무런 계획 없이 이루어진 거였어. 보통의 로마 사람들은 아주 현실적이었지. 그래서 정치에 관한 이론에는 관심이 없었어. 누군가 "로마 제국은 앞으로 동쪽으로 확대해 나가야 합니다. 어쩌구 저쩌구…" 이렇게 말하면 사람들은 서둘러 토론장을 벗어나 버렸지. 로마가 영토를 점점 넓혀 갔던 건 상황이 그럴 수밖에 없었기 때문이야. 특별히 야망이나 욕심이 있었던 건 아니야. 로마 인들은 기질이나 성향 자체가 천생 농부였고 고향에 머물러 있길 좋아했어. 하지만 적에게 공격을 받으면 스스로 방어해야 했고 적이 멀리 떨어진 본국에 지원 요청을 하면 로마군은 먼 거리를 행군해 가서 적의 본국을 무너뜨려야 했지. 그리고 적국을 새로 정복했을 때 그곳이 다른 야만인의 손에 넘어가지 않도록 남아서 관리할 필요가 있었어. 뭔가 복잡해 보이는데 당시 사람들에게는 아주 간단한 일이었지. 이게 무슨 말인지 잠시 후에 알게 될 거야.

기원전 203년 스키피오가 아프리카 해를 건너자 전쟁은 아프리카에서 일어났어. 다급했던 카르타고는 한니발을 불러들였지. 하지만 용병들로 구성된 카르타고군은 한계를 이기지 못했고, 결국 한니발은 자마 근처에서 패배하고 말았어. 로마는 한니발에게 항복을 요구했지만 그는 마케도니아와 시리아의 왕들에게 지원 요청을 하려고 몸을 피해 달아났지. 바로 앞 장에서 했던 이야기야.

로마, 지중해의 새로운 주인이 되다

마케도니아와 시리아(알렉산더 제국의 후예)의 왕들은 당시 이집트 원정을 준비하고 있었어. 함께 나일 강 유역을 빼앗아 나눠 가질 계획이었지. 이 소식을 들은 이집트는 로마에 도움을 요청했어. 이제 고도의 전략과 전략이 맞붙는 흥미로운 싸움이 벌어질 무대가 마련된 거지. 하지만 로마 인들은 연극이 시작되기도 전에 막을 내리고 말았단다. 로마군은 그리스의 전법을 사용하는 마케도니아 군대를 무참히 밟아 뭉개 버렸지. 이 전투는 기원전 197년 테살리아 중부 지역에 있는 키노스세팔라이 평원에서 벌어졌어.

이번에는 로마군이 남쪽으로 방향을 돌려 그리스의 아티카로 갔어. 거기서 로마는 그리스 인들에게 마케도니아의 멍에로부터 그리스를 구하기 위해 왔노라고 말했지. 반(半)노예 상태로 있었던 그리스 인들은 새롭게 자유를 얻게 되었지만 이 자유를 아주 불행한 방법으로 사용했어. 예전처럼 작은 도시국가들이 서로 다투기 시작한 거야. 로마 인들은 동족 간의 다툼을 이해할 수 없었고 경멸하기까지 했지만 우선 참고 기다려 주었어. 그러나 그리스 내부의 갈등은 끝날 줄을 몰랐어. 결국 로마는 그리스를 침공해 (다른 그리스 인들에게 경고할 목적으로) 코린트를 불태워 버렸지. 그리고 소란스러운 지역을 다스리기 위해 아테네에 로마 총독을 파견했어. 이렇게 마케도니아와 그리스는 로마의 동부 국경을 지키는 완충 지대 역할을 했지.

한편, 헬레스폰트 오른편에는 시리아 왕국의 안티오코스 3세가 막대한 영토를 다스리고 있었어. 한니발이 이탈리아를 침공하고 로마시를 약탈하는 일이 얼마나 쉬운지 설명하자 안티오코스 3세는 귀가 솔깃해졌지.

이러한 상황을 눈치 챈 로마는 루키우스 스키피오 장군을 소아시아로 보냈어. 루키우스 스키피오는 바로 자마에서 한니발을 무찌른 스키피오 장군의 동생이었지. 기원전 190년 로마군은 마그네시아 근처에 있던 시리아 왕의 군대를 무너뜨렸어. 곧 안티오코스는 자기 백성들을 스스로 처형한 꼴이 되고 말았지. 이제 소아시아는 로마의 보호령이 되었고 작은 도시 공화국이었던 로마는 지중해를 접하고 있는 거의 모든 땅의 주인이 되었단다.

로마 제국

선사 시대

고대 동방 문명

고대 그리스 문명

고대 로마 문명

중세 시대

르네상스와 종교 개혁

혁명의 시대

근대 민족 국가의 등장

현대 세계의 형성

로마의 부자들, 피정복민을 노예로 삼다

원정을 성공적으로 마치고 돌아온 로마군은 고향에서 성대한 환영을 받았어. 하지만 슬프게도 갑작스럽게 얻게 된 영광 때문에 오히려 로마는 불행한 처지가 되고 말았지. 원정이 끊임없이 진행되면서 제국을 만들기 위해 동원되었던 농민들이 도리어 파멸에 이르게 되었어. 약탈을 위해 원정에 나섰던 장군들이 전쟁에서 연이어 승리하면서 막대한 권력을 갖게 된 거야.

옛 로마 공화국은 소박함을 최고의 미덕이라고 자부했어. 하지만 새 공화국은 조상들이 고수했던 허름한 외투와 숭고한 원칙을 부끄럽게 생각했지. 로마는 곧 부자의, 부자에 의한, 부자를 위한 땅이 되었지. 이는 로마의 비참한 파멸을 예고하는 것이기도 했어.

한 세기 하고 반이 채 지나기도 전에 로마는 지중해 주변 지역의 실질적인 제왕이 되었단다. 초기에는 전쟁의 포로들이 자유를 잃고 노예가 되었지. 로마는 전쟁을 매우 중요한 사업으로 여겼고 피정복민에 대해서는 아무런 자비도 베풀지 않았어. 카르타고가 멸망한 후에

카르타고의 여자와 아이들은 원래 그들의 노예였던 자들과 함께 도매
금으로 팔려 나갔지. 그리스, 마케도니아, 스페인, 시리아의 주민들도
로마에 완강히 저항한다면 같은 운명에 처할 수밖에 없었어.

2,000년 전에는 노예가 기계의 일부에 지나지 않았어. 오늘날 부자
들이 사업에 돈을 투자하듯이, 로마의 부자들은 토지와 노예에 돈을
투자했지. 땅을 사거나 정복해서 토지를 점차 늘려 나갔고, 노예는 시
장에서 경매를 통해 가장 싼 값으로 사들였지. 기원전 3세기와 기원전
2세기에는 노예가 풍부하게 공급되었어. 그래서 주인들은 노예가 거
의 죽기 직전까지 일을 시키고는 가까운 시장에서 코린트나 카르타고

로마의 노예 매매

의 포로들을 새로 사들였어.

로마의 자유농민들, 불만을 품다

그렇다면 자유농민의 처지는 어떠했을까?

자유농민들은 조국 로마에 충성을 다했고 전쟁터에서 아무 불만 없이 열심히 싸웠어. 하지만 10년, 15년, 20년 뒤에 전쟁이 끝나고 고향으로 돌아와서 보니 농토는 잡초로 뒤덮여 있고 가족들은 몰락해 있었지. 그래도 힘센 농민들은 다시 생계를 꾸리기 시작했어. 씨를 뿌리고 곡식을 가꾸면서 수확 때를 기다렸어. 드디어 추수한 곡식과 가축들을 시장에 가지고 나갔는데, 노예를 부려 농장을 운영하는 많은 지주들이 곡식을 싼값에 내다 팔고 있었던 거야. 농민들은 처음 몇 년간은 자기 소유의 땅을 유지하려고 애썼지. 하지만 결국 포기할 수밖에 없었어. 어쩔 수 없이 고향 땅을 떠나 가까운 도시로 가지만 거기서도 굶주리기는 마찬가지였어. 사람들은 대도시 외곽에 모여 초라한 움막을 짓고 살아갔어. 하지만 토막살이로 몸이 금방 쇠약해졌고 전염병으로 많은 사람이 죽게 되었지. 이들 마음속에는 이루 말할 수 없는 불만이 가득해졌어. 나라를 위해 목숨을 다해 싸웠건만 그 대가가 지금과 같은 비참한 처지였으니 그럴 만도 했지. 이들은 불만을 토로하는 선동가의 웅변에 배고픈 독수리들처럼 몰려들었고, 머지않아 국가의 안위를 심각하게 위협하는 존재가 되었지.

하지만 부자들은 어깨를 으쓱하며 이렇게 말했어. "우리에게는 군대와 경찰이 있어. 그들이 폭도로부터 우리를 안전하게 지켜 줄 거야." 부자들은 호화로운 저택의 높은 벽 안에서 정원을 가꾸거나 그리스 노예가 라틴 어로 번역해 준 호메로스의 시를 읽으며 풍요로운 삶을 살았지.

선사 시대

고대 동방 문명

고대 그리스 문명

고대 로마 문명

중세 시대

르네상스와 종교 개혁

혁명의 시대

근대 민족 국가의 등장

현대 세계의 형성

**코르넬리아와 두 아들
그라쿠스 형제**

그라쿠스 형제, 개혁을 추진하다

그러나 어떤 가문들은 공익을 위해 헌신하는 전통을 이어 가기도 했어. 스키피오 아프리카누스의 딸 코르넬리아는 그라쿠스라는 한 로마인과 결혼했어. 그녀는 두 형제, 티베리우스와 가이우스를 낳았지. 두 아이는 성장해서 정치에 입문했고 로마에 시급한 개혁들을 추진해 나갔어. 인구 조사를 해 보니 이탈리아 반도에는 약 2,000개의 귀족 가문이 있었어. 호민관으로 선출된 티베리우스 그라쿠스는 자유민을 돕고자 했어. 그는 한 사람이 너무 많은 토지를 소유하지 못하게 하는 옛 법률을 부활시켰지. 이렇게 해서 자기 토지를 소유한 자유민층이 더 증가하길 기대했어. 하지만 대개 귀족인 부자들은 그라쿠스를 강도이자 국가의 적이라고 비난했어. 그를 반대하는 가두시위가 벌어졌고 호민관을 처치할 암살단까지 비밀리에 조직되었지. 결국 티베리우스 그라쿠스는 의회에 참석하자마자 습격을 받고 그 자리에서 죽고 말았어. 10년 뒤 동생 가이우스 그라쿠스는 강력한 특권 계층에 맞서 국가 개혁을 추진하려고 했어. 그는 가난한 농부들을 돕기 위해 이른바 '빈민법'을 통과시켰지. 하지만 이 법은 오히려 로마 시민 대부분을 더 철저하게 빈민으로 만들어 버렸어.

가이우스는 제국에서 멀리 떨어진 곳에 빈민들의 식민지를 세웠지만 아무도 그곳에 정착하려 하지 않아 계획은 실패로 돌아갔어. 그는 반대파에게 살해당했고 추종자들도 죽임을 당하거나 유배되고 말았지. 두 형제는 올곧은 개혁자였어. 하지만 뒤이어 등장한 개혁가들은 아주 성격이 달랐지. 마리우스와 술라는 직업 군인이었는데, 많은 추종자들을 거느리고 있었어.

지주층의 대변자 술라의 개혁

술라는 지주층의 대변자였어. 또 알프스에서 튜튼 족과 킴브리 족을 전멸시켰던 장군 마리우스는 상속권을 박탈당한 자유민들의 인기를 한 몸에 얻는 영웅이었지.

그즈음 기원전 88년에 로마의 원로원은 아시아에서 건너오는 소문에 굉장히 불안해했어. 흑해 연안에 있는 폰투스의 왕 미트라다테스가 제2의 알렉산더 제국을 세우겠다는 이야기가 들려왔거든. 미트라다테스 왕은 소아시아에 거주하는 로마 인들은 남녀노소 할 것 없이 무자비하게 죽이면서 세계 제패를 위한 군사 행동을 시작했어. 이런 행동은 당연히 전쟁을 의미했지. 로마 원로원은 군대를 보내 전쟁을

선사 시대

고대 동방 문명

고대 그리스 문명

고대 로마 문명

중세 시대

르네상스와 종교 개혁

혁명의 시대

근대 민족 국가의 등장

현대 세계의 형성

일으킨 폰투스의 왕을 잡아 응징하기로 했어. 그런데 누가 그 군대의 총사령관이 되어야 했을까? 원로원은 집정관인 술라가 총사령관이 되어야 한다고 주장했어. 하지만 시민들은 마리우스를 지지했어. 집정관을 다섯 번이나 지낸 마리우스야말로 자신들의 권리를 지켜 줄 사람이라고 보았기 때문이지.

로마의 개혁자
술라

가진 사람이 임자라고 했던가! 결국 술라가 총사령관으로 뽑혔어. 술라는 미트라다테스 왕을 무찌르기 위해 동쪽으로 진군했고, 마리우스는 아프리카로 피신했지. 거기서 마리우스는 술라가 아시아로 들어갔다는 소식을 들은 뒤, 다시 이탈리아로 돌아와 불평분자들을 모아 로마로 향했어. 로마로 쳐들어간 마리우스는 닷새 동안 밤낮으로 원로원의 의원들 중 정적들을 모조리 죽이고 스스로 집정관에 올랐어. 하지만 너무 과로한 탓에 그 다음 날 밤 갑자기 세상을 떠났지.

그 후 로마는 4년 동안 그야말로 아수라장이 되고 말았어. 드디어 미트라다테스 왕을 물리친 술라는 로마로 돌아와 해묵은 원한을 갚겠다고 선포했어. 그는 자신이 말한 바를 철저히 실행했지. 로마로 돌아온 술라의 군대는 몇 주간 정신없이 반대파를 숙청했어. 하루는 마리우스를 쫓아다니던 한 아이가 끌려왔어. 사람들이 아이를 처형하려고 하자 누군가 이렇게 말했지. "그 아이는 너무 어리지 않나!" 그 말에 아이는 간신히 목숨을 구할 수 있었지. 그 아이가 바로 율리우스 카이사르였어! 너희는 곧 그를 다시 만나게 될 거야.

술라는 로마의 독재자가 되었어. 로마의 전 지역을 장악한 유일하고도 가장 강력한 통치자가 되었다는 말이지. 그는 4년 동안 로마를 통치하고 은퇴한 뒤에는 별장에서 양배추를 키우며 조용히 살다가 저세상으로 갔지. 평생 동족들을 죽이느라 바쁘게 살아 온 수많은 로마의 인물들처럼 말이야.

폼페이우스, 삼두 정치를 조직하다

  술라가 세상을 떠났지만 로마의 상황은 더 나아지지 않았어. 오히려 더 악화되어 갔지. 술라와 가까운 친구였던 그나이우스 폼페이우스(폼페이) 장군은 여전히 골칫덩어리인 미트라다테스 왕을 처치하러 동쪽으로 향했어. 폼페이우스는 미트라다테스 왕을 공격해 산악 지대로 몰아붙였고 결국 미트라다테스 왕은 로마의 포로가 될 운명을 깨닫고는 스스로 목숨을 끊었지. 그 다음 폼페이우스는 알렉산더 대왕의 신화를 부활시키려고 시리아에 대한 로마의 통치를 재확립했고 예루살렘을 무너뜨렸으며 서아시아를 공격했어. 마침내 기원전 62년 포로로 잡힌 왕과 왕자, 장군들을 배 여러 척에 태워 로마로 돌아왔지. 어마어마한 전리품을 도시에 제공하면서 폼페이우스는 엄청난 인기를 누리게 되었단다.

  이제 로마는 강력한 통치자의 지배를 필요로 했어. 몇 달 전 로마 도시가 카틸리나라는 젊은 귀족 손에 거의 넘어갈 뻔했거든. 이 변변찮은 젊은이는 도박으로 잃은 돈을 채우기 위해 반란을 일으켰던 거야. 애국심이 투철한 키케로는 카틸리나의 음모를 알게 되자 바로 원로원에 경고했고, 결국 젊은 귀족은 추방당하고 말았지. 하지만 카틸리나와 같은 야망을 갖고 있던 젊은이가 하나둘이 아니었기 때문에 로마는 잡담이나 하고 앉아 있을 여유가 없었단다.

  폼페이우스는 국가를 운영하기 위해 삼두 정치(세 명의 실력자가 동맹해 국가 권력을 독점하는 정치 형태 - 역자 주) 체제를 조직하고는 자기가 제1인자가 되었어. 스페인의 총독으로 명성을 떨치던 가이우스 율리우스 카이사르는 서열 2위가 되었단다. 서열 3위는 크라수스라고 하는 그저 그런 사람이었지. 그

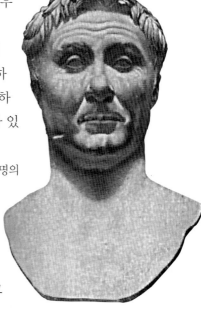

그나이우스
폼페이우스

선사 시대
고대 동방 문명
고대 그리스 문명
고대 로마 문명
중세 시대
르네상스와 종교 개혁
혁명의 시대
근대 민족 국가의 등장
현대 세계의 형성

는 군수품 공급 일을 통해 큰 부자가 된 사람이었어. 그런데 얼마 후 파르티아 인을 정벌하러 나섰다가 허무하게 전사하고 말지.

서열 2위 카이사르가 최고 권력을 잡다

가이우스 율리우스 카이사르

세 명 중 가장 유능한 카이사르는 인기 있는 영웅이 되기 위해서는 좀 더 공을 세워야 할 필요가 있다고 생각했어. 그는 알프스 산맥을 넘어 지금의 프랑스 지역을 정복했지. 그런 다음 견고한 다리 나무로 라인 강을 건넌 뒤 거친 튜튼 족을 침략했어. 마침내 배를 타고 영국까지 도달하게 되지. 카이사르가 언제 원정을 마치고 이탈리아로 돌아올지는 아무도 알 수 없었어. 국내에 남아 있던 폼페이우스는 종신 집정관으로 임명되었어. 다른 말로 카이사르가 '퇴역 장교'가 되어야 한다는 걸 의미했지. 하지만 카이사르는 이를 받아들일 수가 없었어. 그는 자신이 마리우스를 추종하며 정계에 입문했다는 사실을 떠올렸지. 카이사르는 원로원과 폼페이우스에게 새로운 통치자가 곧 등장하리라는 사실을 가르쳐 주기로 마음먹었어. 머지않아 알프스 남쪽 갈리아 지방과 이탈리아 사이로 흐르는 루비콘 강을 건넜지. 이제는 더 이상 되돌릴 수 없는 상황이었어. 가는 곳마다 카이사르는 '민중의 벗'이 되었단다. 카이사르는 아무 어려움 없이 로마로 입성할 수 있었고 그 사이에 폼페이우스는 그리스로 도망가고 말았지. 카이사르는 폼페이우스의 뒤를 쫓아 파르살루스 근처에서 그의 추종자들을 제거했어. 폼페이우스는 간신히 몸을 피해 지중해를 건너 이집트로 들어갔지. 이집트 땅에 도착한 폼페이우스는 이집트의 프톨레마이오스 왕이 보낸 암살자의 손에 살해당했어. 며칠 후 카이사르도 폼페이우스의 뒤를 따라 이집트에 도착했는데 덫에 걸렸다는 사실

클레오파트라와 카이사르

선사 시대

고대 동방 문명

고대 그리스 문명

고대 로마 문명

중세 시대

르네상스와 종교 개혁

혁명의 시대

근대 민족 국가의 등장

현대 세계의 형성

카이사르의 죽음

을 눈치 챘어. 이집트 인들과 폼페이우스에 충성했던 로마군이 카이사르의 진영을 덮쳤던 거야.

　그러나 행운의 여신은 카이사르의 손을 들어 주었단다. 카이사르는 이집트의 전함에 불을 지르는 데 성공하지. 이때 불타는 배에서 불똥이 튀어 부둣가에 있던 알렉산드리아 도서관이 완전히 불에 타 버리고 말았어. 전세를 뒤집은 카이사르는 이집트 군대를 공격해 나일 강에 모두 빠뜨리고 프톨레마이오스도 수장시켜 버렸지. 그런 다음 그전에 통치한 왕(프톨레마이오스 12세)의 딸 클레오파트라를 새로운 통치자로 세웠어. 바로 그때 미트라다테스의 아들 파르나케스가 출정한다는 소식이 전해졌지. 카이사르는 북쪽으로 진군하여 닷새 만에 파르나케스를 쳐부수고 로마에 그 유명한 승리의 소식을 전했지. "왔노라, 보았노라, 이겼노라.(라틴어로 veni, vidi, vici)" 이집트로 돌아간 카이사르는 클레오파트라와 지독한 사랑에 빠졌어. 기원전 46년에 카이사르는 클레오파트라를 데리고 로마로 돌아왔지. 그때 서로 다른 네 번의 승리를 의미하는 4개의 대열로 개선 행진을 했는데, 선두에는 카이사르가 득의양양한 모습으로 서 있었단다.

곧이어 카이사르는 원로원에 나타나 지금까지 자신이 이룬 성과를 보고했고 원로원은 공적을 높이 평가해 카이사르를 10년 임기의 '독재 집정관'에 임명했어. 하지만 이는 돌이킬 수 없는 실수였지.

새 독재 집정관은 로마를 개혁하려고 진정으로 노력했어. 자유민도 원로원의 의원이 될 수 있게 했고 로마 초기와 마찬가지로 변방에 사는 주민들에게도 시민권을 부여했지. 또 외국인들도 정부에 어느 정도 영향력을 행사할 수 있게 하고 귀족의 사유지나 다름없던 변방의 행정 체계를 새롭게 개선했어. 그는 다수의 이익을 위해 일을 하다 보니 막강한 권력자들에게는 별로 인기가 없었어. 50명가량의 젊은 귀족들은 공화국을 구한다는 명목 아래 음모를 짜기 시작했지. 3월 15일(카이사르가 이집트에서 들여온 새로운 달력 기준) 카이사르는 원로원에 들어서는 도중에 살해당했지. 또 한 번 로마는 주인 없는 나라가 되고만 거야.

아우구스투스, 황제의 시대를 열다

이후에 카이사르의 영광을 계승하려는 두 사람이 있었어. 한 명은 카이사르의 참모였던 안토니우스이고, 다른 한 명은 카이사르의 조카손자이자 후계자인 옥타비아누스였어. 옥타비아누스는 로마에 남아 있었지만 안토니우스는 이집트에 가서 클레오파트라와 사랑에 빠지지. 클레오파트라의 미모에 로마의 장군들은 하나같이 반해 버린 거야.

옥타비아누스와 안토니우스는 권력을 차지하기 위해 전쟁을 벌였어. 악티움 해전에서 패배한 안토니우스는 결국 자살을 선택했고, 클레오파트라만 혼자 남아 있게 되었지. 클레오파트라는 옥타비아누스

선사 시대

고대 동방 문명

고대 그리스 문명

고대 로마 문명

중세 시대

르네상스와 종교 개혁

혁명의 시대

근대 민족 국가의 등장

현대 세계의 형성

악티움 해전

조차 유혹하려고 했지만 뜻대로 되지 않았어. 자존심 강한 옥타비아
누스는 좀처럼 반응을 보이지 않았지. 마침내 클레오파트라도 스스로
목숨을 끊고 말았어. 이렇게 해서 이집트는 로마의 영토로 편입되었
단다.

　매우 현명한 청년인 옥타비아누스는 작은할아버지인 카이사르가 저
지른 잘못을 되풀이하지 않았어. 무언가 많은 것을 한꺼번에 개혁할
때 사람들에게 부담이 된다는 걸 알고 있었지. 로마로 돌아왔을 때 요
구 사항은 별로 많지 않았어. '독재 집정관' 도 되고 싶지 않았어. 그냥
'존경받는 사람' 이라고 불리는 데 만족했지. 그러나 몇 년 후에 원로
원에서 '아우구스투스(존엄한 사람)' 라는 칭호를 내렸는데 굳이 사양하
지 않았어. 사람들은 얼마 후 그를 '카이저(kaiser)' 라고 불렀어. 총사
령관인 옥타비아누스에 익숙했던 군인들은 그를 '임페라토르
(imperator, 개선 장군)' 라는 칭호로 불렀지. 이렇게 로마는 공화국에서
제국으로 변모하고 있었지만 일반 사람들은 이러한 사실을 거의 의식

선사 시대

고대 동방 문명

고대 그리스 문명

고대 로마 문명

중세 시대

르네상스와 종교 개혁

혁명의 시대

근대 민족 국가의 등장

현대 세계의 형성

하지 못했어.

서기 14년, 옥타비아누스는 로마에서 절대적인 통치자로서 지위를 확고히 했어. 그리고 지금까지 신에게나 올리는 경배를 자신에게도 바치게 했지. 그의 후계자들은 '황제', 즉 세계에서 가장 거대한 제국의 절대적인 통치자가 되었어.

솔직히 말해 일반 시민들은 무정부 상태나 무질서 상태에 많이 지쳐 있었어. 끊임없이 일어나는 거리의 시위를 잠재우고 조용히 살 수 있게만 해 준다면 누가 통치하든 상관없었던 거야. 옥타비아누스는 40년 동안 평화를 유지했어. 영토를 더 이상 늘릴 생각도 하지 않았지. 그러다가 서기 9년에 갑자기 튜튼 족이 살고 있는 북서쪽 황무지를 침입했어. 하지만 토이토부르거 숲에서 바루스 장군과 부대가 모두 전사하자 로마 인들은 더 이상 야만인들에게 문명을 전하려 노력하지 않았지.

로마의 초대 황제 아우구스투스

몰락의 징조가 보이다

로마 인들은 내부 개혁이라는 커다란 문제에 최대한 집중했어. 그러나 형편이 나아지기에는 너무 늦어 버렸어. 두 세기에 걸쳐 혁명과 전쟁이 되풀이되면서 젊은 세대 중 뛰어난 인재들을 잃게 되었지. 또 자유 농민층도 몰락하고 말았어. 노예 노동이 도입되면서 자유민들이 경쟁력을 잃게 된 거야. 도시는 가난하고 비위생적인 몰락 농민들이 몰려들면서 사나운 벌집처럼 변했어. 박봉에 시달리고 가족이 먹고 사는 문제를 책임져야 했던 하급 관리들이 뇌물의 유혹에 쉽게 빠지는 바람에 타락한 관료주의가 생길 수밖에 없었어. 무엇보다 가장 심각한 문제는 사람들이 폭력과 유혈 사태에 둔감해지고 오히려 타인의 고통을 보면서 희열을 느꼈다는 거야.

겉으로는 서기 1년에 로마 제국이 알렉산더 대왕의 제국보다도 훨씬 큰 정치 체제를 갖추었던 것처럼 보여. 하지만 영광의 이면에는 거대한 바위 아래 집을 짓기 위해 피땀을 흘리던 가난하고 피폐한 사람들이 수도 없이 많았단다. 그들은 지배층의 이익을 위해 일해야 했어. 먹는 것도 들에 사는 짐승만도 못했지. 아무런 희망도 없이 그렇게 살다 죽어 갔던 거야.

로마가 세워지고 735년이 지났을 때였어. 가이우스 율리우스 카이사르 옥타비아누스 아우구스투스는 팔라티노 언덕 위 왕궁에 살면서 제국을 다스리는 데 여념이 없었지.

그때 머나먼 시리아 땅의 작은 마을에서 목수인 요셉의 아내 마리아가 베들레헴의 마구간에서 태어난 한 아이를 돌보고 있었어.

세상은 정말 알 수 없는 곳이야.

조만간 왕궁과 마구간은 역사상 엄청난 대결을 벌이지.

그리고 마침내 마구간이 승리를 거두게 된단다.

나사렛의 여호수아

선사 시대

고대 동방 문명

고대 그리스 문명

고대 로마 문명

중세 시대

르네상스와 종교 개혁

혁명의 시대

근대 민족 국가의 등장

현대 세계의 형성

그리스 인들이 예수라고 부른 나사렛*의 여호수아 이야기

   로마 건국 이후 815년(서기 62년) 가을, 로마의 의사인 아이스쿨라피우스 쿨텔루스는 시리아에 파견된 군대에 있는 조카에게 편지를 보냈단다.

* 나사렛
팔레스타인의 갈릴리 중남부에 있는 작은 도시를 가리키며 예수의 고향이다. 예수는 어린 시절부터 요한에게 세례를 받기 전까지 30년 동안 이곳에서 살았다.

사랑하는 조카에게

잘 지내니? 며칠 전 바울이라는 사람을 치료하러 갔었단다. 그는 유대인 출신 로마 시민이었는데, 학식도 꽤 있고 예의도 바른 사람처럼 보였어. 동부 지중해에 있는 카이사리아의 지방 법원에서 제기한 소송 때문에 이곳까지 왔다고 하더구나. 나는 그가 사람들을 선동하고 법을 어기는 '난폭하고 폭력적인' 사람이라고 들었는데, 실제로 만나 보니 매우 지적이고 정직하다는 느낌이 들었어.

루벤스가 그린 사도 바울

소아시아에서 군복무를 하던 친구 하나가 바울에 대해 이야기를 해 준 적이 있단다. 바울이 에페수스(『성경』에 나오는 에베소 – 역주)에 있을 때 완전히 새로운 신에 대해 설교를 했다고 말이야. 나는 그 이야기가 사실인지, 그리고 친애하는 황제의 뜻을 거스르고 반란을 선동했다는 소문이 진짜인지 물어보았어. 그러자 바울은 자신이 말한 왕국은 세상의 왕국과는 다르다고 하면서 그에 더해 이해하기 어려운 이상한 말들을 하더구나. 난 그 사람이 열병 때문에 헛소리를 한다고 생각했어.

그의 성품이 아주 인상적이었는데, 며칠 전 오스티안 도로에서 처형당했다는 소식을 듣고 참 마음이 아팠단다. 그래서 이렇게 편지를 쓰는 거란다. 다음에 예루살렘에 갈 기회가 있으면 내 친구 바울과 그의 스승인 특이한 선지자에 대해서 알아봐 줄 수 있겠니? 이곳에 있는 노예들은 메시아 (구세주)에 대한 열망이 대단하단다. 심지어 어떤 사람들은 새로운 왕국에 대한 이야기를 공공연히 꺼냈다고 십자가에 처형되기도 했지. 이 모든 소문에 대한 진상을 알고 싶구나.

너를 사랑하는 삼촌,
아이스쿨라피우스 쿨텔루스

6주 뒤에 조카인 제7보병대 대장 글라디우스 엔사는 다음과 같이 답장을 보냈어.

존경하는 삼촌께

삼촌의 편지를 받고 부탁하신 대로 알아보았습니다.
2주 전에 저희 부대는 예루살렘으로 이동했습니다. 그 도시는 지난 100여 년 간 반란이 일어나는 바람에 옛 모습이 많이 남아 있지 않았어요. 저희는 이곳

선사 시대

고대 동방 문명

고대 그리스 문명

고대 로마 문명

중세 시대

르네상스와 종교 개혁

혁명의 시대

근대 민족 국가의 등장

현대 세계의 형성

에 한 달 정도 머물렀고 내일은 페트라로 갑니다. 그곳에서 몇몇 아랍 부족이 말썽을 일으키고 있다고 하네요. 오늘 저녁이 아니면 답을 드리기 어려울 것 같아 답장을 적고 있지만 아주 자세한 내용은 기대하지 마십시오.

저는 이 도시에 사는 노인들과 이야기를 나누어 보았는데 정확히 알고 있는 사람은 없었습니다. 그런데 며칠 전 어떤 행상이 부대 막사에 물건을 팔러 들렀어요. 저는 올리브 몇 개를 사면서 혹시 젊은 나이에 죽은 메시아에 대해 아는 것 좀 있냐고 물어보았죠. 그는 아버지와 함께 골고다(도시 바깥에 위치한 언덕)에서 벌어지는 처형을 보러 갔기 때문에 분명히 기억하고 있다고 했어요. 아버지가 유대 민족의 율법을 어기는 자의 최후를 보여 주려고 데려간 거라고 하더군요. 그는 더 알고 싶으면 메시아와 개인적으로 친한 친구인 요셉이라는 사람을 만나 보라면서 주소를 알려 주었어요.

오늘 아침에 저는 요셉을 만나러 갔습니다. 요셉은 나이가 젊은 사람이었고, 호수에서 물고기를 잡는 어부였지요. 다행히 그는 기억력이 아주 좋아서 제가 태어나기 전에 무슨 일들이 벌어졌는지 꽤 자세히 들을 수 있었죠.

우리 위대하고 영광스러운 티베리우스 황제께서 재위하실 때, 유대와 사마리아 지역에 폰티우스 필라테(『성경』에 나오는 본디오 빌라도 – 역주)라는 총독이 있었다고 합니다. 요셉은 필라테에 대해서는 거의 모르고 있었죠. 필라테는 지방 장관으로 평판이 괜찮은 걸 보니 나름 정직한 사람이었던 것 같습니다. 언제인지 분명하진 않지만 필라테는 예루살렘에서 폭동이 일어나고 있다는 소문을 듣습니다. 어떤 젊은이(나사렛에 사는 목수의 아들)가 로마 정부에 대항해 반란을 계획한다는 내용이었어요. 그런데 이상하게도 로마 제국의 정보원들조차 그런 일에 대해 들어보지 못했다는 겁니다. 좀 더 조사해 보니 오히려 그 목수는 훌륭한 시민이었고 처벌할 이유가 전혀 없었다고 합니다. 하지만 요셉 말로는 완고한 유대 민족의 지도자들이 그를 무척 싫어했다고 하더군요. 특히 하층민에게 인기가 대단히 많아 지도자들의 신경이 곤두 서 있었던 것입니다. 유대 지도자들의 말에 따르면 이 '나사렛 사람'은 그리스 사람이든 로마 사람이든, 심지어 팔레스타인 사람도 정직하고 순결한 삶을 살아가면, 평생 율법을 공부하는 유대인처럼 선한 사람이 된다고 공공연히 주장하고 다녔다고 합

필라테와
나사렛 예수

니다. 필라테가 이 말에 감명을 받은 건 아니었지만, 성전 주변에 몰려든 군중이 예수를 위협하고 추종자들도 모두 죽이려 하자 그를 보호하기 위해 감금 조치를 했다고 하네요.

필라테 총독은 이 분쟁의 진정한 본질을 이해하지 못했던 것 같습니다. 그가 유대 지도자들에게 불만이 무엇이냐고 물을 때마다 그들은 '이단아', '반역자' 라고 소리치며 몹시 흥분했다고 해요. 결국 필라테는 개인적으로 심문하려고 여호수아(나사렛 사람의 본명, 하지만 이 지역에 사는 그리스 인들은 그를 가리켜 예수라고 불렀음)를 데리고 왔습니다. 그러고는 예수와 몇 시간 동안 이야기를 나누었습니다. 필라테는 예수에게 갈릴리 바닷가에서 사람들에게 전한 '위험한 교리' 에 대해서 물었어요. 하지만 예수는 정치적인 것에 대해 절대 말하지 않았다고 대답했습니다. 그는 인간의 육신이 아닌 영혼에 관심이 있다고 말했다고 합니다. 그리고 모든 사람이 이웃을 자기 형제처럼 여기고 모든 생명의 아버지인 유일신을 사랑하길 바랐습니다.

필라테는 금욕주의나 다른 그리스 철학자들의 사상을 잘 알고 있었던 것처럼 보이는데, 예수의 말에서 불온한 것은 전혀 찾아볼 수 없었던 모양입니다. 제 정보원에 따르면 총독은 이 선량한 예언자를 보호하려고 나름대로 시도를 했다고 합니다. 처형 날짜를 계속 미뤘던 거죠. 그러자 유대의 지도자들은 유대인들을 더욱 부추겨 광분하게 만들었습니다. 예전에도 예루살렘에서는 수많

그뤼네발트가 그린
예수의 십자가형

선사 시대

고대 동방 문명

고대 그리스 문명

고대 로마 문명

중세 시대

르네상스와 종교 개혁

혁명의 시대

근대 민족 국가의 등장

현대 세계의 형성

은 폭동이 일어났지만 그때마다 인근에서 동원할 수 있는 로마군의 병력은 턱없이 부족했습니다. 카이사리아의 로마 당국에서는 '필라테가 나사렛 사람의 가르침에 현혹되고 있다'는 보고를 받기까지 했어요. 필라테는 황제의 반역자이기 때문에 소환해야 한다는 탄원서도 도시 전역에 배포되었다고 합니다. 삼촌도 잘 아시겠지만, 우리 같은 관리들은 외국인들의 분쟁에 괜히 끼어들지 말아야 합니다. 필라테는 내란을 막기 위해 결국 이 죄수, 여호수아를 희생시켰습니다. 그런데 그는 처형을 당하면서도 당당하게 자신을 증오한 사람들을 모두 용서했어요. 예수는 예루살렘 군중의 비웃음 속에서 처참하게 십자가에 못이 박혔습니다.

여기까지가 요셉이 들려 준 이야기예요. 그는 말하면서 하염없이 눈물을 흘렸습니다. 저는 그에게 금화 몇 푼을 주려고 했지만 자기보다 가난한 사람들에게 주라며 한사코 받지 않았습니다. 삼촌 친구인 바울에 대해서도 물어보았지만 그에 대해서는 아는 바가 많지 않았습니다. 요셉의 말에 따르면 유대인들이 말하는 신과는 아주 다른, 사랑하고 용서하는 신을 가르치기 위해 이전에 하던 일을 그만두고 천막 만드는 일을 했던 것 같아요. 그 후 바울은 소아시아와 그리스를 다니면서 노예들에게 '당신들도 사랑이 많은 아버지의 자녀들이다. 가난하든 부유하든 정직하게 살려고 하고 고통당하고 신음하는 사람들을 위해 선을 베푸는 사람은 누구나 행복하게 살 수 있다.'라는 식으로 설교를 한 모양입니다.

제 답장이 삼촌에게 도움이 되셨으면 좋겠네요. 이 이야기가 국가의 안위와는 크게 상관없다고 생각합니다. 하지만 우리 로마 인들은 이 지역 사람들을 절대 이해할 수 없을 거예요. 삼촌의 친구 바울이 처형되었다니 참 유감입니다. 조만간 고향에서 다시 뵙길 바랍니다.

조카 글라디우스 엔사 올림

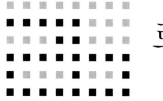

로마의 몰락

선사 시대

고대 동방 문명

고대 그리스 문명

고대 로마 문명

중세 시대

르네상스와 종교 개혁

혁명의 시대

근대 민족 국가의 등장

현대 세계의 형성

로마의 쇠퇴, 그러나 둔감한 사람들

고대 역사를 다룬 교과서를 보면, 로마의 멸망 시기가 476년으로 나오지. 그때 마지막 황제가 권좌에서 물러났기 때문이야. 하지만 로마가 하루아침에 세워지지 않은 것처럼 몰락하는 데도 오랜 시간이 걸렸단다. 그 과정이 아주 느리고 점진적으로 일어나는 바람에 로마 인들도 제국이 멸망을 향해 가고 있다는 사실을 깨닫지 못했어. 그들은 불안한 시국에 대해 불만을 표현했어. 물가는 치솟고 있는데 임금은 낮아 투덜댔지. 곡식과 양털, 금화를 독점해서 폭리를 취하는 자들을 죽도록 미워했어. 어떤 때는 탐욕스러운 관리들에게 맞서 저항하기도 했지. 하지만 서기 4세기경까지 대다수의 사람들은 지갑이 허락하는 한 흥청망청 먹고 마시고, 본능에 따라 미워하고 사랑하고, 검투사 경기를 보러 극장으로 달려가고, 대도시의 빈민굴에서 굶주리면서 그냥 그렇게 살아갔어. 제국이 힘을 잃고 멸망할 운명이라는 사실에 대해서는 전혀 눈치 채지 못했지.

어떻게 로마 제국이 멸망할 거라고 생각했겠어? 로마는 겉으로는

찬란한 영광을 누리고 있었단다. 잘 포장된 도로가 사방을 연결하고 있었고 부지런한 제국의 경찰들이 강도들을 무자비하게 잡아 가뒀어. 국경 지대는 북부 유럽의 황무지를 점령한 야만족들이 침입하지 못하도록 철저하게 지키고 있었지. 전 세계가 로마 제국에 공물을 바치고 있었어. 그리고 수많은 인재들이 과거의 실수를 바로잡아 좋았던 옛 공화국 시절로 돌아가기 위해 밤낮으로 열심히 일했어.

하지만 이런 노력에도 불구하고 아빠가 앞에서 말했던 제국을 몰락하게 하는 원인들이 제거되지는 못했어. 개혁은 아예 불가능한 것이 되고 말았지.

로마, 몰락의 길을 걷다

로마는 그리스의 아테네나 코린트처럼 처음부터 끝까지 도시국가였어. 이탈리아 반도를 지배할 수는 있었지만 모든 문명 세계를 지속적으로 통치하는 건 정치적으로 불가능했지. 로마의 젊은이들은 끊임없이 전쟁 속에서 죽어 갔어. 농민들도 장기간의 군복무와 무거운 세금 때문에 몰락했지. 그들은 길거리에서 구걸하는 거지로 전락하거나 지

선사 시대

고대 동방 문명

고대 그리스 문명

고대 로마 문명

중세 시대

르네상스와 종교 개혁

혁명의 시대

근대 민족 국가의 등장

현대 세계의 형성

주에게 고용되어 농사일을 해 주는 대신 먹을 것과 잠자리를 제공받는 '농노'가 되었어. 농노는 노예도 자유민도 아닌 불행한 존재였지. 가축이나 나무처럼 자기가 일하는 땅에 속박되어 있었거든.

로마 제국에서는 국가가 전부였단다. 일반 시민들은 점점 하찮은 존재가 되어 갔지. 노예들은 바울이 전하는 말에 귀를 기울였어. 나사렛의 겸손한 목수의 가르침을 받아들였지. 윗사람에게 온유하고 순종해야 한다는 가르침에 따라 그들은 주인에게 복종했단다. 하지만 비참한 이 세상의 일에는 전혀 관심을 두지 않았어. 오로지 천국에 들어가기 위해 노력했지. 야심 많은 황제가 자신의 영광을 위해 파르티아, 누미디아, 스코틀랜드로 정복 전쟁을 떠나려 할 때 그들은 전쟁에 참여하지 않았어.

시간이 지날수록 상황은 더 나빠져만 갔어. 초기의 황제들은 부족장이 부족민에게 행사했던 '리더십'의 전통을 잘 유지해 나갔어. 하지만 2~3세기경의 황제들은 친위대의 호위를 받아 지위를 간신히 유지하는 병영 황제, 직업 군인에 불과했지. 황제의 자리는 계속해서 급격하게 바뀌었지. 황제의 자리에 오르기 위해서는 기존 황제를 죽여야 했고, 다음에 황제에 오를 자에게 죽임을 당했지. 친위대에 뇌물을 주기만 하면 손쉽게 반란을 일으킬 수 있었어.

야만족의 세력이 커지다

한편 야만족들은 북쪽 국경 지대를 침입하고 있었어. 이들을 막을 로마의 병력이 부족해지자 외국 용병들을 고용했어. 하지만 이들은 북쪽의 야만족과 같은 혈통인 경우가 많았지. 전투가 벌어지면 용병들은 적을 관대하게 대하기 일쑤였던 거야. 어쩔 수 없이 몇몇 부족들을 제국 내 영토에 정착할 수 있도록 해 주었어. 그렇게 다른 부족들도 뒤따라 들어왔지. 비정한 로마의 세금 징수원이 이들 부족에게 엄청난 세금을 거둬들이자 곧 불만이 싹트기 시작했어. 더 이상 참기 어려울 때는 로마로 몰려 가 소리 높여 불만을 터뜨렸지.

이런 상황이 되자 로마는 제국의 수도로서 불편한 점이 많았어. 그래서 콘스탄티누스(재위 기간 323~337년) 황제는 유럽과 아시아의 관문인 비잔티움을 새로운 수도로 선택했단다. 수도 이름을 콘스탄티노플로 바꾸고 왕궁도 옮겼지. 콘스탄티누스가 죽은 뒤 두 아들은 좀 더 효율적으로 통치하기 위해 제국을 둘로 나누었어. 형은 로마에 그대로 머물면서 제국의 서쪽을 다스렸고, 동생은 콘스탄티노플에서 동쪽 지역을 다스렸지.

4세기가 되자 훈 족*이 세력을 떨치기 시작했어. 훈 족은 200년 넘게 북유럽에 거주하면서 살육을 일삼았던 아시아계 기마 민족이었지.

*훈 족
중앙아시아 지역에서 활약하던 유목 기마 민족이다. 4세기 중엽에 서쪽으로 이동해 유럽을 침입하면서 게르만 족의 대이동에 직접적인 영향을 미쳤다. 5세기 아틸라 왕의 전성기 때는 아시아와 유럽에 걸친 대제국을 건설했다.

훈 족의 마지막 왕 아틸라

그들은 451년 프랑스의 샬롱 쉬르 마른 근처에서 패배할 때까지 로마 제국에 상당히 위협적인 존재였어. 훈 족은 다뉴브 강에 이르자 고트 족에게 압박을 가하기 시작했어. 고트 족은 목숨을 보존하기 위해 어쩔 수 없이 로마로 밀려 들어왔지. 발렌스 황제가 그들을 막으려 했지만 결국 378년 아드리아노플에서 전사하고 말았어. 22년 뒤에는 서고트 족의 알라리크 왕이 로마로 진격해 들어왔어. 그들은 약탈을 자행하진 않았지만 궁전 몇 군데를 파괴해 버렸지. 그 다음에는 반달 족이 쳐들어왔고, 뒤이어 부르고뉴 족, 동고트 족, 알레마니 족, 프랑크 족 등이 끊임없이 침략해 들어왔어. 마침내 로마는 한낱 도적 떼 같은 무리에게 휘둘리는 처지에 이르고 말았지.

402년, 로마 황제는 요새화된 항구인 라벤나로 피신했어. 게르만 용병 부대의 지휘관 오도아케르는 이탈리아의 농장을 얻길 원했지. 그는 온건하면서도 효과적으로 마지막 황제 로물루스 아우구스툴루

선사 시대

고대 동방 문명

고대 그리스 문명

고대 로마 문명

중세 시대

르네상스와 종교 개혁

혁명의 시대

근대 민족 국가의 등장

현대 세계의 형성

스를 자리에서 내쫓고 스스로 로마의 통치자라고 선포했어. 자기 나라 일에만 바빴던 동로마 제국의 황제는 그를 통치자로 인정했지. 그후 10년 동안 오도아케르는 서로마 제국을 통치했어.

몇 년 뒤, 동고트 족의 테오도리쿠스 왕은 라벤나에 쳐들어가 식사 중이던 오도아케르를 죽이고 서로마 제국의 폐허 위에 고트 왕국을 세웠어. 하지만 왕국이 오래 가지는 못했지. 6세기에 롬바르드 족, 색슨 족, 슬라브 족, 아바르 족 등이 잡다하게 섞인 무리가 침입해 들어와 고트 왕국을 무너뜨리고 파비아를 수도로 한 새로운 나라가 세워졌어.

로마, 결국 야만인의 손에 넘어가다

제국의 중심지인 로마는 그렇게 절망의 나락으로 떨어지고 말았어. 고대 궁전들은 끊임없이 약탈당하고 학교는 모두 불타 없어졌지. 교사들은 굶어 죽기 일쑤였어. 부자들은 고약한 냄새를 풍기는 털북숭이 야만족들에게 호화로운 저택을 빼앗겼어. 도로도 망가지고 다리도 무너지면서 상업 활동도 마비되고 말았지. 이집트, 바빌로니아, 그리스, 로마가 피땀 흘려 일구어 놓은 찬란한 문명이 서유럽에서 한순간에 사라질 위기에 처하게 된 거야.

멀리 동쪽에 있던 콘스탄티노플은 이후 1,000년 동안 제국의 중심지 역할을 유지해 나갔어. 하지만 그곳을 유럽 대륙으로 보기에는 어려움이 있지. 동로마 제국의 관심은 동쪽에만 있어 서쪽의 역사와 문명은 점점 잊히고 있었어. 로마 어는 차츰 사라지고 그리스 어를 사용하기 시작했어. 로마 법률도 로마자 대신 그리스 어로 표기되었지. 황제는 아시아의 전제 군주처럼 변해 갔어. 마치 3,000년 전 나일 강 유역에서 테베의 왕들이 숭배를 받았던 것처럼 말이야. 비잔틴 교회의 선교사들은 새로운 활동 무대를 찾아 동쪽으로 진출했고 광활한 러시아 대륙에 비잔틴 문명을 전달했지.

서쪽은 야만인들의 손에 넘어갔어. 열두 세대가 지나는 동안 살인과 전쟁, 방화와 약탈이 끝없이 지속되었지. 하지만 오직 한 가지가 유럽의 문명이 완전히 파괴되고 원시 시대로 돌아가는 걸 막았어.

그건 바로 교회였단다. 로마 제국이 시리아 국경의 작은 마을에서 일어난 소요를 막기 위해 죽였던 그 사람, 곧 나사렛의 예수를 따르는 수많은 무리들이 결국 유럽의 문명을 지켜낸 거야.

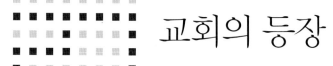

교회의 등장

선사 시대

고대 동방 문명

고대 그리스 문명

고대 로마 문명

중세 시대

르네상스와 종교 개혁

혁명의 시대

근대 민족 국가의 등장

현대 세계의 형성

타 종교에 관대한 로마 인들

제국 내에 살던 로마 인들은 조상들이 숭배하던 신에 큰 관심이 없었어. 일 년에 몇 번 신전에 가긴 하지만 단지 관습적인 것에 불과했어. 신전에서 사제들이 종교적인 의례를 행하고 있으면 그저 구경만 할 따름이었지. 주피터, 미네르바, 넵튠에게 경배하는 건 초기 공화국 시절에나 하던 유치하고 어리석은 짓이라 생각했어. 특히 스토아학파*나 에피쿠로스학파*, 기타 여러 그리스 철학을 공부한 사람들은 신화 속 신들은 연구할 가치도 없다고 보았어.

이러한 태도를 갖고 있던 로마 인들은 자연스럽게 타종교에 대해 대단히 관용적인 사람들이 되었지. 로마 정부는 로마 인, 외국인, 그리스 인, 바빌로니아 인, 유대인 할 것 없이 모든 사람에게 겉으로라도 좋으니 신전에 있는 황제의 동상에 경의를 표하라고 했어. 황제의 동상은 마치 관공서 벽에 매달려 있는 대통령 초상화와 같은 거였지. 이는 깊은 의미가 없는 형식적인 절차에 지나지 않았어. 보통은 모든 사람이 각자가 좋아하는 신을 경배하고 예배를 드릴 수 있었단다. 그러

*스토아학파, 에피쿠로스학파
플라톤과 아리스토텔레스의 영향을 받은 스토아학파는 금욕적인 삶을 추구했다. 이와 달리 에피쿠로스학파는 정신적인 쾌락을 추구했다.

다 보니 로마에는 이집트, 아프리카, 아시아 등지의 온갖 신을 섬기는 기묘한 신전과 예배당들이 수없이 세워졌지.

예수의 사도들이 처음에 로마로 건너가 인류애에 관한 새로운 교리를 전파할 때도 아무도 반대하는 사람이 없었어. 길거리에서 설교를 하면 지나가던 사람들이 멈춰 서서 귀를 기울였지. 세계의 수도 로마는 자신의 교리를 설파하려는 유랑 설교자들로 북적댔어. 자칭 성직자들은 대부분 사람들의 감정에 호소하면서 자기가 믿는 신을 따르면 부와 기쁨을 얻을 수 있다고 설득했어. 곧 군중은 이른바 '그리스도인 (구세주인 그리스도를 따르는 사람들)'은 다른 종교인과 전혀 다른 말을 한다는 걸 알게 되었어. 이들은 부와 명예 따위를 내걸고 사람들을 현혹하지 않았지. 오히려 가난과 겸손, 온유함을 최고의 가치로 여겼어. 이러한 덕목은 세계의 주인인 로마가 추구하는 이상과는 정반대의 것이었지. 로마는 전성기를 구가하고 있었지만 그것이 영원한 행복을 보장하지 않는다는 그리스도인의 설교가 왠지 모르게 사람들의 마음을 끌어당겼던 거야.

기독교가 로마 세계에 퍼지기 시작하다

기독교 교리를 전하는 사람들은 진정한 신을 믿지 않는 이들에게 다가올 끔찍한 결과에 대해서도 이야기했지. 그렇다고 해서 기독교를 받아들이는 것도 현명한 일은 아니었지. 로마의 신들도 아직 건재한 건 사실이지만 과연 이 신들이 머나먼 아시아에서 건너온 새로운 신만큼 강력했을까? 사람들 마음속에는 의구심이 일어나기 시작했어. 사람들은 어느새 새로운 교리에 귀를 기울이게 되었지. 이들은 예수의 가르침을 전하는 사람들을 찾아가기 시작했어. 그리스도인들은 로마의 사제들과는 많이 달랐지. 그들은 대부분 지지리도 가난하고 볼품없는 사람들이었어. 사실 노예나 짐승과 별반 다를 바 없었지. 부를 얻으려고 하지 않았고 오히려 가진 것이 있으면 무엇이든 이웃에게 나눠 주려고 했어. 그리스도인의 희생적인 삶에 감명을 받은 로마 인들은 기존의 종교를 버리기 시작했지. 그들은 가정집이나 들판, 폐허가 된 신전 같은 장소에서 모이는 그리스도인들의 작은 공동체에 참여했어.

해가 거듭될수록 그리스도인의 수가 계속 증가했어. 작은 교회들은 공동체를 운영하기 위해 장로나 주교를 선출했지. 주교는 한 지역 내의 모든 공동체를 대표하는 수장이 되었어. 바울을 따라 로마로 온 베드로가 로마의 첫 번째 주교가 되었고, 그의 뒤를 잇는 후계자들이 바로 교황이 되었어.

천국의 열쇠를
쥐고 있는
초대 교황 베드로

이제 교회는 제국 안에서 강력한 조직으로 성장했어. 기독교의 가르침은 이 세상에서 고통 받는 사람들에게 큰 감동을 주었지. 또 능력은 있지만 제국 정부에서 출세할 수 없었던 사람들에게도 매력적으로 다가왔어. 예수를 따르는 사람들 앞에서 타고난 지도력을 유감없이 발휘할 수 있었거든. 마침내 정부는 기독교라는 조직에 주목할 수밖에 없었어. 앞에서도 말했지만 원래 로마 제국은 종교에 대해 무관심하거나 관용적이었지. 각자가 자기 방식대로 구원을 얻도록 내버려 두

선사 시대

고대 동방 문명

고대 그리스 문명

고대 로마 문명

중세 시대

르네상스와 종교 개혁

혁명의 시대

근대 민족 국가의 등장

현대 세계의 형성

었어. 다만, 각 종교가 갈등을 일으키지 않고 평화롭게 공존하게 했지.

타 종교에 관대하지 않은 기독교

하지만 기독교 공동체는 타 종교에 대해 관용을 베풀지 않았어. 그들은 자기가 믿는 신만이 유일한 신이자 하늘과 땅을 다스리는 통치자이고 다른 신들은 사기꾼에 불과하다고 공공연히 떠들고 다녔지. 이런 발언은 타 종교를 따르는 사람들에게는 말도 안 되는 소리였어. 제국의 치안대는 그리스도인들에게 입단속을 시켰지. 그래도 그리스도인들의 망언은 멈추지 않았어.

곧이어 또 다른 문제가 발생했단다. 그리스도인들이 황제에게 형식상 경의를 표하는 일을 거부한 거야. 군대 소집 명령도 따르지 않았지. 로마의 치안 판사들은 이들을 처벌하겠다고 겁을 주었어. 하지만 그리스도인들은 이 세상은 천국을 가기 위

로마 제국의 박해를 피해 지하 무덤(카타콤)에 숨은 기독교인들

한 임시 거처에 불과하고 교리를 위해서라면 죽음도 불사하겠다는 태도를 보였지. 당황한 로마 인들은 가끔 범죄자들을 처형하기도 했지만 이런 일이 자주 있었던 건 아니야. 교회가 생긴 초창기에는 그리스도인들에게 수많은 폭력이 가해졌어. 일부 폭도들이 온순한 그리스도인들에게 죄를 뒤집어씌웠던 거지. 예를 들면, 그리스도인들은 어린아이를 잡아먹는다거나 전염병을 퍼뜨린다거나 위급한 시기에 국가를 배신한다는 소문을 퍼뜨린 거야. 그리스도인들은 굳이 저항하지

않았기 때문에 폭도들은 이런 '놀이'를 마음껏 즐겼지.

한편 로마는 잇달아 야만족의 침략을 받고 있었어. 로마군이 패하면 기독교 선교사들이 나아가 사나운 튜튼 족에게 평화의 복음을 전했지. 선교사들은 죽음도 두려워하지 않는 강인한 사람들이었어. 그들은 이방인들에게 회개하지 않는 사람들의 최후에 대해 확신을 갖고 이야기해 주었지. 튜튼 족은 선교사들의 설교에 깊이 감동을 받았어. 이 이방인들은 여전히 고대 로마의 지혜를 동경하고 있었고 선교사들도 로마 인이라고 생각했던 거야. 그래서 이들의 설교를 진리로 받아들인 거지. 기독교 선교사들은 튜튼 족과 프랑크 족에게 강력한 영향력을 미치기 시작했어. 대여섯 명의 선교사가 거의 일개 연대와 맞먹는 힘을 갖고 있었지. 이제 로마의 황제들도 기독교가 제국을 통치하는 데 꽤 쓸모가 있겠다고 생각했어. 일부 지역에서는 선교사들에게 고대 신의 사제들과 동등한 권한을 부여하기도 했지. 그리고 4세기 후반에 엄청난 변화가 찾아온 거야.

콘스탄티누스 황제가 기독교를 공인하다

콘스탄티누스 황제(콘스탄티누스 대제라고 부르는데 그 이유는 아무도 모름)는 사실 폭군이었어. 물론 험악한 시대에 황제로 살아가려면 온순한 성격으로는 버티기 힘들었을 거야. 콘스탄티누스는 긴 세월 동안 온갖 인생의 기복을 경험했어. 한 번은 적군에게 거의 패할 지경에 이르렀는데, 새로운 신의 힘이 얼마나 강한지 시험해 보기로 한 거야. 만일 전투에서 승리하면 자기도 그리스도인이 되겠다고 맹세했지. 그는 마침내 전투에서 승리했고 결국 그리스도인들이 믿는 신을 인정하며 세례까지 받았어.

이후 기독교는 로마에서 공식적으로 인정되었어. 이 새로운 종교는 제국 내에서 입지가 강해진 거야.

선사 시대

고대 동방 문명

고대 그리스 문명

고대 로마 문명

중세 시대

르네상스와 종교 개혁

혁명의 시대

근대 민족 국가의 등장

현대 세계의 형성

성모 마리아에게
콘스탄티노플을 봉헌하는
콘스탄티누스 황제

    하지만 로마 인 중에 그리스도인은 소수에 불과했어. 대략 5~6% 정
도밖에 안 됐지. 황제들은 기독교의 교세를 강화하기 위해 이제 종교
적 타협은 인정할 수 없었어. 옛 로마의 신들은 사라져야만 했지. 그리
스의 지혜를 좋아했던 율리아누스 황제는 짧은 기간이지만 로마의 신
들이 사라지지 않도록 애를 많이 썼어. 하지만 페르시아와의 전투에서
부상을 당하는 바람에 죽게 되고 뒤를 이어 요비아누스 황제가 교회를
재건해 기독교는 다시 빛을 보게 되었어. 이때 고대의 신전들은 잇달

선사 시대

고대 동방 문명

고대 그리스 문명

고대 로마 문명

중세 시대

르네상스와 종교 개혁

혁명의 시대

근대 민족 국가의 등장

현대 세계의 형성

성 소피아 대성당

아 문을 닫았단다. 유스티니아누스 황제(콘스탄티노플에 성 소피아 성당을 지은 황제)는 플라톤이 세운 아테네의 철학 학교까지 폐쇄했지.

이는 고대 그리스 세계의 종말을 의미했어. 인간이 자기 마음대로 생각하고 자기가 원하는 것을 꿈꾸는 시대가 지나가 버린 거지. 철학자들의 애매한 규범은 야만과 무지라는 폭풍우가 모든 질서를 휩쓸고 있는 시대에 인생의 항해를 인도해 줄 나침반으로서 제대로 역할을 못한다고 여겨졌어. 사람들은 좀 더 적극적이고 분명한 걸 필요로 했어. 바로 교회가 사람들이 원하던 것을 제공한 거야.

모든 것이 불확실한 시대에 교회는 바위처럼 견고하게 서서 진실하고 신성한 가르침을 분명하게 내세웠어. 교회의 변함없는 용기는 사람들에게 감동을 주었고 제국마저 무너뜨렸던 난관을 무사히 헤쳐 나갈 수 있도록 해 주었지.

기독교가 결국 성공하는 데는 행운도 작용했어. 테오도리쿠스의 고트 왕국이 멸망한 뒤 5세기에는 이탈리아가 외국의 침입을 비교적 덜 받게 되었어. 고트 족의 뒤를 이어 들어온 롬바르드 족과 색슨 족, 슬라브 족은 약하고 낙후된 종족이었어. 이러한 상황에서 로마의 주교들은 도시의 독립성을 유지할 수 있었지. 곧 이탈리아 반도 여기저기에 흩어져 살던 제국의 후예들은 로마의 공작들(또는 주교들)을 정치적이고 정신적인 지배자로 인정했던 거야.

로마의 주교가 교황으로 공식 인정받다

마침내 강력한 인물이 등장할 만한 무대가 마련되었고 590년에 그레고리우스라는 사람이 나타났지. 그레고리우스는 고대 로마에서 지배 계급에 속했던 사람이었기 때문에 그야말로 '완벽한' 로마시의 시장으로 손색이 없었지. 그는 수도사이자 주교였고 마침내는 자기 뜻(선교사가 되어 영국의 이교도들에게 복음을 전하려고 했음)과는 다르게 교황이 되어 성 바울 대성당으로 들어갔어. 그의 재임 기간은 14년에 불과했지만, 그가 죽은 뒤 기독교 세계는 로마의 주교를 교황, 즉 교회 전체의 수장으로 공식 인정했지.

그레고리우스 교황

하지만 교황의 힘이 동쪽까지 미치지는 못했어. 동로마 제국의 황제들은 아우구스투스와 티베리우스의 후계자들을 정치의 수장이자 종교의 수장으로 여기는 전통을 그대로 유지하고 있었거든. 1453년에 동로마 제국은 투르크 족에게 점령당했어. 콘스탄티노플은 함락되었고 동로마의 마지막 황제 콘스탄티누스 팔라이올로구스는 성 소피아 성당의 계단에서 죽임을 당했지.

몇 년 전에 황제의 동생인 토마스의 딸 조에가 러시아의 이반 3세와 결혼을 했어. 관습에 따라 모스크바의 대공들은 콘스탄티노플의 상속자가 되었어. 옛 비잔티움을 상징하는 두 머리의 독수리(로마가 서로마와 동로마로 나뉜 것을 상징함)는 이제 러시아의 문장(紋章)이 되었어. 러시아의 귀족에 불과했던 차르가 로마 황제의 위엄을 물려받게 된 거지.

러시아의 궁전은 동로마의 황제들이 아시아와 이집트에서 수입한 양식을 본떴고, 어떻게 보면 알렉산더 대왕의 궁전과도 비슷했어. 비잔틴 제국은 생각지도 못한 세계에 유산을 물려주었고 러시아는 광활한 대지에서 약 600년간 생명을 유지해 나갔어. 두 머리 독수리가 새겨진 왕관을 마지막으로 썼던 차르 니콜라이는 러시아 혁명 때 목숨을 잃었어. 그의 시신은 우물에 던져지고 자식들도 모두 죽임을 당하지. 차르가 가졌던 모든 특권은 사라져 버렸고, 교회의 지위도 콘스탄티누스 시대 이전의 로마 때로 추락하고 말았어.

한편 서쪽의 교회는 전혀 다른 운명에 처해졌어. 다음 장에서 이야기하겠지만 아랍에서 낙타를 몰던 사람이 전한 교리 때문에 모든 기독교 세계가 파멸될 위기에 처할 뻔했지.

러시아 제국 시대의 문장

마호메트

아랍 민족이 역사의 무대에 등장하다

카르타고와 한니발 시대 이후로 셈 족에 관한 이야기를 안 한 것 같구나. 고대 세계는 거의 셈 족의 이야기였던 것 기억하니? 바빌로니아인, 아시리아 인, 페니키아 인, 유대인, 아람 인, 칼데아 인 등이 모두 셈 족이었어. 이들은 약 4,000년 동안 서아시아 지역을 다스렸단다. 그러다가 동쪽에서 온 인도-유럽계인 페르시아와 서쪽에서 온 인도-유럽계인 그리스에게 정복당했지. 알렉산더 대왕이 죽고 100년이 지났을 무렵, 셈 족인 페니키아의 식민지 카르타고는 지중해의 패권을 두고 인도 유럽계의 로마와 한바탕 싸움을 벌였어. 싸움에서 진 카르타고는 멸망했고 로마는 약 800년 동안 세계의 주인이 되었지. 하지만 7세기에 또 다른 셈 족이 등장해 서양에 도전장을 내밀었어. 그 도전자는 바로 아랍 민족이었단다. 이들은 원래 야심 따위는 전혀 없이 조용히 사막을 유랑하던 평화로운 유목민이었지.

그런데 마호메트의 설교를 듣고는 말에 올라타 한 세기도 지나기 전에 유럽의 심장부를 향해 돌진해 왔던 거야. 그들은 '유일신' 알라와

'유일신의 예언자' 마호메트의 영광을 선포했고, 프랑스의 농부들을 두려움에 떨게 만들었지.

마호메트, 위대한 예언자가 되다

압달라와 마니아의 아들 아메드(대개 '찬양받는 자'라는 뜻의 마호메트로 알려져 있음)에 관한 이야기는 『천일야화』라는 책에도 나와 있어. 그는 메카에서 태어나 낙타몰이꾼이 되었어. 그러던 어느 날 그는 무의식적인 발작 증세를 보이더니 꿈에서 천사 가브리엘의 음성을 듣게 되었지. 이 음성은 나중에 『코란』이라는 경전에 기록되었어. 마호메트는 대상 무역을 하면서 아라비아 전역을 돌아다녔기 때문에 유대 인 상인들과 그리스도인 중개인들을 지속적으로 만날 기회가 많았단다. 그러면서 유일신 숭배가 아주 탁월한 종교 사상이라는 사실을 알게 되었지. 그때까지도 동족들은 조상들처럼 기묘한 돌과 나무를 숭배하

천사 가브리엘의 계시를 듣는 마호메트

메카의 카바

고 있었지. 신성한 도시 메카에는 '카바'라고 하는 정육면체 구조물이 세워져 있고 온갖 우상과 부두교 숭배와 관련된 물건이 가득했어.

마호메트는 자신이 아랍 민족의 모세가 되겠다고 결심했어. 하지만 낙타몰이꾼을 하면서 동시에 예언자가 될 수는 없었지. 경제적 기반을 갖추기 위해 고용주였던 부유한 미망인 하디자와 결혼을 해. 그런 다음 메카에 사는 이웃들에게 자신은 알라가 세상을 구원하기 위해 보낸 예언자라고 말하지. 이웃들은 마호메트가 헛소리를 한다고 생각하고 웃어 넘겼어. 그런데 계속해서 같은 말을 반복하는 거야. 사람들은 이제 머리끝까지 짜증이 나 그를 죽여 없애려고 하지. 굳이 동정할 필요도 없는 미치광이로 본 거야. 마호메트는 음모를 알아채고는 어두운 밤을 틈타 메디나로 도망갔어. 충실한 제자 아부 바크르와 함께 말이야. 이때가 622년이었는데, 이슬람교 역사에서는 '헤지라(위대한 탈출의 해)'라고 하는 매우 중요한 해였어.

메디나에서 마호메트는 이방인이나 다름없었는데 오히려 고향보다 예언자라고 말하고 다니기가 더욱 수월했지. 아무래도 고향 사람들은 그가 낙타몰이꾼이라는 걸 다 알고 있었으니까. 얼마 후 사람들이 마호메트 주위에 몰려들기 시작했어. 그리고 마호메트가 모든 덕목 중 최고로 여기는 '신의 의지에의 복종', 즉 이슬람을 받아들였어. 7년 동안 메디나에서 사람들에게 설교 활동을 하던 마호메트는 이제 많은 사람들이 자기를 따른다고 생각했어. 예전에 자신을 얕잡아 보던 고향 사람들에게 본때를 보여 주기 위해 군대를 이끌고 사막을 가로질러 갔지. 마호메트의 추종자들은 큰 어려움 없이 메카를 점령했어. 이제 사람들은 마호메트가 진짜 위대한 예언자라고 믿게 되었어.

이때부터 마호메트는 죽을 때까지 모든 일을 순조롭게 진행해 갔어.

이슬람교가 성공한 이유

이슬람교가 이렇게 성공할 수 있었던 건 두 가지 이유 때문이야. 첫 번째로, 마호메트가 가르쳤던 교리는 아주 단순했지. '세상을 지배하는 자비로운 신 알라를 사랑하라. 부모를 공경하라. 이웃을 부정하게 대하지 말라. 가난하고 병든 자에게 자비를 베풀라. 과음하지 말고 탐식하지 말라.' 이게 전부였어. 헌금을 받아 생활하는, 양떼를 지키는 목자와 같은 성직자도 없었지. 모스크라고 하는 이슬람 사원은 단순히 커다란 석조 건물이었고 의자나 그림 같은 건 전혀 없었어. 사람들은 마음 내킬 때마다 사원에 모여 코란을 읽거나 함께 토론을 했지. 보통의 이슬람교도들은 신앙을 가지고 있되 굳이 사원의 규칙 따위에 얽매일 필요가 없다고 생각했어. 하루에 다섯 번 메카를 향해 간단하게 기도하는 일만 하면 되었지. 그 외의 시간은 알라가 세상을 주관하도록 맡기고 그대로 받아들이면 그만이었어.

마호메트가 가르친 삶의 자세에 대해 이슬람교도들은 꽤 만족스러

선사 시대

고대 동방 문명

고대 그리스 문명

고대 로마 문명

중세 시대

르네상스와 종교 개혁

혁명의 시대

근대 민족 국가의 등장

현대 세계의 형성

위했어. 그들은 단순히 주변 세계와 사이좋게 지내기만 하면 되는 거였지.

이슬람교가 성공할 수 있었던 두 번째 이유는 기독교와 전쟁을 벌였던 이슬람 군인들의 태도와 관련이 있어. 이슬람 군인들은 진실한 신앙심을 가지고 전투에 나아갔지. 마호메트는 적과 싸우다 죽으면 바로 천국에 갈 수 있다고 약속했어. 그래서 이슬람 군인들은 이 땅에서 힘들게 오래 사느니 싸우다 죽는 편이 더 낫다고 생각한 거야. 암울한 내세를 두려워하고 이 세상에서 좀 더 오래 살고 싶어 하는 십자군에 비하면 이슬람 군인들에게는 엄청난 기회가 부여된 거지. 이를 통해 오늘날 서양의 무기가 엄청난 화력을 뿜어내는데도 이슬람 병사들이 왜 그렇게 용감하게 뛰어드는지 알 수 있어.

이슬람교의 경전인 코란

마호메트, 아랍의 최고 지배자가 되다

어느 정도 세력을 확보한 마호메트는 이제 수많은 아랍 부족의 최고 지배자로 군림하기 시작했어. 하지만 역경의 나날을 보낸 사람이 큰 성공을 거두면 오히려 나중에 망치는 경우가 많단다. 마호메트는 부자들의 호감을 사기 위해 그들에게 먹힐 만한 규범들을 만들어 냈어. 그중 하나가 아내를 네 명까지 둘 수 있게 허용한 거지. 당시에는 아내를 얻으려면 바로 처가에 돈을 지불해야 했기 때문에, 네 명의 아내를 둔다는 건 대단한 부자가 아니고서는 감히 꿈도 꾸지 못할 일이었지. 원래는 사막의 투박한 유목민들을 위해 만들어진 종교가 이제는 도시에 사는 상인들을 위한 종교로 변모해 갔어. 본래 정신에서 벗어난 이런 변화는 이슬람교의 발전에도 크게 좋은 일은 아니었단다. 마호메트는 알라의 진리를 전하는 예언자로서 계속해서 새로운 규범들을 선포하다가 632년 6월 7일 갑자기 열병으로 세상을 떠나고 말았지.

마호메트의 뒤를 이은 아랍의 지도자들

마호메트의 뒤를 이어 이슬람교의 칼리프*가 된 사람은 그의 장인인 아부 바크르였어. 마호메트가 초기에 예언자로 활동할 때 함께 고난을 극복했던 사람이지. 2년 후에 아부 바크르가 죽자 오마르 이븐 알 카타브가 그 뒤를 이었어. 그는 칼리프가 된 지 10년도 안 되어 이집트, 페르시아, 페니키아, 시리아, 팔레스타인을 정복하고 다마스쿠스를 이슬람 제국의 수도로 삼았어.

오마르의 뒤를 이어서 마호메트의 딸 파티마의 남편 알리가 칼리프가 되었어. 하지만 이슬람 교리를 둘러싸고 논쟁을 벌이던 중 살해당하고 말지. 알리가 죽은 뒤 칼리프는 세습되었고 정신적인 지도자로 시작했던 이슬람교의 수장은 거대한 제국의 통치자가 되었어. 이슬람 제국은 바빌론에 가까운 유프라테스 강 유역에 새로운 도시 바그다드를 건설하고, 기병대를 조직해 주변에 이슬람교를 전파하기 위한 원정을 나섰어. 서기 700년, 타리크 장군은 헤라클레스의 문을 지나 유럽의 자발 알 타리크(Jabal al ārig, 타리크의 언덕), 즉 지브롤터(Gibraltar)까지 진출했어.

11년 뒤, 스페인 남서부 지역에서 일어난 헤레스 데 라 프론테라 전투에서 이슬람 군대는 서고트 족을 무찔렀어. 그리고는 계속해서 한니발이 걸어갔던 길을 따라 피레네 산맥을 넘었어. 보르도 근처에서

*칼리프
이슬람 공동체에서 정치적 권력과 종교적 권력을 아울러 갖는 최고의 통치자를 일컫는다. 마호메트의 권위를 계승한 후계자이자 대리인이다.

선사 시대

고대 동방 문명

고대 그리스 문명

고대 로마 문명

중세 시대

르네상스와 종교 개혁

혁명의 시대

근대 민족 국가의 등장

현대 세계의 형성

파리 시내에 진입한
이슬람 군대

아키텐 공을 물리치고 파리로 쳐들어갔지만, 732년(마호메트가 죽은 지 100년째 되는 해) 투르와 푸아티에 간 벌어진 전투에서는 패배했지. 이 전투에서 이슬람 군대를 무찌르고 유럽을 구한 인물은 프랑크 족의 지도자인 카를 마르텔(마르텔은 '쇠망치'라는 뜻)이었어. 그는 이슬람 군대를 프랑스에서 몰아냈지만, 일부 이슬람 세력은 스페인에 계속 머물러 있었어. 아브드 알 라흐만은 스페인의 코르도바를 점령해 칼리프의 영토로 만들었지. 코르도바는 이후에 중세 유럽의 과학과 예술의 중심지로 발전했어.

이른바 '무어 왕국'은 모로코의 마우레타니아에서 온 사람들이 산

다고 해서 붙인 이름인데, 이 나라는 700년이나 존속했어. 콜럼버스가 신대륙을 찾아 떠난 해인 1492년에 이슬람의 마지막 근거지인 그라나다는 기독교 세력에 점령당했지. 하지만 이슬람 세력은 다시 힘을 회복해 아시아와 아프리카에서 새로운 영토를 정복해 나갔어. 오늘날 이슬람교도의 수는 기독교도 못지않게 많단다.

투르 푸아티에 전투를 지휘하는 카를 마르텔

선사 시대

고대 동방 문명

고대 그리스 문명

고대 로마 문명

중세 시대

르네상스와 종교 개혁

혁명의 시대

근대 민족 국가의 등장

현대 세계의 형성

그라나다의 알람브라 궁전

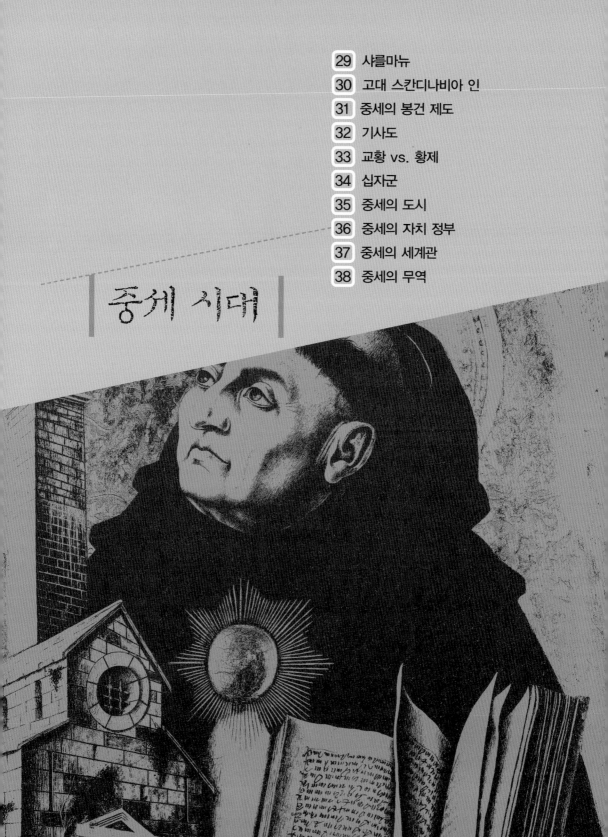

중세 시대

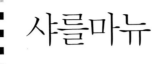

샤를마뉴

> 프랑크 족의 왕 샤를마뉴는 어떻게 제국의 황제가 되었고
> 고대 세계의 이상을 실현시키려 했을까?

교황이 프랑크 족과 손을 잡다

푸아티에 전투의 승리가 이슬람 세력으로부터 유럽을 구해 주었단다. 하지만 더 큰 적은 내부에 있었지. 로마 제국이라는 경찰이 사라진 후에 유럽은 무질서 상태가 지속되었어. 기독교로 개종한 북유럽 사람들이 막강한 권능을 지닌 로마 교황에게 깊은 존경심을 갖고 있었던 건 사실이야. 그렇지만 교황은 머나먼 북쪽 산을 바라보며 불안한 마음을 감출 수 없었지. 어떤 야만족이 또다시 알프스 산맥을 넘어 로마로 쳐들어올지 모를 일이었어. 교황은 자신이 위험에 처할 때 기꺼이 달려올 막강한 동맹 세력을 간절히 찾았어.

신앙심이 깊을 뿐 아니라 매우 현실적이었던 교황은 동반자가 될 만한 세력을 두루 살펴본 후에 마침내 프랑크 족에게 동맹을 제안했어. 프랑크 족은 로마가 몰락한 후에 북서 유럽을 점령하고 있던 가장 믿음직한 게르만 민족이었지. 프랑크 족의 초창기 왕인 메로베치는 451년 카탈루니아 평원에서 벌어진 전투 때 로마를 도와 훈 족을 물리친 적이 있었어. 그의 후손인 메로빙거 왕조*는 조금씩 로마 제국의 영토

*메로빙거 왕조
481년 프랑크 왕국을 세운 클로비스 1세부터 마지막 왕 힐데리히 3세가 물러나는 751년까지 프랑크 왕국의 전반기를 다스린 왕조이다. 그 뒤를 카롤링거 왕조가 이었다.

를 먹어 들어갔고, 486년에는 클로비스 왕이 로마를 무너뜨릴 정도로 강성해졌다고 확신했어. 하지만 클로비스의 후손들은 통치 업무를 직접 하지 못하고 궁중 대신들에게 맡길 정도로 나약했지.

유명한 카를 마르텔의 아들인 곱추 피핀은 아버지의 뒤를 이어 왕실의 궁재(宮宰)가 되었어. 하지만 어떻게 상황을 풀어가야 할지 잘 몰랐지. 당시 왕은 정치에는 전혀 관심이 없는 독실한 신학자였어. 피핀은 교황에게 조언을 구했어. 매우 현실적이었던 교황은 이렇게 말했지. "국가 권력을 행사하기 위해서는 실제로 권력을 소유해야 한다." 무슨 말인지 알아차린 피핀은 메로빙거 왕조의 마지막 왕 힐데리히에게 수도사가 되라고 설득하고는 게르만 족 족장들의 승인을 받아 왕위에 올

샤를마뉴(오른쪽)와 피핀

랐지. 기민했던 피핀은 이에 만족하지 않았어. 야만족의 족장 그 이상이 되고 싶었던 거야. 그는 보니파키우스가 주관하는 성대한 대관식을 열고 자신을 '신의 은총을 받은 왕'으로 만들었어. '신의 은총'이라는 문구는 참 넣기 쉬웠단다. 하지만 이 문구를 삭제하기까지는 1,500년이라는 긴 세월이 필요했지.

피핀은 교회에서 보여 준 성의에 진심으로 감사했어. 그래서 교회를 적으로부터 보호하기 위해 두 번씩이나 이탈리아로 원정을 떠났지. 라벤나를 비롯한 여러 도시를 롬바르드 족에게서 빼앗아 교황에게 바쳤어. 교황은 새로 확보한 지역을 교황령*으로 편입시켰지.

*교황령
교황이 다스리는 세속 영토를 가리킨다. 754년 프랑크 왕국이 교황에게 기부한 땅에서 비롯되었다. 1870년까지는 이탈리아 중부의 넓은 영토였다가 1929년에 현재의 바티칸 시국으로 축소되었다.

선사 시대
고대 동방 문명
고대 그리스 문명
고대 로마 문명
중세 시대
르네상스와 종교 개혁
혁명의 시대
근대 민족 국가의 등장
현대 세계의 형성

피핀이 죽은 후 로마 교회와 엑스 라 샤펠, 님베겐, 잉겔하임 궁전 (프랑크 족의 왕은 한곳에 머무르지 않고 장관과 관리들을 데리고 이곳저곳으로 옮겨 다녔음)의 관계는 더욱 가까워졌어. 마침내 교황과 프랑크 족의 왕은 유럽 역사에 엄청난 영향을 미치는 단계로 나아갔지.

샤를마뉴, 프랑크 제국의 황제가 되다

프랑크 제국의
황제 샤를마뉴

카롤루스 마그누스(카롤루스 대제) 또는 샤를마뉴(샤를 대제)로 잘 알려진 샤를은 768년 피핀의 뒤를 이어 왕위에 올랐어. 그는 동부 독일에 있던 색슨 족을 정복하고 북유럽 대부분 지역에 마을과 수도원을 건설했지. 한편 아브드 알 라흐만과 대적하는 사람들의 요청을 받고 무어 족을 공격하기 위해 스페인으로 향했어. 하지만 피레네 산맥에서 사나운 바스크 족의 공격을 받고 후퇴할 수밖에 없었지. 이때 목숨을 바쳐서 퇴로를 뚫은 인물이 바로 브리타니 지방의 프랑크 족 족장 롤랑이었어.

이후 8세기 말에 샤를은 오로지 남쪽 지역의 일에만 몰두해야 했어. 어느 날 교황 레오 3세는 로마의 폭도들에게 폭행을 당해 길거리에 쓰러져 있었어. 선량한 사람들이 그를 구해 치료해 주고 샤를의 진영으로 들어와 도움을 요청했지. 프랑크 족 군대가 곧 사태를 수습하고 교황은 다시 콘스탄티누스 시대 이후로 교황의 거처였던 라테란 궁전으로 데려다 주었어. 그때가 799년 12월이었지. 다음해 크리스마스 날 로마에 머물고 있던 샤를마뉴는 성 베드로 대성당의 미사에 참석했어. 그가 기도를 마치고 일어서자 교황은 그의 머리에 왕관을 씌워 주면서 로마 제국의 황제를 뜻하는 '아우구스투스'라는 칭호를 내려 주었지. 수백 년 만에 다시 등장한 이름이었어.

이렇게 해서 북유럽은 다시 로마 제국의 손에 들어갔지. 거의 문맹이나 다름없는 게르만 족 족장이 권력을 장악했던 거였어. 샤를은 무력으로 짧은 기간 내에 제국의 질서를 바로잡았어. 경쟁자였던 콘스탄티노플의 황제 역시 편지를 보내 그를 '친애하는 형제'로 인정했지.

814년 샤를마뉴가 죽자 불행히도 그의 아들과 손자들이 제국의 영토를 서로 많이 차지하려고 다투기 시작했어. 프랑크 왕국은 843년 베르됭 조약*과 870년 메르센 조약*으로 두 번에 걸쳐 쪼개지게 돼. 메르센 조약으로 프랑크 왕국은 두 조각으로 나뉘는데, 대머리왕 샤를이 서쪽 영토를 차지하지. 그곳은 예전에 로마 제국에 속한 갈리아였는데, 이 지역 사람들은 철저히 로마화되어 있었어. 프랑크 족은 곧 이들의 언어를 사용하면서 라틴어가 프랑스와 같은 게르만 족의 영토에서 통용되는 기이한 일이 벌어지지.

동프랑크, 신성 로마 제국이 되다

한편 동쪽 지역은 다른 손자가 차지했어. 이 지역은 로마 인들이 게르마니아라고 부른 땅이야. 예전에 한 번도 로마 제국에 편입되지 않았던 곳이지. 서기 9년에 로마의 아우구스투스가 이 '머나먼 동쪽' 지역을 정복하려고 했지만 토이토부르크 숲에서 적에게 전멸당한 뒤로 이곳 주민들은 로마 문명에 영향을 받지 못했어. 그들은 주로 게르만 족 언어를 사용했지. 튜튼 어로 '사람들'은 'thiot'라고 했어. 기독교 선교사들은 '게르만 족 언어'를 '일반적인 방언'을 뜻하는 'lingua

*베르됭 조약, 메르센 조약
843년 샤를마뉴의 아들인 루트비히 1세가 죽고 그의 세 아들이 베르됭 조약으로 프랑크 왕국을 중프랑크, 동프랑크, 서프랑크 셋으로 나누었다. 869년 중프랑크의 왕이 후사 없이 죽자 동프랑크와 서프랑크는 메르센 조약으로 중프랑크를 나누어 가졌다.

선사 시대
고대 동방 문명
고대 그리스 문명
고대 로마 문명
중세 시대
르네상스와 종교 개혁
혁명의 시대
근대 민족 국가의 등장
현대 세계의 형성

theotisca' 또는 'lingua teutisca' 라고 했어. 'teutisca' 는 나중에 'Deutsch' 로 바뀌었고, 그래서 지금 독일을 'Deutschland(도이칠란트)' 라고 부르게 된 거야.

황제의 왕관은 곧 카롤링거 왕조* 후계자의 머리에서 벗겨져 이탈리아 평원으로 굴러 들어갔어. 권력자들이 그 왕관을 차지하려고 피비린내 나는 싸움을 벌였고 결국 왕관은 이웃 종족의 손에 들어가고 말았지. 교황은 또다시 적에게 위협을 받게 되자 북쪽에 도움을 요청했어. 이번에는 서프랑크 왕국에게 손을 내밀지 않았지. 교황의 전령은 알프스 산맥을 넘어 게르만 족 가운데 위대한 지도자로 알려진 색슨 족의 왕자 오토에게 달려갔어.

오토는 평소에 이탈리아의 푸른 하늘과 명랑하고 멋진 사람들에게 호감을 느끼고 있었어. 때마침 구원 요청이 들어오자 서둘러 원정을 나섰어. 그러자 이에 대한 대가로 교황 레오 8세는 오토에게 '황제' 의 칭호를 내렸어. 그리고 옛 샤를 왕국의 동쪽 절반은 '게르만 민족의 신성 로마 제국' 이 되었지.

이 기이한 정치적 작품은 839년 동안 수명을 유지하다가 1801년에 역사의 쓰레기 더미에 버려진단다. 옛 게르만 제국을 멸망시킨 인물은 코르시카 섬에서 어느 공증인의 아들로 태어나 프랑스 공화국에서 업적을 쌓은 사람이었어. 그는 친위대의 호위를 받으면서 전 유럽의 지배자가 되었지만 더 많은 것을 원했지. 그래서 로마로 사람을 보내 교황을 데려왔어. 그는 교황이 보는 앞에서 샤를마뉴의 전통을 잇는 후계자로서 스스로 황제의 왕관을 썼어. 그가 바로 나폴레옹이야. 역사는 사람의 인생과도 같단다. 많은 변화가 일어나지만 본질은 항상 그 모습 그대로를 유지하지.

*카롤링거 왕조
메로빙거 왕조에 이어 프랑크 왕국을 다스린 왕조이다. 루트비히 1세가 죽고 세 아들이 중프랑크, 서프랑크, 동프랑크로 나누어 가졌다. 중프랑크는 곧 혈통이 끊겼고 동프랑크는 911년까지, 서프랑크는 987년까지 왕조가 이어졌다. 이후 동프랑크는 작센 왕조의 독일 왕국으로, 서프랑크는 카페 왕조의 프랑스 왕국으로 발전했다.

고대 스칸디나비아 인

선사 시대

고대 동방 문명

고대 그리스 문명

고대 로마 문명

중세 시대

르네상스와 종교 개혁

혁명의 시대

근대 민족 국가의 등장

현대 세계의 형성

고대 스칸디나비아 인, 약탈을 일삼다

서기 3~4세기 무렵, 중부 유럽의 게르만 족은 로마 제국을 침입해 약탈하며 풍요를 즐겼단다. 하지만 8세기에 이르러서는 게르만 족이 오히려 약탈의 대상이 되었어. 약탈자는 그들의 사촌 격인 덴마크, 스웨덴, 노르웨이에 사는 스칸디나비아 사람들이었어.

거친 뱃사람들이 무엇 때문에 해적으로 변했는지 알 수는 없단다.

바이킹이 사용한 배(모형)

하지만 해적질로 재미를 본 후로는 아무도 이들을 막을 수 없었지. 그들은 갑자기 남쪽으로 내려와 강어귀에 위치한 프랑크 족 마을이나 프리지아 인 마을에 들이닥쳐 남자들을 모두 죽이고 여자들은 잡아갔어. 빠른 배를 타고 도망가는 바람에 왕이나 황제의 군대가 도착했을 때는 이미 도적들이 마을을 폐허로 만들어 놓은 뒤였지.

샤를마뉴가 죽고 유럽이 혼란해지자 그 틈을 타 스칸디나비아 사람들은 대담한 활동을 벌였어. 이들의 함대가 네덜란드, 프랑스, 영국, 독일 해안에 이르러 작은 왕국을 건설했지. 그런 다음 이탈리아까지 쳐들어갔어. 스칸디나비아 사람들은 머리가 좋아 피정복 지역의 언어를 금세 습득했고 옛 바이킹 족의 미개한 습속을 내버렸지.

바이킹의 우두머리 롤로

바이킹 롤로, 노르망디 공작이 되다

10세기 초에 롤로라는 바이킹이 프랑스 해안을 계속 습격했어. 프랑스의 왕은 북방의 해적을 막을 힘이 없자 '괜찮은 제안' 하나를 하게 되지. 프랑스 서북부에 있는 노르망디 지역을 줄 테니 나머지 지역은 더 이상 넘보지 말라는 거였어. 롤로는 이 제안을 받아들이고 '노르망디 공작'이 되었어.

하지만 롤로의 후손들은 정복욕이 아주 강한 자들이었어. 유럽 대륙에서 불과 몇 시간만 배로 가면 잉글랜드의 하얀 절벽과 푸른 들판을 볼 수 있었던 거야. 당시 잉글랜드 사람들은 힘든 시기를 보내고 있었어. 200년 동안 로마의 식민 지배를 받았고 로마가 몰락한 후에는 독일 북부의 슐레스비히에서 건너온 두 게르만 족, 즉 앵글 족과 색슨 족에게 정복당했지. 그 다음에는 덴마크 사람들이 건너와 영토 대부분을 차지하고 크누트 왕국을 세웠어. 11세기 초에는 색슨 족의 참회왕 에드워드가 덴마크를 몰아내고 왕위에 올랐지. 하지만 에드워드는 자식을 낳지 못하고 일찍 죽고 말았어. 바로 그때 노르망디 공작이 야심을 드러냈던 거야.

1066년 에드워드가 죽자 노르망디 공작 윌리엄은 즉시 영국 해협을 건넜어. 그는 헤이스팅스 전투에서 웨식스의 해럴드를 죽이고 잉글랜드의 왕위에 오르지.

앞 장에서는 800년에 게르만 족 족장이 어떻게 로마의 황제가 되었는지 이야기했단다. 마찬가지로 1066년에는 해적의 자손이 잉글랜드의 왕이 된 거야.

어때, 역사를 하나하나 알아가니 동화나 소설보다 훨씬 재미있지 않니?

선사 시대

고대 동방 문명

고대 그리스 문명

고대 로마 문명

중세 시대

르네상스와 종교 개혁

혁명의 시대

근대 민족 국가의 등장

현대 세계의 형성

중세의 봉건 제도

중세가 시작되다

이제 서기 1000년대 유럽의 상황을 살펴보자꾸나. 그 당시 사람들은 대부분 불행한 삶을 살았다고 하더구나. 세상의 종말이 다가온다는 예언을 환영했을 정도로 말이야. 사람들은 '심판의 날'에 자기가 신앙의 의무를 다했다는 걸 보이려고 수도원으로 곧장 달려갔단다.

언제부턴가 게르만 족이 아시아의 오랜 터전을 버리고 유럽을 향해 서쪽으로 이동했지. 엄청나게 많은 게르만 족 무리가 로마 제국 쪽으로 밀려 들어왔어. 이 때문에 서로마 제국은 멸망했지만 대이동의 경로에서 벗어나 있던 동로마 제국은 운 좋게 살아남아 로마 제국의 영광스러운 전통을 미약하게나마 이어갔단다.

서로마 제국이 멸망한 이후 혼란의 시대가 찾아왔어. (역사에서 실제로 6~7세기를 '암흑의 시대'라고 부르지.) 이때 게르만 족은 그리스도교를 받아들이고 로마의 주교를 교황이자 정신적 지주로 인정했단다. 9세기에는 조직 운영의 천재였던 샤를마뉴가 로마 제국을 부활시키고 서유럽 대부분을 하나의 국가로 통합했지. 10세기에 들어서자 통일 제국은 다시 여러 나라로 분리되었어. 서쪽 일부는 따로 떨어져 프랑스 왕국이 되고, 동쪽 절반은 게르만 족의 신성 로마 제국*이 되었지. 이들 나라의 지도자들은 자신이 카이사르와 아우구스투스의 계승자라고 자처했단다.

불행하게도 프랑스 왕의 권력은 왕궁을 둘러싼 해자(垓子, 성 둘레에 파 놓은 도랑 - 역주)를 넘어가지 못할 정도로 약했지. 신성 로마 제국도 제국 안에 속해 있던 강력한 종족들이 자신들의 이익을 요구하며 위협하기 일쑤였고.

서유럽 사람들은 내부적으로 점점 더 살기 힘들어졌고 늘 외적의 공격에도 노출되어 있었단다. 남쪽, 서쪽, 동쪽에서 위협적인 세력들이 서유럽을 노리고 있었지. 남쪽에는 위험한 이슬람교도들이 살았고 서쪽 해안은 북방 민족에게 약탈당하고 있었어. 동쪽 국경은 훈 족, 헝가리 족, 슬라브 족, 타타르 족에게 속수무책으로 당하고 있었지 뭐야.

로마의 평화는 먼 과거의 이야기였단다. '좋았던 옛 시절'의 꿈은 영원히 사라져 버렸지. 이제는 '싸우느냐, 죽느냐' 그것이 문제였어. 사람들은 당연히 살기 위해 싸움을 선택할 수밖에 없었지. 상황이 이렇다 보니 유럽은 하나의 군사 기지처럼 변했고 사람들은 강력한 지도자를 원하게 되었어. 왕과 황제는 먼 곳에 있었기 때문에 변방에 사는 사람들(서기 1000년경 유럽 지역은 대부분 변방이었음)은 스스로 자기 몸을 지켜야 했단다. 그래서 변방 지역을 다스리며 적으로부터 보호해 줄 수 있는 왕의 대리인에게 기꺼이 복종했지.

봉건제가 자리 잡다

곧 중부 유럽은 작은 공국(公國)들로 수없이 나뉘었고, 각 공국을 공작, 백작, 남작, 주교 등 영주가 통치했어. 때에 따라 공국이 하나의

*신성 로마 제국
962년 오토 1세가 황제로 오른 때부터 프란츠 2세가 물러난 1806년까지의 독일 제국이다. 고대 로마 제국의 계승자라고 자처했고 역대 국왕들은 황제의 칭호를 사용했다.

선사 시대

고대 동방 문명

고대 그리스 문명

고대 로마 문명

중세 시대

르네상스와 종교 개혁

혁명의 시대

근대 민족 국가의 등장

현대 세계의 형성

전투 부대 단위가 되기도 했지. 이들 공작, 백작, 남작 등 영주는 봉토 (feudum, 영어로는 'feudal', 封土)를 하사한 왕에게 그 대가로 충성을 맹세하고, 군사적 의무를 다하며, 얼마간의 세금을 납부했어. 알다시피 당시 교통이나 통신은 대단히 나빴단다. 그래서 왕이나 황제가 파견한 영주들은 각자 독립적인 지역에서 실질적으로 왕과 같은 권한을 행사했지.

봉토를 하사한 왕에게
충성을 맹세하는
봉건 영주

11세기 사람들은 이러한 통치 형태, 즉 봉건 제도를 어떻게 생각했을까? 그들이 반대했을 거라고 생각하면 큰 오산이야. 오히려 봉건 제도가 실용적이고 필요한 제도라 여겨 적극 지지했어. 영주는 일반적으로 높고 가파른 바위산 위에 성을 짓거나 성 주변에 해자를 깊이 파고 그 안에서 살았단다. 물론 자신이 다스리는 백성들이 한눈에 보이는 곳에 성을 지었지. 위험이 닥칠 경우 백성들은 요새 같은 큰 성 안으로 숨어들 수 있었단다. 그래서 가능한 한 성과 가까운 곳에서 살려고 했지. 이때부터 많은 유럽의 도시들이 봉건적인 요새로 탈바꿈하기 시작했던 거야.

중세 초기의 기사는 직업 군인과는 성격이 많이 달랐단다. 기사는 당시 공무원이라고 보면 돼. 마을의 재판관이자 경찰관 노릇을 하면서 강도를 붙잡거나 행상(行商)들을 보호했지. 심지어 강물이 범람하지 않도록 제방 시설까지 관리했단다. 4000년 전 나일 강 유역의 귀족들이 그랬던 것처럼 말이야. 여기저기 떠돌아다니며 고대 영웅의 활약상을 노래하던 음유 시인들을 돌보기도 했어. 뿐만 아니라 영지 내에 있는 교회와 수도원도 보호했지. 비록 글을 읽고 쓸 줄은 몰랐지만, 성직자들을 고용해 영지에서 일어나는 결혼, 출생, 사망에 대해 기록하게 했단다. (기사들은 글 따위를 아는 건 사내답지 못한 일이라 생각했다는구나.)

15세기에 이르면 왕의 권력이 다시 강해지지. 왕의 권력은 신으로부터 부여받은 것이라 주장하면서(왕권신수설), 지방 영주들의 권한이 상대적으로 축소되었어. 그때부터 봉건 기사들도 이전의 독립성을 잃게 되지. 시골 중소 유지로 전락한 기사들은 더 이상 쓸모없는 성가신 존재가 되고 말았어. 하지만 암흑시대에 '봉건 제도'가 없었다면 유럽은 아마 살아남기 힘들었을 거야. 오늘날에도 나쁜 사람들이 있는 것처럼 당시에도 나쁜 기사들이 없었던 건 아니야. 그렇지만 12~13세기 영주와 기사들은 대부분 시대의 발전을 위해 공헌을 많이 한 사람들이었단다. 이 시대에도 이집트, 그리스, 로마 세계에서 발전한 학문과 예술이 희미하게나마 전해져 오고 있었지. 기사와 그들의 친구인 수도승들이 없었다면 훌륭한 고대의 유산은 완전히 소멸되고 말았을 거야. 그렇다면 인류는 다시 처음부터 시작해야 했을지도 몰라.

선사 시대

고대 동방 문명

고대 그리스 문명

고대 로마 문명

중세 시대

르네상스와 종교 개혁

혁명의 시대

근대 민족 국가의 등장

현대 세계의 형성

기사도

중세 기사의 규범, 기사도

중세의 직업 군인들은 자신의 이익과 안전을 위해 긴밀한 조직을 만들려고 했어. 이렇게 조직을 만들다 보니 필요한 게 '기사도'였단다.

사실 기사도의 유래에 대해 알려진 건 거의 없어. 어쨌든 이 제도가 발전해 나가면서 중세 사회에서 나름대로 구실을 하게 되었지. 기사도라는 행동 규범이 당시 야만적인 관습을 순화시키고 500년의 암흑시대를 그나마 살 만하게 만들었던 거야. 하지만 이슬람 세력, 훈 족, 스칸디나비아 사람들과 싸우는 데 평생을 전쟁터에서 보낸 사람들을 개화하는 일은 생각처럼 쉬운 일이 아니었지. 아침에는 자비와 자선을 베풀겠다고 굳게 맹세해 놓고는 하루 종일 포로들을 죽이는 일을 했으니까. 한순간에 예전의 습관으로 돌아가 버리지. 그래도 발전이라는 건 더디더라도 꾸준한 노력이 있으면 이루어지는 거란다. 마침내 악랄하고 부도덕했던 기사들은 자신들이 만들어 놓은 규범에 복종하고 이를 어길 때는 그 결과를 순순히 받아들였어.

이 규범들은 유럽 각 지방마다 차이가 있었지만, '봉사 정신'과 '임무에 대한 충성심' 이라는 기본적인 덕목은 동일했어. 중세 시대에는 봉사 정신이 매우 고귀하고 소중한 덕목이었단다. 누군가의 하인이 된다는 게 전혀 부끄러운 일이 아니었던 거지. 충성심은 달갑지 않은 일도 충실하게 이행해야 했던 군인에게는 최고의 덕목이었어.

따라서 갓 기사가 된 사람은 신과 왕에 대한 충복이 될 것을 맹세해야 했어. 또한 자신보다 어려운 처지에 있는 사람을 너그럽게 대하고 겸손하게 행동하면서 자신의 업적을 자랑하지 않으며 고통 받는 사람의 친구가 될 것을 서약했지. (단, 이슬람교도는 빼고.)

십계명(기독교의 열 가지 계명 - 역주)을 중세의 방식대로 표현한 이 기사도의 서약은 점차 복잡한 체계로 발전해 나갔단다. 기사들은 당시 음유 시인들이 들려주는 『아더 왕의 원탁』과 『샤를마뉴의 궁전』에 나오는 영웅들을 본받고 싶어 했지. 아더 왕 이야기에 나오는 용감한 기사 랜슬롯과 샤를마뉴 이야기에 나오는 충직한 프랑크 족 족장 롤랑은 그들이 본받고 싶은 우상이었어. 아무리 옷이 남루하고 가진 돈이 없어도 기사로서 몸가짐과 말을 바르게 하고 위엄을 지키려고 애썼단다.

이렇게 기사도는 예의를 가르치는 학교 역할을 함으로써 사회라는 기계가 원활히 돌아가게 하는 윤활유 노릇을 했지. '기사도'는 곧 예절을 뜻하게 되었단다. 영주와 기사들이 머무는 중세의 성은 세상 사람들에게 무슨 옷을 입어야 하고, 식사는 어떻게 하고, 숙녀에게 춤을 권할 때는 어떻게 해야 하는지 등등 일상을 즐겁게 만들어 줄 온갖 사소한 것들을 다 보여 주었어.

기사는 사라지지만 기사도는…?

인간의 제도가 모두 그런 것처럼, 기사도 역시 시간이 지나면서 불필요해졌고 결국 사라질 운명에 처하게 되었단다.

선사 시대

고대 동방 문명

고대 그리스 문명

고대 로마 문명

중세 시대

르네상스와 종교 개혁

혁명의 시대

근대 민족 국가의 등장

현대 세계의 형성

세르반테스의 소설 속에
등장하는 돈키호테와 산초

다음 장에서 이야기하겠지만, 십자군 전쟁이 끝난 뒤 무역이 활기를 띠게 되었어. 그러면서 도시들은 하루가 다르게 성장해 나갔지. 부자가 된 도시 사람들은 뛰어난 교사들을 고용했는데, 이들은 곧 기사와 지위가 동등해졌단다. 화약이 발명되면서 더 이상 중무장한 기사가 쓸모없어졌어. 용병을 고용해 전쟁을 치렀기 때문에 체스 경기처럼 정교한 전략도 필요 없었지. 기사들은 한순간에 낙동강 오리알 신세가 된 거야! 비현실적인 이상을 좇는 우스꽝스러운 사람들이 되고 말았지. 흔히 돈키호테를 최후의 진정한 기사라고 하더구나. 돈키호테가 죽은 뒤 그의 검과 창은 살아 있는 동안 그가 지고 있던 빚을 갚는 데 써 버렸다지.

그렇지만 언젠가는 많은 사람들 손에 그 검이 쥐어질 거라고 생각해. 미국의 초대 대통령이 된 워싱턴 장군이 밸리 포지(조지 워싱턴이 독립 전쟁 당시 영국군과 싸웠던 지역) 요새에서 절망적인 시간들을 보낼 때도 그 검이 함께 있었어. 영국의 고든 장군이 수단의 수도 하르툼 요새에서 반란군과 싸우다 죽음을 맞는 순간까지도 그 검이 함께했단다.

이 검이 1차 세계 대전 때도 가치를 발휘했는지는 아직 잘 모르겠구나.

교황 vs. 황제

선사 시대

고대 동방 문명

고대 그리스 문명

고대 로마 문명

중세 시대

르네상스와 종교 개혁

혁명의 시대

근대 민족 국가의 등장

현대 세계의 형성

로마 제국의 두 후계자, 교황과 황제

지나간 세대의 사람들을 이해한다는 것은 참 어려운 일이란다. 너희들 할아버지만 봐도 젊은 세대와는 생각이나 태도가 다르고 옷차림도 많이 다르잖니? 그런데 그 할아버지의 할아버지의 할아버지… 수십 세대 이전에 살았던 조상에 대한 이야기를 하고 있으니 이 책을 몇 번씩 읽고 또 읽어야 그제야 무슨 이야기를 하는지 이해가 될 거라 생각한다.

중세 시대의 보통 사람들은 평범하고 단조롭게 살아갔단다. 마음만 먹으면 어디든 떠날 수 있는 자유민들도 웬만해선 자기 마을을 잘 떠나지 않았어. 활판으로 인쇄된 책은 없었고 기껏해야 필사본 몇 권 정도 볼 수 있었지. 교육이라곤 부지런한 수도사 몇 명이 여기저기 돌아다니면서 읽기와 쓰기, 산수 정도 가르치는 수준이었어. 과학, 역사학, 지리학이라는 학문은 그리스와 로마의 폐허 아래 아직 잠들어 있었지.

당시 사람들은 이야기나 전설 따위를 전해 들으면서 과거에 대해 알게 되었단다. 부모가 자식에게 입에서 입으로 전해 주는 정보는 시간이 지나면서 조금씩 달라지긴 하지만 중요한 역사적 사실은 잘 변하지 않는 법이야. 그래서 2,000년이 훨씬 지난 지금도 인도의 어머니들은 말을 안 듣는 아이들을 혼내 주려고 "자꾸 말 안 들으면 이스칸데르가 잡으러 올 거야."라고 겁을 준다는구나. 이스칸데르는 바로 알렉산더 대왕이지. 기원전 330년에 인도에 쳐들어온 바로 그 무시무시한 왕 말이야. 이렇게 이야기는 세대를 거쳐 살아서 전해 내려오는 것이란다.

중세 초기 사람들은 로마 역사에 대한 책을 전혀 본 적이 없어. 아마 지금 초등학교 3학년보다 역사를 더 모를 거야. 그렇지만 로마 제국의 실체는 생생하게 느꼈을 거야. 그들은 교황을 영적 지도자로 인정했어. 교황이 로마에 머물며 로마의 막강한 권력을 대표했기 때문이지. 그리고 중세 사람들은 샤를마뉴나 오토 대제와 같은 황제들도 깊이 존경했단다. 제국의 이상을 다시 부활시키기 위해 신성 로마 제국을 만든 것에 무척 감동했거든.

그런데 사람들은 로마 제국의 전통을 계승하는 후계자가 두 사람이라는 것에 난처해했지. 중세의 정치 체제는 단순명료했어. 간단히 말해, 세속의 지도자인 황제는 백성의 육체를 돌보고 영적 지도자인 교황은 백성의 영혼을 돌보았지.

교황과 황제의 사이가 점점 나빠지다

하지만 이 체제는 실제로 나쁜 결과를 만들어 냈어. 황제는 계속해서 교회 일에 이러쿵저러쿵 간섭하려고 했고 교황도 나라를 다스리는 법에 대해 충고한답시고 잔소리를 늘어놓았지. 급기야 서로 욕과 고성이 오가고 사태가 나빠져 전쟁으로까지 치달았단다.

이러한 상황에서 사람들은 어떻게 해야 했을까? 원래 훌륭한 기독교도는 교황과 황제 둘에게 모두 복종하는 게 당연했어. 하지만 교황과 황제가 둘도 없는 원수지간이 된 상황에서 충실한 백성이면서 동시에 충실한 기독교인이라면 누구 편을 들어야 했을까?

정확한 답을 내리기가 정말 어렵지. 황제가 힘이 막강하고 군대를 조직할 만큼 충분히 돈이 있는 경우에는 꼭 알프스 산맥을 넘어 로마로 진격하려 했어. 교황을 궁전에서 나오지 못하게 가두어 놓고 제국의 지시에 따르라고 위협하기 일쑤였어.

하지만 교황의 힘이 센 경우가 더 많았단다. 그땐 황제나 왕이 백성들과 함께 몽땅 파문(신도로서 자격을 빼앗기는 일)을 당했지. 교회는 모두 문을 닫고 어느 누구도 세례를 받을 수 없었어. 죽어가는 사람도 면죄부를 받을 기회를 잃어버렸고. 한마디로 중세 사회의 기능이 절반 이상 마비되었다고 보면 돼.

이보다 심한 경우는 교황이 백성들에게 황제에 대해 더 이상 충성하지 말라고 반란을 선동했을 때야. 그런데 백성들은 먼 곳에 있는 교황의 명령을 따르다가 괜히 가까이 있는 황제에게 끌려갈까 봐 이러지도 저러지도 못하는 불편한 상황에 처하고 말았지.

황제, 카노사에서 굴욕을 당하다

11세기 후반에 살았던 사람들은 다른 어느 때보다 곤란한 입장에 처하게 됐어. 당시 독일의 황제 하인리히 4세와 교황 그레고리우스 7세도 사이가 무척 안 좋았는데, 아무것도 결정하지 못한 채 50년을 싸웠고 그 동안 유럽의 평화는 엉망진창이 되었거든.

11세기 중반에는 교회에서 개혁 운동이 강하게 일어났단다. 당시에 교황을 선출하는 방식은 그때그때마다 달랐어. 신성 로마 제국의 황제는 자기에게 우호적인 사람이 교황에 오르는 게 당연히 유리했지. 그래서 교황을 뽑는 시기가 되면 자주 로마를 들락날락거리면서 우호

선사 시대

고대 동방 문명

고대 그리스 문명

고대 로마 문명

중세 시대

르네상스와 종교 개혁

혁명의 시대

근대 민족 국가의 등장

현대 세계의 형성

적인 사람이 뽑히도록 영향력을 행사했어.

1059년에 이르러 이런 행태가 바뀌기 시작했어. 교황 니콜라우스 2세는 직령에 따라 로마 안팎에 있는 교회에서 사제와 부제들을 모아서 이른바 추기경단을 만들었어. 이 사람들은 다음 교황을 뽑을 수 있는 강력한 권한을 갖게 되었지.

1073년에 추기경단은 토스카나 출신의 가난한 농부의 아들 힐데브란트를 교황으로 뽑고 그레고리우스 7세라는 이름을 부여했어. 그레고리우스 7세는 엄청나게 정력적인 사람이었어. 교황의 성직에 대해 아주 신념이 강하고 용기가 대단했거든. 그가 믿기로는 교황은 기독교 세계에서 절대적인 수장이었어. 뿐만 아니라 세속적인 일에 대해서도 최종 결정권이 있다고 믿었지. 교황이 보잘것없는 독일의 제후를 황제의 자리까지 오르게 해 주었으니 마찬가지로 언제라도 황제 자리에서 자를 수 있다고 생각한 거야. 혹시 교황이 내린 칙령에 딴지를 거는 사람이 있다면 제후든 왕이든 황제든 그 누구라도 처벌받아야 한다고 생각했어.

그레고리우스는 새로 제정한 법령을 유럽의 모든 왕실에 통보하고는 잘 알아들었는지 확인까지 했어. 정복왕 윌리엄은 법을 지키겠다고 했지만, 문제는 하인리히 4세였어. 여섯 살 꼬마 때부터 전쟁터를 누빌 정도로 담대했던 하인리히는 교황의 뜻을 단박에 거부했지. 그리고 독일의 주교단을 모은 뒤 보름스 회의에서 그레고리우스 7세의 폐위를 결정했어.

교황도 황제를 파문하면서 맞대응했고 한편으로는 독일 제후들에게 불경스러운 통치자 하인리히 4세를 제거해 달라고 요구했지. 당시 하인리히를 눈엣가시처럼 생각하던 독일의 영주들은 너무도 기쁜 나머지 교황에게 아우크스부르크로 직접 와서 새로운 황제를 뽑는 걸 도와 달라고 부탁했어.

요청을 들은 그레고리우스는 로마를 떠나 북쪽 지역을 순회했어. 바보가 아니었던 하인리히는 자기가 위험한 처지에 빠졌다는 걸 바로 알아차렸어. 무슨 수를 써서라도 교황과 화해를 해야 했지. 하인리히는 한겨울에 알프스 산맥을 넘어 교황이 잠시 머물고 있던 카노사로 허겁지겁 달려갔어.

1077년 1월 25일부터 28일까지 사흘 내내 하인리히는 참회하는 순례자의 복장으로 갈아입고 카노사의 성문 앞에서 용서를 구했어. (하지만 안에는 따뜻한 옷을 껴입었지.) 마침내 교황은 성문을 열고 안으로 들어오라고 하고는 파문 명령을 취소했지. 하지만 하인리히의 참회는 그리 오래 가지 않았어. 하인리히는 독일로 돌아오자마자 전과 똑같이 행동했던

카노사에서 하인리히 4세가 교황의 용서를 주선해 달라고 간청하는 모습

거야. 또다시 교황은 그에게 파문 명령을 내렸어. 이에 독일의 주교단도 그레고리우스를 한 번 더 폐위시켰어. 그리고 이번에는 하인리히가 대군을 이끌고 알프스 산맥을 넘어 로마를 포위했지. 교황 그레고리우스는 살레르노로 피신하던 도중에 목숨을 잃었어. 이 사건으로 결정된 건 아무것도 없었고 교황과 황제의 관계만 계속 나빠져 갔지.

교황과 황제가 싸우는 동안 중세 도시가 성장하다

독일 제국의 권력을 잡은 호엔슈타우펜 왕가*는 앞서 황제를 지낸

*호엔슈타우펜 왕가
12세기부터 13세기까지 독일, 이탈리아, 시칠리아, 예루살렘의 왕과 신성 로마 제국의 황제를 배출한 왕가이다.

선사 시대
고대 동방 문명
고대 그리스 문명
고대 로마 문명
중세 시대
르네상스와 종교 개혁
혁명의 시대
근대 민족 국가의 통합
현대 세계의 형성

프리드리히 2세

사람들보다 더 제국의 자주성을 강조했단다. 이전에 그레고리우스는 교황이 세속의 모든 왕들보다 우위에 있다고 주장했어. 왜냐하면 심판의 날에 교황이 모든 양떼 무리를 책임져야 하고, 하늘의 신이 보기에는 왕도 무리 속에 있는 한 마리의 양에 지나지 않았기 때문이지.

그와 정반대로 호엔슈타우펜 왕가의 붉은 수염 왕(바바로사) 프리드리히는 제국은 '신이 직접' 자신의 선조들에게 준 것이라고 주장했어. 그리고 이탈리아와 로마는 원래 제국에 포함된 것이라고 하면서 군대를 출정해 '잃어버린 땅'을 찾으러 나섰지.

그런데 프리드리히는 제2차 십자군으로 소아시아에 나가 있는 동안 뜻하지 않게 물에 빠져 죽고 말았단다. 그후 그의 아들 프리드리히 2세가 전쟁을 이어 나갔지. 젊고 영리한 프리드리히 2세는 예전에 시칠리아에서 이슬람 문명을 경험해 본 적이 있었어. 이 때문에 교황은 프리드리히 2세를 이단이라고 비난했지. 안 그래도 프리드리히 2세는 독일의 기사들은 천박하고 이탈리아의 성직자들은 음흉해 기독교 세계에 대해 경멸감을 느끼고 있었어. 하지만 입을 꾹 다물고 십자군 원정을 통해 이교도로부터 예루살렘을 다시 빼앗고 신성 도시의 왕으로서 왕관을 쓰게 되었단다. 그런데도 교황은 여전히 프리드리히 2세가 마음에 들지 않았어. 교황은 프리드리히 2세를 폐위시키고 그가 소유하고 있던 이탈리아의 영토를 프랑스 왕 루이 9세의 형제인 앙주 왕가의 샤를에게 주었지. 그 결과 또 전쟁이 벌어졌어. 콘라트 4세의 아들이자 호엔슈타우펜 왕가의 마지막 왕인 콘라트 5세는 왕국을 되찾으려 했지만 나폴리에서 참수형을 당하고 말았지. 하지만 20년 뒤 시칠리아 주민들은 프랑스 인들을 극도로 증오했어. 결국 시칠리아에서 프랑스 인들은 모조리 학살당하고 말았지.

교황과 황제 사이의 분쟁은 어떤 결말도 내지 못했어. 다만 앞으로는 서로에게 간섭하지 않는 것이 차라리 더 나을 거라고 판단했지.

1273년에 합스부르크 왕가*의 루돌프가 황제가 되었는데도 로마로 가서 대관식을 치르지 않았어. 교황도 굳이 반대하지 않았고 독일의 내부 사정에 전혀 간섭하지 않았던 거야. 200년이라는 긴 시간을 쓸데없이 전쟁을 치르는 데 허비하고 나서야 겨우 평화가 찾아온 거지.

한편 교황과 황제가 다툼을 벌이고 있는 동안 이탈리아의 작은 도시들은 그 틈에 세력을 키워 독립을 얻는 데 성공했단다. 십자군 원정의 열풍이 불어 닥치면서 이탈리아의 작은 도시들은 순례지로 가려고 안달난 사람들을 태워 나르는 일을 전담했어. 십자군 원정이 끝나자 그동안 벌어들인 엄청난 돈으로 튼튼한 성벽을 쌓고 교황과 황제에게 도전할 만큼 성장하게 된 거야.

교황과 황제가 서로 이를 갈며 싸우는 바람에 제3자인 중세 도시가 덕을 본 셈이지.

* 합스부르크 왕가
1273년 스위스의 백작 루돌프 1세가 신성 로마 제국의 황제가 된 때부터 1918년 마지막 황제 카를 1세가 퇴위할 때까지 거의 650년 간 유럽 세계를 지배한 가장 긴 역사와 전통을 지닌 가문이다.

선사 시대

고대 동방 문명

고대 그리스 문명

고대 로마 문명

중세 시대

르네상스와 종교 개혁

혁명의 시대

근대 민족 국가의 등장

현대 세계의 형성

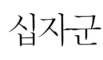

십자군

기독교와 이슬람교의 평화가 깨지다

　기독교도와 이슬람교도는 유럽의 관문을 지키는 스페인과 동로마 제국을 제외한 모든 지역에서 300년 동안 평화롭게 지냈단다. 7세기에 시리아를 정복한 이슬람교도들은 성지를 장악하고 있었지. 하지만 그들은 예수를 위대한 선지자로 인정했고 (물론 마호메트와 동등하게 보진 않았지만), 콘스탄티누스 황제의 어머니 성 헬레나가 예수의 무덤 위에 세운 교회로 순례자들이 오는 것을 막지 않았어. 하지만 11세기에 아시아의 거친 황야에서 온 타타르 족(셀주크 족 또는 투르크 족이라고도 불림)이 서아시아 이슬람 국가의 주인이 되자 평화의 시대는 막을 내리고 말았지. 투르크 족은 동로마 제국에게서 소아시아 전체를 빼앗고 동서 무역을 차단시켰어.

　동로마 제국의 알렉시우스 황제는 투르크 족이 콘스탄티노플을 먹으면 유럽 전체가 위험해질 거라면서 서유럽에 도움을 요청했어.

　이탈리아의 도시들도 소아시아 해안과 팔레스타인에 개척해 놓은 식민지를 잃을까 두려워 투르크 족이 기독교도들에게 잔인하게 만행을 저지른다고 떠들어댔지. 이에 온 유럽이 미친 듯이 흥분했어.

　프랑스 랭스 출신이며 클뤼니 수도원에서 교육을 받은 우르바누스 2세 교황은 드디어 행동을 보여야 할 시기가 왔다고 생각했어. 당시 유럽의 전반적인 상황은 꽤 좋지 않았지. 농사 기술이 로마 시대 이후로 발전하지 않아 식량이 매일 부족했어. 일자리를 잃고 배가 고프니 사람들은 계속해서 폭동을 일으켰지. 하지만 서아시아 쪽은 땅이 기름지고 풍요로워 굶어 죽을 일이 없었던 거야. 유럽인들이 이주하기에 참 안성맞춤인 땅이었지.

클레르몽 회의, 십자군을 일으키다

클레르몽 회의

　1095년 프랑스의 클레르몽 회의에서 교황은 이교도들이 지금 성지에서 저지르는 만행을 알렸어. 그 땅이 바로 모세 시대 이후에 젖과 꿀이 흐르는 지상 낙원이라고 침을 튀겨 가며 설명했지. 교황이 프랑스의 기사와 유럽에 있는 모든 사람들에게 팔레스타인을 야만적인 투르크 족으로부터 구해 내자고 호소했어.

　종교적 광란이 성난 파도처럼 전 유럽 대륙을 휩쓸고 있었어. 사람들의 이성은 완전히 마비되었고 말이야. 사람들은 일손을 멈추고 망치와 톱을 들

선사 시대

고대 동방 문명

고대 그리스 문명

고대 로마 문명

중세 시대

르네상스와 종교 개혁

혁명의 시대

근대 민족 국가의 등장

현대 세계의 형성

고 길거리로 뛰쳐나왔지. 모두가 동쪽으로 가서 투르크 족을 죽이자고 외쳐댔어. 심지어 어린 아이들까지 "팔레스타인으로 가자!"라고 소리치며 집을 떠났지. 하지만 공교롭게도 이 광신자들 가운데 열에 아홉은 성지의 그림자도 구경하지 못했어. 성지로 가는 길에 돈이 떨어지자 구걸이나 도둑질로 먹을 것을 구해야 했지. 그러다가 화가 난 지역 주민들에게 죽임을 당하기 일쑤였어.

정직한 기독교도, 파산한 빚쟁이, 가난한 귀족, 십자군, 도주자 등 온갖 잡스러운 사람들로 이루어진 1차 십자군은 폭도나 마찬가지였어. 그들은 원정을 가면서 마주치는 모든 유대인들을 죽여 버렸지. 하지만 헝가리에 도착하기도 전에 십자군은 전멸당하고 말았단다.

이번 경험을 통해 교회는 한 가지 교훈을 얻었어. 열정만으로는 성지를 되찾기 힘들다는 사실 말이야. 체계적인 조직이 의지와 용기만큼이나 필요했던 거지. 그래서 20만 명의 군대를 준비하고 훈련시키는 데 꼬박 1년이라는 시간이 걸렸어. 병사들은 전쟁 경험이 풍부한 고드프르와 드 부용, 노르망디 공작 로베르, 플랑드르의 백작 로베르 등 여러 귀족들 휘하에 배치되었어.

1099년 예루살렘 전투

1096년, 드디어 2차 십자군이 원정에 나섰어. 콘스탄티노플에 도착한 기사들은 동로마 제국의 황제에게 경의를 표했어. (전에 말했던 것처럼 전통은 쉽게 사라지지 않는 것이어서, 로마 황제는 아무리 가난하고 힘이 없어도 여전히 큰 존경을 받고 있었지.) 아시아로 건너간 십자군은 닥치는 대로 이슬람교도들을 죽였어. 예루살렘으로 폭풍처럼 진격한 뒤 그곳에 있던 이슬람교도들도 모조리 제거하고는 예수의 무덤 앞에서 눈물을 흘리며 찬양과 감사를 올렸지. 하

지만 얼마 있지 않아 투르크 족은 다시 군대를 모으고 전열을 가다듬었어. 그런 다음 예루살렘을 다시 빼앗은 후 십자군들을 닥치는 대로 죽였어. 자신들이 당했던 것처럼 말이야.

십자군 원정으로 잃은 것과 얻은 것

십자군은 이후 200년 동안 일곱 차례나 원정에 나섰어. 이 과정에서 그들은 나름대로 원정의 기술을 익혔지. 육로로 가는 건 지루하고 위험했기 때문에 알프스 산맥을 넘은 다음 이탈리아의 제노바나 베네치아에서 동쪽으로 가는 배를 탔어. 덕분에 제노바와 베네치아의 무역업자들은 지중해를 건너는 십자군에게서 뱃삯을 받았는데 돈벌이가 꽤나 짭짤했지. 배의 주인은 엄청난 폭리를 취했는데, 대부분 가난뱅이인 십자군이 뱃삯을 치르지 못하는 경우에는 베네치아에서 아크레까지 배를 태워 주는 대신에 무역업자들이 식민지를 확보하는 일을 도와주게 했어. 이렇게 해서 베네치아의 상인들은 아드리아 해를 따라 그리스, 키프로스, 크레타, 로도스까지 자신의 식민지로 삼을 수 있었지.

그런데 십자군들이 온갖 노력을 기울였는데도 성지를 탈환하는 일은 쉽지 않았단다. 차츰 처음 순수했던 열정은 사라져 갔고 단기간 십자군 원정을 다녀오는 게 귀족 자제들의 필수 교양 코스처럼 되어 버렸어. 그래서 팔레스타인으로 가는 원정 병력이 부족하진 않았지만 예전처럼 열정이 살아 있지는 않았지. 십자군은 원래 이슬람교도에 대한 증오와 동로마와 아르메니아에 사는 기독교도를 사랑하는 마음에서 전쟁을 시작했어. 그런데 전쟁을 겪으면서 십자군에게 심정의 변화가 생긴 거야. 그들은 자신을 속이고 번번이 기독교의 뜻에 어긋나게 행동하는 비잔티움의 그리스 인, 아르메니아 인, 레반트 인이 계속해서 거슬렸지. 오히려 이슬람교도들이 훨씬 관대하고 정의로운 모

선사 시대

고대 동방 문명

고대 그리스 문명

고대 로마 문명

중세 시대

르네상스와 종교 개혁

혁명의 시대

근대 민족 국가의 등장

현대 세계의 형성

습을 보여 호감을 샀어.

물론 십자군들이 이러한 사실을 공개적으로 떠벌리고 다니지는 않았지. 하지만 고향으로 돌아온 뒤에 이교도에게서 배운 생활 태도를 모방했어. 그러면서 촌스러운 서구 기사들의 기사도를 무시하곤 했지. 십자군은 또 복숭아, 시금치 같은 새로운 종자를 가져와 텃밭에 심어서 나름대로 쏠쏠한 이득도 보았어. 그동안 입었던 무거운 갑옷도 내다버리고 투르크 족 사람들의 전통 의상을 따라 면이나 비단으로 옷을 지어 입었어. 이처럼 이교도를 정벌하고자 시작된 십자군 원정은 유럽의 수많은 젊은이들에게 새로운 문명을 받아들이는 과정으로 변모해 갔단다.

군사나 정치적 관점에서 보면 십자군 원정은 실패작이었어. 예루살렘뿐 아니라 수많은 도시들을 빼앗겼지. 시리아와 팔레스타인, 소아시아에 작은 왕국들이 새롭게 생겨났지만 곧 투르크 족 손에 들어가 버렸어. 1244년(예루살렘이 명백히 투르크 족의 땅이 된 해) 이후에는 성지가 이전 1095년의 상태로 돌아가고 만 거야.

하지만 유럽은 큰 변화를 겪게 되었어. 서양 사람들이 동양의 빛과 아름다움에 새롭게 눈을 뜨게 된 거야. 더 이상 삭막하고 답답한 성곽에 만족스러워 하지 않았어. 좀 더 넓은 세상을 원하게 된 거야. 하지만 교회나 국가는 그런 삶을 제공해 주지 못했지.

사람들은 도시에서 그 꿈을 찾기 시작했어.

중세의 도시

중세라는 새로운 세계를 개척하다

중세 초기는 개척과 정착의 시대였단다. 로마 제국의 북동쪽 국경 지대, 즉 숲과 산, 습지 지대에 살고 있던 사람들이 서유럽의 평야 지대로 밀려들어오면서 대부분의 영토를 차지했어. 그들은 새로운 땅을 개척하느라 한가로울 여유가 없었지. 미친 듯이 일을 했어. 열심히 숲의 나무들을 베었고 사람들의 목도 베었지. 답답한 성벽 안에서 살고 싶은 사람은 거의 없었고 대부분 '자유'를 원했어. 목초지에서 가축을 모는 동안 저 언덕 너머에서 불어오는 신선한 바람이 가슴 속에 가득 차는 느낌이 너무 좋았던 거야. 더 이상 우중충한 고향에 매력을 느끼지 못한 이들은 새로운 모험을 떠나게 되었어.

나약한 사람은 살아남기 힘들었어. 굳세고 용기 있는 자만이 거친 땅에서 살아남았고 이들은 강인한 부족으로 성장했지. 생명에 대한 존중 따위에는 관심이 없었고, 악기를 연주하고 시를 쓰는 일은 사치에 불과했지. 둘러앉아서 토론하는 일은 상상도 못했을 거야. 마을에서 그나마 '배운 사람'이었던 성직자들은 현실적인 것과 상관없는 문

선사 시대

고대 동방 문명

고대 그리스 문명

고대 로마 문명

중세 시대

르네상스와 종교 개혁

혁명의 시대

근대 민족 국가의 등장

현대 세계의 형성

제를 모두 맡아서 해결해야 했어. 실제로 13세기 중반 전까지도 읽고 쓸 줄 아는 평신도를 '계집애 같은 사내'로 치부했다는구나. 한편 독일의 족장, 프랑크의 남작, 북유럽의 공작 등이 (이름이나 칭호가 어떻든 간에) 로마 제국의 옛 영토를 차지하고 나서 그 폐허 위에 자기들 나름대로 새로운 세계를 만들어 나갔단다.

이들은 능력껏 자신의 성과 주변 지역을 돌보았단다. 그리고 예상 외로 교회의 계율도 착실하게 지켜 나갔지. 멀리 떨어져 있지만 언제든 위협적으로 돌변할 수 있는 교황이나 국왕에게 충성을 다하면서 바람직한 관계를 맺었어. 한마디로 말해 자신에게 불이익을 끼치지 않는다면 이웃과 별 탈 없이 사이좋게 지내려 한 거야.

역사는 꾸준히 진보한다

하지만 그들이 사는 세상은 이상적인 장소가 아니었어. 대부분의 사람들은 일개 농노였어. 토지에 속박된 말과 소나 다름없는 일꾼이었단 말이지. 그들은 특별히 행복하거나 불행하지는 않았어. 그렇다고 그들이 달리 할 수 있는 일이 있었겠어? 선한 신이 만들어 놓은 이 완벽한 중세 세계에 꼬투리를 잡을 수는 없는 노릇이었지. 지혜로운 신이 세상에 기사와 농노를 만들어 놓았다고 하니 교회의 충실한 아들들은 감히 문제를 제기할 수 없었던 거야. 그렇지만 짐승처럼 너무 힘들게 일하고 제대로 먹지도 못해 굶어 죽어 간다면 상황은 달라지지. 이런 상황에 처하게 되자 뭔가 더 나은 대책이 필요했어. 만약 역사가 진보하지 않고 여전히 중세 시대에 머물렀다면, 지금 우리는 12세기의 방식대로 살아가고 있을지도 모를 일이야. 이가 아프면, "아브라카타브라"라고 하면서 주문을 외웠겠지? 오히려 이슬람교도나 다른 이교도가 이룩한 '과학'의 힘을 빌려 치과 의사가 도와주겠다고 하면 그를 경멸하고 욕했을지도 몰라.

선사 시대

고대 동방 문명

고대 그리스 문명

고대 로마 문명

중세 시대

르네상스와 종교 개혁

혁명의 시대

근대 민족 국가의 등장

현대 세계의 형성

중세 농가의 추수 장면

　너희도 어른이 되면 사람들이 '진보'에 대해 의심을 갖는 걸 알게 될 거야. 그들은 지금 세상에서 벌어지고 있는 온갖 잔인하고 흉흉한 사건들을 예로 들면서 "세상은 전혀 변하지 않았어."라고 말하지. 아빠는 너희에게 그런 말에 신경 쓰지 말라고 말해 주고 싶구나. 너희도 알겠지만 인류가 뒷발로만 걷게 되기까지, 즉 직립 보행을 하기까지 약 100만 년이라는 시간이 걸렸단다. 또 엄청난 시간이 지난 뒤에야 짐승처럼 으르렁거리는 소리가 지금 우리가 사용하는 언어로 발전하게 되었지. 문자는 불과 4,000년 전에 발명되었고. 자연을 인간의 힘으로 바꾼다는 건 몇 세대 전 사람들에게는 말도 안 되는 소리였어. 지금은 그 속도를 알 수 없을 정도로 세상은 빠르게 진보하고 있지. 물론 사람들이 물질적인 편리함에 더 많은 관심을 기울여 왔다는 건 사실이야. 하지만 때가 되면 건강이나 임금, 수도 시설, 기계 같은 것보다는 문화나 정신적인 부분에 좀 더 관심을 갖게 될 거라고 생각한다.

중세 농가의 결혼식 장면

그러니 제발 "옛날이 더 좋았는데…"라고 하면서 너무 감상적인 생각에 빠지지 않았으면 좋겠구나. 많은 사람들이 중세의 아름다운 교회 건물과 위대한 작품들을 보면서 현대 도시의 소음과 분주함, 자동차에서 뿜어내는 매연과 비교하지. 지금 우리의 문명이 1,000년 전의 중세 도시에 비하면 너무 추악하다면서 말이야. 하지만 이들은 그 화려한 교회 건물을 둘러싸고 있던 비참한 오두막집들을 보지는 못했을 거야. 이에 비하면 우리가 살고 있는 현대 주택들은 왕궁과 다를 바 없지. 성배를 찾아 떠나는 젊은 영웅 랜슬롯과 파르지팔은 가솔린 냄새에 시달리지는 않았겠지. 하지만 마구간이나 외양간에서 나는 구린 냄새, 길거리에 버려진 배설물에서 나는 악취, 주교의 궁전 주변에 있는 돼지우리에서 나는 고약한 냄새, 그리고 할아버지에게서 물려받았지만 비누로 한 번도 빨지 않은 옷에서 나는 퀴퀴한 냄새를 맡아야 했어. 아빠는 중세를 너무 불쾌하게 묘사할 생각은 없단다. 하지만 옛 기록을 보면 프랑스의 어느 왕이 궁전 밖을 내다보다가 거리에 돌아다니는 돼지의 악취 때문에 기절했다는 내용이 나오지. 또 흑사병과 천연두 때문에 벌어지는 참상에 대한 글을 보면, '진보'라는 것이 단순히 요즘 사람들이 선전하는 하나의 수식어 이상의 의미를 갖는다는 걸 이해하게 될 거 같구나.

십자군 전쟁이 중세 도시를 낳다

지난 600년간의 진보는 도시가 없었다면 불가능했을지도 몰라. 아빠는 이번 장을 앞의 다른 장보다 좀 더 길게 쓸 생각이야. 줄여서 쓰기에는 중세의 도시가 아주 중요하기 때문이지.

이집트, 바빌로니아, 아시리아 등 고대 세계는 도시로 이루어진 세계였어. 그리스는 도시 국가였지. 페니키아의 역사도 시돈과 티레라는 두 도시의 역사였어. 로마 제국 전체는 로마라는 한 도시의 배후 지역이나 마찬가지였고. 문자, 예술, 과학, 천문학, 건축, 문학, 연극 등 모든 문명이 바로 도시의 산물이었단다.

약 4,000년간 도시는 세계의 작업장 역할을 했어. 그러다가 게르만 족의 대이동이 시작되면서 로마가 무너졌지. 도시들은 모두 불타고 유럽 대륙은 다시 풀이 무성한 목초지처럼 변해 버렸어. 암흑기에는 문명이라는 밭에 아무도 농사를 짓지 않았던 거야.

십자군은 이 밭에서 새로운 작물들을 수확할 준비를 했단다. 그런데 막상 추수기가 돌아왔을 때에는 작물들이 도시 사람들의 손에 들어갔지.

앞에서 아빠는 거대한 돌로 쌓은 성과 수도원 이야기를 하면서, 기사는 사람들의 육체를 돌보고 수도사는 영혼을 돌본다고 이야기했단다. 장인들(푸줏간 주인, 빵 만드는 사람, 초대 만드는 사람 등)이 성 주변에 살면서 영주가 원하는 물건을 만들면서 영주의 보호를 받았다는 사실은 너희도 알 거야. 가끔은 영주가 사람들에게 집을 짓고 울타리를 치는 걸 허용했어. 사람들은 존엄한 영주의 뜻에 자신의 목숨을 맡겼지. 영주가 바깥에 행차라도 하면 사람들은 그 앞에 무릎을 꿇고 그의 손에 입을 맞추었단다.

그러다가 십자군 전쟁이 일어나면서 많은 것이 바뀌었어. 게르만 족의 대이동*으로 북동쪽에 있던 사람들이 서쪽으로 옮겨가게 되었지. 그런데 십자군 전쟁은 서쪽에 있던 사람들을 고도로 문명화된 남동쪽

* 게르만 족의 대이동
흑해의 북쪽 해안에 있던 고트 족이 훈 족에게 밀려 로마 제국 영토 안으로 이주했다. 이에 따라 프랑크 족, 부르고뉴 족, 반달 족 등 다른 게르만 부족들도 잇따라 이동하면서 로마 제국에 영향을 주게 되었다. 게르만 족의 대이동은 로마가 멸망한 외부적 요인 중 하나로 꼽힌다.

선사 시대

고대 동방 문명

고대 그리스 문명

고대 로마 문명

중세 시대

르네상스와 종교 개혁

혁명의 시대

근대 민족 국가의 등장

현대 세계의 형성

지역으로 옮겨가게 했어. 그들은 자신이 우물 안 개구리였다는 사실을 제대로 느끼게 되었지. 멋진 옷과 호화로운 집, 아름다운 그릇 등 동양의 온갖 신비로운 물건들을 보고서 감동을 받은 거야. 고향으로 돌아온 유럽인들은 자신들도 그런 물건들을 사용하고 싶었어. 암흑시대에 유일한 상인이었던 행상들이 그런 물건들을 취급하기 시작했어. 이들은 물건을 수입할 때 혹시 모를 위험에 대비해 십자군 출신 사람을 고용했고 사업의 규모를 좀 더 크게 발전시켜 나갔지. 사업이 쉽지만은 않았어. 다른 영주의 땅에 들어갈 때마다 통행료와 세금을 내야 했거든. 하지만 이 일로 꽤 많은 돈을 벌었고 계속 영역을 넓혀 나갔어.

곧 일부 의욕적인 상인들은 멀리서 수입해 오는 물건을 집에서도 만들 수 있다는 걸 알았어. 그래서 자신의 집을 작업장으로 바꾸었지. 그들은 장사를 그만두고 제조업자가 된 거야. 자신이 만든 물건을 성의 영주와 수도원의 원장에게 팔았고 이웃 마을에까지 조달했지. 영주와 수도원장은 물건 값으로 계란과 포도주, 꿀 같은 걸 지불했어. 하지만 먼 지역에 사는 사람들은 현금이나 다른 제조품으로 지불할 수밖에 없었어. 그렇게 상인들과 제조업자들은 돈을 조금씩 축적해 나갔고 중세 초기에 사회적 지위가 달라지기 시작했지.

너희는 돈이 없는 세상을 상상하기 힘들 거야. 현대 사회에서는 돈 없이는 아무것도 할 수 없지. 너희도 혹시 돈을 쓸 일이 있을지 몰라 주머니에 동전을 넣고 다니지 않니? 버스를 타거나 식당에서 밥을 먹거나 신문을 살 때도 돈이 필요하지. 그러나 중세 초기에는 태어나서 죽을 때까지 돈이라는 것을 한 번도 구경하지 못한 사람들이 많았어. 그리스와 로마의 금화나 은화는 도시의 유적지에 묻혀 있었지. 로마 제국에 이어 등장한 세계는 농경 사회였어. 농부들은 자기가 쓸 만큼 곡식을 기르고 소와 양을 키우면 됐거든.

중세의 기사는 농촌의 지주였고 물품을 돈을 주고 살 필요가 없었어. 가족들이 먹고 마시고 입을 것을 모두 자기 땅에서 생산해 내면 되었거든. 집을 지을 벽돌은 가까운 강변의 진흙을 구워서 만들었어.
서까래로 쓸 나무는 영지 안에 있는 숲에서 베어 오면 되었고. 외국에
서 들여온 물건들을 사려면 꿀, 계란, 장작 같은 현물로 지불하면 되
었어.

어느 공작의 이야기

　그런데 십자군 전쟁이 이런 농경 사회를 180도 바꿔 버린 거야. 예
를 들어 힐데스하임의 공작이 십자군으로 성지에 가고 있다고 해 보
자. 수천 마일을 이동해 가려면 당연히 여행 경비와 숙박 경비가 필요
하겠지. 자기 고향에서는 농작물로 지불하면 그만이었어. 그런데 베
네치아에서 뱃삯을 내거나 여관 숙박비를 내야 하는데, 배 주인이나
여관 주인은 여간해선 만족을 못했지. 이들을 만족시키려면 아마 계
란 수천 개를 갖다 주거나 마차에 햄을 가득 실어서 보내야 했을 거야.
그래서 이 고귀하신 공작께서는 현금이 필요했어. 그런데 도대체 어
디서 현금을 구할 수 있었을까? 바로 전문적인 고리대금업자인 롬바
르드 사람에게 돈을 빌려야 했어. 이들은 고대 롱고바르드 족의 후예
였지. 롬바르드 사람은 '환전용 탁자(banco 또는 bank)'에 앉아서 공작
에게 수백 개의 금화를 빌려 주었어. 다만, 이 공작이 싸우다가 투르
크 족의 손에 죽을지도 모르니 공작이 소유한 땅을 담보로 잡았지.
　돈을 빌리는 건 사실 위험한 거래였어. 결국 롬바르드 사람이 예외
없이 이 영주의 땅을 소유하게 되었고 공작은 빈털터리가 되고 말지.
어쩔 수 없이 영주는 이웃 마을 영주의 기사로 고용되었단다.
　이 고귀하신 공작은 현금을 구하기 위해 유대인들이 사는 마을로 갈
수도 있었어. 거기서는 5~6퍼센트의 이율로 돈을 빌릴 수 있었거든.
그러나 이 역시 좋은 거래는 아니었어. 그렇다면 다른 방법은 없었을
까?

선사 시대

고대 동방 문명

고대 그리스 문명

고대 로마 문명

중세 시대

르네상스와 종교 개혁

혁명의 시대

근대 민족 국가의 등장

현대 세계의 형성

중세의 환전상과 아내

성을 둘러싸고 있는 작은 도시에 돈을 가지고 있는 사람들이 있다는 소식이 들려 왔어. 그들은 이 젊은 영주와 어릴 때부터 알고 지내던 사이였지. 영주의 아버지와 그들의 아버지들이 나름대로 사이가 좋았었고. 그러니 고리대금업자처럼 터무니없는 요구를 할 사람들이 아니야. 그럼 됐어. 공작의 사무와 회계를 담당하던 수도승은 가장 유명한 상인들 몇 명에게 편지를 보내고 돈을 조금만 빌려 달라고 했지. 그 상인들은 성찬용 성배를 만드는 보석상의 작업장에 모여서 어떻게 해야 할지 대책을 논의했어. 섣불리 거절하기는 어려운 상황이었지. 그렇다고 이자를 요구하는 것도 아닌 것 같았어. 우선 이자를 받는다는 건 종교적인 가르침에 어긋나는 것이었어. 또 농산물 말고는 받을 수 있는 게 없었는데, 그나마 농산물은 그들에게도 충분히 많았지.

"이렇게 하면 어떨까요?" 바로 그때 조용히 탁자에 앉아 세월을 보내던 재단사가 입을 열었어. 사실 그는 현명한 철학자 같은 사람이었어. 어쨌든 그가 이렇게 말했지. "돈 대신 우리가 좋아하는 걸 요구해 보는 건 어떻습니까? 우리는 모두 낚시하는 걸 좋아하잖아요. 그런데 영주께서는 개울에서 낚시하는 걸 금지하셨습니다. 그러니 영주께 금화 100냥을 드리고 우리가 개울에서 낚시를 마음껏 하도록 허락한다는 보증서를 써 달라고 하는 겁니다. 그러면 주인님께서는 돈을 얻어서 좋고, 우리는 낚시를 할 수 있어서 좋고, 누이 좋고 매부 좋은 거 아닙니까?"

그날 영주는 상인들의 제안을 받아들였어. 금화 100냥을 생각보다 쉽게 얻었다고 생각했겠지. 훗날 자신의 권위에 치명타를 줄 이 문서에 영주는 서명을 했단다. 영주의 비서가 계약서를 작성했고 글을 쓸 줄 모르는 영주는 서명 칸에 대충 표시를 하고는 동쪽으로 떠났어. 2년 정도 지나서 영주는 거지꼴이 되어 돌아왔지. 그런데 마을 사람들은 개울가에 앉아서 낚시를 하고 있지 뭐야! 안 그래도 피곤해 죽겠는데 한가롭게 낚시를 하고 있는 사람들을 보니 화가 치밀어 올랐어. 영주는 옆에 있는 사람을 시켜 저 인간들을 당장 쫓아버리라고 소리쳤어. 낚시를 하던 사람들은 자리를 떠났지만, 그날 밤 상인들의 대표단이 영주의 성을 방문했지. 그들은 아주 공손한 태도로 영주님께서 무사히 귀환하신 것에 진심으로 축하를 드렸어. 그러고는 영주님이 낚시를 하던 사람들 때문에 심기가 불편했던 것에 대해 사과를 드렸지. 하지만 영주님이 2년 전에 낚시를 해도 좋다고 허락하신 걸 기억하고 있는지 조심히 여쭤 보았어. 재단사는 영주님이 떠날 때 서명했던 그

중세 도시에서
열린 시장

선사 시대

고대 동방 문명

고대 그리스 문명

고대 로마 문명

중세 시대

르네상스와 종교 개혁

혁명의 시대

근대 민족 국가의 등장

현대 세계의 형성

계약서를 꺼내 보였단다.

고귀하신 영주께서는 마음이 굉장히 언짢았지만 한 번 더 돈이 필요한 형편이었어. 이탈리아에서 돈을 빌리고 증서를 썼는데 그게 유명한 은행업자인 메디치의 손에 있었거든. 이 증서는 일종의 '약속 어음'이었고 빌린 돈 340파운드를 두 달 안에 갚아야 하는 상황이었어. 그러니 속으로 부글부글 끓어도 겉으로는 화를 낼 수가 없었지. 대신 또 그들에게 돈을 조금 더 빌렸어. 집으로 돌아온 상인들은 다시 이 문제로 머리를 맞대고 의논을 했어.

3일 후 상인들은 다시 성으로 찾아가 영주에게 좋다고 말했어. 그들은 기꺼이 어려운 상황에 처한 영주를 돕겠지만, 345파운드를 빌려 주는 대신 또 다른 계약서를 써 달라고 요구했어. 마을 사람들이 자치적으로 위원회를 결성해 마을 일을 처리하는데, 영주는 그 일에 일체 관여하지 않는다는 내용이었어.

영주는 몹시 화가 났지. 하지만 지금 당장 돈이 필요했어. 화를 누그러뜨리고 계약서에 사인을 했어. 하지만 그 다음 주 영주는 계약서에 사인을 한 걸 후회했어. 바로 병사들을 데리고 보석상 집을 쳐들어가서는 자신을 꼬드겨 작성한 그 계약서를 내놓으라고 윽박질렀어. 영주는 사람들이 보는 앞에서 계약서를 불태워 버렸지. 마을 사람들은 아무 말도 하지 않고 우두커니 서 있었어. 나중에 영주는 딸아이가 결혼을 할 때 땡전 한 푼 빌릴 수가 없었지. 보석상의 집에서 일어난 사소한 사건 하나로 신용도가 확 떨어진 거야. 궁지에 몰린 영주는 다시 마을 사람들에게 가서 용서를 구했어. 이번에는 마을 사람들이 돈을 빌려 주기 전에 먼저 예전 계약서와 함께 마을에 '시청'을 건립하도록 허가하는 새로운 계약서를 받아 냈어. 계약서들을 화재나 도난으로부터 보호한다는 구실로 시청, 즉 견고한 탑을 쌓게 해 달라고 요구했어. 하지만 사실은 앞으로 언제 영주가 무장한 병사들과 함께 자신들을 해칠지 몰라 안전한 요새를 확보하려는 것이 본래 목적이었지.

도시는 부유해지고 영주는 가난해지다

십자군 전쟁 이후에 이러한 일들은 아주 흔하게 벌어졌어. 성에서 도시로 권력이 서서히 이동했지. 물론 그 과정에서 마찰이 없었던 건 아니야. 재단사와 보석상들이 죽임을 당하는 일도 있었고 어떤 성은 불에 타 버리기도 했지. 하지만 심각한 상황이 자주 발생하는 건 아니었어. 알게 모르게 도시는 점점 더 부유해졌고 봉건 영주들은 점점 가난해졌단다. 자신의 신변을 유지해야 했던 영주들은 도시민의 자유를 대가로 돈을 빌릴 수밖에 없었어. 그러면서 도시는 성장해 나갔지. 영주에게서 도망쳐 나온 농노들은 도시 구석에서 몇 해를 살다가 마침내 자유를 얻게 되었어. 그렇게 사람들이 점점 몰려오면서 도시는 활기가 가득한 곳으로 변해 갔어. 도시민들은 수 세기 동안 물건을 사고 팔던 시장에 거대한 교회와 공회당을 세워 위풍당당하게 도시를 자랑했지. 그들은 자녀들이 자신보다 더 나은 삶의 기회를 얻길 원했단다. 그래서 학교를 세우고 수도사들을 교사로 고용했어. 그리고 그림을 잘 그리는 사람이 있으면 시청이나 교회 벽면에 『성경』에 나오는 장면을 그리게 했지.

한편 고귀하신 영주는 찬바람이 들어오고 을씨년스러운 성 안에서 졸부가 된 사람들이 벌이고 있는 장관을 지켜보고 있었단다. 그러면서 자신의 특권을 앗아가 버린 계약서에 처음 서명한 날을 몹시도 후회했어. 그래도 별수 없었지. 금고를 두둑이 채운 마을 사람들은 영주를 무시했어. 자유민이 된 그들은 수백 년을 투쟁하며 피땀 흘려 얻은 대가를 지킬 만큼 이제 충분히 준비가 되어 있었단다.

선사 시대

고대 동방 문명

고대 그리스 문명

고대 로마 문명

중세 시대

르네상스와 종교 개혁

혁명의 시대

근대 민족 국가의 등장

현대 세계의 형성

중세의 자치 정부

도시민의 등장에 흔들리는 봉건 권력

인류가 이동 생활을 할 때는 모두가 평등했고 집단 전체의 부와 안전을 함께 책임져 나갔어.

하지만 정착을 하고 나서부터는 어떤 사람들은 부자가 되고 또 어떤 사람들은 가난뱅이가 되었지. 또 일하지 않고도 먹고사는 데 지장이 없던 사람들이 정치에 투신하면서 권력을 잡았어.

앞에서 이집트, 메소포타미아, 그리스, 로마 이야기를 하면서 이러한 일들이 어떻게 일어났는지 보여 주었단다. 마찬가지로 게르만 족이 서유럽에 정착하면서 어느 정도 질서가 잡히자 똑같은 일들이 벌어졌어. 서유럽 세계는 7~8명의 왕이 뽑은 신성 로마 제국의 황제가 다스렸지만 예상과는 달리 황제는 실제적인 권력을 갖고 있지 않았어. 위태로운 왕좌에 앉아 있던 왕들이 서유럽을 통치했지. 그리고 더 일상적인 통치는 수천 명의 봉건 영주들이 담당했어. 영주들이 다스리는 사람들은 농민이나 농노였어. 도시는 아직 발달하지 못했고 중산층도 거의 없었지. 하지만 (1,000년의 공백기가 지나서) 13세기가 되면 중산층, 즉 상인 계층이 역사의 무대에 다시 등장해서 세력을 키우게 되는데, 이는 봉건 영주의 영향력이 그만큼 감소했다는 걸 의미했지. 이 내용은 앞 장에서 살펴보았단다.

지금까지 왕은 영토를 다스리면서 귀족과 성직자들의 요구에만 귀를 기울였어. 하지만 십자군 전쟁으로 무역과 상업의 시대가 전개되면서 중산층에게 주목하지 않을 수 없었지. 그리고 나라의 재정은 점점 바닥을 보였어. 존엄하신 국왕 폐하는 솔직히 도시민들의 말을 듣느니 차라리 소나 돼지의 말을 듣는 게 낫다고 생각했을지도 몰라. 그렇지만 상황이 어쩔 수 없었지. 내키지는 않았지만 금박을 입힌 쓰디쓴 약을 삼킬 수밖에 없었어. 하지만 결국 갈등이 드러나고 말았어.

존 왕, 마그나 카르타에 마지못해 서명하다

영국에서 사자왕 리처드가 자리를 비운 사이에 동생인 존 왕이 대신 영토를 다스리고 있었어. (리처드 왕은 십자군 원정을 떠났지만 원정 기간 대부분을 오스트리아의 감옥에서 보냈지.) 하지만 존 왕은 형보다 전쟁 기술도 부족했고 행정적인 관리도 형만큼이나 제대로 하지 못했어. 그러다 보니 프랑스에 있는 노르망디와 여타 영국령 땅들을 잃고 말았어. 그 후에는 호엔슈타우펜 왕가의 인노켄티우스 3세와 갈등을 빚다가 결국 파문을 당했지. 두 세기 전에 그레고리우스 7세가 황제 하인리히 4세를 파문했던 것처럼 말이야. 1213년에 존 왕은 하인리히 4세처럼 교황을 찾아가 굴욕적인 평화를 구할 수밖에 없었어.

존 왕은 거듭된 실패에도 불구하고 권력을 마구 휘둘렀어. 이에 불만을 가진 신하들은 왕을 감옥에 가두고는 앞으로는 정치를 제대로 할 것과 고대로부터 내려온 신하들의 권리를 침해하지 않겠다는 약속을 받아 냈지. 이 모든 일은 1215년 6월 15일 템스 강의 작은 섬 러니미드 마을 근처에서 일어났어. 존 왕이 서명한 그 문서가 바로 대헌

선사 시대

고대 동방 문명

고대 그리스 문명

고대 로마 문명

중세 시대

르네상스와 종교 개혁

혁명의 시대

근대 민족 국가의 등장

현대 세계의 형성

마그나 카르타에
마지못해 서명하는 존 왕

SEALING MAGNA CHARTA.

장, 즉 '마그나 카르타(Magna Carta)'야. 이 헌장에 새로운 내용은 거의 없어. 고대로부터 내려온 왕의 의무와 신하들의 권리만 일목요연하게 표현되어 있지. 그리고 마그나 카르타에는 국민의 대다수를 차지하는 농민의 권리에 대한 언급이 없었어. 다만, 새롭게 떠오르는 상인 계층의 신변을 보호하는 조항이 조금 들어가 있을 뿐이야. 이 헌장은 이전보다 왕권의 범위를 엄밀하게 규정했다는 데 역사적인 의미가 있지. 하지만 여전히 중세라는 시대적 한계를 뛰어넘지는 못했어. 보통 사람들에게는 아무런 의미도 없었거든. 만약 신하들이 자신의 이익에만 골몰하지 않았더라면 왕의 폭정으로부터 국민들을 보호해 줄 수도 있었을 거야.

최초로 평민이 의회에 발을 들이다

그런데 몇 년이 지나서 존 왕은 마그나 카르타의 조항과는 전혀 다른 태도를 취했단다.

혈통이나 인품 모두 별로인 존 왕은 대헌장을 준수하겠다고 약속해 놓고서는 조항들을 모조리 파기해 버렸어. 다행히도 그는 얼마 있지 않아 세상을 떠났고 그의 아들인 헨리 3세가 다시 헌장을 인정할 수밖에 없었지. 십자군 원정을 떠난 숙부 사자왕 리처드가 나라를 빚더미에 올려놓는 바람에 헨리 3세는 유대인 대금업자에게 돈을 빌려야 했어. 한 나라의 왕이 빚쟁이가 될 처지에 놓여 있었던 거야. 왕의 고문관 역할을 했던 대지주나 주교들은 그 돈을 갚아 줄 능력이 되지 못했어. 왕은 어쩔 수 없이 도시의 대표자들을 왕궁으로 불러 '대회의'에 참석하게 했어. 그렇게 해서 1265년 최초로 시민이 의회에 발을 들여놓았지. 왕은 그들을 재정적인 도움을 줄 사람들로 여겼지 나랏일에 관여하게 할 생각은 전혀 없었어. 하지만 예상과는 다르게 세금 문제에 관해서 도시 대표들이 독자적인 발언을 했던 거야.

시간이 지날수록 점점 '평민' 대표들이 많은 문제에 관해 자문을 내놓았지. 그렇게 귀족, 주교, 도시 대표들의 모임이 정기적인 '의회'로 발전해 나갔어. 의회에서는 중요한 나랏일을 결정하기 전에 토의를 하게 되었고.

이처럼 집행권을 가지고 있는 자문 기관은 사실 영국에만 있는 건 아니었단다. '왕과 의회'로 구성된 정부는 영국이라는 섬에만 있던 게 아니라 유럽의 모든 나라에서 등장했어. 프랑스와 같은 나라에서는 중세 이후 왕의 권력이 급격히 강해지는 바람에 의회의 영향력은 그만큼 줄어들었어. 1302년에 도시의 대표들이 프랑스 의회에 참석했지만 이 의회가 제3신분인 중산층의 권리를 주장하고 왕권을 무너뜨리기까지는 500년이라는 시간이 걸렸지. 프랑스 혁명이 일어나자 시민들은 잃어버린 세월을 보상받기라도 하듯 왕과 성직자, 귀족을 모두 제거해 버리고 평민의 대표들이 나라의 지배자가 되었어. 12세기 초에 스페인에서는 '코르테스(왕의 자문 위원회)'가 평민에게 문을 열었지. 독일 제국에서는 주요 도시들이 '제국 도시'라는 지위를 얻었고 도시의 대표자들이 제국 의회에서 목소리를 낼 수 있었어.

스웨덴에서는 평민의 대표자들이 1359년에 처음으로 의회에 참석

선사 시대

고대 동방 문명

고대 그리스 문명

고대 로마 문명

중세 시대

르네상스와 종교 개혁

혁명의 시대

근대 민족 국가의 등장

현대 세계의 형성

했어. 덴마크에서는 1314년에 옛 의회인 '다네홀프'가 다시 열렸어. 가끔씩 귀족들이 권력을 잡고 왕과 국민들을 괴롭히긴 했지만 도시의 대표들이 완전히 힘을 빼앗길 정도는 아니었어.

스칸디나비아가 운영한 대의 정부는 특히나 흥미롭지. 아이슬란드에서는 9세기부터 지주들이 함께 모여 의회를 구성했고 그것이 1,000년 넘게 지금까지도 이어져 오고 있어.

스위스에서는 여러 주의 자유민들이 봉건 영주들에 맞서기 위해 의회를 구성했어.

마지막으로 네덜란드에서는 13세기부터 제3계급의 대표들이 여러 지방이나 도시의 의회에 참석했어. 16세기에는 몇몇 지방에서 왕에게 반기를 들고 일어나 삼부회에서 왕을 폐위시켰고, 성직자들을 의회에 출입하지 못하게 했어. 귀족들도 더 이상 힘을 못 쓰게 만들었지. 그렇게 해서 네덜란드는 7개의 주가 연합하여 이루어진 공화국이 되었어. 무려 200년 동안 도시 의회의 대표들은 왕과 성직자, 귀족들을 배제하고 나라를 다스린 거야. 도시는 최고의 지위를 얻게 되었고 시민이 나라의 주인이 되었지.

중세의 세계관

선사 시대

고대 동방 문명

고대 그리스 문명

고대 로마 문명

중세 시대

르네상스와 종교 개혁

혁명의 시대

근대 민족 국가의 등장

현대 세계의 형성

예정된 운명을 믿은 중세인들

연표는 역사를 공부하는 데 유용한 도구란다. 하지만 연표를 참고할 때 주의할 필요가 있지. 연표 때문에 칼로 무 자르듯이 역사적 시기를 나눠서 볼 수도 있거든. 예를 들면, 476년 12월 31일에 모든 유럽인들이 갑자기 이렇게 말하진 않았단다. "아, 이제 로마 제국은 멸망하고 우리는 중세 시대에 살게 되는구나. 참 재밌는 걸!"

프랑크의 샤를마뉴 왕실에는 여전히 로마의 관습과 예절, 철학이 남아 있었단다. 하긴 너희가 크면 이 세상에는 아직 선사 시대의 수준에서 못 벗어난 사람도 있다는 걸 알게 될 거야. 사실 모든 시대와 모든 세대는 서로 겹치기 마련이지. 그래도 중세 시대를 대표하는 특징들은 알 수 있단다. 이를 연구하다 보면 그 당시 사람들이 어떤 생각을 갖고 살았고 당면한 문제들에 대해 어떤 태도를 취했는지 엿볼 수 있어.

우선 중세 시대에는 사람들이 스스로를 자유 시민이라고 생각하지 않았단다. 자신의 의지에 따라 자유롭게 돌아다닐 수 없었고 능력에

따라 운명을 개척하는 일은 생각하지도 못했지. 반대로 자신의 운명은 이미 예정되어 있는 거라고 생각했어. 황제와 농노, 교황과 이교도, 영웅과 깡패, 부자와 가난뱅이 거지와 도둑처럼 각자의 타고난 역할은 이미 신이 정해 놓은 것이라 믿었지. 사람들은 자신의 운명을 받아들이고 절대 의심하지 않았어. 이런 부분은 경제적·정치적 지위를 높이기 위해 끝없이 노력하는 현대인들과는 분명히 다른 점이라고 볼 수 있지.

중세의 세 계급
성직자, 기사, 농노

현세에서 사후 세계를 준비하다

13세기에 보통 사람들은 천국과 지옥이라는 사후 세계가 있다고 믿었어. 그냥 꾸며낸 말이 아니라 진짜 존재한다고 믿었던 거야. 그래서 실제로 사후 세계를 준비하는 데 상당히 많은 시간을 쏟아 부었단다. 우리 현대인들은 어쩌면 고대 그리스와 로마 사람들처럼 지금 여기서 잘 먹고 잘 살다가 고이 잠들기를 바라는지도 몰라. 80년 정도 열심히 살다가 모든 걸 잘했다고 느끼며 조용히 죽음을 맞이하고 싶어 하지.

하지만 중세 시대에는 씩 웃는 해골 머리에 뼈가 덜거덕거리는 소리를 내면서 늘 사람들을 따라다니는 죽음의 신이 있었단다. 죽음의 신은 귀에 거슬리는 직직 긁는 소리를 내서 자는 사람을 깨웠어. 식사를 하는 사람 옆에 앉아 있기도 했고. 여자 친구와 함께 산책을 할 때는 나무 뒤에 숨어서 싸늘한 미소를 보냈지. 너희도 만약 아주 어릴 때 안데르센 동화나 그림 형제의 동화 대신에 공동묘지와 관, 끔찍한 질병처럼 머리카락이 쭈뼛 서는 무서운 이야기만 듣고 자랐다면 섬뜩한 심판의 날만 기다리며 하루하루를 살아갈지도 몰라. 중세 시대에 살던 어린이들은 실제로 그랬단다. 악마와 유령이 곳곳에서 출몰하고 가끔씩 천사들이 나타나는 세계에서 살았어. 미래에 대한 공포 때문에 겸손하고 경건한 마음을 갖기도 했지만, 오히려 반대로 잔인하고 예민한 성격을 갖도록 만들었지. 그런

저주받은 자들의 추락

아이들이 자라서 도시를 점령하면 우선 여자와 아이들부터 모조리 죽이고는 열심히 성지로 나아가서 무고한 희생자의 피로 얼룩진 손을 들어서 기도를 올렸어. 자비로 신에게 용서를 구한 거야. 뜨거운 눈물을 흘리면서 잔인무도한 죄를 고백했지. 하지만 다음 날 그들은 또다시 이슬람 세력들을 무자비하게 죽였지.

물론 십자군들은 기사였고 평민들과 나른 행동 규범을 가지고 있었던 건 사실이야. 그렇지만 평민들도 어떤 면에서는 그들의 주인들과 크게 다르지 않았어. 그림자나 종이 인형을 보고 화들짝 놀라는 겁쟁이 말처럼, 평소 온화한 사람도 열병에 시달리다가 유령과 같은 헛것이라도 보게 되면 도망치거나 만행을 저지르기도 했으니까.

선사 시대

고대 동방 문명

고대 그리스 문명

고대 로마 문명

중세 시대

르네상스와 종교 개혁

혁명의 시대

근대 민족 국가의 등장

현대 세계의 형성

『성경』과 아리스토텔레스, 지식의 원천이 되다

　중세 시대 사람들을 제대로 이해하려면 그들이 살아간 끔찍한 환경을 고려해서 봐야 한단다. 사실 그 사람들은 문명인인 척 살아가는 야만인에 지나지 않았어. 샤를마뉴와 오토 대제는 당시 '로마의 황제'라고 불렸지만, 사실 아버지 세대와 할아버지 세대가 파괴해 놓은 문명의 폐허 위에서 문명의 혜택을 전혀 모르고 살아가고 있었지. 그들은 아는 게 별로 없었어. 어쩌면 지금 열두 살 먹은 초등학생보다 더 모르는 게 많았을 거야.

　사람들은 오로지 한 권의 책에서 모든 지식을 얻었지. 그 책은 바로 『성경』이야. 『성경』 중에서도 인류의 역사에 더 좋은 영향을 미친 부분은 「신약」이야. 「신약」은 사람들에게 사랑과 자비, 용서에 대해 가르쳐 주었거든. 하지만 『성경』은 천문학, 동물학, 식물학, 기하학 등 과학 분야에 참고 도서로는 사용하기 힘들었지.

　12세기에 『성경』 다음으로 4세기경 그리스의 철학자 아리스토텔레스가 쓴 백과사전이 지식의 원천에 추가되었어. 왜 교회는 알렉산더 대왕의 스승만 높이 평가하고 다른 그리스 철학자들은 이단이라고 무시했는지 아빠는 잘 모르겠단다. 어쨌든 『성경』 다음으로 아리스토텔레스가 신뢰할 만한 교사로 인정받았고 독실한 기독교도들은 그의 책을 소중하게 여겼지.

　아리스토텔레스의 책들은 먼 길을 돌아서 유럽으로 전해졌어. 처음에는 그리스에서 알렉산드리아로 건너갔단다. 7세기에 이집트를 정복한 이슬람교도들이 아리스토텔레스의 책들을 아랍어로 번역했지. 그리고 이슬람 군대를 따라 스페인으로 갔고 코르도바에 있는 무어인의 대학은 학생들에게 아리스토텔레스의 철학을 가르쳤어. 피레네 산맥을 넘어 스페인으로 유학 온 기독교도 학생들은 아랍어로 된 아리스토텔레스의 책들을 다시 라틴어로 번역했어. 그렇게 오랜 시간을 여행한 아리스토텔레스의 책들은 마침내 북서부 유럽의 여러 학교에서도 가르쳐지게 되었어. 번역에 번역을 거듭하는 바람에 그 뜻을 명확하게 파악하기는 어려웠지만 어쨌든 사람들의 흥미를 끌기에는 충분했지.

스콜라 철학자 vs. 로저 베이컨

중세 시대에 똑똑한 사람들은 『성경』과 아리스토텔레스의 철학으로 하늘과 땅 사이의 모든 만물이 신의 뜻과 어떤 관련이 있는지 설명해 내려고 했단다. 이 똑똑한 사람들이 바로 스콜라 철학자들이야. 이들은 매우 지적인 사람들이었지만, 모든 지식을 직접 관찰해서 얻는 것이 아니라 오로지 책 속에서만 알아냈어. 예를 들어 철갑상어나 애벌레에 관한 강의를 할 때도 교사들은 먼저 「구약성경」과 「신약성경」, 아리스토텔레스의 책을 읽고 난 다음 거기서 얻는 정보로 강의를 했지. 교사들은 학생들에게 『성경』과 아리스토텔레스의 책이 모든 걸 설명해 줄 수 있다고 가르쳤어. 근처 강에 가서 철갑상어 한 마리 잡을 생각을 하지 않았어. 애벌레를 잡기 위해 도서관 뒤뜰이라도 거니는 것조차 하지 않았지. 알베르투스 마그누스나 토마스 아퀴나스와 같은 유명한 학자들조차 팔레스타인 땅의 철갑상어나 마케도니아의 애벌레가 서유럽에서 자라는 종과 어떻게 다른지 탐구해 보려고 하지 않았어.

로저 베이컨

그러다가 로저 베이컨 같은 사람이 학술대회에 실제로 애벌레나 철갑상어를 가지고 등장했어. 그는 강의실에서 확대경이나 우습게 생긴

토마스 아퀴나스

현미경으로 직접 대상을 관찰한 후에 그것이 『성경』이나 아리스토텔레스의 책에서 설명하는 것과 다르다는 것을 입증했지. 하지만 스콜라 철학자들은 근엄한 표정으로 고개를 절레절레 저었어. 베이컨은 시대를 너무 앞서간 사람이었단다. 그는 사람들 앞에서 아리스토텔레스의 책을 10년 공부하느니 차라리 관찰 실험을 한 시간 하는 게 더 낫다고 말했지. 또 아리스토텔레스의 철학책은 번역되지 않는 게 좋았을 뻔했다고 말했어. 이 말을 들은 스콜라 철학자들은 경찰에게 가서 신고했지. "이 작자는 국가의 안보를 위협하는 인물이오. 아리스토텔레스의 책을 읽으려면 그리스 어를 공부해 원본을 보라고 말하고 있소. 저 인간이 왜 수백 년간 우리에게 유익을 준 라틴어와 아랍어 번역본을 무시하는지 모르겠소. 뭣 하러 물고기와 곤충 따위를 해부까지 해서 굳이 자세하게 알려고 하겠소? 그는 흑마술을 부려서 기존의 사회 질서를 어지럽히려는 사악한 마술사가 분명하오!" 이렇게 고발하니 경찰은 베이컨에게 10년 동안 글 한 줄도 쓰지 못하게 했단다. 10년이 지나고 다시 연구를 시작한 베이컨은 새로운 방법을 고안해 냈지. 사람들이 알아볼 수 없는 특이한 암호로 책을 쓴 거야. 교회가 사람들에게 의심과 불신이 생기지 못하게 막자, 베이컨은 할 수 없이 이 방법을 계속 사용했어.

선사 시대
고대 동방 문명
고대 그리스 문명
고대 로마 문명
중세 시대
르네상스와 종교 개혁
혁명의 시대
근대 민족 국가의 등장
현대 세계의 형성

교회의 보호 속에 안정감을 누리다

물론 교회에 사람들을 무지한 상태로 내버려 두려는 나쁜 뜻이 있었던 건 아냐. 당시 이교도에게 단호한 태도를 보였던 건 기독교도들에 대한 배려 때문이었지. 그들은 이승의 삶은 내세를 준비하는 과정이라고 믿었어. 아니, 그렇게 알고 있었지. 교회는 너무 많은 지식이 오히려 사람들을 불안하게 만들고 마음속에 위험한 생각과 의심을 불러일으켜 지옥에 이르게 한다고 생각했어. 중세 스콜라 학자는 학생들이 『성경』과 아리스토텔레스 철학에서 벗어나 자기 힘으로 무언가를 탐구하는 걸 보면, 어린 아이가 뜨거운 난로 근처에서 노는 걸 바라보는 엄마처럼 불안해했어. 아이를 가만히 두면 손가락이 델 걸 알기 때문에 어떤 힘을 써서라도 아이를 난로에서 멀리 떼어 놓아야 하지. 하지만 엄마는 아이를 사랑하므로 말만 잘 들으면 뭐든 다 해 주고 싶어 한단다. 마찬가지로 중세 성직자들도 신앙의 문제에 대해 엄격하면서도 사람들의 영혼을 돌보기 위해서는 밤낮으로 열심히 봉사했어. 필요할 때마다 도움의 손길을 뻗었고, 선량하고 헌신적인 수많은 남녀가 가능한 이 세상을 살기 좋은 곳으로 만들려고 노력했지.

하지만 농노는 언제까지나 농노였어. 그들의 지위는 전혀 바뀌지 않았지. 다만 농노를 평생 농노로 살게 만든 신은 이 가련한 생명에게 불멸의 영혼을 허락했지. 그래서 기독교도로서 권리를 보호받으면서 평생을 살다가 죽을 수 있었어. 나이가 들어 일하기 어려워지면 영주의 보살핌을 받는단다. 단조롭고 평범하게 살아갔지만 그래도 내일에 대한 두려움은 없었지. 실업자가 될 걱정은 하지 않았고 비록 비가 새더라도 집 안에서 먹을 것 염려하지 않으면서 살 수 있었어.

중세 사회의 모든 계층은 이러한 '안정감'이나 '안전함'을 느끼면서 살았어. 도시에서는 상인과 수공업자들이 길드를 조직해서 모든 회원들이 안정적으로 수입을 얻을 수 있었지. 길드는 회원들 간의 경쟁을 부추기지 않았어. 오히려 생계를 어렵게 꾸려 나가는 회원들을

중세 프랑스의 한 상점

보호해 주었단다. 오늘날처럼 무한 경쟁 사회에서는 볼 수 없는 만족
감과 안정감을 중세의 노동자들은 느낄 수 있었던 거야. 중세에도 오
늘날처럼 부자들이 '사재기'를 할 위험성이 다분했어. 소수의 부자들
이 곡식, 비누, 소금에 절인 청어를 몽땅 사들였다가 가격을 자기 마
음대로 올려서 팔았던 거야. 그래서 당국은 상인들이 도매업을 하지
못하게 막았고 물건 가격도 마음대로 올리지 못하게 못을 딱 박아 두
었단다.

천국을 바라보며 세상을 등지다

중세 사람들은 경쟁을 좋아하지 않았어. 머지않아 심판의 날이 오면
부자는 보잘것없어질 수도 있고, 선량한 농노는 천국의 문으로 들어
갈지도 모르고, 악한 기사는 불타는 지옥 속에 빠져 고통의 몸부림을

칠지도 모르는데, 뭣 하러 이 세상에서 좀 더 잘살려고 아웅다웅할 필요가 있었겠어?

간단히 말해 중세 사람들은 생각과 행동의 자유를 포기하는 대신, 몸과 영혼이 가난으로부터 좀 더 안전해질 수 있었던 거야.

극소수의 사람들을 제외하곤 대부분이 이런 체제를 반대하지 않았어. 사람은 이 땅을 잠시 지나쳐 가는 나그네라고 생각했던 거지. 현생은 더 위대하고 중요한 내세를 위해 준비하는 기간이라고 믿었어. 세상의 온갖 고통과 불의에 대해서는 일부러 등을 돌렸지. 혹시라도 햇빛을 보면 「요한 계시록」에서 말하는 영원한 행복을 주는 천국의 빛을 보지 못할까 봐 창문에 검은 장막을 내려 버렸지. 그들은 천국의 행복을 기다리면서 세상이 주는 행복에는 눈을 감아 버렸어. 삶을 필요악으로 받아들이고 죽음을 영광스러운 새 날의 시작으로 맞아들였지.

고대 그리스 인과 로마 인도 미래에 대해 절대 염려하지 않았어. 대신 이 땅에 낙원을 만들려고 했지. 노예로 태어나지 않은 자신과 동료들을 위해 이곳에서의 인생을 아주 즐겁게 만들려고 노력했어. 그러다 중세가 되면서 사람들의 생각이 180도 달라지지. 높은 구름 위에 천국을 만들어 놓는 바람에 이 세상은 귀족과 천민, 부자와 가난한 사람, 배운 사람과 못 배운 사람 모두가 참회의 눈물을 흘리는 곳이 되어 버렸어. 하지만 역사의 시계추는 또 다른 방향으로 이동하게 된단다. 이 얘기는 다음 장에서 해 보자꾸나.

선사 시대

고대 동방 문명

고대 그리스 문명

고대 로마 문명

중세 시대

르네상스와 종교 개혁

혁명의 시대

근대 민족 국가의 등장

현대 세계의 형성

중세의 무역

중세 말 이탈리아의 도시들이 중요한 이유는?

중세 말에 이탈리아의 도시들이 또다시 중요한 지역으로 부각된단다. 그 이유는 세 가지 정도로 이야기해 볼 수 있어. 첫째, 이탈리아 반도에는 초창기에 로마 인들이 자리를 잡고 있었어. 유럽의 어느 지역보다 도로와 마을, 학교가 많이 있었지. 야만족들이 유럽에 들어와 유럽 곳곳을 불태우고 파괴했지만 이탈리아에서는 다른 지역보다는 많은 도시들이 살아남았어.

둘째, 이탈리아에는 교황이 살고 있었고, 교황은 토지, 농노, 건물, 숲, 강 그리고 재판소를 소유한 거대한 정치 체제의 수장이었어. 그는 베네치아와 제노바의 상인과 배 주인들이 돈을 벌어들이듯, 세금으로 어마어마한 금화와 은화를 거두어들였지. 서유럽과 북유럽에서 로마에 세금을 바치려면 소, 계란, 말, 농산물들을 미리 현금으로 바꿔야 했어. 그래서 다른 지역에 비해 이탈리아에 금화와 은화가 많아졌지.

셋째, 십자군 전쟁 기간 동안 이탈리아의 도시들은 십자군들을 배에 태워 주고 믿기지 않을 만큼 많은 이득을 취했단다.

십자군 원정은 끝났지만 이탈리아의 도시들은 동방의 물건들을 유럽 사람들에게 공급하는 상업의 중심지로 계속 남아 있었어. 원정 기간 유럽 사람들은 훌륭한 동방의 상품에 매료되어 계속 물건을 찾았던 거야.

중세 최대의 도시 베네치아

당시 이탈리아의 도시들 가운데 베네치아만큼이나 유명한 도시도 없었을 거야. 베네치아는 진흙 강둑 위에 세워진 일개 공화국이었어. 4세기에 야만인들의 침입을 피해 이탈리아의 내륙에 있던 주민들이 이곳으로 도망쳐 왔어. 바다 위에 떠 있는 베네치아는 소금 만드는 사업이 발달했지. 소금은 중세 시대에 매우 구하기 어려워서 가격이 엄청나게 비쌌어, 수백 년 동안 베네치아는 식탁 위에 없어서는 안 될 필수품을 독점하게 된 거야. (없어서는 안 된다고 말한 이유는 음식에 염분이 없으면 사람도 양처럼 병에 걸리기 때문이야.) 베네치아는 이 소금 덕분에 발전해 나갔고 심지어 교황의 권력에 맞서기도 했단다. 부유해진 도시는 배를 만들어 동방 무역을 시작했어. 십자군 원정 기간에 성지로 많은 승객들을 태워 날랐지. 뱃삯을 낼 형편이 안 되는 십자군은 베네치아 사람들이 에게 해와 소아시아, 이집트 일대에 식민지를 늘리는 데 병력을 제공했지.

14세기 말 무렵, 베네치아는 인구가 20만 명 가까이 늘어나 중세 시대의 최대 도시가 되었어. 그런데 정부는 소수의 부유한 상인 가문에 의해 운영되었기 때문에 일반 시민들은 별 영향력을 갖고 있지 못했단다. 시민들이 의원과 총독(또는 대공)을 선출했지만, 도시를 실제로 통치하는 사람들은 '10인 위원회'였어. 이 위원회는 체계적인 비밀 요원과 살인 청부업자들의 도움으로 권력을 유지해 나갔어. 이들은 시민들을 항상 감시했고 혹시라도 권력에 저항하는 자가 나타나면 아

선사 시대

고대 동방 문명

고대 그리스 문명

고대 로마 문명

중세 시대

르네상스와 종교 개혁

혁명의 시대

근대 민족 국가의 등장

현대 세계의 형성

무도 모르는 사이에 제거해 버렸지.

메디치 가문의 근거지 피렌체

피렌체에서는 베네치아와 정반대인 정치 체제, 즉 격변의 민주주의 체제가 만들어졌단다. 이 도시는 북유럽에서 로마로 들어가는 주요 도로를 차지하고 있었어. 교통의 요충지에 있던 피렌체는 벌어들인 돈으로 제조업에 투자를 했지. 피렌체 사람들은 아테네를 본보기로 삼으려고 했어. 귀족, 성직자, 길드의 회원들이 모두 도시의 행정에 관여하다 보니 큰 분란이 많이 일어났단다. 사람들은 정치적 견해에 따라 여러 정당으로 갈라졌고 이 정당들은 서로 싸우다가 한쪽이 승리하면 다른 쪽의 재산을 몰수해 버렸지. 몇 세기 동안 이렇게 조직화된 폭도나 다름없는 정당에 의해 통치되어 오다가 결국 피치 못할 일이 벌어지고 말았어. 막강한 가문 하나가 스스로 도시의 주인이라고

로렌초 데 메디치

하면서 도시와 주변 지역을 통치하기 시작한 거야. 이 가문은 고대 그리스의 '집정관'을 모방했지. 바로 '메디치(Medici) 가문'이었어. 초기 메디치는 의사(의사를 라틴어로 'medicus'라고 해.) 가문이었는데, 나중에는 은행가 집안이 되었어. 주요한 무역의 중심지에는 메디치 소유의 은행과 전당포가 들어섰지. 피렌체의 지배자가 된 메디치 가문은 딸들을 프랑스의 왕들에게 시집보냈어. 가문 사람이 죽으면 로마 제국의 카이사르에 버금가는 호화로운 무덤을 만들었단다.

베네치아의 강력한 경쟁자였던 제노바는 아프리카의 튀니지와 흑해 연안의 곡창 지대와 주로 무역을 했어. 이처럼 이탈리아에는 크고 작

은 도시 200여 군데가 각자 하나의 완전한 상업 도시로서 자신의 이익을 지키기 위해 서로 치열하게 경쟁을 벌였지.

아시아와 아프리카에서 온 물건들은 일단 이탈리아로 모이고, 그곳에서 다시 북유럽과 서유럽 쪽으로 이동할 준비를 했어.

제노바에서는 상품들을 해로를 통해 마르세유로 운송하고 거기서론 강가에 있는 도시들로 보냈단다. 마르세유가 프랑스 북부와 서부의 시장 역할을 하는 셈이지.

베네치아는 육로를 이용해서 북유럽으로 상품을 보냈어. 이 육로는 과거에 야만족이 이탈리아를 침공할 때 들어오는 관문, 브레네르 고개와 통해 있었지. 상품은 인스부르크를 지나서 스위스의 바젤로 이동했어. 그리고 바젤에서 다시 라인 강을 타고 북해와 영국으로 가거나 푸거 가문(은행가, 제조업자 가문인데, 고용자들의 임금을 깎아서 부를 얻은 걸로 유명해.)이 있는 아우구스부르크로 운반되었지. 더 멀리는 뉘른베르크, 라이프치히, 발트 해 연안 도시들, 비스뷔(스위스의 고틀란드 섬에 있는 도시)까지 물건을 나르기도 했어. 비스뷔는 러시아의 고대 상업 중심지인 노브고로트 공화국과 직접 교역을 했는데, 이 공화국은 16세기 중반에 이반 4세에게 멸망당하지.

북서 유럽에서도 무역이 활발하게 일어나다

북서 유럽의 작은 도시들은 나름대로 재미있는 역사를 가지고 있단다. 중세 시대 사람들은 생선을 많이 먹었다는구나. 당시에는 금식일이 많았는데 그날은 사람들이 육식을 할 수 없었어. 바다나 강에서 멀리 떨어져 사는 사람은 단백질을 보충하기 위해 유일하게 계란만 먹을 수 있었다는 말이야. 그나마 그것도 못 먹는 사람도 있었지. 그런데 13세기에 한 네덜란드 어부가 청어를 보존하는 방법을 개발해서 청어를 먼 곳까지 운반할 수 있게 된 거야. 마침내 북해의 청어잡이가

선사 시대

고대 동방 문명

고대 그리스 문명

고대 로마 문명

중세 시대

르네상스와 종교 개혁

혁명의 시대

근대 민족 국가의 등장

현대 세계의 형성

사람들의 주목을 받게 되었지. 13세기에는 이 귀한 물고기 떼가 북해에서 발트 해로 이동하면서 발트 해 주변의 도시들이 떼돈을 벌기 시작했어. 이제 사방에서 청어를 잡으려고 발트 해로 배를 몰고 왔지. 하지만 청어잡이 철이 일 년 중 몇 개월밖에 되지 않았기 때문에 철이 지나면 다른 일을 구해야 했단다. 배들은 러시아 중북부에서 수확한 밀을 남서 유럽으로 운반하는 일을 했어. 그리고 돌아올 때는 베네치아와 제노바에서 향료, 비단, 카펫, 동양의 융단 등을 싣고 벨기에의 브루게와 독일의 함부르크, 브레멘에 내려놓았지.

이처럼 시작은 단순했지만, 북서 유럽은 제조업 중심의 부르게와 겐트에서 러시아 북부의 노브고로트 공화국에 이르는 중요한 국제 무역 체계로 발전해 나갔어. 노브고로트 공화국은 이반 4세가 등장하기 전까지는 강력한 국가였는데, 이반이 한 달도 안 되어 도시를 장악하고 6만 명이나 되는 사람을 죽였지. 살아남은 사람은 거지 신세가 되었어.

북유럽 상인들, 한자 동맹을 결성하다

북유럽의 상인들은 해적과 비싼 통행료, 성가신 규제로부터 스스로를 보호하기 위해 '한자 동맹'을 결성했어. 뤼베크에 본부를 둔 이 동맹은 100여 개의 도시가 자발적으로 참여하는 보호 동맹이었단다. 한자 동맹은 자체적으로 해군을 만들었고 자신들의 특권과 권리를 침해하는 영국이나 덴마크 왕들을 쳐부수기도 했지.

지면이 여유가 된다면 아빠는 항해와 모험에 얽힌 재미있는 이야기를 더 해 주고 싶단다. 하지만 이야기를 다 하다 보면 책 몇 권 분량이 될지도 모르니 여기서는 이만하면 좋겠구나.

앞에서도 말했듯이 중세는 매우 더디게 발전하는 시대였어. 권력자들은 '진보'를 악마가 만든 바람직하지 못한 발명품으로 보았어. 그래서 수동적인 농노들과 무식한 기사들에게 자신들의 뜻을 계속 주입시켰지. 이따금 여기저기서 과학이라는 영역에 발을 들여 놓는 용감한 사람들이 나타나기도 했지만, 그런 사람들은 가까스로 목숨을 부지하거나 20년 동안 감옥 신세를 져야 했지.

12세기에서 13세기까지는 나일 강이 이집트에 범람했던 것처럼 국제 무역이라는 홍수가 서유럽을 휩쓸고 지나갔어. 그리고 '번영'이라는 결과물을 남겼지. 번영은 사람들에게 여가를 가져다주었어. 여가 시간에 사람들은 필사본을 구입하고 문학, 미술, 음악을 즐겼지.

이 세상은 다시 한 번 인간의 신성한 호기심으로 가득하게 되었어. 인간이 동물과 다른 점 가운데 하나가 바로 이 호기심이지. 앞 장에서도 이야기했듯이, 도시는 기존의 답답한 질서에서 벗어나려는 선구자들에게 안전한 도피처 역할을 했단다. 그들이 드디어 움직이기 시작했어. 웅크리고 있었던 비좁은 골방에서 바깥을 향해 창문을 활짝 열어젖혔어. 햇빛이 쏟아져 들어오면서 오래도록 어두웠던 방 안에 드리워진 거미줄이 모습을 드러냈단다.

그들은 집 안을 청소하기 시작했어. 정원도 깔끔하게 정리했지.

무너져 가는 성벽을 넘어 들판으로 뛰어나가 이렇게 소리 질렀어. "진짜 멋진 세상이야! 내가 이런 세상에서 살고 있다니 꿈만 같다!"

바로 그 순간 중세라는 무대의 막이 내리고 새로운 시대의 막이 올랐어.

선사 시대

고대 동방 문명

고대 그리스 문명

고대 로마 문명

중세 시대

르네상스와 종교 개혁

혁명의 시대

근대 민족 국가의 등장

현대 세계의 형성

르네상스와 종교 개혁

르네상스

중세 말, 새로운 정신이 꿈틀대다

*르네상스
고대 그리스·로마 문화의 재생 또는 부활이라는 의미이다. 프랑스어 'renaissance'에서 어원을 찾을 수 있다. 새로운 문화를 꽃피워 암흑시대인 중세를 극복하고자 하는 것이 특징이다.

르네상스*는 정치적 운동 또는 종교적 운동이 아니었단다. 일종의 정신적 운동이었지.

르네상스 시대의 사람들은 여전히 어머니와 같은 교회에 순종적인 아들이었어. 왕과 황제, 공작의 백성들이었고, 불만을 갖고 투덜대지 않았어.

하지만 겉으로 드러나는 모습은 달라졌지. 다른 옷을 입고 다른 말을 하고 다른 집에서 다른 삶을 살기 시작한 거야.

더 이상 천국에서 누릴 행복한 삶에 집착하거나 그것을 얻고자 노력하지 않았어. 천국을 하늘이 아닌 이 땅에 세우고자 했지. 그리고 실제로 놀랄 만한 결과물들을 만들어 냈어.

앞에서 아빠는 역사 연표가 갖는 위험에 주의해야 한다고 말했지. 사람들은 연표를 너무 곧이곧대로 받아들이고 있어. 중세를 암흑과 무지의 시대로만 생각하거든. 그리고 시계 바늘이 '째깍' 하고 움직이면서 곧바로 온 도시와 궁전이 지적 호기심이 충만한 찬란한 르네상스의 시대가 열린 줄로 착각하고 있지.

앞에서 말했지만, 시대를 이런 식으로 칼로 무 자르듯 구분하는 건 불가능하단다. 역사학자들은 대부분 13세기가 중세에 속한다고 보고 있어. 그런데 그 시기가 암흑으로 둘러싸인 침체된 시간이었을까? 전혀 그렇지 않았어. 당시 사람들은 대단히 활기가 넘쳤지. 거대한 국가가 세워지는 시기이기도 했어. 또 엄청난 상업의 중심지가 등장하기도 했고. 중세 성채의 작은 탑과 시 의회 건물 사이로 새로 지은 고딕 대성당의 첨탑이 하늘을 찌르고 있었어. 세상 곳곳에서 뭔가 꿈틀대고 있었지.

시 의회에 모인 '젠틀맨' 계층은 최근 얻게 된 엄청난 재산으로 힘이 막강해지기 시작했어. 이제 봉건 영주들과 맞붙어 싸워도 될 만큼 성장한 거지. 길드 회원들도 '머릿수가 많을수록 유리하다'는 사실을 깨닫고는 거만한 젠틀맨들과 싸우기 시작했어. 그렇게 일이 벌어지는 사이에 왕실은 약삭빠르게 대어를 낚고 있었지. 당황한 의회 의원(젠틀맨)과 길드 회원이 보는 앞에서 대어를 맛있게 요리해서 먹었단다.

정치나 경제에 대한 투쟁 없이 잠잠하고 어두운 저녁 시간이 길어지자, 음유 시인들이 등장해서 다시 활기를 불러일으켰어. 이들은 낭만과 모험, 영웅과 아름다운 여성을 노래했지. 한편 더딘 진보를 참지 못한 청년들은 대학에 몰려들었는데, 거기에는 나름 이유가 있었어.

대학이 탄생하다

중세는 '국제적인 사고방식'이 지배하는 시대였어. 이 말이 낯설겠지만 아빠의 설명을 잘 들어 보렴. 현대인은 '국가 또는 민족 중심적인 사고방식'을 갖고 있어. 우리는 자신을 미국인, 영국인, 프랑스 인, 이탈리아 인이라는 식으로 말하지. 또 영어, 불어, 이탈리아 어를 사용하고 영국의 대학, 프랑스의 대학, 이탈리아의 대학에 입학한단다.

선사 시대

고대 동방 문명

고대 그리스 문명

고대 로마 문명

중세 시대

르네상스와 종교 개혁

혁명의 시대

근대 민족 국가의 등장

현대 세계의 형성

데시데리우스 에라스무스

외국에서 공부하려고 유학을 가지 않는 이상 굳이 다른 나라 언어를 공부할 필요는 없지. 하지만 13~14세기 사람들은 자신을 영국인, 프랑스 인, 이탈리아 인이라고 하지 않고 셰필드 시민, 보르도 시민, 제노바 시민이라고 했어. 그들은 같은 교회에 소속된 한 형제라는 의식이 기본적으로 깔려 있었던 거야. 교육을 받는 사람들은 라틴어를 배웠기 때문에 언어의 장벽을 뛰어넘는 국제적인 언어를 가지고 있었던 거지. 관용과 해학의 위대한 설교자 에라스무스를 한번 예로 들어 볼까? 에라스무스는 16세기에 책을 썼는데, 그는 네덜란드 지역 출신이었어. 하지만 라틴어로 책을 썼기 때문에 전 유럽에 있는 사람들이 그의 독자였지. 만약 에라스무스가 지금 살아 있다면 네덜란드어로 책을 썼겠지? 그러면 독자는 모두 합쳐 봐야 500~600만 명밖에 되지 않았을 거야. 다른 유럽 지역이나 미국 사람들에게 책을 팔려면 출판사는 아마도 스무 가지 정도의 언어로 번역을 해야겠지. 당연히 돈도 많이 들 테니 출판사가 쉽사리 위험을 감수하려 하지 않을 거야.

하지만 600년 전에는 상황이 많이 달랐지. 대다수의 사람들이 무지했고 글을 읽거나 쓸 줄 몰랐어. 거위 깃털 펜으로 글을 쓸 줄 알았던 사람들은 전 유럽의 공용어를 사용하고 있었던 거였어. 그들에게는 언어나 국경의 장벽이 전혀 없었어. 대학은 이들의 주요 활동 무대였어. 현대의 대학과 달리 당시 대학은 경계나 제한이 없었어. 선생과 학생들 몇 명이 함께 모이면 그곳이 바로 대학이었지. 이런 부분이 오늘날과 중세 및 르네상스 시대의 큰 차이점이라고 할 수 있단다. 오늘날은 다음과 같은 과정을 통해서 대학을 세우지. 어떤 부자가 자신이 살고 있는 지역 사회에 뭔가 보탬이 되고 싶거나 어떤 종교 단체가 독실한 신자를 교육하고 싶을 때, 또는 국가에서 의사나 변호사, 교사를 양성하고 싶을 때 대학을 세운단다. 우선 대학을 세우는 데는 돈이 많이 들지. 강의실, 도서관, 기숙사를 지어야 하고 전공 교수들도 채용해야 하거든. 그리고 입학시험을 봐서 학생들이 들어오면 대학이 운영되기 시작하는 거야.

그러나 중세에는 상황이 전혀 달랐어. 예를 들어, 현자 한 명이 '난 위대한 진리를 발견했다. 이 진리를 다른 사람에게 전해야겠다.' 라고 생각한다고 해 보자. 그 사람은 자기 이야기를 들어 줄 사람이 있다면 어디든 가서 진리를 전했어. 만약 그의 이야기가 흥미롭다면 사람들은 구름 떼처럼 몰렸을 거고 지루하면 조금 듣다가 그냥 가던 길을 계

14세기 파리의 대학교의 철학 강의

선사 시대

고대 동방 문명

고대 그리스 문명

고대 로마 문명

중세 시대

르네상스와 종교 개혁

혁명의 시대

근대 민족 국가의 등장

현대 세계의 형성

속 갔겠지. 점점 젊은이들이 이 위대한 스승의 지혜로운 이야기를 듣기 위해 정기적으로 모여들었어. 올 때 공책과 펜을 가져와서 중요한 내용은 필기도 했지. 그러던 어느 날 갑자기 비가 온 거야. 교사와 학생들은 비를 피해 빈 지하실이나 교사의 방으로 들어갔지. 교사는 의자에 앉고 학생들은 바닥에 앉았어. 이것이 바로 대학의 시작이었단다. '대학(universitas, 우니베르시타스)'은 일종의 교수와 학생들의 조합이었지. 그 당시에는 가르치는 사람, 즉 '교수'가 중요했지 가르치는 장소는 그다지 중요하지 않았어.

중세의 유명한 대학들

아벨라르와 엘로이즈

9세기경에 나폴리 근처 살레르노라는 마을에 훌륭한 의사들이 살고 있었어. 이 의사들은 의학을 배우고 싶어 하는 학생들을 끌어모았고, 이후 거의 1,000년 동안 대학이 운영되어 왔지. 당시 살레르노 대학에서는 5세기 고대 그리스에서 의술을 펼친 히포크라테스의 지혜를 가르쳤어.

12세기 초에 브르타뉴에 아벨라르는 젊은 성직자가 있었는데, 파리에서 신학과 논리학을 강의하기 시작했어. 그의 강의를 듣기 위해 수천 명의 젊은이들이 구름 떼처럼 프랑스로 몰려들었지. 아벨라르의 학설에 반대하는 학자들도 자신의 이론을 강의하기 시작했어. 그러자 곧 파리는 영국, 독일, 이탈리아뿐 아니라 스웨덴, 헝가리에서 온 학생들로 북적북적했어. 센 강의 조그마한 섬에 있던 성당이 그 유명한 파리 대학이 된 거야.

선사 시대

고대 동방 문명

고대 그리스 문명

고대 로마 문명

중세 시대

르네상스와 종교 개혁

혁명의 시대

근대 민족 국가의 등장

현대 세계의 형성

이탈리아 볼로냐에서는 그라티아누스라는 수도승이 교회법에 관한 교재를 만들었어. 그러자 젊은 성직자들과 평신도들이 그라티아누스의 이야기를 듣기 위해 온 유럽에서 몰려왔지. 이들이 그 도시에 거주하면서 셋방, 여관집, 하숙집 주인의 횡포로부터 스스로를 보호하기 위해 만든 조합(또는 대학)이 볼로냐 대학의 시작이 되었어.

그런데 파리 대학에서는 알 수 없는 분쟁이 일어났단다. 불만을 품은 교수들이 학생들과 함께 영국 해협을 건너 템스 강 유역에 옥스퍼드라는 작은 마을에 정착했지. 여기서 옥스퍼드 대학이 유래한 거란다. 마찬가지로 1222년 볼로냐 대학에서도 분쟁이 발생했지. 역시 불만이 있던 교수들은 학생들과 함께 파두아로 갔고 그곳 주민들은 자기 지역에 대학이 생겼다며 자랑스러워했어. 이외에도 스페인의 바야돌리드에서 폴란드의 크라쿠프로, 프랑스의 푸아티에서 독일의 로스토크로 대학이 분리되었어.

물론 이 당시 교수들이 가르치는 내용들이 지금 우리가 보기에는 터무니없을 수도 있어. 그렇지만 아빠가 이야기하고 싶은 요점은 중세, 특히 13세기가 여전히 정체된 시기는 아니었다는 사실이야. 젊은 세대는 살아 있었고 열정이 넘쳤을 뿐 아니라 호기심도 대단했어. 이런 들끓는 열기 속에서 바로 르네상스가 등장하게 된 거야.

마지막 중세인 단테

그런데 중세의 마지막 장면이 끝날 무렵 어떤 고독한 사람 하나가 역사의 무대에 나타났어. 이름만 알고 넘어가기에는 아까운 인물이지. 바로 단테라는 사람이야. 단테는 1265년 피렌체의 알리기에리 가문에서 어느 법조인의 아들로 태어나 성장했어. 단테가 어릴 적 피렌체에서 조토라는 화가가 예배당 벽에 아시시의 성 프란체스코의 생애를 그리기도 했지. 단테는 도시에서 교황파인 구엘프 당과 황제파인

알리기에리 단테

기벨린 당 사이에서 벌어진 피비린내 나는 전투를 보며 자랐어.

어른이 된 단테는 아버지를 따라 구엘프 당원이 되었어. 미국에서도 자녀가 아버지를 따라 민주당이나 공화당을 선택하는 것처럼 말이야. 그런데 몇 년 후, 단테는 이탈리아에 단일한 통치자가 나오지 않으면 수천 개의 작은 도시들이 끊임없이 분쟁을 일으켜 결국 멸망할지도 모른다는 생각이 들었어. 단테는 당적을 바꿔 기벨린 당원이 되었지.

단테는 알프스 산맥을 바라보면서 강력한 황제가 넘어와 이탈리아를 통일시키고 질서를 바로잡아 주길 원했어. 하지만 헛된 희망일 뿐이었지. 1302년 기벨린 당원들이 피렌체에서 쫓겨나게 된 거야. 그때부터 단테는 라벤나의 쓸쓸한 폐허 위에서 죽음을 맞이한 1321년까지 말년을 떠돌이로 살아야 했어. 그나마 부유한 사람들이 먹을 것을 지원해 목숨을 간신히 보존할 수 있었지. 도와준 사람들의 이름은 알려지지 않았지만 이 외로운 시인을 친절하게 대해 주었던 건 분명해. 단테는 망명 생활 동안 고향에서 정치 지도자로서 자신이 했던 일들을 정당화하려고 애썼지. 고향에서 사랑스러운 베아트리체를 만나 아르노 강둑을 거닐었던 때도 생각이 났어. 하지만 그녀는 다른 사람의 아내가 되었고, 기벨린 당 사건이 일어나기 10여 년 전에 이미 세상을 떠났지.

단테가 세상에 남긴 이야기, 신곡

단테는 자신의 정치적 포부를 이루지 못했어. 자기가 태어난 고향을 위해 충실히 일했지만, 타락한 재판소는 그에게 공금을 빼돌렸다는 죄를 뒤집어씌웠고 다시 피렌체로 돌아오면 화형에 처하겠다고 위협했어. 단테는 동시대인들 앞에서 자신이 결백하다는 걸 보이려고 상상의 세계를 창조해 자신이 실패한 상황을 자세하게 묘사했지. 그리고 사랑하는 조국 이탈리아가 사악한 독재자의 용병들 때문에 전쟁터로 바뀌고 현실이 탐욕과 증오로 가득하게 되었다는 것을 신랄하게 그려 냈어.

단테의 이야기는 이렇게 시작해. 1300년 부활절 바로 전 목요일에 단테는 울창한 숲길을 가다가 길을 잃어버렸어. 그 순간 표범과 사자, 늑대가 나타나 길을 가로막았지. 단테는 이제 끝났다고 생각했는데, 바로 그때 하얀 물체가 나무 사이에서 나타났어. 그는 로마의 시인이자 철학자인 베르길리우스였지. 천국에서 단테를 지켜보고 있던 동정녀 마리아와 베아트리체가 보내서 온 것이었어. 베르길리우스는 단테를 데리고 연옥과 지옥으로 갔지. 좁은 길을 걷고 또 걸어가니 마침내 깊은 수렁이 나왔어. 그곳에는 악마가 죄인, 배신자, 거짓말쟁이, 사기와 거짓으로 명성을 쌓은 사람들과 함께 영원히 녹지 않는 얼음 속에

신곡의 삽화

선사 시대

고대 동방 문명

고대 그리스 문명

고대 로마 문명

중세 시대

르네상스와 종교 개혁

혁명의 시대

근대 민족 국가의 등장

현대 세계의 형성

갇혀 있었지. 단테는 그곳에 이르기 전에 자기가 사랑하는 고향 이탈리아에서 이런 저런 방식으로 역할을 했던 사람들을 만났어. 황제와 교황, 기사와 고리대금업자들은 영원한 형벌을 받거나 연옥을 탈출해 천국에 이를 날을 기다리고 있었지.

단테의 이야기는 호기심을 불러일으킨단다. 13세기 사람들이 무엇을 느끼며 살았고 무엇을 진정으로 바랐는지 엿볼 수 있지. 단테의 『신곡』은 피렌체에서 쫓겨난 후 절망의 그림자 속에서 외롭게 분투하며 살아간 방랑자의 내면을 그려내고 있어.

최초의 르네상스 인 페트라르카

프란체스코 페트라르카

외로운 시인이 중세의 끝자락에서 죽어 가는 동안 최초의 르네상스 인이 시대의 문을 열고 나타났어. 바로 프란체스코 페트라르카라는 사람이야. 그는 아레초라는 작은 마을에서 공증인의 아들로 태어났지.

프란체스코의 아버지도 단테와 같이 기벨린 당원이었어. 때문에 망명 생활을 하고 있었고 그래서 페트라르카는 피렌체가 아닌 곳에서 태어났지. 열다섯 살에 아버지처럼 법조인이 되기 위해 프랑스의 몽펠리에로 가게 되었어. 하지만 어린 페트라르카는 법률가가 되고 싶지 않았지. 법이 싫었어. 대신 학자나 시인이 되고 싶었어. 의지가 강한 사람들이 원하던 바를 이루듯, 페트라르카도 끝내 자신이 바라던 학자와 시인이 되었지. 페트라르카는 플랑드르뿐 아니라 라인 강변에 있는 수도원들, 파리, 리에즈, 로마를 돌아다니며 많은 자료들을 수집했어. 프랑스의 보클뤼즈 산맥의 외딴 골짜기에서 연구와 집필 활동에 전념했고 곧 유명해진 그는 파리 대학과 나폴리 왕의 초청으로 학생들과 관료들을 가르치기 시작했지. 파리 대학과 나폴리로 가려면 로마를 거쳐 갈 수밖에 없었어. 그런데 로마 사람들도 거의 잊혀 가던 고대 로마 작가의 작품들을 살려낸 페트라르카를 좋아했지. 로마 사람들은 페트라르카가 황제 도시의 광장에 나타나자 격하게 환영하면서 월계관을 씌워 주었어.

그 순간부터 페트라르카는 사람들의 끝없는 칭송과 인기를 얻으며 살아갔단다. 그는 사람들이 가장 듣고 싶어 하는 글을 써 주었어. 사람들은 신학 논쟁에는 너무 싫증이 나 있었지. 불행한 단테는 마음껏 지옥을 돌아다닐 수 있었지만. 페트라르카는 사랑과 자연, 태양에 관한 글을 썼고 결코 지나간 세대의 우울과 절망에 대해서는 언급하지 않았어. 페트라르카가 어느 도시에만 나타나면 사람들은 벌 떼처럼 몰려들어서 마치 개선장군을 환영하는 듯했지. 동료였던 이야기꾼 보카치오와 함께 다녔더라면 더 인기가 좋았을지도 몰라. 호기심이 왕성한 두 사람은 곰팡냄새 나는 도서관을 뒤져 가며 베르길리우스, 오비디우스, 루크레티우스 등등 로마 시인들의 작품을 모조리 읽어 댔어. 그들은 충실한 기독교도였어. 당연히 그럴 수밖에! 모든 사람이 충실한 기독교도였으니까. 하지만 사람은 언젠가 죽을 운명이므로 우울한 표정으로 돌아다니거나 꾀죄죄한 옷을 입고 다닐 필요까진 없었어. 삶은 좋은 것이었지. 사람들은 행복하게 살 수 있었어. 무슨 근거로? 한번 잘 보렴. 삽을 들고 땅을 판다고 생각해 봐. 무엇이 보일까? 아름다운 고대의 조각상, 꽃병, 건물 유적이 나오지. 이 모든 건 예전 위대한 제국의 사람들이 만들었던 거야. 거의 1,000년 동안 세계를 지배했지. 그들은 강하고 부유하고 인물도 뛰어났어. (아우구스투스의 흉상을 보면 미남이란 걸 알 수 있어!) 물론 그들은 기독교도가 아니었기 때문에 천국에는 절대 들어가지 못했을 거야. 잘해 봐야 단테가 찾아갔던 연옥에서 세월을 보내고 있을지 모르지.

하지만 그게 무슨 상관이겠어? 고대 로마와 같은 세상에 사는 게 천

선사 시대

고대 동방 문명

고대 그리스 문명

고대 로마 문명

중세 시대

르네상스와 종교 개혁

혁명의 시대

근대 민족 국가의 등장

현대 세계의 형성

국이 아니었을까? 인생은 단 한 번뿐이야. 그러니 우리가 존재한다는 것 자체에 기쁨을 갖고 행복하게 살면 그만이지.

이런 생각들이 이탈리아의 수많은 작은 도시 속 좁고 구불구불한 거리에 가득 메워지기 시작했어.

르네상스 시대, 고대 세계에 열광하다

너희 혹시 '자전거 열풍' 또는 '자동차 열풍'이라는 말 들어 본 적 있니? 누군가가 자전거를 발명했어. 지난 수십만 년 동안 사람들은 이곳에서 저곳으로 이동하는 데 시간도 오래 걸리고 힘도 들었지. 그런데 자전거로 언덕과 내리막길을 빠르고 편하게 오르내릴 수 있다는 생각에 말 그대로 '열광'하게 된 거야. 그때 또 다른 기술자가 자동차를 발명했어. 더 이상 페달을 밟고, 밟고, 또 밟을 필요가 없게 되었지. 그냥 앉아서 기름 몇 방울만으로도 멀리 이동할 수 있게 된 거야. 모든 사람이 자동차를 원하게 되었어. 이제 사람들의 관심은 온통 고급 승용차, 싸구려 차, 자동차 부속품, 기름 값에 쏠렸어. 사람들은 자동차의 연료인 기름을 얻기 위해 잘 알지도 못하던 나라 중심부에 들어가야 했지. 그리고 자동차 타이어의 재료인 고무를 공급해 줄 수마트라와 콩고의 숲이 갑자기 사람들의 눈에 들어오기 시작한 거야. 기름과 고무를 얻기 위해 이제는 치열하게 싸움까지 벌이게 되었어. 세상이 자동차에 미쳐서 아이들조차 '빠빠'나 '맘마'라는 말을 배우기 전에 '빠방(자동차)'이라는 말을 먼저 배운다고 하더구나.

마찬가지로 14세기에 이탈리아 사람들은 로마에 묻혀 있던 고대 세계의 아름다움에 미쳐 있었어. 그들의 열정은 온 유럽 사람들에게 전염되었지. 지금껏 알려지지 않은 고대 문서가 발견되기라도 하면 그날은 공휴일이나 마찬가지였어. 고대 언어의 문법을 정리한 사람은 요즘으로 치면 첨단 제품을 발명해 낸 사람만큼 인기가 대단했지. 자신의 시간과 정력을 (무익한 신학 연구에 쏟지 않고) '인류' 또는 '인간'을 연구하는 데 온통 바친 인문주의자는 식인종이 사는 섬을 정복한 영웅만큼이나 명예를 얻고 존경을 받았어.

이러한 지적인 대변동 속에서 고대 철학자와 작가들에 관한 연구에 자극을 준 사건이 하나 있었어. 투르크 족 사람들이 다시 유럽을 공격하기 시작한 거야. 원조 로마 제국의 마지막 수도인 콘스탄티노플이 압박을 받게 되었어. 1393년에 동로마 제국의 황제 마누엘 2세는 비잔틴 제국이 처한 절박한 상황을 서유럽에 알리기 위해 인문주의자인 마누엘 크리솔로라스를 보냈지. 하지만 기다려도 구원의 손길은 오지 않았어. 로마 가톨릭은 사악한 이단자인 그리스 정교가 더 많이

마누엘 크리솔로라스

벌을 받길 원했던 거야. 그런데 사실 서유럽은 비잔틴 제국의 운명에는 별 관심이 없었지만 트로이 전쟁이 끝나고 500여 년 뒤 보스포루스에 식민지를 세운 고대 그리스 인들에 대해서는 많은 관심을 가지고 있었어. 그리스 어를 배워서 아리스토텔레스, 호메로스, 플라톤의 책을 읽고 싶었지. 하지만 그리스 어를 가르쳐 줄 책이나 교사가 없는 상황이었어. 바로 그때 동로마 제국에서 크리솔로라스가 왔던 거야. 사람들은 미친 듯이 그리스 어를 배우고 싶어 했지. 당연히 크리솔로라스는 사람들에게 그리스 어를 가르쳐 주었어. 최초의 그리스 어 교수인 크리솔로라스는 먼 길을 구걸하며 힘들게 아르노까지 찾아온 학생들에게 그리스 어를 기초부터 하나하나 가르쳐 주어서 소포클레스와 호메로스까지 읽을 수 있도록 도와주었어.

선사 시대
고대 동방 문명
고대 그리스 문명
고대 로마 문명
중세 시대
르네상스와 종교 개혁
혁명의 시대
근대 민족 국가의 등장
현대 세계의 형성

밥그릇을 잃어 가는 스콜라 학자들

한편, 대학에서는 고루한 스콜라 학자들이 여전히 케케묵은 신학과 논리학을 가르치고 있었어. 「구약성경」에 담긴 신비한 비밀을 설명하는가 하면, 그리스 어로 되어 있던 아리스토텔레스의 책을 아랍 어, 스페인 어로 번역하고 다시 라틴어로 중역한 이상한 판본을 가지고 말도 안 되는 과학에 대해 강의를 했지. 그런 스콜라 학자들은 현재 벌어지고 있는 일에 경악을 금치 못했어. 이건 해도 정말 너무 하다고 생각했어. 젊은이들이 강의실 문을 박차고 나가 '인문주의자'가 설파하는 '르네상스'에 정신이 나간 거라고 생각한 거야.

스콜라 학자들은 당국을 찾아가서 불평을 늘어놓았어. 하지만 말에게 억지로 물을 먹일 수 없듯이 관심도 없는 학생들에게 억지로 강의를 듣게 할 수는 없는 노릇이었지. 스콜라 학자들은 점점 밥그릇을 잃어 가고 있었어. 가끔 여기저기서 부분적으로 승리할 때도 있었어. 이 학자들은 영혼과 상관없이 세속적인 행복을 추구하는 사람들을 미워하는 기독교 광신도들과 짝짜꿍하기도 했지. 마침내 르네상스의 중심지 피렌체에서는 구질서와 신질서 간에 엄청난 싸움이 벌어졌어. 아름다움을 극도로 싫어하며 얼굴을 찌푸리고 다니는 도미니크회 수도사 하나가 중세를 지키는 지도자로 자처하고 나섰어. 그는 용맹한 전사였지. 매일 산타마리아 델 피오레 성당의 넓은 집회장에서 쩌렁쩌렁 울리는 목소리로 신의 신성한 분노를 전했어. "회개하라! 신성하지 못한 것들을 즐기고 있는 너희의 죄를 회개하라!" 그는 자신을 하늘의 예언자라고 말했어. 젊은이들에게 아버지 세대를 파멸의 길로 이끌지 말고 조직을 만들어 위대한 신에게 헌신하라고 설교했지. 그의 저돌적인 설교에 깜짝 놀란 사람들은 지금까지 자신이 세속적인 아름다움과 즐거움을 쫓아다녔던 사악한 죄를 회개하겠다고 다짐했어. 그들은 그리스 고전과 조각상, 그림들을 광장에 들고 나가 '쓸데없는 축제'를 벌였지. 도미니크회 수도사 사보나롤라는 광장에 쌓여 있는 '보물'에

불을 붙였고 사람들은 춤
추고 노래하며 광란의 축
제를 즐겼어.

지롤라모 사보나롤라

중세가 막을 내리다

하지만 잿더미가 식어
가자 사람들은 이제야 제
정신이 돌아왔어. 자신이
방금 무엇을 잃어버렸는지
깨달은 거야. 끔찍한 광신
자에게 홀려 무엇보다도
사랑하던 것을 불태워 버
렸지. 사람들은 사보나롤라에게서 등을 돌렸고 결국 그는 감옥에 갇
히고 말았어. 사보나롤라는 고문을 당했지만 어떤 것도 반성하지 않
았어. 그는 신념대로 사는 사람이었을 뿐이야. 하지만 관점이 다른 사
람을 포용하지는 못했지. 악의 뿌리를 완전히 제거하는 걸 자신의 의
무로 생각했어. 이교도적인 책이나 아름다움에 대한 사랑은 이 충실
한 교회의 아들에게는 끔찍한 죄악이었어. 그래서 홀로 설 수밖에 없
었지. 그는 죽는 순간까지 싸움을 멈추지 않았어. 하지만 로마의 교황
도 그를 돕지 않았어. 그래도 교수대에 매달려 화형을 당한 그에게
'독실한 피렌체 사람'이라고 말해 주었지.

결말은 슬프지만 어쩔 수 없는 일이야. 사보나롤라가 11세기에만
태어났어도 위대한 인물로 칭송받았을 거야. 하지만 15세기에는 실패
한 지도자에 지나지 않았지. 교황마저 인문주의자로 변하고, 바티칸
성당이 그리스 로마 시대의 골동품을 보관하는 중요한 박물관이 되었
을 때, 좋든 싫든 중세는 이미 막을 내리고 말았어.

선사 시대
고대 동방 문명
고대 그리스 문명
고대 로마 문명
중세 시대
르네상스와 종교 개혁
혁명의 시대
근대 민족 국가의 등장
현대 세계의 형성

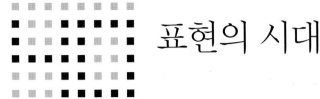

표현의 시대

❝ 사람들은 새롭게 발견한 삶의 즐거움을 표현하고 싶어졌다.
시와 조각, 건축, 그림, 책에 행복감을 담아냈다. ❞

골방에 틀어박힌 토마스 아 켐피스

1471년, 한 경건한 노인이 세상을 떠났어. 그는 91년의 생애 중 72
년을 성 아그니텐 산 수도원에서 살았지. 그 수도원은 즈와르테 강변
에 있는 네덜란드의 옛 도시 즈볼레 근처에 있었어. 그 노인은 바로
토마스 수도사였어. 켐프텐 마을에서 태어나서 토마스 아 켐피스라고
도 불렸지. 그는 열두 살 때 데벤테르로 갔어. 그곳에는 파리 대학과
프라하 대학을 우수한 성적으로 졸업한 방랑 설교자 게르하르트 그루
테가 세운 '공동 생활 수도회'가 있었는데, 토마스는 그 수도회에 들
어간 거야. 회원들은 예수의 제자들처럼 목수, 칠장이, 석수장이 일을
하면서 검소한 삶을 살아가고자 했어. 수도회는 가난한 아이들에게
좋은 교육을 시키기 위해 학교를 운영하기도 했지. 이 학교에서 어린
토마스는 라틴어도 배우고 필사본을 베껴 쓰는 법도 배웠단다. 그 후
충실한 수도사 생활을 할 것을 맹세하고 책가방을 등에 짊어진 채 즈
볼레를 돌아다녔어. 하지만 이내 별 매력이 없는 세상과 격리된 채 살
았지.

선사 시대

고대 동방 문명

고대 그리스 문명

고대 로마 문명

중세 시대

르네상스와 종교 개혁

혁명의 시대

근대 민족 국가의 등장

현대 세계의 형성

토마스는 혼란과 전염병, 갑작스러운 죽음이 만연해 있던 시대에 살았어. 중부 유럽의 보헤미아에서는 영국의 종교 개혁가 존 위클리프의 친구이자 제자인 요하네스 후스의 제자들이 스승 후스의 죽음에 복수하기 위해 무시무시한 싸움을 벌였어. 후스는 콘스탄츠 공의회의 명령에 따라 기둥에 묶인 채 화형을 당했거든. 앞서 콘스탄츠 공의회는 후스에게 스위스에서 교황과 황제, 추기경 23명, 대주교 및 주교 33명, 수도원장 150명에게 종교 개혁에 대한 견해를 밝히면 안전이 보장된다고 약속했

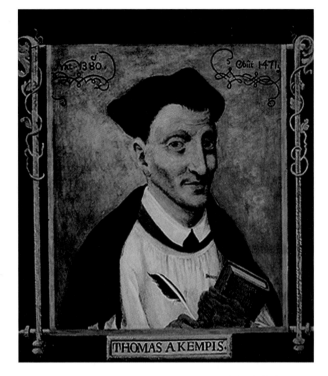

토마스 아 켐피스

어. 하지만 공의회는 보기 좋게 약속을 깨뜨린 거야.

서유럽에서는 프랑스와 영국이 백년 전쟁*을 벌이고 있었는데, 갑자기 잔 다르크가 나타나는 바람에 프랑스가 위기에서 겨우 벗어났지. 백년 전쟁이 끝나자마자 이번에는 프랑스와 부르고뉴가 서유럽의 패권을 두고 목숨 건 한판 승부를 벌였지.

남유럽에서는 로마 교황이 프랑스 남부 아비뇽에 있던 제2의 교황에게 하늘의 저주를 퍼부었어. 마찬가지로 아비뇽의 교황도 로마의 교황에게 똑같은 방법으로 앙갚음을 했지. 동유럽에서는 투르크 족이 동로마 제국을 멸망시켰고, 러시아 인들은 타타르 족의 지배자를 무너뜨리기 위해 최후의 십자군을 보냈어.

하지만 이런 상황이 벌어져도 골방에 틀어박혀 있던 토마스 수도사는 아무것도 알지 못했지. 토마스는 원고를 집필하고 생각을 정리하

* 백년 전쟁
1337년부터 1453년까지 약 100년 동안 프랑스 왕위 계승의 정통성 문제 등을 놓고 영국과 프랑스가 벌인 전쟁이다. 100년 동안 지속된 건 아니고 간헐적으로 벌어졌다. 처음에는 영국이 우세했지만 잔 다르크의 활약으로 프랑스가 승리했다.

는 일에 빠져 있었어. 그는 신에 대한 사랑을 한 권의 책에 모두 쏟아 붓고 있었던 거야. 그 책의 제목은 『그리스도를 본받아』이지. 이 책은 『성경』 다음으로 수많은 번역본이 나왔고 『성경』을 공부하는 많은 사람에게 큰 영향을 끼친 고전이란다. 이 책은 작은 골방에 앉아 『성경』을 읽으며 조용히 인생을 살아가고자 하는 소박한 소망을 가진 한 사람의 작품이었지.

표현의 시대가 도래하다

토마스 아 켐피스는 중세 시대의 순수한 이상을 드러낸 사람이었어. 주위에서 아무리 르네상스의 열풍이 불어 대고 인문주의자들이 새로운 시대가 도래했다고 외쳐도, 중세는 최후의 돌격을 위해 마지막 힘을 끌어모았어. 수도원들은 자체적인 개혁에 나섰지. 수도승들은 부와 악덕에 젖은 습관들에서 벗어나고자 했어. 소박하고 정직한 성직자들은 평신도들이 신의 뜻 앞에서 올바르고 겸손하게 살도록 인도하려고 노력했지. 하지만 이들의 노력은 아무 소용이 없었어. 그들이 아무리 좋은 뜻을 가지고 있어도 세상은 이미 새롭게 변하고 있었어. 조용히 명상에 잠기며 시간을 보내는 시대는 지나갔고 '표현의 시대'가 시작된 거야.

여기서 잠깐, 아빠가 좀 어려운 용어를 많이 쓰는 것에 대해 양해를 구하고 싶구나. 아빠도 쉬운 말을 많이 사용하고 싶은데, 그게 거의 불가능하단다. 삼각형의 빗변이나 직육면체와 같은 용어를 사용하지 않으면 수학 교과서를 만들 수 없을 거야. 수학을 공부하려면 용어의 뜻을 알아야 하겠지? 역사에서도 (그리고 인생에서도) 결국 라틴어나 그리스 어에 어원을 둔 이상한 말들을 배울 수밖에 없단다. 지금도 마찬가지 아닐까?

아빠가 르네상스를 표현의 시대라고 말했지? 그렇게 말한 이유는 사람들이 더 이상 황제나 교황의 말을 가만히 앉아서 듣고 있지 않았기 때문이야. 이전에는 황제나 교황이 무엇을 해야 하는지, 무엇을 생각해야 하는지 다 말해 주었고 그것에 따르기만 했지. 하지만 이제 사람들은 자신이 인생의 주인공이 되고 싶어졌어. 다시 말해, 자신의 생각을 '표현' 하고 싶어진 거야. 피렌체의 역사가 니콜로 마키아벨리처럼 정치에 관심에 있다면 성공적인 국가와 효율적인 통치에 대한 자신의 생각을 『군주론』 같은 책으로 써서 '표현' 했지. 미술에 관심이 있는 사람들은, 조토, 프라 안젤리코, 라파엘로 등 수많은 예술가들처럼 아름다운 선과 매력적인 색채로 자신의 느낌을 그림으로 '표현' 했어.

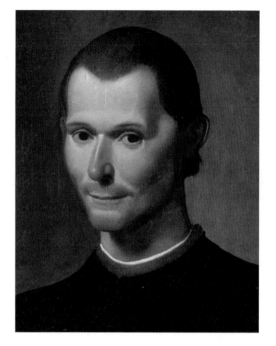

니콜로 마키아벨리

다채로운 예술과 다양한 지식을 표현하다

만일 색채와 선에 대한 관심이 역학이나 과학과 결합된다면 레오나르도 다빈치 같은 인물이 나타나겠지. 레오나르도 다빈치는 그림도 그리고 하늘을 나는 기구도 만들었어. 롬바르디아 평원의 습지를 간척하는 일도 했단다. 그는 세상에 있는 모든 것을 보고 느낀 기쁨과 사랑을 시, 그림, 조각과 같은 예술 작품이나 기발한 기계로 '표현' 해낸 거야. 그림 그리는 것으로 부족했던 사람은 미켈란젤로처럼 조각과 건축에도 관심을 가졌지. 거대한 대리석을 다듬거나 성 베드로 대성당을 설계하여 교회의 영광을 구체적으로 '표현' 했어. 이러한 '표현' 의 활동은 언제 어디서나 끊임없이 이루어졌지.

선사 시대

고대 동방 문명

고대 그리스 문명

고대 로마 문명

중세 시대

르네상스와 종교 개혁

혁명의 시대

근대 민족 국가의 등장

현대 세계의 형성

레오나르도 다빈치의
'모나리자'

이탈리아 전체가 (그리고 곧 유럽 전체가) 지금까지 인류가 축적해 온 지식과 아름다움, 지혜의 보물을 더욱 발전시키는 데 작은 힘이라도 보태려고 노력하기 시작했어. 독일의 마인츠에서는 오하네스 구텐베르크가 새로운 인쇄 기술을 발명해 냈어. 예전의 목판 기술을 연구해 금속에 활자를 새기고 그걸 조합하여 책 한 권을 인쇄하는 기술을 개발한 거야. 그런데 안타깝게도 인쇄술 발명과 관련한 소송에서 재산을 전부 잃어버렸지. 그는 가난하게 살다가 세상을 떠났지만 그의 천재적인 업적은 지금까지도 빛을 발하고 있단다.

얼마 지나지 않아 베네치아의 알두스, 파리의 에티엔, 안트베르펜의 플란틴, 바젤의 프로펜에서 구텐베르크가 인쇄한 『성경』에 나오는 고딕체, 이탤릭체 등 다양한 서체로 상당수의 고전 작품이 인쇄되어 나왔어.

활자 인쇄술이 발명된 뒤 많은 사람들이 책을 가까이 할 수 있게 되었단다. 배움이 소수의 전유물이었던 시대는 이미 지나가 버렸어. 하를렘의 엘제비르 가에서 값싸고 대중적인 책을 출판하면서 이제 마음만 먹으면 무지에서 벗어날 수 있었지. 아리스토텔레스, 플라톤, 베르길리우스, 호라티

미켈란젤로의 다비드 상

우스, 플리니우스 등 고대의 저술가, 철학자, 과학자들이 돈 몇 푼만 있으면 충실한 벗이 되어 주었단다. 인문주의가 모든 사람이 평등하고 자유롭게 책을 읽을 수 있게 만들어 준 거야.

구텐베르크 당시에 인쇄된 성경

선사 시대

고대 동방 문명

고대 그리스 문명

고대 로마 문명

중세 시대

르네상스와 종교 개혁

혁명의 시대

근대 민족 국가의 등장

현대 세계의 형성

대항해 시대

목숨을 건 탐험이 시작되다

십자군 원정을 통해 유럽 사람들은 여행의 기술을 터득했어. 하지만 익숙한 육로가 아닌 베네치아에서 팔레스타인의 항구 도시인 야파까지의 항로를 이용해 본 사람은 극히 소수에 불과했지. 13세기에 베네치아의 상인인 폴로 형제는 몽골의 사막 지대를 지나 높게 솟은 산맥을 넘어 중국 원나라의 황제가 있는 궁전까지 가는 길을 발견해 냈어. 폴로 형제 중 한 사람의 아들인 마르코는 이 20년 이상 걸린 모험을 책으로 펴냈지. 유럽 사람들은 지팡구(Zipangu, 일본)라는 낯선 섬에 금탑이 있다는 이야기를 듣고는 깜짝 놀라게 돼. 많은 사람들이 황금의 땅을 찾아 부자가 되고 싶은 마음에 동쪽으로 가고자 했어. 하지만 여행길이 너무 멀고 험해서 엄두를 낼 수 없었지.

물론 바다를 통해 여행을 할 수도 있었어. 그렇지만 중세 시대에는 여러 가지 이유로 사람들이 바다를 좋아하지 않았단다. 우선 배가 너무 작았어. 마젤란이 세계 일주를 할 때 탔던 배도 지금의 연락선보다 작았거든. 이 배는 20명에서 많게는 50명까지 태울 수 있었고, 선원들

선사 시대

고대 동방 문명

고대 그리스 문명

고대 로마 문명

중세 시대

르네상스와 종교 개혁

혁명의 시대

근대 민족 국가의 등장

현대 세계의 형성

은 지저분한 선실에서 지내야 했지. 선실의 천장이 낮아 키가 작은 사람도 똑바로 서기 힘들었어. 비위생적인 주방에서 만든 음식을 먹어야 했고 날씨가 조금만 나빠도 불을 피우지 못했어. 물론 중세에도 생선을 보관하는 방법을 알고 있었지만 통조림이나 신선한 야채는 찾아보기가 힘들었지. 작은 통에 물을 넣어 다녔는데 물도 이내 맛이 상해 마실 수 없었어. 중세 사람들은 세균에 대해서는 전혀 몰라 더러운 물을 마셨다가 선원들이 장티푸스에 걸려

**대항해 시대 당시
포르투갈의 범선**

모두 죽는 경우도 있었어. (13세기의 박식한 학자이자 수도승인 로저 베이컨은 세균의 존재에 대해 어렴풋이 알고 있었던 것 같지만 신변의 안전을 위해 조용히 있었지.) 사실 초기에 항해하던 사람들 중 죽는 사람의 수가 꽤 많았어. 1519년에 세계 일주를 위해 마젤란과 함께 세비야를 떠났던 200여 명의 선원 중 살아서 돌아온 사람은 겨우 18명이었다고 하더구나. 서유럽과 인도 사이에 무역이 활발했던 17세기에도 암스테르담에서 인도네시아의 바타비아까지 항해를 왕복하는 동안 40퍼센트 정도의 선원이 목숨을 잃었어. 신선한 야채를 먹지 못해 괴혈병(잇몸이 헐고 피가 탁해지고 탈진하게 만드는 병)에 걸려 죽는 사람이 많았다고 해.

　상황이 이러하다 보니 사람들은 바다를 기피했지. 그래서 마젤란이나 콜럼버스, 바스코 다 가마와 같은 유명한 탐험가들은 대부분 상습 전과자, 살인자, 소매치기와 같은 범죄자들을 선원으로 데려갔단다.

　이 항해자들은 지금은 상상할 수도 없는 어려움을 뚫고 목숨을 걸고 모험을 했다는 점에서, 그리고 불가능할 것 같은 일을 가능하게 만들었다는 점에서 충분히 찬사를 받을 만해. 이들이 탄 배는 물이 새어

들어왔고 장비는 보잘것없었지. 13세기 중반에는 중국에서 건너온 나침반 같은 걸 사용했지만 지도가 너무 부정확했어. 그래서 바닷길을 신앙과 추측으로 선택해야 했지. 운이 좋으면 1~3년 안에 돌아올 수 있고 그렇지 않으면 외로운 해안에서 백골로 남을 수밖에 없었어. 하지만 그들은 진정한 개척자였단다. 운에 모든 걸 걸었지. 그들에게 삶은 영광스러운 모험이었어. 새로운 대륙의 해안이 보이거나 태초 이래 잊혀 간 대양의 잔잔한 물결을 보고 있노라면 갈증과 굶주림, 통증 따위는 씻은 듯이 사라졌지.

동방의 신세계를 꿈꾸다

아빠는 다시 이 책을 1,000쪽 넘게 쓰고 싶다는 생각이 드는구나. 대항해 시대의 모험과 발견에 대한 이야기가 그만큼 재미있고 매력적이기 때문이야. 하지만 역사 서술은 지나간 과거 중에 중요한 사실들을 보여 주는 것이 되어야 해. 기나긴 시간 가운데 특별히 의미가 있는 사건이나 요인에 집중해야 하고 나머지는 단 몇 줄로 요약해도 크게 상관없지. 따라서 아빠도 이 장에서는 가장 중요한 탐험과 발견만 간략하게 이야기하려고 한다.

14세기와 15세기에 항해자들은 오로지 한 가지만 성취하고자 했다는 사실을 기억하렴. 그들은 중국과 일본, 동남아시아의 신비한 섬들에 이르는 편하고 안전한 길을 찾으려고 했단다. 중세 시대에는 냉동 저장법이 따로 없었기 때문에 고기나 생선이 쉽게 상해 버렸지. 십자군 원정 시절 사람들은 고기나 생선을 동양에서 가져온 후추나 향신료를 뿌려야 먹을 수 있었어. 그래서 동방에 있는 나라들에는 향신료가 엄청나게 많은 줄 알았지.

베네치아와 제노바 사람들이 중세 시대에 가장 뛰어난 항해자였어. 하지만 대서양 연안을 탐험한 이들은 포르투갈 사람들이었어. 무어

인과 맞서 싸운 시간이 길어서인지 스페인과 포르투갈 사람들은 강한 애국심을 가지고 있었어. 이러한 열정은 어떻게든 분출되기 마련이지. 13세기에 스페인 아라곤 왕국의 알폰소 3세는 스페인 반도의 남서쪽 구석에 있는 알가르베 왕국을 정복하고 영토를 먹었지. 14세기에는 포르투갈이 이슬람 세력보다 우위를 점하면서 지브롤터 해협을 건너 아랍 도시 타리파와 세우타, 탕헤르를 점령했어.

스페인과 포르투갈은 이제 탐험할 준비를 갖추기 시작한 거야.

항해의 왕 엔히크

1415년 포르투갈 주앙 1세의 아들인 엔히크 왕자(항해자 엔히크로 더 잘 알려짐), 랭커스터 공작 존(셰익스피어의 희곡 '리처드 2세'에 등장하는 인물)의 딸 필리파는 아프리카 북서쪽을 체계적으로 탐험할 준비를 시작했어. 예전에 페니키아 인과 스칸디나비아 사람들이 이미 이곳을 탐험한 적이 있었어. 그들은 그곳에서 털이 덥수룩한 '야만인들'을 만났는데, 알고 보니 그 야만인은 고릴라였다고 하더구나. 엔히크 왕자와 그의 수하에 있던 선장들은 카나리아 제도를 발견하고, 100년 전 제노바 선원들이 발견한 마데이라 섬도 다시 발견하지. 포르투갈과 스페인에서 막연하게 알고 있던 아조레스 제도를 탐사한 뒤에는 좀 더 자세

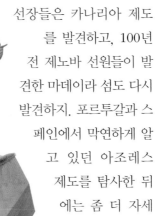

포르투갈의 대항해 시대 기념상
(맨 앞이 엔히크 왕자)

한 해도를 만들 수 있었어. 아프리카의 서해안에 있는 세네갈 강 하구
도 발견했는데, 이들은 그곳이 나일 강의 서쪽 하구라고 생각했지. 마
침내 15세기 중반에는 아프리카 해안과 브라질 사이의 중간 지점에
위치한 베드데 곶과 케이프베르데 제도를 발견했어.

엔히크 왕자는 바다만 탐험하지 않았어. 그는 그리스도 기사단의 수
장이었는데, 이 기사단은 1321년 프랑스의 필리프 4세의 요청으로 교
황 클레멘스 5세가 폐지한 템플 기사단을 포르투갈에서 이어받은 단
체였어. 엔히크는 이 기사단에서 나오는 수입으로 탐험대를 조직해
사하라 사막과 기니 연안을 탐사했지.

하지만 엔히크도 아직은 중세의 아들이었어. 전설의 인물 '프레스
터 존'을 찾는 데 많은 시간과 돈을 낭비했지. 프레스터 존은 동방 어
딘가에 있는 거대한 제국의 황제라고 알려져 있었어. 12세기 중반에
이 강력한 지배자의 이야기가 떠돌았어. 300년 동안 사람들은 프레스
터 존과 그의 후손들을 찾으려
고 애썼지. 엔히크도 참여했지
만 그가 죽은 뒤 30년 후에야 수
수께끼가 풀렸어.

희망봉을 발견한
바르톨로뮤 디아스

1468년에 바르톨로
뮤 디아스는 프레스터
존이라는 전설적인 인물
의 왕국을 찾다가 아프리카
의 최남단에 도착했단다. 처음
에는 동쪽으로 항해하기 어려울 만

프톨레마이오스의 우주

큼 바람이 세차게 불어 이곳을 '폭풍봉'이라고 이름 지었어. 하지만 나중에는 이곳이 인도로 가는 중요한 지점이라는 사실을 알게 된 리스본의 선장들이 이름을 '희망봉'으로 고쳤단다.

1년 뒤 메디치 가문이 발행한 신용장을 가지고 쿠비양도 프레스터 존의 왕국을 찾는 임무를 안고 육로로 출발했지. 그리고 지중해를 건너서 이집트에 도착한 뒤 남쪽으로 내려갔어. 그는 아덴에 도착하고 거기서부터 물길을 통해 페르시아 만 부근으로 이동했지. 그쪽은 1800년 전 알렉산더 대왕 이후로 백인종의 발길이 끊어진 곳이었어. 쿠비양은 인도 해안에 있는 고아와 캘리컷에 도착했어. 그곳에서 아프리카와 인도의 중간 어딘가에 있는 '달의 섬(마다가스카르)'에 관해 정보를 얻었지. 그리고 다시 돌아오는 도중에 메카와 메디나를 잠깐 들른 뒤 1490년 다시 홍해를 건너 프레스터 존의 왕국을 발견했어. 프레스터 존은 바로 아비시니아(에티오피아)의 '흑 인 왕 (Black Negus)'이었지. 그의 선조들은 기독교 선교사들이 스칸디나비아를 찾아 나서기 700년 전, 즉 4세기에 기독교로 개종했던 거야.

이처럼 수많은 항해를 하면서 포르투갈의 지리학자와 지도 제작자들은 동쪽 항로로 인도까지 갈 수 있다는 확신을 얻게 되었어. 하지만 실제로 도전하는 건 쉬운 일이 아니었지. 이를 두고 격렬한 논쟁이 벌어

코페르니쿠스의 우주

선사 시대
고대 동방 문명
고대 그리스 문명
고대 로마 문명
중세 시대
르네상스와 종교 개혁
혁명의 시대
근대 민족 국가의 등장
현대 세계의 형성

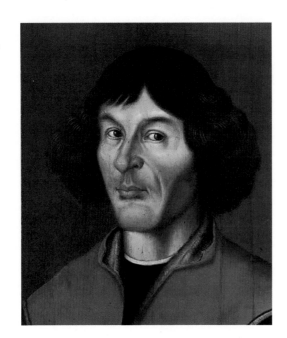
니콜라스
코페르니쿠스

지기도 했어. 어떤 사람들은 희망봉의 동쪽을 계속 탐험해야 한다고 주장했고, 다른 사람들은 대서양을 건너 서쪽으로 가야 한다고 주장했어. 계속 가다 보면 중국에 도착할 거라고 생각한 거야.

여기서 당시 지성인들은 지구가 팬케이크처럼 납작하지 않고 공처럼 둥글다고 믿었다는 사실을 이야기해야겠구나. 2세기 이집트의 위대한 지리학자 클라우디우스 프톨레마이오스가 주장하고 중세 사람들이 믿어 왔던 천동설은 르네상스 시대의 과학자들에게 오래전에 버림받았어. 대신 그들은 폴란드의 수학자 니콜라우스 코페르니쿠스의 지동설을 받아들였지. 코페르니쿠스는 기나긴 연구 끝에 지구가 태양 주위를 돌고 있는 여러 행성 중 하나라는 사실을 발견했어. 하지만 종교 재판소로 끌려갈 게 무서워 36년 동안이나 발표할 생각도 못했지. 결국 그가 죽은 해인 1543년에 그의 이론이 책으로 출간되었어. 참고로, 13세기에 프랑스와 이탈리아에서 이단으로 여겨진 알비파와 발도파가 로마 교황의 권위를 위협하는 바람에 교황청은 종교 재판소라는 걸 만들었지. 하지만 당시 항해 전문가들은 모두 지구가 둥글다고 생각하고 있었어. 아까도 말했지만 그들은 동쪽 항로와 서쪽 항로를 놓고 어느 길이 더 좋은지 논쟁 중이었단다.

아메리카를 발견한 크리스토퍼 콜럼버스

크리스토퍼 콜럼버스

서쪽 항로를 지지한 사람 가운데 제노바 출신의 크리스토퍼 콜럼버스라는 항해사가 있었어. 그는 양모 상인의 아들로 태어났고 파비아 대학에서 수학과 기하학을 공부했지. 아버지의 사업을 물려받은 콜럼버스는 사업차 동부 지중해에 있는 키오스 섬을 방문했어. 그 후에 영국까지 항해를 하는데, 북쪽에 양모를 구하려고 간 건지 그냥 배의 선장이라서 간 건지 분명하진 않아. 1477년 2월 콜럼버스는 아이슬란드에 도착했어. 하지만 사실은 페로 섬에 도착했던 것 같아. 2월의 겨울 날씨가 혹독해서 아이슬란드로 착각한 거였지. 이곳에서 콜럼버스는 고대 스칸디나비아 사람들의 후손을 만나. 그들은 10세기에 그린란드에 정착했고 11세기에 레이프 에리크손의 배가 폭풍에 떠밀려서 캐나다의 북동쪽 래브라도 지방에 표류하는 바람에 생각지도 못한 아메리카를 발견하게 된 거야.

그동안 저 서쪽 끝에 있는 식민지에서 무슨 일이 일어났는지 아는 사람은 아무도 없었어. 레이프의 형인 토르스타인이 죽고 그의 아내와 결혼한 토르핀 카를세프네가 1003년 아메리카에 식민지를 개척하려다가 원주민 에스키모의 저항에 부딪혀 3년 만에 중단했다는 것 정도만 알려져 있어. 그린란드의 경우는 1440년 이후로 원주민에 대해서 알려진 바가 전혀 없어. 혹시 노르웨이 인구의 절반을 죽음으로 몰고 간 흑사병이 그린란드에도 덮쳤을 가능성이 크지. 아무튼 '머나먼 서쪽의 광활한 대지'에 대한 전설은 페로와 아이슬란드 사람들 사이

선사 시대

고대 동방 문명

고대 그리스 문명

고대 로마 문명

중세 시대

르네상스와 종교 개혁

혁명의 시대

근대 민족 국가의 등장

현대 세계의 형성

에 전해졌을 것이고, 콜럼버스도 분명히 사람들에게 이야기를 들었을 거야. 콜럼버스는 북부 스코틀랜드의 어부들에게서 많은 정보를 입수한 뒤, 다시 포르투갈로 가서 엔히크 왕자 밑에서 일하고 있던 어느 선장의 딸과 결혼했어.

그때(1478년) 이후로 콜럼버스는 인도로 가는 서쪽 항로에 관심을 쏟기 시작했어. 그는 자신의 항해 계획서를 포르투갈과 스페인 왕실에 보냈지. 하지만 인도로 가는 동쪽 항로를 독점해 의기양양했던 포르투갈은 콜럼버스의 말이 귀에 들어올 리가 없었어. 한편, 스페인에서는 앞서 1469년 아라곤 왕국의 페르디난도 왕과 카스티야 왕국의 이사벨 여왕이 결혼하면서 단일 왕국이 되었어. 콜럼버스가 항해 계획서를 보냈을 당시 스페인은 무어 족의 마지막 근거지인 그라나다를 점령하느라 정신이 없었지. 스페인은 위험한 모험에 투자할 돈도 없었고, 돈이 있어도 모두 군대에 써야 했어.

역사 속에서 이 용감한 이탈리아 사람처럼 자신의 신념을 위해 죽을 힘을 다해 싸운 사람도 많지 않았을 거야. 콜럼버스에 관한 이야기는 이미 많이 알려져 있어서 또 이야기할 필요는 없을 것 같구나. 1492년 1월 2일 마침내 무어 족이 그라나다를 포기했어. 같은 해 4월 콜럼버스는 스페인의 페르디난도 왕과 이사벨 여왕을 찾아가 계약을 맺었지. 8월 3일 금요일, 콜럼버스는 선원 88명을 태운 세 척의 배를 끌고 팔로스 항을 떠났어. 대부분의 선원들은 탐험대에 들어오면 벌을 면제해 주겠다고 약속하고 고용한 범죄자들이었지. 10월 12일 금요일 새벽 2시에 마침내 콜럼버스는 육지를 발견했어. 1493년 1월 4일에 콜럼버스는 나비다드라는 요새에 선원 44명을 남겨두고 다시 스페인으로 돌아왔어. (선원들은 아무도 고국으로 돌아오지 못했어.) 2월 중순 쯤 아조레스 제도에 도착하자 포르투갈 사람들은 콜럼버스를 감옥에 가두겠다고 위협했어. 1493년 3월 15일 콜럼버스는 인디언들(콜럼버스는 자신이 발견한 땅이 인도라고 생각하고 그곳 원주민을 인디언이라고 불렀음)을 데리고 스페인의 팔로스에 도착했고, 국왕과 여왕에게 금과 은이 가득

한 중국과 일본으로 가는 길을 발견했다는 소식
을 전하기 위해 서둘러 바르셀로나로 갔어.

하지만 콜럼버스는 진실을 알지 못했지. 네
번째 항해에서 남아메리카 대륙에 도착했을 때
는 혹시 자신이 착각하고 있는 건 아닌지 의심
해 볼 만도 했어. 하지만 죽을 때까지 유럽과 아
시아 사이에는 어떤 대륙도 없고 자기가 중국까
지 가는 항로를 발견했다고 굳게 믿었어.

바스코 다 가마

인도로 가는 항로를 개척한 바스코 다 가마

한편 동쪽 항로를 독점하고 있던 포르투갈에
는 큰 행운이 따랐단다. 1498년 바스코 다 가마
는 말라바르 해안에 도착해 향신료를 가득 싣고 포르투갈의 수도 리
스본으로 무사히 돌아왔지. 1502년에는 다시 말라바르 해안으로 가
려고 서쪽 항로를 탐험했지만 실망만 안겨 주었어. 1497년과 1498년
에 존 캐벗과 세바스찬 캐벗은 일본을 찾아가려고 시도했지만 북아메
리카의 북동쪽에 있는 바위와 눈으로 덮인 뉴펀들랜드 해안을 발견했
지. 이곳은 이미 500년 전 고대 스칸디나비아 사람들이 최초로 발견
한 곳이기도 해. 그리고 피렌체 출신의 아메리고 베스푸치는 브라질
해안을 탐험한 뒤 그곳에는 인도의 흔적이 없다는 걸 알게 되었어. 그
는 나중에 스페인의 최고 선장이 되고 '아메리카' 라는 이름의 기원이
될 만큼 명성을 얻지.

콜럼버스가 죽은 뒤 7년이 지난 1513년, 유럽의 지리학자들은 마침
내 진실을 찾아내기 시작했어. 바스코 누네즈 데 발보아는 파나마 해
협을 건너 다리엔에 있는 산 정상에 올라 저 아래 펼쳐진 거대한 바다
를 보면서 저 바다는 또 다른 대양일지 모른다고 생각했어.

선사 시대
고대 동방 문명
고대 그리스 문명
고대 로마 문명
중세 시대
르네상스와 종교 개혁
혁명의 시대
근대 민족 국가의 등장
현대 세계의 형성

마젤란의 빅토리아 호

최초로 세계 일주에 성공한 페르디난드 마젤란

1519년 드디어 포르투갈의 항해사 페르디난드 마젤란은 다섯 척의 스페인 선박을 이끌고 항해에 나섰어. 이 배들은 스파이스 제도를 향해 서쪽으로 나아갔지. 당시 동쪽 항로는 포르투갈이 독점하고 있어 다른 나라 선박이 항해할 수 없었어. 마젤란은 아프리카와 브라질 사이의 대서양을 건너 남쪽으로 내려갔어. '큰 발을 가진 사람들의 땅'인 파타고니아의 최남단과 '파이어 아일랜드(불의 섬, 어느 날 밤 선원들이 불빛을 보고 섬을 발견해서 지어진 이름)' 사이의 좁은 해협에 다다랐어. 마젤란 선단은 해협에서 거의 5주 동안 눈보라와 폭풍에 시달려야 했어. 선원들 중 폭동을 일으키는 사람이 생기자 마젤란은 그들에게 죄를 뉘우치라며 두 명의 선원을 해안가에 내려놓았지. 마침내 폭풍이 잦아들고 해협이 열리자 마젤란은 새로운 대양에 들어섰어. 그런데 바다의 물결이 아주 잔잔하고 고요해서 마젤란은 바다의 이름을 평화

선사 시대

고대 동방 문명

고대 그리스 문명

고대 로마 문명

중세 시대

르네상스와 종교 개혁

혁명의 시대

근대 민족 국가의 통합

현대 세계의 형성

로운 바다, 즉 '태평양'이라고 지었지. 그 후 계속 서쪽으로 항해했지만 98일 동안 육지는 보이지 않았고 선원들은 굶주림과 갈증에 시달려야 했어. 어떤 선원은 너무 배가 고픈 나머지 배에 돌아다니는 쥐를 잡아먹기도 했어. 그것마저도 없을 때는 허기를 달래려고 돛 조각을 입으로 씹었다고 하는구나.

1521년 3월, 드디어 육지가 모습을 드러냈어. 마젤란은 이곳을 라드로네스 제도라고 했어. 이곳 원주민들이 손에 닿는 것은 무엇이든 훔쳐 갔기 때문이야. 마젤란은 스파이스 제도를 찾아 계속 서쪽으로 항해했어!

또다시 육지가 나타났어. 바다 한가운데 떠 있는 외로운 섬 무리였지. 마젤란은 스페인의 왕 카를로스 5세의 아들 펠리페의 이름을 따서 섬 이름을 필리핀이라고 불렀어. 마젤란은 처음에는 그곳 원주민들에게 환영을 받았단다. 하지만 원주민들을 기독교로 개종시킬 생각으로 대포를 쏘아 댄 바람에 결국 원주민의 손에 마젤란과 부하 몇 명이 죽임을 당하고 말았지.

살아남은 사람들은 배 세 척 중 한 척은 불태우고 항해를 계속해 몰루카 제도를 발견했어. 다시 보르네오 섬을 지나 티도레 섬에 도착했지. 하지만 배 한 척에서 물이 너무 새어 들어와 항해를 계속할 수 없어 그 섬에 남기로 했어. 마지막 남은 '빅토리아' 호는 세바스티안 델카노의 지휘 아래 인도양을 지나 오스트레일리아의 북쪽 해안은 미처 보지 못한 채 스페인으로 돌아왔지.

모든 항해 가운데 이들의 항해가 가장 주목할 만했어. 3년이라는 기간이 걸리고 막대한 돈과 인원이 투입된 이 항해는 지구가 둥글다는 사실과 콜럼버스가 발견한 땅은 인도가 아닌 전혀 다른 대륙이라는 사실을 밝혀냈지. 그때부터 스페인과 포르투갈은 인도와 아메리카 무역에 박차를 가했단다. 두 경쟁국 사이의 무력 분쟁을 막기 위해 교황 알렉산데르 6세는 특단의 조치를 세웠어. 이미 1494년에 체결된 토르데시야스 조약에 따라 그리니치* 기준 서경 50도 선을 기준으로 식민

* 그리니치
영국 런던 템스 강 남쪽 연안에 위치해 있다. 이곳에는 1675년에 세워진 그리니치 천문대가 있는데 지구 경도의 원점이 되었다.

지 개척이 가능한 지역을 친절하게 나눠 준 거야. 즉, 기준 선 동쪽 지역은 포르투갈이, 서쪽 지역은 스페인이 식민지를 개척할 수 있다고 선언했어. 이에 따라 브라질을 제외한 아메리카 모든 대륙은 스페인의 식민지가 되었고, 인도와 아프리카 대륙 대부분은 포르투갈의 식민지가 되었어. 물론 17~18세기에 영국과 네덜란드가 개입하기 전까지 말이지.

한때 콜럼버스가 신대륙을 발견했다는 소식이 중세의 금융가였던 베네치아의 리알토에 전해지자 경제 공황이 일어났어. 주식과 채권 가격이 40~50퍼센트까지 떨어졌던 거야. 그러나 얼마 뒤 콜럼버스가 중국으로 가는 길을 찾지 못했다는 사실이 밝혀지고 나서 베네치아의 상인들은 놀란 가슴을 진정시킬 수 있었지. 한편 바스코 다 가마와 마젤란의 항해는 서쪽 항로를 통해 인도에 이를 수 있다는 가능성을 보여 주었어. 중세와 르네상스 시대에 상업의 중심지였던 제노바와 베네치아의 통치자들은 콜럼버스의 말을 듣지 않았던 것에 후회했지만 이미 때는 늦었단다. 지중해는 이미 육지 안에 있는 작은 바다에 불과했어. 육로를 통해 인도 및 중국과 무역하는 건 이제 큰 의미가 없어졌지. 이탈리아도 좋은 시절이 다 가고 만 거야. 이제 상업과 문명의 중심지는 지중해에서 대서양으로 옮겨 갔고, 그것이 지금까지도 지속되고 있지.

문명의 중심이 바뀌다

5,000년 전에 나일 강 유역의 주민들이 문자로 역사를 기록했던 시대 이후로 문명이 얼마나 발전했는지 한번 보렴. 나일 강에서 시작된 문명은 메소포타미아로 전해졌고, 다시 크레타 섬에서 그리스로, 그리스에서 로마로 전해졌지. 지중해는 무역의 중심지로 발전했고 지중해 연안의 도시들은 예술, 과학, 철학의 본거지가 되었어. 16세기에는

문명의 중심지가 또다시 서쪽으로 이동해 대서양에 접하고 있는 나라들이 세계의 주인으로 떠올랐지.

막강한 유럽 국가들의 자살 행위나 다름없던 1차 세계 대전 때문에 대서양의 중요성이 많이 감소되었다고 말하는 사람들이 있어. 그들은 문명의 중심이 아메리카 대륙을 거쳐 태평양으로 이동할 거라고 말하지만 아빠는 솔직히 그런 견해가 의심스럽단다.

서쪽으로 항해하면서 선박의 크기가 점차 커졌고 항해에 대한 지식도 발전했지. 나일 강과 유프라테스 강을 떠다니던 바닥이 납작한 배는 페니키아, 에게, 그리스, 카르타고, 로마의 범선으로 바뀌었어. 그러다가 포르투갈과 스페인의 사각형 돛을 단 범선이 등장했고, 그 다음에는 영국과 네덜란드의 대형 범선이 대서양의 강자로 군림했어.

하지만 현대의 문명은 더 이상 배에 좌우되지 않아. 교통수단으로는 비행기가 배를 대체했고 앞으로도 계속 대체해 갈 거야. 앞으로의 문명은 비행기와 수력 발전에 달려 있지. 바다는 최초의 인류가 살았던 시대처럼 다시 한 번 물고기들의 평온한 고향이 될 거야.

선사 시대

고대 동방 문명

고대 그리스 문명

고대 로마 문명

중세 시대

르네상스와 종교 개혁

혁명의 시대

근대 민족 국가의 등장

현대 세계의 형성

붓다와 공자

동양 문명의 두 기둥, 붓다와 공자

포르투갈과 스페인이 새로운 대륙을 발견한 덕분에 서유럽의 기독교인들은 인도인이나 중국인과 자주 접할 기회가 생겼어. 물론 그들도 기독교가 지구상의 유일한 종교가 아니라는 사실을 잘 알고 있었지. 이 세상에는 이슬람교도도 있고 돌이나 나무를 숭배하는 북아프리카의 원시 종족도 있다는 걸 알았으니까. 하지만 기독교도인 정복자들은 인도와 중국에서 완전히 새로운 사람들을 만나게 된 거야. 수많은 인도인과 중국인들은 기독교에 대해 한 번도 들어 보지 못했고 들으려고 하지도 않았지. 왜냐하면 수천 년 전부터 서양의 종교보다 훨씬 오래된 자기들만의 종교를 믿고 있었기 때문이야. 이 책은 서반구의 유럽 사람들의 역사만 다루지 않고 전체 인류의 이야기를 다루고 있어. 그래서 이 지구상에 사는 대단히 많은 사람들의 행동과 생각에 영향을 미친 두 사람에 관해서는 꼭 알았으면 좋겠구나.

붓다의 어린 시절

인도에서 붓다는 위대한 종교적 스승으로 받아들여지고 있지. 붓다의 생애는 아주 재미있단다. 붓다는 기원전 6세기에 히말라야 산맥이 보이는 곳에서 태어났어. 그곳은 아리안 족(이 이름은 인도-유럽계의 동쪽 갈래를 뜻함)의 최초의 위대한 스승 자라투스트라*(또는 조로아스터)가 사람들을 가르친 곳이기도 하단다. 그는 사람들에게 인생이란 악의 신인 아흐리만과 선의 신인 아후라 마즈다 간의 끊임없는 투쟁이라고 가르쳤지. 붓다의 아버지 슈도다나는 샤키아 족의 막강한 족장이었어. 어머니 마하 마야는 이웃 나라의 공주였는데 아주 어릴 때 시집을 왔지. 그런데 오랜 세월이 지나도 자신의 뒤를 이을 아들이 없었어. 마침내 마하 마야는 50세가 되었을 때 아이를 갖게 되었고 출산을 위해 친정으로 갔단다.

마하 마야가 어린 시절을 보냈던 고향 콜리야로 가는 길은 머나먼 여정이었어. 가는 길에 룸비니의 시원한 숲에서 잠깐 쉬고 있었는데,

* 자라투스트라
(B.C. 628?~B.C. 551?)
고대 페르시아의 현자이
자 종교가이다. 기원전
6세기경에 조로아스터
교를 창시하였다.

마하 마야의
흰 코끼리 태몽

선사 시대
고대 동방 문명
고대 그리스 문명
고대 로마 문명
중세 시대
르네상스와 종교 개혁
혁명의 시대
근대 민족 국가의 등장
현대 세계의 형성

그때 바로 아이를 낳았지 뭐야. 아이의 이름은 싯다르타였고 우리는 그를 '깨달은 자'를 뜻하는 '붓다'로 부르고 있지.

싯다르타는 자라서 준수한 왕자가 되었고 열아홉 살에 사촌인 야쇼다라와 결혼했어. 그 후 10년 동안은 세상의 고통과 번뇌를 전혀 모른 채 왕궁 안에서 살았지. 언젠가 아버지의 뒤를 이어 샤키야의 왕이 될 날을 기다리면서 말이야.

세상의 고통에 눈을 뜬 붓다

서른 살이 되던 해 어느 날, 싯다르타는 왕궁 밖으로 마차를 타고 나갔다가 고된 노동으로 쇠할 대로 쇠한 노인이 팔다리도 제대로 가누지 못하는 걸 보았어. 그는 마부인 찬나에게 노인을 가리키며 왜 저렇게 되었는지 물었지. 찬나는 이 세상에는 저렇게 불쌍한 사람들이 하도 많아 이제는 아무렇지도 않다고 했어. 젊은 왕자는 마음이 무척 아팠지만 아무 말도 하지 않고 아내와 부모님이 있는 곳으로 돌아와 다시 행복하게 살려고 했지. 얼마 있지 않아 싯다르타는 또 왕궁 밖으로 나가게 되었어. 이번에는 끔찍한 질병으로 고통스러워하는 사람을 만났지. 싯다르타는 이번에도 찬나에게 저 사람이 왜 고통 받고 있는지 물어보았어. 찬나는 이 세상에는 저렇게 질병으로 고통 받는 사람이 많지만 도움을 줄 수 없으니 크게 마음 쓸 필요가 없다고 했지. 젊은 왕자는 마음이 아팠지만 다시 가족들이 기다리는 왕궁으로 돌아왔어.

몇 주가 지난 어느 날 저녁 싯다르타는 목욕을 하려고 마차를 타고 강으로 나갔어. 그런데 갑자기 말이 놀라더니 멈춰 서는 거야. 알고 보니 길가의 도랑에 한 아이의 시체가 썩고 있던 거였어. 죽은 사람을 난생 처음 본 젊은 왕자는 기겁하고 말았지. 싯다르타가 찬나에게 저렇게 된 까닭을 묻자 찬나는 하찮은 것에 신경 쓰지 말라고 했어. 세상은 죽은 사람들로 가득 차 있고 살아 있는 모든 것은 결국 죽게 된다고 말했지. 세상에 영원한 건 없고 우리는 죽음을 피할 수 없다는 말이었어.

그날 저녁 집에 돌아온 싯다르타는 흥겨운 음악 소리를 들었어. 아내가 아들을 낳았다는 거야. 사람들은 왕국의 후계자를 얻은 것이 기뻐 북을 치며 축제를 벌였지. 하지만 싯다르타는 사람들과 즐거움을 나눌 수가 없었어. 인생의 밑바닥을 본 싯다르타는 인간 존재의 근원적 두려움을 알게 되었어. 죽음과 고통의 광경은 악몽처럼 그를 따라다녔지.

밤이 찾아왔고 달이 유난히도 밝게 빛나고 있었어. 싯다르타는 잠을 못 이룬 채 많은 것들을 생각했지. 존재의 수수께끼를 풀지 않으면 다시는 행복해질 수 없을 것 같았어. 그는 해답을 찾기 위해 사랑하던 모든 것을 떠나기로 마음먹었단다. 가만히 방으로 가서 아내인 야쇼다라와 아기가 자고 있는 걸 보았어. 그러고는 싯다르타는 충실한 심복 찬나를 불러 자신을 따라오라고 했어.

드디어 두 사람은 어둠을 틈타 세상 밖으로 나갔단다. 한 사람은 영혼의 안식을 찾기 위해, 또 한 사람은 주인의 충직한 신하로서 말이야.

싯다르타가 방랑하던 기간에 인도는 격변의 시기를 겪고 있었어. 싯다르타의 선조인 인도 원주민들은 별 저항도 하지 못하고 호전적인 아리안 족에게 정복을 당했지. 그 후 아리안 족은 수많은 인도 원주민들의 통치자를 자처했어. 그들은 권력을 유지하기 위해 사람들을 여러 계급으로 나누었지. 바로 엄격한 '카스트 제도'를 원주민들에게 강요했던 거야. 정복자인 인도-유럽계의 후손들은 가장 높은 계층(브라만)과 무사 및 귀족 계층(크샤트리아)에 속했어. 그 아래에는 농민과 상인 계층(바이샤)이 있고, 가장 아래에는 노예 계층(수드라)이 있었는데, 이들은 대부분 천대받는 원주민이었어.

심지어 종교에서도 계급적인 차별이 존재했단다. 수천 년간 유랑을 해 온 인도-유럽인들은 온갖 기이한 모험들을 했는데, 이런 모험담을 모아서 『베다』라는 책을 만들었어. 이 책은 산스크리트 어로 기록되어

선사 시대

고대 동방 문명

고대 그리스 문명

고대 로마 문명

중세 시대

르네상스와 종교 개혁

혁명의 시대

근대 민족 국가의 등장

현대 세계의 형성

있어. 산스크리트 어는 그리스 어, 라틴어, 러시아 어, 독일어 등과 밀접한 관련이 있지. 아무튼 이 경전은 브라만, 크샤트리아, 바이샤 계층만 읽을 수 있었어. 최하층인 수드라는 책을 가까이 할 수 없었지. 당연히 귀족이나 성직자들은 이들에게 경전의 내용을 가르쳐서도 안 됐어.

따라서 대다수의 인도인들은 비참한 삶을 살아야 했단다. 이 세상은 그들에게 어떤 즐거움도 주지 못했지. 고통으로부터 벗어나기 위해서는 다른 무언가를 찾아야 했어. 명상을 통해 내세에 얻을 행복에 대해 조금이라도 맛보려고 했지.

붓다의 생애를
표현한 그림

인도인들은 브라마를 가장 완벽하고 이상적인 신으로 숭배했어. 인도인들에게 브라마는 모든 것을 창조하고 생사화복을 주관하는 초월적인 존재였지. 그들은 브라마처럼 되는 것, 즉 부와 권력에 대한 모든 욕망을 버리는 것을 가장 숭고한 가치로 여겼어. 숭고한 행동보다 숭고한 생각을 더 중요하게 여겼기 때문에 많은 사람들이 광야로 가서 단식을 하며 수행을 했지. 지혜롭고 선하고 자비로운 브라마의 영광을 명상하면서 자신의 영혼을 살찌웠던 거야.

참 진리를 깨달은 붓다

싯다르타도 소란스러운 도회지를 떠나 진리를 찾아 방랑하는 사람들을 보게 되었어. 그 역시 이들처럼 지내기로 마음먹었지. 머리를 자르고 찬나에게 이별을 고했어. 가지고 있던 진주와 루비도 가족들에게 모두 돌려보냈고. 이제 젊은 왕자는 아무도 따르는 사람 없이 홀로 광야로 들어가게 된 거야.

머지않아 싯다르타의 수행에 대한 소문이 산악 지방에 널리 퍼지기 시작했어. 청년 다섯 명이 찾아와 싯다르타에게 지혜의 말씀을 구했지. 싯다르타는 자신을 따라오면 기꺼이 그들의 스승이 되겠다고 말했어. 그는 제자들을 데리고 빈디아 산맥의 외딴 곳으로 들어가 6년 동안 자신이 알고 있는 모든 걸 가르쳤지. 하지만 가르침이 끝날 무렵, 아직도 싯다르타는 자신이 완전하지 못하다는 걸 느꼈어. 여전히 속세에 미련이 남아 있었기 때문이야. 싯다르타는 제자들을 돌려보내고 49일 밤낮을 오래된 나무의 뿌리 위에 앉아 단식을 했지. 그리고 50일째 되던 날 브라마가 그에게 모습을 드러냈지. 그때부터 싯다르타는 고통의 운명으로부터 사람들을 구원하는 붓다, 즉 깨달은 자로서 존경을 받게 되었던 거야.

붓다는 이후 45년 동안 갠지스 강 유역에서 지내며 사람들에게 겸손과 자비라는 단순한 진리를 가르쳤단다. 그리고 기원전 488년 사람들의 존경과 사랑을 받으며 세상을 떠났지. 그는 특정 계층의 이익을 위한 교리를 전하지 않았어. 최하위층에 속하는 사람들도 붓다의 가르침을 들을 수 있었지.

하지만 귀족과 성직자, 상인 계층은 붓다의 가르침이 영 못마땅했어. 모든 생명이 평등하다는 주장이나 다음 생에 행복하게 살 수 있다는 희망의 메시지를 그들은 어떻게 해서든 파괴하려고 했어. 그들은 인도의 민중에게 옛 브라만교*로 돌아가 죄 많은 육체는 고행이 필요하다고 주장했지. 그렇다고 불교가 사라지는 건 아니었어. 붓다의 제자들은 히말라야 산맥을 넘어 중국으로 이동했어. 불교는 중국에서 황해를 건너 한국으로 전파되었고 다시 일본까지 전해졌지. 사람들은 붓다의 가르침을 충실하게 받아들였고 가르침에 따라 폭력을 행사하지 않았어. 오늘날에는 기독교도와 이슬람교도를 합친 것보다 더 많은 사람들이 불교의 가르침을 따르고 있단다.

* 브라만교
고대 인도에서 『베다』라는 경전을 중심으로 발달한 종교이다. 브라만이라는 사제가 인간과 신의 중재 역할을 한다. 불교가 등장하면서 차츰 쇠퇴하다가 여러 토착 종교와 결합해 힌두교로 발전하였다.

선사 시대

고대 동방 문명

고대 그리스 문명

고대 로마 문명

중세 시대

르네상스와 종교 개혁

혁명의 시대

근대 민족 국가의 등장

현대 세계의 형성

난세를 살아간 공자

중국의 현인 공자의 생애는 비교적 단순해. 공자는 기원전 550년에 태어나서 조용히 특별한 일 없이 살아가고 있었어. 하지만 당시 중국은 강력한 중앙 정부가 존재하지 않았고, 도적 떼들이 이 도시 저 도시를 다니며 약탈하는 바람에 사람들은 굶주림과 고통에 시달려야 했지.

자기 민족 사람들을 사랑한 공자는 어떻게든 그들을 구해 보려고 노력했어. 그는 폭력의 사용에 반대하고 평화를 주장하는 인물이었어. 법을 많이 만든다고 해서 사람들을 제대로 다스릴 수 있다고 생각하지 않았지. 오로지 사람의 마음이 변해야 구원이 찾아온다고 믿었어. 그래서 공자는 아시아 대륙에 사는 수많은 사람들의 마음을 변화시키겠다는 가망 없어 보이는 일을 시작한 거야. 그렇지만 중국인들은 우리가 지금 말하는 종교라는 것에 별 관심이 없었어. 당시 사람들은 원시 사회처럼 악령이나 귀신의 존재를 믿었어. 예언자나 '계시된 진리' 같은 건 전혀 없었지. 공자는 위대한 성인 가운데 한 명이지만 예언을 하거나 신의 계시를 전하는 선지자라고 자처하지 않았어.

공자

공자는 대단히 합리적이고 마음이 따뜻한 사람이었고 그의 충실한 벗인 피리의 구슬픈 가락을 따라 외로이 방랑하는 생활을 즐겼단다. 공자는 다른 사람들이 자신을 인정하길 바라거나 자신을 따르고 추앙하라고 요구하지 않았어. 고대 그리스의 철학자들, 특히 스토아 학파처럼 아무런 보상도 바라지 않고 선한 양심에 따라 마음의 평화를 얻고자 옳은 길을 걸어갔던 사람으로 기억되고 있지.

　공자는 매우 관용적인 사람이었어. 그는 중국의 또 다른 성인이자 도교를 창시한 노자*를 만나러 가기도 했단다.

* 노자
(?~?) 중국의 춘추 시대의 사상가이다. 도가 사상의 시조로 여겨지며, 대표적 저서인 『도덕경』에서 무엇인가 억지로 하지 말고 자연의 순리에 따르라는 '무위자연'을 주장하였다.

공자, 인(仁)을 강조하다

　'인(仁)'을 강조한 공자는 스스로 누구에게도 증오를 품지 않았고, 사람들에게 평상심이라는 훌륭한 덕목을 가르쳤어. 공자의 가르침에 따르면, 우리는 분노를 일으켜 마음을 산만하게 해서는 안 되고 어떤 일이 닥쳐오더라도 지혜롭게 받아들이고 대처할 줄 알아야 하지.

　공자의 제자들은 처음에는 몇 명 되지 않았지만 시간이 지나면서 점점 수가 많아졌단다. 그래서 공자가 죽은 기원전 478년 무렵에는 중국의 군주들과 제후들 중에도 공자의 제자라고 자처하는 사람들이 나타났어. 예수가 베들레헴에서 태어났을 때 중국에서는 이미 공자의 철학이 사람들의 정신세계에 깊이 뿌리를 내리고 있었고 생활 속에도 지속적으로 영향을 미치고 있었어. 하지만 대부분의 종교가 그렇듯 공자의 가르침도 시간이 흐르면서 초기의 순수한 모습을 잃고 말았어. 예수 또한 사람들에게 세속적 야망을 버리고 겸손하고 온유한 사람이 되라고 가르쳤지만, 골고다 사건(예수가 십자가에 매달려 죽은 사건 - 역주) 이후 1500년이 지나서는 교회 지도자들이 베들레헴의 허름한 마구간과는 전혀 상관없는 호화로운 건물을 세우느라 엄청난 돈을 쏟아부었단다.

　노자도 훌륭한 가르침을 베풀었지만 300년도 채 안 돼 무지한 대중은 그를 우상으로 만들고 지혜로운 가르침을 미신의 쓰레기 더미 아래 파묻어 버렸어. 이처럼 미신에 사로잡힌 중국인들은 불안과 공포 속에 살아가야만 했지.

　공자는 제자들에게 부모를 공경하라는 '효(孝)'를 가르쳤어. 그들은

선사 시대

고대 동방 문명

고대 그리스 문명

고대 로마 문명

중세 시대

르네상스와 종교 개혁

혁명의 시대

근대 민족 국가의 등장

현대 세계의 형성

곧 자녀나 손주의 행복보다 죽은 부모에게 더 신경을 많이 썼지. 일부러 미래를 보지 않고 어두운 과거만 들여다보려고 노력했어. 그렇게 조상 숭배는 명백한 종교 제도가 되어 버린 거야. 양지바른 땅에는 묘지를 만들고 척박한 땅에서는 곡식을 재배했어. 조상의 묘지를 훼손하느니 차라리 굶주리는 게 낫다고 생각한 거지.

하지만 공자의 지혜로운 가르침은 동아시아 사람들의 마음에 깊이 새겨졌단다. 깊은 지혜와 예리한 판단력을 담고 있는 공자의 철학, 즉 유교는 궂은일을 하는 잡부로부터 호화로운 삶을 누리는 지배층까지 모든 중국인에게 가장 근본적인 삶의 양식이 되었어.

16세기에 열정적이긴 하지만 무례한 서양의 기독교도들은 이미 오래전에 형성된 동양의 종교를 마주하게 되었지. 스페인과 포르투갈 사람들은 평화로운 불상과 덕망 있는 공자의 초상화를 보고도 두 성인이 그윽한 미소를 짓고 있는 이유를 전혀 알지 못했어. 서양의 기독교도들은 낯선 붓다와 공자를 우상과 이단으로 쉽게 단정해 버리고 말았어. 붓다와 공자의 정신이 향신료와 비단의 무역에 방해가 된다 싶으면 '사악한 영향력'에 대고 포탄과 총탄을 마구 쏘아댔지. 하지만 이것은 명백히 잘못된 행위야. 가까운 미래를 위해 전혀 좋을 것이 없는 바람직하지 못한 유산을 남기고 말았지.

종교 개혁

선사 시대

고대 동방 문명

고대 그리스 문명

고대 로마 문명

중세 시대

르네상스와 종교 개혁

혁명의 시대

근대 민족 국가의 등장

현대 세계의 형성

개신교도든 가톨릭교도든 역사는 공정하게 서술해야 한다

종교 개혁에 대해 한 번쯤 들어봤겠지? 종교 개혁이라고 하면 너희는 '종교의 자유'를 찾아 바다를 건넌 소수의 용감한 청교도를 떠올릴 것 같구나. 시간이 지나면서 종교 개혁은 '사상의 자유'를 위한 발판으로 여겨져 왔지. 특히 오늘날 개신교도들에게는 더욱 그럴 거야. 마틴 루터는 진보의 선두 주자로 알려져 있어. 하지만 역사가 과거의 선조에 대한 입에 발린 찬사가 아니라, 독일의 역사가 랑케의 말처럼 '실제로 일어난' 일을 발견하는 것이라면, 역사가 다르게 보일 수 있을 거야.

인간사에서 전적으로 선하거나 아니면 전적으로 악한 것은 거의 없어. 완전히 희거나 완전히 검은 건 없지. 정직한 역사가라면 모든 역사적 사건에 대해 좋은 면과 나쁜 면 모두를 기록해야 할 거야. 물론 이건 무척 어려운 일이야. 사람은 개인적으로 좋아하는 게 있고 싫어하는 게 있기 때문이지. 하지만 최대한 공정한 입장에서 역사를 서술하려고 노력해야 해. 다시 말해, 편견에서 벗어나야 한다는 거지.

아빠의 경우를 예로 들어볼게. 아빠는 매우 개신교가 중심인 국가에서 태어났어. 그래서 열두 살 때까지 가톨릭교도를 본 적이 없었단다. 그래서 가톨릭교도들을 처음 봤을 때 불편하고 두려웠던 기억이 아직까지도 나는구나. 알바 공작이 종교 재판을 열어 네덜란드의 루터파와 칼뱅파를 개종시키려는 과정에서 수많은 사람들을 화형에 처하고 목을 매달고 팔다리를 찢어서 죽였다는 이야기를 어디선가 들었지. 그 모든 일이 마치 어제 일어난 것처럼 아빠에겐 실감나게 다가왔어. 1572년의 '성 바르톨로메오 축일의 학살'이 또 한 번 일어나서 아빠도 드 콜리니 제독처럼 누군가에게 죽임을 당해 창문 밖으로 내던져질지도 모른다는 생각에 몸서리를 쳤지.

얼마 후 아빠는 가톨릭 국가에서 몇 년 동안 살게 되었어. 내 선입견과 달리 그곳 사람들도 우리 고향 사람 못지않게 유쾌하고 마음씨 좋고 교양도 있다는 걸 알게 되었지. 그리고 가장 놀란 건 종교 개혁에서 개신교만큼이나 가톨릭도 기여한 바가 적지 않다는 사실이었어.

물론 종교 개혁 시대를 실제로 살아간 16~17세기 사람들은 이런 식으로 생각하기 어려웠을 거야. 그들 자신은 항상 옳고 적은 항상 틀렸다고 보았어. 적의 목을 매달지 않으면 내 목이 매달리게 생겼으니까. 그건 인간이기에 어쩔 수 없는 상황이었지. 그래서 누구의 탓으로 돌리기 어려운 문제야.

16세기 유럽은 어떤 모습이었을까?

이제 우리는 1500년대를 살펴볼 텐데, 황제 카를 5세가 태어난 해가 1500년이야. 기억하기 쉽지? 당시는 중세 시대의 봉건 질서가 무너지고 고도로 중앙 집권적인 왕국이 등장하는 시기였어. 모든 군주 가운데 가장 강력한 왕은 그 무렵 요람에 누워 있던 아기, 카를 5세였지. 카를 5세는 페르디난도 왕과 이사벨 여왕의 외손자이자 중세의 마지막 기사인 합스부르크 왕가의 막시밀리언과 부르고뉴 공작의 딸 마리의 친손자였어. 그러므로 어린 카를은 부모와 조부모, 삼촌과 사촌, 고모로부터 독일, 오스트리아, 네덜란드, 벨기에, 이탈리아, 스페인, 그리고 아시아, 아프리카, 아메리카의 식민지를 모두 상속받는 셈이었단다. 세계 지도의 대부분이 그가 다스리는 땅이었다니 대단하지 않니? 운명

선사 시대

고대 동방 문명

고대 그리스 문명

고대 로마 문명

중세 시대

르네상스와 종교 개혁

혁명의 시대

근대 민족 국가의 등장

현대 세계의 형성

카를 5세

의 장난인지는 모르겠지만, 카를 5세가 태어난 곳은 겐트에 있는 플랑드르 백작의 성이었어. 그 성은 제1차 세계 대전 때 독일이 벨기에를 점령할 당시 감옥으로 사용되었거든. 그래서 스페인의 왕이자 독일의 황제이지만 카를은 플랑드르 인의 교육을 받았단다.

아버지가 세상을 떠나고(독살당했다고 하지만 확실하지는 않음) 어머니까지 정신이 온전하지 못하자(죽은 남편의 관을 가지고 돌아다녔음), 어린 카를은 고모인 마르가레테 밑에서 엄격한 교육을 받았지. 독일, 이탈리아, 스페인을 비롯한 수많은 민족을 다스려야 했던 카를 5세는 충실한 가톨릭 신자였지만 종교적으로 관용적인 태도를 보였어. 다소 게으른 성격이었지만 종교적 열병을 앓고 있던 혼란한 세상을 부지런히 통치해야 했지. 카를은 여기저기 쉴 새 없이 뛰어다녀야 했어. 평화롭

고 조용한 걸 좋아했지만 늘 전쟁을 치러야 했지. 55세가 되었을 때는 극도의 증오심과 혐오감이 생겨 사람들로부터 등을 돌렸고 3년 후에는 실의에 빠진 채 세상을 떠나고 말았단다.

카를 황제 이야기가 길어졌구나. 그럼 세상에서 두 번째로 막강한 권력을 가진 교회는 어떠했을까? 교회는 이교도를 정복하고 경건하고 옳은 길을 제시했던 중세 시대 초기부터 많은 변화를 겪었단다. 우선 교회는 너무 부유해졌지. 교황은 더 이상 양 떼를 이끄는 초라한 목자가 아니었어. 호화로운 궁전에서 화가, 음악가, 문인들에게 둘러싸여 지냈어. 교회에는 그리스의 신을 닮은 성자들의 새 초상화로 아주 도배를 해 놓았지. 해야 할 업무는 대충 하고 로마 제국의 조각상이나 그리스의 꽃병, 여름 별장의 설계도, 새 연극의 리허설 같은 데만 관심을 쏟았어. 대주교와 추기경들은 그런 교황을 본받았고 주교 역시 대주교를 본받아 생활했지. 하지만 시골의 성직자들은 그래도 본분에 충실했어. 아름다움과 쾌락에 대해 집착하는 세상과 멀리 떨어져 살았지. 검소하고 청빈한 삶은 내팽개치고 자기 마음대로 살아가는 수도사들과도 거리를 두었어.

그렇다면 평민들은 어떻게 살았을까? 과거에 비하면 훨씬 괜찮게 살아갔어. 그들은 돈도 많았고 좋은 집에서 살고 아이들은 더 좋은 학교로 보낼 수 있었지. 도시도 전보다 더 멋지고 아름다워졌어. 좋은 무기가 등장해 무거운 세금을 부과하던 날강도나 다름없는 귀족과도 대등하게 맞설 수 있었어. 바로 이들 시골의 성직자들과 평민들이 종교 개혁의 주역이었어.

북부 유럽과 남부 유럽이 다른 르네상스를 경험하다

자, 이제 르네상스가 유럽에 미친 영향에 대해 이야기해 볼까? 이 내용을 안다면 어떻게 르네상스가 종교적 열망을 불러일으켰는지 이

선사 시대

고대 동방 문명

고대 그리스 문명

고대 로마 문명

중세 시대

르네상스와 종교 개혁

혁명의 시대

근대 민족 국가의 등장

현대 세계의 형성

해할 수 있을 거야. 르네상스는 이탈리아에서 시작했어. 그런 다음 프랑스로 전파되었지. 스페인에서는 성공하지 못했어. 무어 인과 500년 넘게 전쟁을 치르느라 마음의 여유가 없었고, 오히려 종교에 대한 광적인 열망만 강해졌지. 르네상스는 점점 더 번져 갔는데, 알프스 산맥을 넘으면서 성격이 변하게 되었어.

기후가 달라서인지 북부 유럽 사람들과 남부 유럽 사람들의 생활 방식은 눈에 띄게 대조적이란다. 이탈리아 사람들은 햇빛이 많고 탁 트인 곳에서 살기 때문에 웃음과 흥이 많고 쾌활한 성격을 가지고 있어. 반면 독일, 네덜란드, 영국, 스웨덴 사람들은 빗방울 떨어지는 소리를 들으면서 집 안에서 시간을 많이 보내지. 이들은 웃음이 많지 않고 모든 것을 늘 진지하게 여기는 편이었어. 불멸하는 영혼에 관심이 많았고 그들이 신성하게 여기는 것을 우습게 만드는 걸 좋아하지 않았어. 르네상스의 '인문주의적 특성'을 지닌 책이나 작가, 문법, 교본 등에는 관심을 가졌지만, 고대 그리스와 로마의 이교적인 문명으로 돌아가는 것에 대해서는 강한 거부감을 보였단다.

하지만 대부분 이탈리아 인으로 이루어진 교황청과 추기경단은 종교 문제에는 별 관심이 없었어. 오로지 미술과 음악, 연극에 대한 시시콜콜한 이야기를 나누는 사교 클럽 수준으로 변하고 말았지. 엄숙한 북부 유럽 사람들과 문화 수준은 높지만 태평한 남부 유럽 사람들 사이의 불화가 점점 더 커져 갔어. 그렇지만 교회에 닥칠 위기 상황에 대해서는 아무도 모르는 것 같았지.

종교 개혁은 왜 독일에서 먼저 일어났을까?

종교 개혁이 왜 스웨덴이나 영국이 아닌 독일에서 먼저 일어났는지 밝혀 주는 몇 가지 소소한 이유들이 있단다. 우선 독일은 로마 제국에 대해 오랜 원한을 품어 왔어. 황제와 교황의 끝없는 싸움은 서로 적대

감만 키웠지. 다른 유럽의 나라들은 강력한 왕이 성직자들의 탐욕으로부터 국민들을 보호해 주었어. 하지만 독일에서는 황제가 허수아비와 마찬가지였기 때문에 독일 국민들의 운명은 주교나 성직자들의 손에 좌우되었지. 성직자들은 재밋거리로 거대한 성당을 세우기 위해 국민들의 헌금을 모았는데, 당연히 독일인들은 부당하게 돈을 빼앗긴다고 보았고 증오심은 더욱더 불타올랐지.

독일은 인쇄·출판의 본고장이었어. 그래서 북부 유럽 지역에서 책값이 싼 편이었고, 『성경』도 더 이상 성직자들만 소유하고 설명할 수 있는 신비한 책이 아니었어. 부모나 아이들이 라틴어를 읽을 수 있는 가정이면 집 안에 『성경』을 필수로 비치해 두었지. 온 가족이 『성경』을 읽어 보니 성직자들이 가르치는 내용과 『성경』의 원본이 상당히 다르다는 걸 발견하게 되었어. 사람들은 의심이 생겨 질문하기 시작했어. 이때 성직자들이 대답하지 못하면 자주 말썽이 생기곤 했지.

북부 유럽의 인문주의자들이 수도사들을 향해 먼저 공격을 퍼붓기 시작했어. 이들도 신성한 존재인 교황에 대해서는 아직까지 존경하는 마음을 많이 갖고 있었어. 그래서 수도원 안에서 은밀히 탐욕을 채우는 게으르고 무지한 수도사들을 직접적으로 공격한 거야.

교회의 부패를 신랄하게 꼬집은 에라스무스

흥미롭게도 이 종교 전쟁을 이끈 사람들은 교회에 매우 충실한 사람들이었어. 데시데리우스 에라스무스는 네덜란드의 로테르담에서 태어난 가난한 아이였어. 그는 토마스 아 켐피스가 졸업한 데벤테르의 라틴어 학교에서 교육을 받았지. 성직자가 된 뒤 얼마간 수도원 생활을 했고 많은 곳을 떠돌아다닌 후 기행문을 남겼지. 또 『무명인의 편지』라는 제목으로 익명의 서간집을 발행했는데 사람들에게 인기가 많았단다. 이 책에서는 중세 말 수도사들의 어리석음과 교만함을 풍자하고 있어. 라틴어와 그리스 어에 정통한 에라스무스는 「신약성경」의 그리스 원본을 라틴어로 번역해 최초로 믿을 만한 『성경』 번역본을 우리에게 안겨 주었지. 그는 로마 시대의 시인 호라티우스의 말처럼 '웃는 입에서 나오는 진리'를 막을 수 있는 건 아무것도 없다고 믿었어.

1500년에 영국의 토머스 모어 경을 만나는 기간 동안 에라스무스는 단 몇 주 만에 『우신예찬』이라는 재미있는 책을 썼어. 유머라는 가장 위험한 무기를 가지고 수도사와 그들의 말에 잘 속는 사람들을 풍자하는 책이었지. 『우신예찬』은 유럽에서 16세기 최고의 베스트셀러가 되었고 유럽의 거의 모든 나라에서 번역되었어. 사람들은 에라스무스의 다른 책에도 관심을 가지기 시작했어. 에라스무스는 교회의 폐단을 개혁할 것을 주장했고 동료 인문주의자들에게 기독교 신앙이 다시 태어날 수 있도록 힘을 모으자고 호소했지.

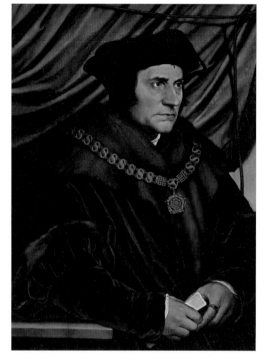

토머스 모어

하지만 에라스무스의 훌륭한 계획은 이루어지지 못했어. 에라스무스는 워낙 합리적이고 관용적인 인물이라 교회 개혁을 주장하는 사람들은 만족하지 않았어. 그들은 좀 더 강하고 과격한 사람을 원했지.

드디어 그런 사람이 나타났으니, 바로 마르틴 루터였어.

마르틴 루터, 종교 개혁의 포문을 열다

루터는 명석한 두뇌와 용감한 성정을 지닌 북부 독일의 농민 출신이

선사 시대

고대 동방 문명

고대 그리스 문명

고대 로마 문명

중세 시대

르네상스와 종교 개혁

혁명의 시대

근대 민족 국가의 통합

현대 세계의 형성

마르틴 루터

었어. 아우구스투스 수도회의 수도사가 되었고 이후에는 비텐베르크 대학의 신학 교수가 되었지. 고향인 작센에서 무지렁이들에게 『성경』을 가르치기도 했어. 당시 시간적인 여유가 많았던 루터는 「구약」과 「신약」의 원본을 연구했지. 그런데 머지않아 그리스도의 가르침이 교황이나 주교들의 설교와 상당한 차이가 있다는 걸 알게 되었어.

1511년에 루터는 공식적인 업무가 있어 로마에 방문했어. 그즈음에 보르자 가문 출신의 교황 알렉산데르 6세가 세상을 떠났는데, 그 교황은 자녀들에게 물려주려고 부정한 방법으로 재산을 쌓아 뒀지. 후계자인 율리우스 2세는 개인적인 성품은 훌륭했지만 성당 건설과 싸움만 하며 허송세월하고 있었으므로 신앙심 깊은 루터는 별로 좋은 인상을 받지 못했어. 루터는 교황에게 실망하고 비텐베르크로 돌아왔지. 하지만 이후에 상황은 더 악화되었어.

교황 율리우스 2세는 성 베드로 대성당을 짓고 있었어. 그 후에도 후계자들은 억지로 떠넘겨 받아 계속 건물을 지어야 했지. 건물을 반도 채 짓지 못했는데 수리해야 할 부분이 나오기 시작했어. 그 전에 알렉산데르 6세는 교황청의 재정을 한 푼도 남기지 않고 모두 써 버렸지. 1513년 율리우스 2세의 뒤를 이른 레오 10세가 교황이 되었을 때는 교황청이 거의 파산 지경에 이르렀단다. 교황은 옛날 방식으로 교

선사 시대

고대 동방 문명

고대 그리스 문명

고대 로마 문명

중세 시대

르네상스와 종교 개혁

혁명의 시대

근대 민족 국가의 등장

현대 세계의 형성

황청의 금고를 채워야 했지. 바로 '면죄부'라는 걸 사람들에게 팔기 시작한 거야. 면죄부는 돈을 내는 만큼 죄인이 연옥에서 머무는 시간을 줄여 준다는 것을 약속하는 작은 종이 문서였어. 중세 후기의 교리에 따르면 완전히 타당한 것이었지. 교회는 죽기 전에 죄를 진심으로 뉘우치는 사람을 용서해 줄 권한을 가지고 있기 때문에, 성자들과의 중재를 통해 연옥에서 속죄하는 시간을 줄여 줄 수 있다고 봤던 거야.

불행한 건 이 면죄부는 돈을 받고 팔아야 한다는 사실이었어. 면죄부는 교회가 쉽게 수입을 올릴 방편이었을지 모르지만, 가난해서 돈을 낼 수 없는 사람은 속죄를 받을 수 없다는 걸 뜻했지.

1517년 작센에서 도미니크회 수도사인 요한 테첼은 면죄부를 독점으로 판매했어. 욕심이 많았던 요한은 면죄부 판매에 열을 올렸지. 요한이 면죄부를 판매하는 방식에 작센의 주민들은 분노했고, 우리의 루터 역시 가만히 있지 못했던 거야. 같은 해 10월 31일에 루터는 면죄부 판매를 반대하는 95개 조의 반박문을 라틴어로 작성해 비텐베르크 교회 정문에 붙였어. 루터는 폭동을 일으킬 생각은 없었지. 혁명가는 아니었으니까. 다만 면죄부라는 제도

레오 10세

에 대해 반대했고 동료 교수들에게 자신의 생각을 전하고 싶었던 거야. 성직자나 대학교수 사회의 반응이 궁금했던 거지 평신도들의 편견을 깨기 위한 조치는 아니었어.

루터의 95개조 반박문이 유럽 전역에 불을 지르다

그런데 당시는 세상 사람들이 종교 문제에 관심을 많이 가지기 시작하던 시기였어. 두 달도 되지 않아 유럽 전역에서 작센의 수도사가 제기한 95개조 반박문을 둘러싸고 열띤 토론이 벌어졌지. 사람들은 모두 찬성을 하든지 반대를 하든지 한쪽 편을 들어야 했어. 이름 없는 신학자들조차 자기의 의견을 드러내야 했지. 사태가 심각해지자 교황청도 놀라기 시작했어. 교황청은 비텐베르크의 신학 교수 루터를 로마로 불러들여 어찌된 영문인지 설명을 들으려고 했어. 하지만 루터는 지난날 종교 개혁가인 후스에게 일어났던 일을 떠올리며 독일에서 한 발짝도 움직이지 않았어. 결국 루터는 교황으로부터 파문을 당하고 말았지. 루터는 어떤 반응을 보였을까? 루터는 사람들 앞에서 교황이 보낸 칙서를 불태워 버렸어. 이제 루터와 교황은 서로 돌아올 수 없는 강을 건너고 말았지.

면죄부를 파는 교황

루터는 자신의 의도와는 상관없이 불만을 품고 있던 기독교도들의 수장이 되었어. 울리히 폰 후텐과 같은 애국자는 그를 보호하기 위해 발 벗고 나섰어. 비텐베르크와 에르푸르트, 라이프치히의 대학생들도 당국이 루터를 구속하지 못하도록 방어했어. 작센의 선제후(독일 황제의 선거권을 가진 제후 - 역주)는 열정적인 청년들을 격려했지. 작센 지방에 머무르는 한 루터는 어떤 피해도 당할 리 없었던 거야.

이 모든 일이 1520년에 벌어졌어. 당시 세계의 절반을 통치하고 있던 스무 살의 카를 5세는 교황과 사이좋게 지내야 했어. 그래서 라인 강 유역의 도시 보름스에서 의회를 열고 루터에게 참석해 이 놀랄 만

보름스 의회에
참석한 루터

한 행동에 대한 설명을 할 것을 요구했지. 이제 독일의 영웅이 된 루터는 의회에 참석했어. 루터는 그가 쓰거나 말한 내용에 대해 한 글자도 부인하지 않았어. 그의 양심은 오로지 신의 말씀을 따르고 있다고 했지. 그는 이러한 양심에 따라 살든지 죽든지 하겠다고 말했어.

보름스 의회는 심사숙고 끝에 루터를 신과 인간 앞에서 법을 어긴 자라고 선언했단다. 독일인들에게는 누구든지 루터에게 잠잘 곳이나 먹을 것을 제공하지 말라고 명령했어. 또 이 비열한 이교도가 쓴 책도 읽을 수 없게 했지. 하지만 이 위대한 개혁가는 아무런 위험에 빠지지 않았어. 북부 독일의 대다수 사람들은 이 포고령이 대단히 부당하다고 생각했거든. 루터는 바르트부르크에 있는 작센 선제후의 성에 숨어 지내고 있었어. 그곳에서 누구나 『성경』을 읽고 깨달을 수 있도록 『성경』 전체를 독일어로 번역함으로써 교황의 권위에 도전했지.

종교 개혁이 종교 전쟁으로 번지다

이때부터 종교 개혁은 더 이상 정신적이거나 종교적인 문제만은 아니었어. 근대 교회 건축에 혐오감을 느끼던 사람들은 건물에 난입해

선사 시대

고대 동방 문명

고대 그리스 문명

고대 로마 문명

중세 시대

르네상스와 종교 개혁

혁명의 시대

근대 민족 국가의 등장

현대 세계의 형성

모든 걸 파괴시켜 버렸지. 빈곤한 기사들은 수도원이 차지하고 있던 땅을 빼앗아 과거의 영화를 되찾으려고 했어. 불만이 가득한 영주들은 황제가 자리를 비운 사이에 자신의 권력을 강화하려 했지. 반쯤 미친 선동가를 따르는 가난한 농민들은 옛 십자군의 열정으로 영주의 성을 약탈하고 불을 지르며 살인을 일삼았단다.

제국 전체가 무질서의 상태에 빠졌어. 어떤 영주는 프로테스탄트(신교도)가 되어 가톨릭교도(구교도)를 박해하기도 했지. 반대로 가톨릭교도로 남아 있던 영주들은 프로테스탄트로 개종한 주민들을 교수형에 처했어. 1526년 슈파이어 의회는 '백성들은 각자 영주의 종교를 따라야 한다.' 라고 선포함으로써 이 어려운 문제를 해결하려고 했어. 이 때문에 독일은 1,000여 개의 크고 작은 공국이 서로 대치하는 장기판처럼 되었고, 이후 수백 년간 정상적인 정치 발전이 어렵게 되었지.

1546년 2월에 루터는 세상을 떠났고 29년 전에 면죄부 판매 반대를 선언했던 바로 그 교회에서 장례가 치러졌어. 유머와 웃음을 즐기던 르네상스의 세계가 30년도 채 안 돼 언쟁과 중상모략을 일삼는 종교 개혁의 세계로 뒤바뀌고 말았지. 이제 교황이 다스리는 종교 제국의 시대는 막을 내리고 서유럽 전역은 신교도와 구교도가 자신의 교리를 지키기 위해 서로 죽고 죽이는 전쟁터로 변했어. 지금 우리의 눈으로 보면 당시의 사태는 고대 에트루리아의 신비로운 비문처럼 도무지 이해할 수 없는 수수께끼 같단다.

선사 시대

고대 동방 문명

고대 그리스 문명

고대 로마 문명

중세 시대

르네상스와 종교 개혁

혁명의 시대

근대 민족 국가의 등장

현대 세계의 형성

종교 전쟁

16~17세기는 종교 논쟁의 시대다

16세기와 17세기는 종교 논쟁의 시대였단다.

너희가 주위를 살펴보면 사람들이 '경제 문제'에 상당히 관심이 많다는 걸 알 수 있을 거야. 많은 사람들이 임금이나 노동 시간, 파업에 관해 이야기하는 걸 들을 수 있는데, 그만큼 오늘날 우리 사회가 관심을 갖는 주제이기 때문이야.

1600~1650년 시기의 어린이들은 우리보다 훨씬 더 열악한 상황에서 살았단다. '종교'에 관한 이야기 외에 다른 말은 전혀 듣지 못하고 자랐지. 구교도건 신교도건 자신의 진실한 신앙을 드러내기 위해 '예정설'*, '화체설'*, '자유 의지' 등 수많은 기묘한 용어들을 사용했어. 자녀들은 부모의 뜻에 따라 구교도, 루터파, 칼뱅파, 츠빙글리파, 재세례파* 중 하나를 선택해야 했어. 아이들은 루터가 편집한 『아우크스부르크 교리 문답』이나 칼뱅이 저술한 『기독교 강요』를 통해 교리를 배웠고, 또는 영국 국교회의 기도서에 실린 39개 신조를 중얼거려야 했지. 이런 것만이 '진정한 신앙'이라고 가르침을 받았단다.

* 예정설
구원은 인간의 행위나 노력이 아니라 신의 의지로 미리 정해져 있다는 기독교의 교리이다.

* 화체설
성찬식 때 먹는 빵과 포도주가 그리스도의 몸과 피로 변한다는 기독교의 교리이다.

* 재세례파
유아 세례를 받은 사람도 나중에 다시 세례를 받아야 한다고 주장한 기독교 교파이다.

아이들은 영국의 왕 헨리 8세가 교회를 완전히 강탈했다는 이야기를 듣게 되었어. 무슨 말이냐 하면 왕이 스스로 영국 교회의 수장이 되었다는 거야. 왕이 교황의 권리인 주교와 신부 임명권과 교회의 재산을 가로챈 거지. 아이들은 누군가가 고문실이 딸린 종교 재판소 이야기를 하면 악몽에 시달려야 했어. 또 네덜란드의 신교도들이 신앙이 다르다는 이유만으로 힘없는 늙은 신부들을 잔인하게 목매달아 죽였다는 이야기를 들으면서 벌벌 떨어야 했지. 두 종교 세력의 힘이 팽팽히 맞섰기 때문에 오히려 상황은 더 불행하게 돌아갔어. 그렇지 않았다면 분쟁은 더 빨리 마무리되었을지도 모르지. 분쟁은 오랜 시간 지속되었고 점점 더 복잡해지는 양상을 띠었어. 그래서 아빠는 중요한 점만 이야기해야 할 것 같구나. 나머지는 종교 개혁의 역사에 관한 다른 책들을 참고하길 바란다.

종교의 감시와 탄압이 횡행하다

신교도들의 개혁 운동은 교회 내부의 철저한 혁신을 통해 이루어졌어. 어설픈 인문주의자이자 그리스 로마 골동품 수집가에 지나지 않았던 교황들이 역사의 무대에서 내려오자 자신의 신성한 본분에 충실한 사람들이 그 자리를 대신 차지했지.

수도원이 오랫동안 누려왔던 좋은 시절도 이제 끝이 났어. 수도사와 수녀들은 해가 뜨면 교부에 대해 연구해야 했고 아픈 사람들을 돌보고 죽어 가는 사람을 위로하면서 분주하게 생활해야 했지. 종교 재판소는 불온한 교리들이 퍼지고 있지 않나 24시간 눈을 뜨고 감시해야 했어. 이즈음에서 흔히 불쌍한 갈릴레오 이야기가 나오지. 갈릴레오는 이상하게 생긴 망원경으로 천체를 관찰하고 『성경』의 가르침과 반대되는 말을 했다고 해서 감옥에 갇히는 신세가 되었어. 그런데 공평하게 말하자면 과학이나 의학을 적대시한 쪽에는 구교의 교황이나 종교 재판소뿐이 아니라 신교도들도 있었지. 신교도들도 사물의 이치를 스스로 관찰하고 깨닫는 사람들을 인류의 가장 위험한 적으로 간주하는 무지와 편견에 사로잡혔단다.

프랑스의 위대한 종교 개혁가이자(정치적으로나 정신적으로) 제네바 폭군이었던 칼뱅은 프랑스 당국이 미카엘 세르베투스(스페인의 신학자이자 의사. 최초의 해부학자 베살리우스의 조수로 유명함)를 교수형에 처하려고 할 때 이를 지지하고 나섰어. 뿐만 아니라 프랑스 감옥에서 탈출한 세르베투스를 다시 잡아 가두고 모진 고문을 한 뒤 과학자로서의 명성은 아랑곳하지 않고 단지 이단이라는 이유로 화형에 처했단다.

모든 일이 그런 식으로 이루어졌지. 물론 이에 대한 믿을 만한 자료가 있는 건 아니야. 하

장 칼뱅

지만 신교도들은 이런 상황에 구교도보다 일찍 혐오감을 느꼈어. 그래서 종교적 신념 때문에 화형을 당하거나 목매달려 죽은 이들은 대체로 로마 교회가 만든 희생자들이었지.

'관용'은 그나마 최근에 생긴 미덕이란다. 너희는 커서도 이 덕목을 잘 기억하길 바란다. 그런데 현대인들조차 관용을 자신과 별로 이해관계가 없는 데에만 적용하지. 예를 들면 아프리카 원주민이 불교도가 되든지 이슬람교도가 되든지 크게 상관하지 않는단다. 하지만 옆집 사는 이웃이 높은 보호관세를 옹호하는 공화당 지지자였는데, 어느 날 사회당을 지지하며 관세법 폐지 운동에 나선다면 관용이라는 말은 쏙 들어가고 말지. 그러고는 17세기에 구교도(또는 신교도)들이 자주 했던 말을 할 거야. 존경하고 사랑했던 저 친구가 신교도(또는 구교도)의 끔찍한 희생 제물이 되었다고 말이야.

선사 시대

고대 동방 문명

고대 그리스 문명

고대 로마 문명

중세 시대

르네상스와 종교 개혁

혁명의 시대

근대 민족 국가의 등장

현대 세계의 형성

신교와 구교, 종교 교육에 목숨 걸다

얼마 전까지만 해도 '이단'은 전염병처럼 여겨졌어. 오늘날 몸을 청결하게 하지 않아 장티푸스와 같은 전염병에 걸린 사람이 있으면 보건소 직원은 사회 전체의 안전을 위해 이 환자를 격리 조치시키지. 16~17세기에도 신교도나 구교도의 교리에 대해 근본적으로 의심을 하는 사람이 나오면 그를 장티푸스보다 더 위험한 이단으로 여겼단다. 장티푸스는 육체를 파괴하지만 이단은 영원불멸하는 영혼을 파괴시키지. 따라서 기존의 질서를 파괴하는 자를 경찰에 신고하는 것은 선량하고 합리적인 시민의 의무였어. 만일 그렇게 하지 않는 사람은 죄인으로 취급되었지. 오늘날 전염병 환자를 보고도 가까운 의사에게 알리지 않는 사람이 비난받는 것처럼 말이야.

나중에 너희는 예방 의학이라는 말을 듣게 될 거야. 예방 의학이란 환자가 병이 날 때까지 기다렸다가 치료하는 게 아니라 미리 질병의 원인을 제거하는 거지. 어떤 사람이 건강할 때 몸 상태나 환경을 조사하고 먹을 것과 먹지 말아야 할 것 등을 알려 줌으로써 병을 예방하는 거야. 그래서 의사 선생님이나 양호 선생님들이 학교를 찾아가 너희에게 칫솔질하는 법이나 감기에 걸리지 않는 법을 가르쳐 주는 거야.

16세기에는 육체적 질병보다 정신적 질병이 더 심각하다고 생각해 이를 예방할 체계를 만들었단다. 아이들이 글을 쓸 줄 아는 나이가 되면 '유일한 진짜' 신앙을 가르치기 시작했지. 이는 간접적으로나마 유럽인들이 전반적으로 발전하는 결과를 낳았어. 신교도 지역에 곧 학교가 세워졌지. 이 학교에서는 대부분 교리를 가르쳤지만 그 외의 것들도 교육을 했단다. 독서를 권장하다 보니 출판업이 발달하기도 했지.

구교도들도 이에 못지않게 교육에 많은 시간과 노력을 기울였어. 이런 이들에게 새로 설립된 예수회는 소중한 동반자였지. 이 조직을 세운 사람은 스페인의 군인이었어. 그는 불경스러운 삶을 살다가 회개하고 교회에 헌신하기로 다짐했지. 그는 구세군을 만들어 불우한 사람을 돕는 데 평생을 바쳤어.

예수회의 수장, 이그나티우스 데 로욜라

이 스페인 사람은 바로 이그나티우스 데 로욜라였어. 로욜라는 아메리카가 발견되기 1년 전에 태어났지. 그는 전쟁터에서 다치는 바람에 평생 절름발이로 살아야 했어. 병원에 입원해 있을 때 성모 마리아와 예수의 환상을 보고는 지나온 삶을 회개했지. 그리고는 십자군으로서 못 다한 임무를 수행하려고 예루살렘으로 갔어. 하지만 예루살렘에 가 보니 자기가 임무를 완수하기 어렵다는 걸 알고 다시 돌아와 루터파 사람들과 벌어진 전쟁에 참여했어.

이그나티우스 데 로욜라

1534년 파리 소르본 대학에서 공부할 때였어. 로욜라는 친구 일곱 명과 함께 모임을 만들었어. 이 여덟 사람은 서로 경건한 삶을 살고 부나 명예가 아닌 정의를 위해 노력하고 교회를 섬기는 데 몸과 마음을 다 바칠 것을 맹세했지. 몇 년 후 이 작은 모임이 정규 조직으로 성장해 교황 파울루스 3세에게 '예수회'로 승인 받았단다.

군인 출신인 로욜라는 엄격한 규율과 위계질서를 중시했어. 이것이 예수회가 큰 성공을 거두는 요인이 되기도 했지. 예수회 회원들은 교육을 전문화

했어. 교사들은 철저하게 교육을 받기 전까지는 단 한 명의 학생도 가르칠 수 없었어. 그들은 학생들과 함께 생활하면서 성심껏 보살폈어. 그 결과 중세 초기 사람들처럼 충실한 새로운 세대의 가톨릭교도들이 탄생하게 되었지.

하지만 예수회 회원들이 가난한 사람들을 교육하는 데만 모든 노력을 기울인 건 아니었어. 궁전에서 장차 황제나 왕이 될 사람들의 개인 교사가 되기도 했지. 이것이 무엇을 의미하는지는 나중에 '30년 전쟁'에 대해 이야기할 때 알게 될 거야. 물론, 이 광신적인 사건이 벌어지기 이전에도 커다란 일들이 많이 벌어지긴 했어.

펠리페 2세

스페인과 네덜란드 사이에 종교 전쟁이 발발하다

카를 5세가 세상을 떠나고 독일과 오스트리아는 그의 동생인 페르디난트가 물려받았어. 그리고 그 외의 스페인과 네덜란드, 인도와 아메리카는 카를 5세의 아들인 펠리페 2세에게 돌아갔지. 펠리페 2세는 카를 5세와 그의 사촌인 포르투갈의 공주 사이에서 태어났단다. 근친끼리 결혼하면 비정상적인 아이가 나오는 경우가 많아. 펠리페 2세의 아들인 돈 카를로스는 미치광이였고, 불행히도 아버지의 손에 죽임을 당하지. 펠리페 2세는 미치광이까지는 아니었지만 교회에 대한 열의가 지나쳐 광신자에 가까웠어. 그는 하늘이 자신을 인류의 구원자로 임명했다고 믿었어. 그래서 자기 말에 거역하는 사람을 인류의 적으로 여겼고 경건한 이웃의 영혼을 더럽히지 않기 위해서는 제거되어야 한다고 생각한 거야.

스페인은 원래 부유한 나라였단다. 새로 개척한 땅의 금과 은이 모두 카스티야와 아라곤으로 흘러들어 왔어. 그러나 이상한 경제 구조 때문에 어려움을 겪었지. 스페인의 농민들은 열심히 일했지만, 상류 계층은 육군과 해군이나 공직 외에는 어떤 종류의 노동도 모두 기피했어. 근면한 무어 인들은 오래전에 그 땅에서 쫓겨나고, 농사를 지을 인력이 부족해 곡식을 외국에서 수입해야 했어. 그 결과 세계의 보물 상자인 스페인은 많은 보물을 까먹고 말았어.

16세기에 가장 강력한 국가의 통치자였던 펠리페 2세는 네덜란드라는 부유한 상업 국가에서 거두어들인 세금에 의존할 수밖에 없었어. 하지만 이 플랑드르 인과 네덜란드 인은 루터와 칼뱅의 교리를 충실히 따랐지. 교회에 있는 모든 성상과 성화들을 제거하고 교황을 더 이상 자신들의 목자로 여기지 않았어. 대신 자신의 양심과 새로 번역된 『성경』의 가르침을 따르기로 마음먹었지.

이 때문에 펠리페 2세는 난처한 상황에 빠지고 말았지. 네덜란드 인들에게 이단을 용납할 순 없었지만 한편으로는 돈도 필요한 상황이었어. 그들이 신교도가 되는 걸 허용한다면 신에게 자신의 의무를 다하지 못하는 것이 되고, 반대로 그들을 종교 재판에 불러 화형에 처한다면 큰 수입원을 잃게 되는 거지.

우유부단했던 펠리페 2세는 오랜 시간을 끌면서 네덜란드 사람들을 좋은 말로 구슬리기도 하고 강하게 협박하기도 했어. 하지만 네덜란드 인들은 완강하게 버티면서 계속 찬송가를 부르며 루터파 목사나 칼뱅파 목사의 설교에만 귀를 기울였지. 낙심한 펠리페 2세는 이 고집스러운 죄인들에게 '철의 사나이' 알바 공작을 보냈어. 알바 공작은 네덜란드에 도착하자마자 아직 도망가지 못한 신교도 지도자들을 잡아다가 참수해 버렸지. 1572년(같은 해에 프랑스의 신교도 지도자들이 성

선사 시대

고대 동방 문명

고대 그리스 문명

고대 로마 문명

중세 시대

르네상스와 종교 개혁

혁명의 시대

근대 민족 국가의 통장

현대 세계의 형성

**프랑스 신교도들을
대량으로 죽인
'성 바르톨로메오
축일의 학살'**

바르톨로메오의 축일에 죽임을 당했음)에 알바 공작은 네덜란드의 수많은 도시들을 공격했고 다른 지역에 본보기를 보이기 위해 주민들을 모조리 학살했어. 이듬해에는 네덜란드 공업의 중심 도시인 레이덴을 포위했지.

그때 네덜란드의 북부에 있는 일곱 주가 '위트레흐트 동맹'이라는 방위 연합을 결성했어. 그리고 카를 5세의 개인 비서직을 수행했던 오라네 공작 빌렘은 육군의 지휘관 겸 '바다의 부랑자'로 알려진 해적들로 구성된 해군의 사령관이 되었지. 빌렘은 제방을 무너뜨려 육지를 얕은 바다로 만들고 바닥이 평평한 배를 타고 가서 레이덴을 구해 냈어.

스페인의 무적함대가 패배하다

무적의 스페인 국왕 부대가 이렇게 처참하게 패배한 건 이번이 처음이었어. 러일 전쟁에서 일본군이 만주에서 러시아를 상대로 승리를 거두어 세계가 깜짝 놀랐던 것만큼 놀라운 일이었지. 이번 승리로 신교도들은 새로운 용기를 얻었고, 펠리페는 반항적인 이들을 정복할 새로운 방법을 강구했단다. 펠리페 2세는 어느 광신도를 보내 오라녜 공작 빌렘을 암살했어. 하지만 지도자의 죽음을 보고도 네덜란드의 일곱 주는 절대 항복하지 않았어. 오히려 더욱 분노가 일어났지. 1581년 일곱 주의 대표자들은 네덜란드 헤이그에서 의회를 열고 '사악한 왕 펠리페 2세'와 완전히 관계를 끊는다고 선언했어. 그러면서 신의 은총으로 왕에게 부여되는 '주권'을 그들 스스로 떠맡게 되었지.

이 사건은 정치적 자유를 쟁취하려는 투쟁의 역사에서 매우 중요한 의미를 지닌단다. 이는 영국의 귀족들이 왕에게 강요한 마그나 카르타보다 한 단계 더 진보한 사건이었지. 네덜란드의 의회는 다음과 같이 선언했어. '왕과 백성 사이에는 서로 봉사하고 정해진 의무를 다해야 한다는 암묵적 동의가 존재한다. 만약 한쪽이 의무를 이행하지 못하면 다른 쪽이 계약을 파기할 수 있다.' 훗날 1776년에 영국의 조지 3세가 통치하던 미국도 이와 비슷한 결론을 내렸단다. 미국인들은 그나마 영국과 거리가 약 5,000km나 떨어져 있었어. 하지만 네덜란드 의회는 코앞에 있는 스페인 함대의 보복을 감수하면서까지 그런 결정을 내렸던 거야.

구교도인 '피의 여왕 메리'의 뒤를 이어 신교도인 엘리자베스가 영국의 여왕이 되자 스페인 함대가 네덜란드와 영국을 정복할 거라는 소문이 나돌았어. 몇 년 동안 부둣가에서 선원들은 모이기만 하면 이런 얘기를 했지. 1580년대에는 소문이 구체적인 사실로 드러나기 시작했어. 리스본에 사는 선원들의 말에 따르면, 스페인과 포르투갈의 모든 항구에서 배가 만들어지고 있다는 거야. 그리고 네덜란드 남부

스페인 무적함대의 패배

(벨기에)에서 파르마 공작은 함대가 도착하자마자 오스텐데에서 런던
과 암스테르담으로 보낼 대규모 원정대를 모집하는 중이었어.

1586년에 마침내 스페인의 무적함대가 북쪽으로 항해를 떠났어. 하
지만 플랑드르 해안의 항구들은 네덜란드 함대에 의해 봉쇄되고, 영
국 해협은 영국 군대가 지키고 있었어. 거기다가 스페인 사람들은 남
쪽의 고요한 바다에만 익숙해져 있어 북쪽의 험악한 날씨에 어떻게
대처해야 할지 몰랐어. 적의 함대와 폭풍우의 공격을 받았을 때 스페
인의 무적함대에 무슨 일이 벌어졌을지는 굳이 설명할 필요 없겠지?
배 몇 척만이 간신히 본국으로 돌아가 참혹한 패전 소식을 전할 수 있
었고, 나머지 배들은 북해의 깊은 바다 속으로 영영 잠기게 되었지.

해양을 둘러싸고 다툼이 일어나다

모든 일은 공평하게 진행되기 마련이란다. 이제 영국과 네덜란드의 신교도들이 스페인을 침공하기 시작했어. 16세기가 끝나기 바로 전에 호우트만은 린스호텐(포르투갈의 관리였던 네덜란드 인)이 쓴 소책자를 참고하여 마침내 인도로 가는 항로를 발견했어. 그 결과 네덜란드는 인도에 동인도 회사를 설립했고, 아시아와 아프리카에 있는 포르투갈과 스페인의 식민지를 둘러싸고 피비린내 나는 쟁탈전을 치렀어.

식민지 전쟁 초기에 네덜란드 법정에서는 아주 이상한 소송이 진행되었어. 17세기 초에 반 힘스케르크라는 네덜란드 선장이 말라카 해협에서 포르투갈 배 한 척을 나포한 거야. 이 선장은 예전에 인도의 북동 항로를 찾는 탐험대를 이끌고 노바야 젬랴 섬의 얼어붙은 해안에서 혹독한 겨울을 보냈던 인물로 유명했지.

예전에 교황이 세계를 둘로 나눠서 한쪽은 스페인에게 주고 다른 한쪽은 포르투갈에 주었다고 이야기한 것 기억나니? 포르투갈은 인도의 섬들을 둘러싼 바다를 당연히 자기네 것이라고 생각했지. 그래서 네덜란드의 무역 회사의 선장이 그 지역에 들어올 수 없고 그 주변에서 항해를 할 수도 없다고 주장한 거야. 그래서 소송이 제기되었지. 네덜란드의 동인도 회사는 이 사건을 변호해 줄 그로티우스라는 젊고 유능한 변호사를 고용했어. 그로티우스는 대양에서는 누구나 원하는 대로 항해할 수 있다는 놀라운 반론을 제기했어. 육지에서 대포를 쐈을 때 탄알이 미치지 않는 거리의 바다는 모든 나라의 배들이 자유롭게 지나다닐 수 있어야 한다는 거였지. 이런 주장이 법정에서 공식적으로 제기된 적은 한 번도 없었어. 해양 민족들은 모두 이에 반대하고 나섰지. 공해*(公海)에 대한 그로티우스의 견해에 반박하기 위해 영국인 존 셀던은 영해*(領海)에 관한 논문을 발표하기도 했어. 즉, 자기 나라를 둘러싸는 바다는 당연히 그 나라의 영토에 속한다는 것이었어. 아빠가 특별히 이 이야기를 하는 이유는 이 문제가 완전히

* 공해와 영해
공해는 어느 나라의 통치권도 미치지 않는 바다를 말한다. 따라서 모든 국가가 자유롭게 사용할 수 있다. 반면, 영해는 한 나라의 통치권이 미치는 바다이므로 그 나라의 허락 없이 함부로 들어갈 수 없다.

선사 시대

고대 동방 문명

고대 그리스 문명

고대 로마 문명

중세 시대

르네상스와 종교 개혁

혁명의 시대

근대 민족 국가의 등장

현대 세계의 형성

해결되지 않았고 제1차 세계 대전 때도 이로 인해 온갖 문제가 발생했기 때문이야.

처참한 결과를 낳은 30년 전쟁

다시 스페인과 네덜란드, 영국 사이에 벌어진 전쟁으로 돌아오자꾸나. 전쟁이 시작되고 20년도 채 안 된 시점에 이미 동인도 제도와 희망봉, 실론(스리랑카)과 중국 해안, 그리고 일본까지 신교도들의 수중에 들어갔어. 1621년에 서인도 회사가 설립되어 브라질을 점령했고, 북아메리카에서는 1609년 헨리 허드슨이 발견했던 강(허드슨 강) 하구에 뉴 암스테르담이라는 요새를 만들었단다.

이 새로운 식민지를 건설하면서 영국과 네덜란드 공화국은 점점 부유해졌어. 외국인 용병들을 고용해 땅에서 대신 싸우게 하고 그들은 무역과 상업에 전념했던 거지. 그들에게 신교도의 저항은 독립과 번영을 의미했어. 하지만 유럽의 다른 국가들에게 그것은 가히 상상조차 할 수 없는 처참한 공포의 연속이었지. 제1차 세계 대전은 그에 비하면 가벼운 소풍 정도로 여겨졌으니까.

30년 전쟁은 1618년에 발발해서 1648년에 베스트팔렌 조약*을 맺으면서 끝이 났어. 이 전쟁은 한 세기 내내 자라 온 종교적 증오심이 낳은 당연한 결과였지. 방금도 말했지만 이 전쟁은 상상도 못할 정도로 끔찍했어. 모든 사람이 전쟁에 휘말렸고 모두가 더 이상 싸움을 할 수 없을 정도로 힘이 바닥이 났을 때 싸움은 끝이 났어.

한 세대가 지나기도 전에 중부 유럽 대부분은 폐허가 되어 버렸어. 굶주린 농부들은 말의 시체를 놓고 배고픈 늑대와 싸워야 할 지경이었지. 독일에서는 도시와 마을의 80퍼센트 이상이 무참히 파괴되었어. 독일 서부의 팔츠는 스물여덟 번이나 약탈을 당했다고 해. 유럽의 인구는 약 1,800만 명에서 약 400만 명으로 줄어들었어.

30년 전쟁이 발발하다

합스부르크 왕가에서 페르디난트 2세가 황제로 선출되자마자 또다시 갈등이 불거졌어. 페르디난트 2세는 엄격한 예수회의 교육을 받았고 교회에 굉장히 순종적인 사람이었어. 그는 자기 영토 안에 있는 모든 이교도들을 뿌리 뽑겠다고 맹세하고는 그것을 지키고자 최선을 다했지. 하지만 그가 황제로 선출되기 이틀 전에 팔츠 선제후이자 영국의 제임스 1세의 사위인 프리드리히가 페르디난트의 뜻을 정면으로 거스르며 보헤미아의 왕이 되었단다.

합스부르크 군대는 곧장 보헤미아로 진격했어. 보헤미아의 젊은 왕은 부질없이 지원병을 기다리며 무시무시한 적군이 접근해 오는 걸 지켜보고 있어야만 했지. 네덜란드 공화국은 기꺼이 돕고 싶었지만 합스부르크 가문의 스페인 왕과 싸움을 벌이는 중이라 어찌할 도리가 없었어. 영국의 스튜어트 왕가 역시 머나먼 보헤미아 땅에 돈과 인력을 쏟아 부을 정도로 모험에 나서고 싶지 않았어. 영국은 절대 왕권을 강화하는 데 힘을 썼지. 몇 개월간의 전투 끝에 프리드리히는 쫓겨났고 그가 통치하던 땅은 가톨릭을 믿는 바이에른에 넘어갔어. 이렇게 해서 30년 전쟁의 서막이 열렸지.

틸리와 발렌슈타인이 지휘하는 합스부르크 군대는 독일의 신교 지역을 쳐들어가서 발트 해 연안까지 이르렀어. 신교도인 덴마크의 국왕에게 이웃에 구교 정부가 들어선다는 건 심각하게 위험한 상황이었단다. 덴마크의 왕 크리스티안 4세는 적이 더 강해지기 전에 공격해서 자신을 지키려고 했어. 그래서 덴마크 군대가 독일로 들어갔지만 참패하고 말았지. 엄청나게 공격을 퍼붓고 승리를 쟁취해낸 발렌슈타인 앞에서 감히 덴마크는 항복을 안 할 수가 없었지. 그렇게 해서 당시 발트 해 연안의 도시, 슈트랄준트만 신교 지역으로 남았고 나머지는 구교도에게 넘어갔어.

1630년 초여름에 스웨덴 바사 왕가의 구스타프 아돌프가 슈트랄준

선사 시대

고대 동방 문명

고대 그리스 문명

고대 로마 문명

중세 시대

르네상스와 종교 개혁

혁명의 시대

근대 민족 국가의 등장

현대 세계의 형성

트에 상륙했어. 구스타프 아돌프는 러시아에 맞서 조국을 지켜낸 왕으로 유명했지. 그는 스웨덴을 북유럽 제국의 중심지로 만들려는 야심을 갖고 있는 신교도 군주였어. 신교도인 유럽 제후들은 그를 루터파를 구원할 자로 여기고 열렬하게 환영했지. 구스타프의 군대는 마그데부르크의 신교도들을 학살한 틸리를 무찔렀어. 그런 다음 이탈리아 합스부르크의 영지까지 진격하기 위해 독일 중심부로 들어갔지. 이때 후방에서 구교도들이 위협하자 구스타프는 갑자기 방향을 바꿔 뤼첸에서 합스부르크의 주요 부대를 무너뜨렸어. 불행히도 스웨덴의 왕은 본대에서 이탈하는 바람에 전사했지. 그렇지만 이 전투에서 합스부르크 군대는 전멸하고 말았어.

상황이 이렇게 되자 의심 많은 페르디난트는 자기 부하들을 믿지 못

베스트팔렌 조약의 비준

했어. 그는 결국 총사령관인 발렌슈타인을 죽음으로 몰아넣었지. 이 소식을 들은 경쟁자 프랑스 부르봉 왕가는 신교 국가인 스웨덴과 손을 잡았어. 그리고 프랑스 루이 13세의 군대는 독일 동부 지역으로 쳐들어갔지. 프랑스의 투렌과 콩데 장군은 스웨덴의 바네르와 바이마르 장군과 함께 합스부르크 왕가의 재산을 약탈하고 불 지르고 살육을 저질렀어. 이 사건으로 스웨덴은 부와 명성을 얻게 되는데, 이를 본 덴마크가 스웨덴을 질투했지. 결국 신교 국가인 덴마크는 구교 국가인 프랑스와 손을 잡은 신교 국가 스웨덴에게 선전 포고를 했어. 그 이유는 프랑스의 지도자 드 리슐리외 추기경이 1598년 낭트 칙령에서 인정한 신앙의 자유를 무시하고 프랑스의 신교도인 위그노를 박해했다는 거였어.

베스트팔렌 조약으로 30년 전쟁을 끝맺다

이렇게 이해관계가 얽히고설키면서 전쟁은 아무런 결말도 없이 1648년 베스트팔렌 조약*을 맺으며 막을 내렸단다. 구교 세력은 여전히 구교를 고수했고 신교 세력도 계속해서 루터와 칼뱅, 츠빙글리의 교리에 충실했지. 신교 국가인 스위스와 네덜란드 공화국은 독립국가로 인정받았어. 프랑스는 메스와 툴, 베르 알자스 일부 지역을 얻게 되었고, 신성 로마 제국은 이제 사람도 돈도 희망도 용기도 없는 허수아비 신세로 전락했어.

30년 전쟁을 통해 유일하게 얻은 것도 어찌 보면 부정적인 것이었어. 바로 구교도와 신교도 둘 다 전쟁을 일으키려는 야심이 사라져 버린 거지. 이후에는 평화로운 상태를 유지했어. 평화롭다고 해서 종교적 감정이나 신학적 증오심까지 이 지구상에서 완전히 사라져 버린 건 아니야. 오히려 그 반대지. 구교와 신교 간의 다툼은 끝이 났지만 신교 내부에서 여러 종파가 나눠져 이전보다 더욱 치열한 갈등을 겪

* 베스트팔렌 조약
종교 전쟁이자 국제 전쟁인 30년 전쟁을 끝맺기 위해 맺은 조약이다. 전쟁이 끝나고 네덜란드와 스위스의 독립이 승인되었고 루터파 외에 칼뱅파에게도 신앙의 자유가 인정되었다.

선사 시대
고대 동방 문명
고대 그리스 문명
고대 로마 문명
중세 시대
르네상스와 종교 개혁
혁명의 시대
근대 민족 국가의 등장
현대 세계의 형성

었던 거야. 네덜란드에서는 예정론의 본질을 놓고 싸움이 벌어졌는데, 네덜란드 공화국이 수립된 이후 20년 동안 국가 번영에 이바지했던 정치가 올덴바르네벨트가 처형당하고 나서야 싸움은 끝이 났지. 영국에서도 종교적인 불화 때문에 시민전쟁이 발발했어.

유럽의 한 국왕이 법적 절차를 통해 처음으로 처형당한 이 사건을 이야기하기 전에, 먼저 영국의 이전 역사에 대해 몇 가지 말할 게 있단다. 이 책에서 아빠는 오늘날의 세계를 이해하는 데 도움이 될 만한 사건들만 이야기하려고 해. 어떤 나라에 대해서 설명하지 않고 넘어가는 건 그 나라가 싫어서 그런 게 아니라는 걸 이해해 주길 바란다. 아빠도 노르웨이나 스위스, 세르비아, 중국에서 일어난 일들도 이야기하고 싶단다. 하지만 이 나라들은 16~17세기 유럽의 역사에 크게 영향을 준 부분이 없으므로 양해하고 넘어가야겠구나. 하지만 영국의 경우는 많이 다르단다. 저 조그마한 섬에서 이루어진 일들은 지난 500년간 세계 곳곳의 역사에 많은 영향을 미쳤지. 따라서 영국의 역사에 대한 배경 지식이 없으면 신문에 나오는 내용을 이해하기 어려울 수 있어. 절대 군주가 통치하던 다른 유럽 국가와 달리 영국에서는 어떻게 의회 정치를 발전시켰는지 알아볼 필요가 있단다.

혁명의 시대

영국 혁명

짤막한 영국의 전근대사

초기 북서 유럽의 탐험가였던 카이사르는 기원전 55년 영국 해협을 건너 영국을 점령했단다. 그 후 400년 동안 영국은 로마 제국의 지배를 받았어. 하지만 동쪽의 야만족들이 로마 제국을 위협하는 바람에 영국에 있던 로마군들이 본국으로 철수해야 했지. 따라서 브리타니아 (고대 로마에서 당시 영국을 부르던 호칭 - 역주)는 정부도 없고 아무런 보호도 받지 못한 채 덩그러니 홀로 남아 있게 되었단다.

이 사실을 알게 된 독일의 색슨 족은 곧바로 북해를 건너 이 풍요로운 섬을 자기 땅으로 만들었어. 그들은 수많은 앵글로 색슨(최초의 침입자인 앵글스 족과 색슨 족의 이름을 따서 만든 이름)의 독립 왕국들을 세웠지만 이 소국들은 서로 끊임없이 싸우기 바빴지. 이들에게는 소국들을 통합할 강력한 힘을 가진 왕이 없었어. 그 후 500년 동안 이곳은 머시아, 노섬브리아, 웨식스, 서식스, 켄트, 이스트 앵글리아 등 여러 지역의 온갖 스칸디나비아의 해적에게 공격을 받았지. 그러다가 11세기가 되면 노르웨이와 북부 독일과 함께 영국은 크누트 대제의 거대한 덴마크 제국의 영토로 넘어가면서 마지막 남은 독립의 자취마저 사라져 버리고 말았어.

덴마크 사람들은 시간이 지나면서 영국에게 점점 쫓겨나긴 했지만, 영국은 또 네 번째로 정복을 당해야 했단다. 새로 등장한 적은 바로 10세기 초에 프랑스로 쳐들어가 노르망디 공국을 세운 스칸디나비아 사람들이었지. 1066년 10월 노르망디 공작 윌리엄은 마침내 영국 해협을 건넜어. 그는 오랫동안 바다 건너 영국을 부러운 눈으로 쳐다보고 있었거든. 그해 10월 14일에 윌리엄 공작은 헤이스팅스 전투에서 앵글로 색슨 족의 마지막 왕인 해럴드의 군대를 무너뜨리고 스스로 영국의 왕이 되었단다. 하지만 윌리엄이나 그의 후손인 앙주 왕가와 플랜테저넷 왕가 사람들은 영국을 진정한 조국으로 여기지 않았단다. 그들에게 영국은 단지 대륙에 딸려 있는 작은 섬나라에 불과했고 자신들의 언어와 문명을 전파해 줘야 할 미개한 식민지일 뿐이었어. 하지만 이 '식민지'가 점차 노르망디의 '조국'으로 변하게 되었지. 한편 프랑스 왕들은 프랑스에 전혀 복종하지 않는 노르망디-영국을 철저하게 없애 버리려고 했어. 마침내 프랑스는 100년에 걸친 전쟁에서 잔다르크라는 어린 소녀의 지휘 아래 이 '외국인들'을 자기 땅에서 몰아낼 수 있었어. 이 소녀는 1430년 콩피에뉴 전투에서 부르고뉴 인에게 포로로 잡혀 영국에 팔려가게 되었는데, 결국 마녀로 몰려 화형당하고 말지. 그 이후로 영국은 더 이상 대륙에 발을 들여놓지 않았고 영국의 왕들은 자기네 영토를 다스리는 데 온 힘을 기울일 수 있었어. 이 섬의 봉건 귀족들은 중세 시대에 흔히 그랬듯이 서로 세력 다툼을 하느라 정신이 없었지. 이른바 '장미 전쟁'*을 치르면서 대부분의 옛 봉건 지주들은 죽임을 당했고 마침내 왕은 손쉽게 왕권을 강화할 수 있었단다. 15세기 말에는 튜더 왕가*의 헨리 7세가 강력한 중앙 집권 체제를 갖추게 되지. 왕은 악명 높은 성실법정(웨스트민스터 궁전의 성실에서 열리던 특별 재판소 - 역주)을 두고 다시 권력을 잡고자 하는 옛 귀족 세력들을 잔인하게 짓눌러 버렸어.

선사 시대

고대 동방 문명

고대 그리스 문명

고대 로마 문명

중세 시대

르네상스와 종교 개혁

혁명의 시대

근대 민족 국가의 등장

현대 세계의 형성

* 장미 전쟁
1455년에서 1485년까지 영국의 왕권을 둘러싸고 두 귀족 가문인 랭커스터가와 요크가 사이에 벌어진 영국의 내전이다. 전자는 붉은 장미, 후자는 흰 장미를 문장으로 하고 있어 장미 전쟁이라고 불린다.

* 튜더 왕가
15세기 후반부터 17세기 초반까지 잉글랜드를 다스린 왕가이다. 헨리 7세부터 엘리자베스 1세까지 영국 절대주의의 최고 전성기를 이루었다. 이 시기에 영국 국교회를 확립하였고, 스페인 무적함대를 무찔러 해상권을 빼앗았다.

헨리 8세, 가톨릭교회와 결별하다

1509년 헨리 7세가 아들 헨리 8세에게 왕위를 물려주면서 영국의 역사는 중요한 의미를 갖게 된단다. 바야흐로 영국은 중세 시대에서 벗어나 근대 국가로 변모하게 되는 거지.

헨리 8세는 종교에는 그다지 관심이 없었어. 이혼 문제가 잦았던 헨리 8세는 사사건건 교황이 간섭하자 아예 로마로부터 독립을 선언하고 세속의 지도자가 교회의 수장을 겸하는 '국교회'를 만들었어.

헨리 8세

1534년에 일어난 이 평화로운 종교 개혁으로 튜더 왕가는 루터파로부터 공격을 받아 온 영국의 성직자들로부터 지지를 받았지. 또한 이전 수도원의 재산을 전부 거둬들여 왕권을 강화할 수도 있었어. 한편 헨리 8세는 상인과 무역업자들에게도 인기가 많았어. 그들은 깊고 넓은 해협을 경계로 유럽과는 분리된 섬에 살고 있는 자부심 강하고 부유한 영국의 주민들이었지. 따라서 '외국' 것은 뭐든지 싫어했고 이탈리아의 주교가 영국의 정신을 지배하는 걸 전혀 바라지 않았어.

1547년 헨리 8세가 죽고 열 살짜리 어린 아들 에드워드 6세가 왕위에 올랐어. 루터파의 교리에 호감에 갖고 있던 어린 왕의 후견인들은 신교를 부흥시키기 위해 최선을 다했지. 하지만 이 왕은 16세에 죽고 그 뒤를 다시 누이인 메리가 이었어. 메리는 스페인 펠리페 2세의 아내였는데, 구교도인 남편을 따라 영국 국교회 주교들을 화형에 처했지.

1558년 메리도 세상을 떠나자 이번에는

헨리 8세와 앤 불린의 딸인 엘리자베스 1세가 왕위를 이었어. 앤 불린
은 헨리의 여섯 아내 중 두 번째 아내였는데, 남편은 아내가 싫증난다
는 이유로 참수하고 말지.

엘리자베스 1세

엘리자베스 시대를 열다

엘리자베스 1세는 예전에 감옥
에 갇혔다가 신성 로마 제국 황
제의 요청으로 풀려난 적이 있었
단다. 그래서 가톨릭과 스페인에
대해 증오하는 마음이 있었어.
엘리자베스 1세는 종교에 대한
무관심이나 예리한 판단력을 아
버지로부터 물려받아서인지 45
년 동안 통치하면서 왕권을 확장
하고 국가의 부를 증대시킬 수
있었어. 그녀는 자기 주위에 능
력 있는 인재들을 불러 모아 엘
리자베스 시대를 열었지. 이 시
대에 관해서는 좀 더 자세히 이
야기하고 있는 책을 참고하면 좋
겠구나.

하지만 이런 엘리자베스 1세도 항상 왕좌를 빼앗길까 봐 노심초사
했단다. 다름 아닌 위협적인 경쟁자인 스튜어트 왕가의 메리를 늘 의
식해야 했어. 메리는 프랑스의 공작인 어머니와 스코틀랜드 출신 아
버지 사이에서 태어났고, 프랑스의 프랑수아 2세의 왕비이자 메디치
가 카트린(성 바르톨로메오 학살의 주동자)의 며느리이기도 했어. 그녀의

선사 시대

고대 동방 문명

고대 그리스 문명

고대 로마 문명

중세 시대

르네상스와 종교 개혁

혁명의 시대

근대 민족 국가의 등장

현대 세계의 형성

아들은 훗날 스튜어트 왕가 최초로 왕(제임스 1세)이 되었지. 독실한 가톨릭 신자였던 메리는 엘리자베스 1세의 적들과 우호적인 관계를 맺었어. 하지만 정치적 능력이 부족했던지라 칼뱅파를 과격하게 처벌했고, 그로 인해 스코틀랜드에서 일어난 반란을 피해서 잉글랜드로 가야만 했지. 메리는 18년 동안 잉글랜드에 머물면서 자신에게 피난처를 제공해 준 엘리자베스를 제거하려고 호시탐탐 반역의 기회를 노리고 있었어. 충실한 신하들은 엘리자베스 1세에게 저 스코틀랜드 여왕의 머리를 잘라 버려야 한다고 조언했지.

1587년에 메리의 머리가 여지없이 잘려 나가자 스페인은 전쟁을 선포했어. 하지만 앞에서 이야기했듯이 영국과 네덜란드의 연합 함대는 펠리페의 스페인 무적함대를 무찔렀고, 이로써 식민지 개척을 위한 발판이 마련되었단다.

여러 해를 고민한 끝에, 영국은 네덜란드와 마찬가지로 인도와 아메리카로 쳐들어가 스페인의 손아귀에 고통 받는 신교도들을 구하는 것이 마땅한 권리라고 생각했어. 초기에 콜럼버스의 뒤를 이어 등장한 탐험가들 중에는 영국 사람들도 있었어. 베네치아 출신의 조반니 카보토가 이끈 영국의 배는 1496년에 최초로 북아메리카 대륙을 탐험했지. 래브라도와 뉴펀들랜드는 식민지로서는 크게 가치가 없는 땅이었지만, 뉴펀들랜드 연안의 풍부한 어장은 영국 어민들에게는 커다란 부를 안겨다 주었단다. 1년 후 카보토는 플로리다의 해안도 탐사했지.

헨리 7세와 헨리 8세가 통치하던 시절에 영국은 해외를 탐험할 충분한 돈이 없었어. 하지만 스튜어트 왕가의 메리 여왕이 감옥에 갇히고 엘리자베스 1세가 통치하면서 평화가 찾아왔지. 그러면서 선원들은 남겨진 가족이나 재산을 걱정하지 않고 항해에 나설 수 있었어. 엘리자베스 여왕이 아직 어린 아이였을 때, 윌로비가 용감하게 노르웨이의 북단인 노스 곶을 통과했고, 그의 부하인 리처드 챈슬러는 인도로 가는 항로를 찾아 더 동쪽으로 가다가 러시아의 아르항겔스크에 도착했어. 그곳에서 그는 모스크바 제국의 통치자와 외교 및 통상 관계를 맺었지. 엘리자베스 시대 초기에는 많은 사람들이 이러한 항해를 시도했단다. '합자 회사'를 운영하던 무역상들은 새로 발견한 땅에 무역 회사를 세웠고, 이들 회사는 장차 영국의 식민지 개척의 주역이 되었어. 반은 강도이고 반은 외교관인 무역상들은 모든 것을 배에 실어 나르는 밀수업자이자 오로지 눈앞의 이익밖에 모르는 장사꾼들이었어. 또한 영국의 처녀 여왕 엘리자베스 1세의 명성을 전 세계 곳곳에 전하는 파수꾼이었지. 한편, 국내에서는 윌리엄 셰익스피어가 여왕을 즐겁게 해 주었고, 당대 우수한 두뇌들이 여왕을 보필하면서 영국은 헨리 8세의 봉건적 잔재를 청산하고 새로운 근대 국가로 나아가고자 했어.

스튜어트 왕가의 제임스 1세가 왕위에 오르다

1603년 엘리자베스 여왕은 70세를 일기로 세상을 떠났단다. 그리고 그녀의 조카이자, 그녀의 할아버지인 헨리 7세의 증손자이자, 그녀와 원수지간인 메리 스튜어트의 아들인 제임스 1세가 왕위를 이었지. 신의 은총인지는 모르겠지만, 제임스 1세가 통치할 때 영국은 유럽 대륙과는 다른 길을 걷게 되었어. 대륙에서는 신교도와 구교도가 자신의 교리를 수호하기 위해 서로 죽고 죽이는 의미 없는 싸움을 진행하고 있을 때, 영국은 루터파나 로욜라파가 극단으로 치우치지 않고 평화롭게 개혁을 추진할 수 있었지. 이 때문에 영국은 앞으로 다가올 식민지 쟁탈전에서 유리한 위치를 차지할 수 있었고, 이를 토대로 오늘날까지도 국제 사회에서 지도적 역할을 수행할 수 있게 되었지. 스튜어트 왕가*가 아무리 발버둥 쳐도 이러한 시대적인 흐름을 막을 수는 없었어.

튜더 왕가의 뒤를 이은 스튜어트 왕가는 이제 영국에서 '이방인' 같은 존재가 되어 버렸어. 스튜어트 왕가는 이 사실을 인정하지도 이해하지도 못했던 것 같아. 본토 사람들인 튜더 왕가는 말을 훔칠 수 있

* 스튜어트 왕가
1371년부터 스코틀랜드를 지배하고 있다가 잉글랜드의 튜더 왕조를 계승한 왕가이다. 1603년 스코틀랜드의 제임스 7세가 제임스 1세라는 이름으로 잉글랜드의 왕을 겸하면서 왕조가 시작되었다. 1714년에 앤 여왕이 죽고 하노버 공이 왕위를 이으면서 하노버 왕조로 바뀌었다.

선사 시대

고대 동방 문명

고대 그리스 문명

고대 로마 문명

중세 시대

르네상스와 종교 개혁

혁명의 시대

근대 민족 국가의 등장

현대 세계의 형성

었지만 이방인 스튜어트 왕가는 말안장만 쳐다봐도 사람들은 못마땅해 했지. 튜더 왕가의 늙은 여왕 엘리자베스는 자기 마음껏 나라를 다스렸지만 보통 영국 상인들 호주머니 속에 돈이 들어갈 수 있도록 정책을 펴 나갔단다. 그래서 여왕은 많은 사람들의 전폭적인 지지를 받았어. 그리고 의회는 성공적인 외교 정책을 통한 이익을 위해 자신의 특권이나 자유를 어느 정도 포기하기도 했지.

스튜어트 왕가의 제임스 1세는 겉으로는 엘리자베스 여왕의 정책을 그대로 유지하는 듯 보였어. 하지만 제임스는 선조들처럼 개인적인 열정이 부족했어. 대외 무역을 계속 장려하고 가톨릭 세력을 억제하면서도, 스페인이 우호 관계를 맺자고 은근한 눈길을 보내자 이를 덥석 받아들였지. 영국 사람들 대다수는 이를 싫어했지만 자기 나라의 왕이 결정한 거라 어쩔 수 없이 가만히 있었단다.

찰스 1세

왕권신수설을 주장한 찰스 1세

얼마 지나지 않아 또 마찰이 생겼어. 제임스 왕과 1625년에 그 뒤를 이은 찰스 1세 모두 '왕권신수설'을 굳게 믿고 있었어. 이 둘은 국민이 바라는 건 무시한 채 자기 멋대로 나라를 다스렸지. 사실 이런 생각이 처음 나온 건 아니야. 로마 황제의 후계자와 마찬가지였던 교황들은 스스로를 '이 땅에서 그리스도의 대리인'이라고 자처했어. 아무도 이 땅을 다스리는 신의 권한에 대해 의심하지 않았어. 따라서 사람들에게 복종을 요구하는 교황에 대해 누구도 의문을 제기하지 않았던 거야. 그는 우주의 전지전능한 신의 대리인이었으니까.

루터의 종교 개혁이 성공을 거두면서 교황이 가지고 있던 신적 권리가 이제 신교도로 개종한 군주들에게로 넘어갔어. 그들은 국가와 교회 모두의 수장으로서 자기 나라 안에서 '그리스도의 대리인'이라고 주장했지. 국민들은 지배자들이 이런 식으로 자신의 권리를 쟁취하는 것에 대해 별로 의혹을 제기하지 않았어. 현대인들이 대의 정치를 가장 합리적인 정치 형태로 받아들이는 것처럼 당시 사람들도 절대 군주제를 당연하게 받아들였던 거야. 그래서 제임스가 소리 높여 '왕권신수설'을 강조했다고 해서 루터파나 칼뱅파가 분노했을 거라고 판단하는 건 옳지 않아. 영국인들이 왕권신수설에 대해 불신한 데는 분명 또 다른 이유가 있었던 거지.

왕권신수설을 강력하게 부정한 사건은 1581년 네덜란드에서 가장 먼저 일어났단다. 네덜란드 의회는 스페인의 국왕인 펠리페 2세를 폐위하겠다고 선언했지. 그들은 이렇게 말했어. "왕은 계약을 어겼기 때문에 불충한 하인이 해고당하듯 왕도 해고당해야 한다." 이 사건 이후로 국민에 대한 왕의 책임을 강조한 이런 생각들은 북해 연안의 여러 나라에 빠르게 퍼져 나갔지. 이 나라의 국민들은 부유했기 때문에 유리한 위치에 있었어. 유럽 중부에 있는 나라에 사는 사람들은 가난했고 왕의 군대에게 항상 감시를 받았기 때문에 문제를 제기했다가는 바로 감옥행이었어. 하지만 네덜란드와 영국의 상인들은 강대한 군대를 소유할 수 있는 자본과 '신용'이라는 막강한 무기가 있었기 때문에 두려울 게 전혀 없었지. 합스부르크 왕가나 부르봉 왕가, 스튜어트 왕가가 제아무리 '왕권신수설'을 주장해도 상인들은 돈이 지닌 '신성한 권리'를 내세우며 맞섰던 거야. 이들은 돈이 왕의 유일한 무기인 군대를 무너뜨릴 수 있다는 사실을 잘 알고 있었지. 그래서 다른 나라 사람들이 목이 날아갈까 무서워 고통을 감내하는 동안 네덜란드와 영국 국민들은 대담하게 행동했던 거야.

선사 시대

고대 동방 문명

고대 그리스 문명

고대 로마 문명

중세 시대

르네상스와 종교 개혁

혁명의 시대

근대 민족 국가의 등장

현대 세계의 형성

스튜어트 왕가는 국민에 대한 책임감 따위는 필요 없다고 하며 국민들을 짜증나게 했어. 그러자 영국의 중산층은 왕권 남용에 대한 최초의 방어 수단으로 하원을 이용했어. 하지만 왕은 이에 굴복하지 않고 의회를 해산시켜 버렸어. 뿐만 아니라 11년이라는 기간 동안 독재 정치를 펴 나갔지. 부당하게 세금을 걷고 마치 영국의 모든 영토가 자기 땅인 양 맘대로 통치했어. 주위에 유능한 신하들이 있어서 그런지 믿는 구석이 있었던 것 같아.

찰스 1세, 처형장의 이슬로 사라지다

하지만 찰스는 충실한 스코틀랜드의 국민들에게 지지를 받기는커녕 오히려 스코틀랜드 장로교파와 갈등을 빚게 되었어. 전쟁 비용이 필요하게 된 찰스는 어쩔 수 없이 의회를 소집하게 되었지. 1640년 4월에 열린 의회는 험악한 분위기 속에서 진행되다가 몇 주 만에 해산되었어. 같은 해 11월에 또 한 번 의회가 소집되었지만 이때 의회 의원들은 더욱 반항적인 모습을 보였지. 의원들은 반드시 '의회에 의한 정부'를 쟁취해 내야 한다고 생각했어. 그들은 왕을 공격해 왕의 고문관 대여섯 명을 처형했고, 의회의 승인 없이 의회를 해산하는 일은 절대 용납할 수 없다고 선언했어. 1641년 12월 1일 영국 의회는 통치자의 실정에 대한 국민의 불만을 낱낱이 기록한 '대간의서(大諫議書, Grand Remonstrance)'를 왕에게 제출했지.

1642년 1월 찰스는 지방에서 자신을 지지할 세력을 모으기 위해 런던을 떠났어. 왕과 의회는 각자 군사를 조직하고 서로 맞붙어 싸웠지. 이 전쟁 기간에 가장 강력한 종교 세력인 청교도가 재빨리 전선으로 나아갔어. 올리버 크롬웰은 이 '독실한 사람들'로 구성된 부대에게 엄격한 규율을 적용하고 신성한 자부심을 심어 주었지. 이들은 곧 반란군의 모델이 되었고, 찰스의 군대에게 두 번이나 패배를 안겨 주었어.

1645년 네이즈비 전투에서 패배한 찰스는 의욕을 상실한 채 스코틀랜드로 달아났는데, 스코틀랜드 사람들이 그를 영국에 팔아넘겼지.

이어서 스코틀랜드의 장로교파는 영국의 청교도를 꺾으려는 음모를 드러내기 시작했어. 결국 1648년 8월, 프레스턴 팬스에서 벌어진 사흘간의 전투에서 크롬웰은 승리를 거두고 에든버러를 점령했지. 한편 종교 논쟁에 너무 싫증을 느낀 크롬웰의 군대는 주도권을 잡기 위해 행동에 나섰어. 청교도의 견해에 동의하지 않은 의원들을 의회에서 쫓아내었고, 남은 의원들은 왕을 대역죄로 고발했어. 하지만 상원들이 법관이 되길 거부하자 특별 법관을 임명해 왕에게 사형 선고를 내렸단다. 1649년 1월 3일, 찰스는 사형장으로 발길을 옮겼어. 그날은 국민들이 자신이 선택한 대표자를 통해 근대 국가의 국민의 위상을 이해하지 못한 통치자를 처음으로 처형하는 날이었어.

올리버 크롬웰

올리버 크롬웰의 시대가 오다

찰스가 죽은 이후 시기를 보통 올리버 크롬웰의 시대라고 부른다. 처음에는 비공식적인 절대 권력자였던 크롬웰은 1653년에 공식적으로 호민관이 되어서 5년간 영국을 통치하지. 그 기간에 엘리자베스의 정책을 그대로 이용했어. 스페인은 또다시 영국의 주요 적대 국가가 되었고 스페인과의 전쟁은 국가적이며 종교적인 문제로 떠올랐단다.

무엇보다도 영국은 상인들의 이익을 보장하는 데 주력했고 신교도

선사 시대

고대 동방 문명

고대 그리스 문명

고대 로마 문명

중세 시대

르네상스와 종교 개혁

혁명의 시대

근대 민족 국가의 등장

현대 세계의 형성

의 교리를 엄격하게 지켰지. 크롬웰은 대외적으로 영국의 지위를 확고히 유지하는 데는 성공했어. 하지만 그는 사회를 개혁하는 데는 완전히 실패했지. 세상에는 수많은 사람들이 있는데, 그들의 생각이 좀처럼 같을 수가 없어. 그런데 정부가 어느 일부 세력을 위해서만 존재하다보면 결국 전체 공동체는 살아남기 힘들지. 왕권의 남용을 바로잡으려고 할 때는 청교도들이 큰 힘을 발휘할 수 있었지만, 그 정부가 절대 통치 세력으로 변하자 국민들이 더는 참을 수가 없었던 거지.

스튜어트 왕가가 복귀하다

1658년 크롬웰이 죽자 스튜어트 왕가는 다시 왕좌로 쉽게 돌아왔어. 찰스 왕의 멍에만큼이나 청교도 권력자들의 멍에가 큰 고통을 준다는 사실을 깨달은 국민들은 스튜어트 왕가를 '구원자'로 환영했던 거야. 스튜어트 왕가가 전처럼 신성한 권리를 내세우지 않고 의회의 우월적인 지위를 인정해 준다면 국민들은 충성스러운 신민이 되겠다고 약속했어.

이처럼 새로운 질서를 확립하는 데 두 세대의 기간이 필요했던 거야. 하지만 스튜어트 왕가는 겉으로는 교훈을 얻은 듯했지만 실제로는 옛날의 나쁜 습관을 여전히 버리지 못했어. 1660년에 복귀한 찰스 2세는 성격은 좋았지만 능력은 없었어. 모든 일을 대충대충 처리하고 거짓말까지 일삼다 보니 국민과의 충돌을 피할 수 없었지. 1662년에는 왕이 '통일령(통일적인 기도서를 사용하도록 정한 법령 - 역주)'을 반포해 이와 견해가 다른 목사들은 모두 교구에서 추방해 청교도의 세력을 약화시켰어. 1664년에는 '비밀 집회 금지령'을 내려 국교회에 반대하는 세력(비국교도)은 서인도 제도로 추방하겠다고 위협했지. 이는 과거에 왕권신수설을 주장하던 시대와 별로 다를 바가 없었던 거야. 사람들은 이 같은 행태에 더 이상 참기가 어려웠고 의회도 왕에게 자금을 지원하지 않으려 했지.

찰스 2세는 더 이상 의회에서 돈을 받지 못하자 이웃이자 사촌인 프랑스의 루이 14세에게 몰래 돈을 꾸었어. 찰스 2세는 신교 동맹을 배신한 대가로 프랑스에서 매년 20만 파운드를 받았던 거야. 그러면서 의회를 불쌍한 얼간이라고 비웃었지.

경제적으로 독립을 하게 되자 찰스 2세는 갑자기 자신감이 생겼단다. 그는 이전에 몇 년간 몰래 숨어 지내면서 가톨릭에 대한 호감을 갖게 되었지. 이제 왠지 찰스 2세는 영국을 예전의 로마 제국으로 되돌리려 할 것 같았어! 그는 가톨릭 교도와 비국교도를 억압하는 옛 법안들을 폐지하기 위해 '신앙 자유령'을 선언했어. 이런 일이 벌어질 때 찰스 2세의 동생인 제임스는 가톨릭 신자가 되었다는 소문이 돌았어. 사람들은 이 모든 일에 의심의 눈초리를 보냈고, 교황이 음모를 꾸미고 있다며 두려워하기 시작했어. 다시 영국 땅에 불안한 기운이 감돌게 되었지. 대부분의 영국 국민들은 내전이 다시는 일어나지 않길 원했어. 그들에게는 동족 간에 싸움이 일어나느니 차라리 가톨릭 군주의 폭압, 심지어 왕권신수설까지도 그냥 받아들이는 편이 더 나았던 거야. 하지만 다른 한편에는 이보다 더 관대하지 못한 사람들이 있었어. 이들은 몇몇 귀족들이 이끌었는데, 비국교도가 등장하는 걸 두려워하

찰스 2세

선사 시대

고대 동방 문명

고대 그리스 문명

고대 로마 문명

중세 시대

르네상스와 종교 개혁

혁명의 시대

근대 민족 국가의 등장

현대 세계의 형성

면서도 옛 절대 왕권 시대로 돌아가지 않길 원했지.

거의 10년 동안 휘그당(중산층을 대변하는 당, 1640년 스코틀랜드의 말몰이꾼인 휘거모어 족이 장로교 목사의 지휘 아래 왕에게 저항하려고 에든버러로 갔다고 해서 조롱조로 붙여진 이름)과 토리당(본래 아일랜드의 왕권 지지자들을 일컫는 별칭이었지만 지금은 왕당파에 적용되고 있음)이 서로 대치했지만 어느 누구도 위기 상황이 닥치는 걸 바라진 않았어. 따라서 두 당은 찰스 2세가 침대에서 평화롭게 세상을 떠나는 것도 내버려 두었고, 1685년에 가톨릭으로 개종한 제임스 2세가 형의 뒤를 이어 왕이 되는 것도 인정했지. 하지만 1688년 제임스 2세가 프랑스의 가톨릭교도가 지휘하는 '상비군'을 끌어들여 위협하면서 제2의 '신앙 자유령'을 발표하고 모든 국교도에게 이를 지키라고 명령했을 땐 사정이 달랐단

제임스 2세

다. 주교 일곱 명이 명령을 거부하자 왕은 이들을 반역자로 법정에 세웠어. 하지만 배심원단은 이들에게 무죄를 선고했고 백성들은 결과에 환호했지.

이 불운한 시기에 제임스 2세는 아들을 가졌단다. 두 번째 아내인 모데나의 가톨릭 귀족인 메리와의 사이에서 낳은 자식이었지. 이는 왕의 자리가 신교도인 메리나 앤이 아닌 구교도인 이 아들에게 넘어간다는 걸 의미했어. 사람들은 의심하기 시작했지.

"모데나의 메리는 아이를 낳기엔 나이가 너무 많아! 이건 음모야! 영국을 가톨릭 공화국으로 만들려고 예수회 신부가 왕궁에 수상한 아이를 데

려온 거라고!"

사람들의 의심은 꼬리에 꼬리를 물었지. 마치 금방이라도 내전이 일어날 것만 같았어. 이때 휘그당과 토리당의 대표 일곱 명이 제임스 2세의 장녀인 메리의 남편에게 편지를 보냈어. 그는 바로 네덜란드의 총독인 윌리엄 3세였지. 편지 내용은 영국으로 넘어와서 합법적이긴 하지만 전혀 바람직하지는 못한 이 군주로부터 자신들을 구해 달라는 요청이었어.

1688년 11월 5일, 마침내 윌리엄 3세는 영국의 토베이에 도착했어. 그는 장인인 제임스 2세가 희생당하는 걸 원치 않았기 때문에 프랑스로 안전하게 피하도록 도와주었지. 1689년 1월 22일 윌리엄은 의회를 소집했어. 같은 해 2월 13일에는 윌리엄 3세와 메리 2세 부부가 영국의 공동 군주임을 선포했지. 이에 따라 국교회가 그대로 유지될 수 있었어.

권리 장전으로 조용한 혁명을 이루다

왕의 자문 기관 이상의 지위를 얻길 원했던 의회는 이번 기회를 최대한 활용했단다. 1628년의 '권리 청원'을 기록 보관소 구석에서 찾아낸 뒤 이보다 더 엄격한 '권리 장전'을 제시했지. 여기에는 영국의 국왕은 반드시 영국 국교회 소속이어야 한다는 조항을 명시했어. 게다가 왕은 법률을 정지하거나 어떤 특정 집단에게 법률을 지키지 않아도 되는 특권을 허용할 권리가 없다고 했지. 뿐만 아니라 의회의 승인 없이는 어떤 세금도 거둘 수 없고 어떤 군대도 두어서는 안 된다는 내용도 규정했어. 이렇게 해서 영국은 1689년 다른 유럽 국가들은 알지 못하는 엄청난 자유를 얻게 되었어.

윌리엄의 통치가 지금까지 중요한 의미를 갖는 건 단지 자유를 많이 얻었다는 사실 때문만은 아니야. 그가 영국을 다스리는 동안 '책임 있

선사 시대

고대 동방 문명

고대 그리스 문명

고대 로마 문명

중세 시대

르네상스와 종교 개혁

혁명의 시대

근대 민족 국가의 등장

현대 세계의 형성

영국의 권리 장전

는' 각료들로 구성된 정부가 처음으로 등장했던 거야. 혼자서 영국 전체를 다스리기가 어려웠던 왕에게는 믿을 만한 조언자가 필요했지. 튜더 왕조에게는 귀족과 성직자로 구성된 대평의회(Great Council)가 있었어. 이 조직은 점점 커지다가 다시 소규모의 추밀원(Privy Council)이 되었지. 시간이 지나면서 왕과 이 조언자들이 궁전의 작은 방(cabinet)에서 만나는 것이 관례가 되었어. 그래서 이들의 모임을 각료 회의(Cabinet Council)라고 부르게 되었지.

앞선 영국의 왕들처럼 윌리엄도 여러 정당에서 자문 위원을 선택했단다. 그런데 의회의 힘이 커지고 있고 휘그당이 하원의 다수를 차지하고 있어 토리당의 도움만으로 국정을 운영하기가 어려웠어. 그래서 왕은 각료 회의에서 토리당을 모두 물러나게 하고 휘그당으로 채웠지. 몇 년 뒤 휘그당이 하원에서 힘을 잃게 되자 왕은 편의상 다시 토리당 지도자들에게 협력을 요청할 수밖에 없었어.

윌리엄 3세는 1702년에 세상을 떠나기 전까지도 영국 정부를 괴롭히는 프랑스의 루이 14세와 싸우느라 바빴어. 그래서 실제로 중요한 나랏일은 모두 각료가 맡아서 처리했지. 1702년에 윌리엄 3세의 처제인 앤 여왕이 왕이 된 후로도 상황은 똑같이 흘러갔어. 앤 여왕이 죽은 1714년에는 그녀의 자녀들 17명이 모두 죽었기 때문에 하노버 왕가*의 조지 1세(제임스 1세의 손녀인 소피아의 아들)가 그 뒤를 이어 왕이

* 하노버 왕가
1714년 독일의 하노버가 출신 조지 1세부터 시작해 빅토리아 여왕이 죽은 1901년까지 영국을 다스리던 왕가를 말한다. 1917년에 윈저 왕가로 이름을 바꾸었다.

되었어.

영어를 하나도 할 줄 몰랐던 조지 1세는 미로처럼 복잡한 영국의 정치 상황 속에서 길을 잃고 헤맸단다. 모든 국정을 각료에게 맡기고 알아들을 수 없는 말만 하는 회의에는 아예 참여를 하지 않았어. 이렇게 해서 왕 없이 내각이 잉글랜드와 스코틀랜드(스코틀랜드 의회는 1707년에 잉글랜드 의회와 합쳐짐)를 통치하는 전통이 자리 잡게 되었지. 대신 왕은 주로 유럽 대륙에서 시간을 보내게 되었어.

조지 1세와 조지 2세가 통치하는 기간에는 휘그당이 계속 내각을 맡아 보았지. 로버트 월폴 경이라는 휘그당원은 무려 21년 동안이나 각료직을 맡았다고 하는구나. 휘그당의 지도자들은 실제 내각의 공식적인 지도자였을 뿐 아니라 의회 다수당으로서도 인정을 받았지. 조지 3세는 국무를 내각에 넘기지 않고 자기가 직접 처리해 보려고 했지만 실패로 돌아갔고 그 이후에는 그런 시도가 전혀 되풀이되지 않았어. 그리고 18세기 초부터 영국은 내각이 나라의 일을 집행하는 대의 정부를 수립했어.

솔직히 이런 정부가 사회의 모든 계층을 대표한다고 말할 수는 없어. 심지어 당시에는 열 명 중 한 명꼴로 선거권이 주어졌지. 하지만 이것은 근대적인 대의 정부의 기초가 되었어. 조용하고 평화롭게 왕의 권력이 국민의 대표자들에게 차츰 넘어갔던 거야. 이러한 조용한 혁명이 있었기에 유럽 대륙에서 18세기와 19세기에 일어났던 처참한 혁명의 불길 속에서도 영국이 그나마 자유로울 수 있었던 거야.

선사 시대

고대 동방 문명

고대 그리스 문명

고대 로마 문명

중세 시대

르네상스와 종교 개혁

혁명의 시대

근대 민족 국가의 등장

현대 세계의 형성

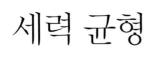

세력 균형

프랑스의 화려한 발전을 이룬 루이 14세

영국 사람들이 자유를 쟁취하기 위해 싸우는 동안 프랑스에서는 어떤 일이 일어났는지 살펴볼까? 역사에는 바람직한 시기에 바람직한 나라에서 바람직한 인물이 등장하는 경우는 거의 드물다고 봐야 해. 하지만 프랑스의 루이 14세는 이러한 이상적인 조건에 부합한 인물이었어. 물론 다른 유럽 국가에서 봤을 땐 그가 없었다면 더 행복했을지도 모르지.

이 젊은 왕이 통치하던 시기의 프랑스는 가장 화려하고 눈부신 발전을 이룬 나라였어. 마자랭과 리슐리외라는 위대한 두 추기경이 고대 프랑크 왕국의 잔재를 없애 버리고 프랑스를 강력한 중앙 집권 국가로 만들어 낸 17세기에 바로 루이 14세가 왕위에 올랐던 거야. 루이 14세는 비범한 능력을 지닌 인물이었지. 오늘날의 우리도 여전히 태양왕 루이 14세가 영광스러운 시대에 만들어 놓은 것들에 영향을 받고 있거든. 사교 활동의 기초는 루이 14세의 궁전에서 이루어진 완벽한 예절과 우아한 표현 방식에서 비롯되었어. 프랑스어는 국제적인 외교 모임에서 공식 언어로 사용되기도 하지. 그만큼 프랑스 어가 다른 언어보다 정중하고 세련된 아름다움이 돋보이기 때문일 거야. 루이 14세가 이룬 업적으로 보면 아직 우리는 많이 부족하다는 걸 느낄 수 있어. 그는 통치 기간에 프랑스 한림원(리슐리외가 창안한 학술 기관)을 운영했는데 이것은 다른 나라에서 부러워 따라 만들 정도였다고 해. 이런 예를 들자면 아마도 꽤 많은 페이지가 필요할 거야. 식당의 메뉴판이 프랑스어로 적혀 있는 것도 우연은 아닐 테니. 요리 기술은 문명의 높은 수준을 반영하는데 어려운 요리법은 모두 이 시

루이 14세

기 루이 14세를 위해 만들어졌다고 해. 이처럼 루이 14세 시대는 우리가 여전히 배워야 할 것이 많은 대단한 시기였어.

화려함 뒤에 드리워진 그림자

하지만 불행하게도 화려한 그림 뒤에는 늘 어두운 그림자가 드리워

선사 시대

고대 동방 문명

고대 그리스 문명

고대 로마 문명

중세 시대

르네상스와 종교 개혁

혁명의 시대

근대 민족 국가의 등장

현대 세계의 형성

져 있지. 밖에서 볼 때 영광스럽지만 안에서는 비극인 경우가 자주 있는데, 바로 프랑스가 그런 경우였어. 루이 14세는 1643년에 왕위에 올라 1715년에 죽었지. 이 말은 프랑스 정부가 거의 두 세대에 해당하는 72년 동안 한 사람의 손아귀 안에 있었다는 말이야.

'한 사람'이라는 말의 의미를 좀 더 제대로 파악할 필요가 있단다. 루이 14세는 이른바 '계몽 전제주의'라는 매우 효율적인 정치를 펼친 최초의 국왕이었어. 그는 왕이 자리만 차지하고 나랏일을 그저 소풍 다니듯이 하는 걸 좋아하지 않았어. 계몽 시기의 왕들은 어떤 신하들보다도 열심히 일을 했지. 그들은 누구보다 아침에 일찍 일어나고 밤에 늦게 자면서 '신성한 권리' 못지않게 '신성한 의무감'을 강하게 느끼고 있었던 거야.

물론 왕이 모든 일을 직접 처리하는 건 불가능했지. 때문에 루이 14세도 주위에 조력자와 조언자를 두어야만 했어. 똑똑한 군사 전문가와 외교 전문가, 경제 전문가들이 항상 왕의 옆을 지켰지. 하지만 이런 관리들은 왕을 위해서만 존재했지 개인에게는 어떤 권력도 없었어. 국민에게 왕은 곧 국가나 마찬가지였어. 조국의 영광은 왕조의 영광이었지. 프랑스는 오로지 부르봉 왕가*의, 부르봉 왕가에 의한, 부르봉 왕가를 위한 나라였어.

이런 정치 체제의 단점은 분명하게 드러날 수밖에 없지. 왕이 절대적인 존재가 되자 그 밖의 다른 것은 아무런 의미를 갖지 못했어. 나이 많고 유능한 귀족들이 점차 지방 행정에서 손을 떼기 시작했어. 이제는 소수의 왕실 관료들이 파리의 정부 청사에 앉아서 예전에 봉건 영주가 했던 일을 대신 처리하게 되었어. 일거리가 없어진 봉건 영주는 파리로 놀러 다니는 한량 신세가 되어 버렸지. 지방 영주의 토지는 '지주 부재'라는 매우 위험한 경제 상황에 빠지고 말았어. 결국 한 세대도 안 지나서 부지런하고 유능했던 봉건 영주들은 세련된 매너는 익혔지만 베르사유 궁전에서 배회하는 아무 짝에도 쓸모없는 게으름뱅이가 되었어.

* 부르봉 왕가
16세기부터 19세기까지 프랑스를 다스린 왕가이다. 앙리 4세가 왕위에 오르면서 시작해 프랑스 혁명으로 잠시 중단되었다가(1589~1792), 왕정 복고 이후 7월 혁명 때까지 계속되었다(1814~1830).

루이 14세가 열 살이 되었을 때, 베스트팔렌 조약이 체결되면서 30년 전쟁은 막을 내렸고, 그 여파로 합스부르크 왕가는 막강한 지위를 잃어 버렸어. 야심 많은 루이 14세는 합스부르크 왕가가 누렸던 영예를 부르봉 왕가로 가져오기 위해 좋은 기회를 노렸지. 1660년에 루이 14세는 스페인 국왕의 딸인 마리아 테레지아와 결혼을 했어. 그 후에 곧바로 장인인 펠리페 4세가 죽자 스페인령 네덜란드(벨기에)가 신부의 결혼 지참금이라고 주장했지. 이러한 주장은 유럽의 평화를 무너뜨렸고 신교도 국가들의 안전을 위협했어. 1664년에 네덜란드의 연방국의 외무장관인 얀 드 비트의 주도 아래 스웨덴과 영국, 네덜란드가 최초로 국제 동맹을 맺었지만 오래 가지는 못했단다. 루이 14세가 돈과 제법 그럴듯한 약속으로 영국의 찰스 2세와 스웨덴 의회를 구슬렸거든. 네덜란드만 동맹국으로부터 배신을 당하고 홀로 남게 되었지. 1672년에 프랑스는 네덜란드를 침공했어. 바로 중심부로 진격해 들어갔지. 네덜란드는 한 번 더 제방을 무너뜨려 프랑스 군대를 깊은 늪지대 속에 갇히게 만들었어. 1678년에는 네이메헌 평화 조약이 체결되지만 이는 또 다른 전쟁을 예고했지.

세력 균형이 프랑스의 야망을 억누르다

1689년부터 1697년까지 프랑스가 네덜란드에 다시 침입했지만 레이스베이크 조약이 체결되면서 전쟁은 끝났어. 더불어 유럽을 쥐락펴락하고자 했던 루이 14세의 야망도 끝이 났어. 오랜 적이었던 얀 드 비트는 자국의 폭도들에게 살해당했지만 그 뒤를 이어 윌리엄 3세(앞장에서 등장한 왕)가 등장하는 바람에 프랑스를 유럽의 지배국으로 만들려는 루이 14세의 노력도 좌절되고 말았지.

1701년 스페인 합스부르크 왕가의 마지막 왕인 카를로스 2세가 죽자 바로 스페인의 왕위 계승을 놓고 전쟁이 발발했어. 1713년에 위트

선사 시대

고대 동방 문명

고대 그리스 문명

고대 로마 문명

중세 시대

르네상스와 종교 개혁

혁명의 시대

근대 민족 국가의 등장

현대 세계의 형성

프랑스-네덜란드 전쟁 때
로비트에서 라인 강을 건너
는 루이 14세의 군대
(1680)

레흐트 조약으로 끝이 난 이 전쟁은 어떤 결말도 내지 못하고 루이 14
세의 재정만 탕진했어. 육지에서는 프랑스 왕이 승리를 거두지만 영
국과 네덜란드의 함대는 프랑스가 전쟁에서 최종적으로 승리하는 걸
막아 버렸지. 오랜 전쟁을 통해서 국제 정치에서 새로운 원리가 하나
등장했어. 한 나라가 유럽 전체를 또는 전 세계를 지배할 수 없다는
거야.

그건 이른바 '세력 균형' 때문이지. 성문화된 법은 아니었지만 이는
마치 자연법처럼 300년 가까이 지켜져 왔어. 이런 생각을 가진 사람
들은 각국의 민족주의*가 발달하는 과정에서 이해관계를 다투는 나라

* 민족주의
민족을 기반으로 독립적이고
통일된 근대 국가를 세우는
것을 가장 큰 목표로 하는 원
리나 활동을 말한다.

들이 절대적인 균형을 이루어야만 유럽이 살아남을 수 있다고 주장했지. 어떤 권력이든 어떤 왕조든 다른 세력을 지배해서는 안 되는 거야. 30년 전쟁에서 합스부르크 왕가가 이 '세력 균형'이라는 자연법의 희생양이 되었지. 하지만 자신들이 희생양인지는 전혀 몰랐어. 우리는 이 전쟁을 종교 분쟁으로만 보기 때문에 갈등 양상을 제대로 이해하지 못하는 경향이 있어. 하지만 냉정하게 경제적인 이해타산이라는 관점에서 전쟁을 보면 당시의 국제 관계가 제대로 보이게 되지. 이제 우리는 새로운 유형의 정치가가 등장했다는 걸 깨닫게 될 거야. 그들은 계산기와 금전 등록기에 민감한 사람들이었어. 얀 드 비트는 이런 유형의 정치가 중 성공한 인물이었지. 윌리엄 3세는 이런 정치 질서에 잘 적응했고, 루이 14세는 자신이 희생자라는 걸 최초로 알았지. 이후에도 희생자들은 잇따라 나왔어.

선사 시대

고대 동방 문명

고대 그리스 문명

고대 로마 문명

중세 시대

르네상스와 종교 개혁

혁명의 시대

근대 민족 국가의 등장

현대 세계의 형성

러시아의 등장

신비한 나라 러시아가 점차 모습을 드러내다

너희도 알다시피 1492년에는 콜럼버스가 아메리카 대륙을 발견했지. 그해 초반에 슈누프스라는 티롤 사람이 티롤의 대주교의 과학 탐험대를 이끌었단다. 그는 신용장과 초대장을 들고 모스크바라는 전설의 도시를 찾아가지. 하지만 성공하진 못했어. 유럽 동쪽 끝에 있을 거라 막연하게 추측했던 그 나라의 경계에 이르렀지만 발길을 돌려야 했지. 바로 그곳 사람들이 외지인의 출입을 허락하지 않았던 거야. 슈누프스는 콘스탄티노플에 있는 투르크 족을 찾아갔어. 그래도 고국으로 돌아갔을 때 대주교에게 보고할 만한 게 필요했으니까.

그로부터 61년 뒤, 인도로 가는 북동 항로를 찾던 리처드 챈슬러는 백해(러시아 북해 연안에 있는 바다. 겨울에 바다가 얼어 흰 눈으로 덮여 있어 '백해'로 불림 - 역주)에서 폭풍우를 만나 드비나 강 어귀까지 떠밀려 갔어. 그곳에서 홀모고리라는 모스크바의 마을을 발견했는데, 불과 몇 시간 거리에 아르항겔스크라는 도시가 1584년에 세워지지. 이때부터 외지인들이 모스크바로 초대되어 모스크바 대공을 만날 수 있었어.

영국인들은 러시아와 서양 사이에 최초로 상업 조약을 맺고 고국으로 돌아갔지. 곧 다른 나라도 러시아를 방문하면서 이 신비한 나라가 서양인들에게 점점 알려지기 시작했어.

지리적으로 보면 러시아는 굉장히 넓은 평원이야. 우랄 산맥은 낮기 때문에 침입자를 막기에는 큰 도움이 되지 못했어. 강은 넓고 얕아서 유목민들이 살기엔 안성맞춤이었지.

로마 제국이 세워지고, 발전하고, 멸망하는 동안, 슬라브 족은 근거지인 중앙아시아를 떠나 드네스트르 강과 드네프르 강 사이의 숲과 평원을 정처 없이 떠돌아다녔어. 3~4세기에는 그리스 인들이 가끔씩 이 슬라브 족을 만나서 여행자들의 이야기를 듣기도 했지만 서양에는 거의 알려진 게 없었지.

불행하게도 슬라브 족이 사는 평화로운 중앙아시아 지역에 유럽 사람들은 자기들 편하자고 무역로를 뚫었어. 이는 북부 유럽에서 콘스탄티노플에 이르는 길이었지. 발트 해 연안을 따라 네바 강에 이르고, 라도가 호수를 건너 볼호프 강을 따라 남쪽으로 내려갔어. 그런 다음 일멘 호수를 지나 작은 로바트 강의 상류로 거슬러 올라간 다음, 짧은 육로가 드네프르 강까지 이어지지. 다시 드네프르 강을 타고 흑해로 나왔어.

스칸디나비아 사람들은 오래전부터 이 길을 잘 알고 있었어. 9세기에 이들은 러시아 북부 지역에 정착하기 시작했어. 다른 북방인들이 독일과 프랑스에 정착해 독립 국가를 세웠던 것처럼 말이야. 862년에 세 명의 형제가 발트 해를 건너와 각자 작은 공국을 세웠어. 그런데 세 형제 중 하나인 류리크만 살아남았고 그가 다른 형제들의 영토를 하나로 합쳤지. 그래서 스칸디나비아 사람들이 최초로 이곳에 정착한 지 20년 만에 키예프를 수도로 하는 슬라브 족 국가가 탄생한 거야.

키예프에서 흑해까지는 거리가 가까웠어. 그래서 머지않아 슬라브 족 국가의 존재가 콘스탄티노플에도 알려지게 되었지. 열정적인 기독교도들에게는 이곳이 새로운 선교 지역을 의미했어. 비잔틴의 수도사

선사 시대

고대 동방 문명

고대 그리스 문명

고대 로마 문명

중세 시대

르네상스와 종교 개혁

혁명의 시대

근대 민족 국가의 등장

현대 세계의 형성

들은 드네프르 강을 따라서 북쪽으로 올라갔고 곧 러시아의 심장부에 도달했지. 이곳 사람들을 보니 숲이나 강, 산속 동굴에 사는 이상한 신들을 숭배하고 있었어. 선교사들은 이들에게 예수의 이야기를 전해 주었어. 로마의 선교사들은 여기까지 와서 비잔틴 선교사들과 경쟁을 벌이진 않았어. 튜튼 족을 교화시키느라 정신이 없어서 이 먼 곳까지 올 여유가 없었던 거야. 러시아는 비잔틴 수도사들로부터 종교와 알파벳, 예술과 건축을 받아들였어. 동로마 제국의 잔재인 비잔틴 제국은 유럽의 특징은 많이 사라지고 동양적인 색채를 많이 띠었는데, 러시아 역시 그와 비슷한 모습을 보이게 되었지.

초기 러시아 소국들, 수난의 시대를 겪다

정치적으로 보자면 이 거대한 러시아 평원에 세워진 새 국가는 성공적으로 운영되지는 못했어. 스칸디나비아 사람들에게는 아버지가 모든 자식에게 유산을 공평하게 나누어 주는 관습이 있었단다. 이 작은 나라는 건국되기가 무섭게 8~9명의 상속자들이 영토를 나누어서 통치했고 이후 후손들은 영토를 더 많이 나누어 가졌지. 이 경쟁하는 작은 소국들은 다툼을 피할 수 없었고 결국 무정부 상태가 계속되었어. 그래서 아시아의 야만족들이 거센 불길을 일으키며 침입해 왔을 때 분열되어 있던 러시아 소국들은 저항 한번 제대로 못하고 속수무책으로 당할 수밖에 없었지.

1224년에 타타르 족(몽골 족의 한 지파 - 역주)이 처음으로 대규모의 군대를 이끌고 쳐들어왔어. 중국과 보카라, 타슈켄트와 투르키스탄을 정복한 칭기즈 칸이 서양에 처음으로 모습을 드러낸 거야. 슬라브 족 군대는 칼카 강 근처에서 무참히 패했고 러시아는 몽골 족의 지배를 받았어. 그런데 이 타타르 족은 갑자기 나타났듯이 또 갑자기 사라져버렸어. 그러다가 13년 뒤인 1237년에 다시 돌아왔지. 타타르 족은 5

년도 채 안 되는 기간에 거대한 러시아 평원을 전부 자기 손아귀에 넣었어. 1380년 모스크바의 대공 드미트리 돈스코이가 쿨리코보 평원에서 타타르 족을 물리칠 때까지 러시아 사람들은 그들의 통치를 받아야 했단다.

러시아 사람들이 타타르 족의 멍에에서 벗어나기까지는 약 200년이라는 시간이 걸렸어. 그 멍에는 너무도 굴욕적이고 불쾌했지. 슬라브 족 사람들을 비참한 노예로 만들어 버렸던 거야. 명예와 독립심 같은 건 깡그리 빼앗아 갔지. 그들은 굶주림과 절망, 학대, 인간적 모욕에 시달려야 했어. 마치 주인에게 얻어맞아 눈치를 보면서 꼬리도 마음대로 흔들지 못하는 개처럼 살았어.

칭기즈 칸

하지만 이 비극적 상황에서 빠져나갈 수도 없었지. 타타르 족의 기병은 누구보다도 빠르고 무자비했어. 대초원이 끝없이 펼쳐져 있어 안전한 이웃 나라로 도망갈 수도 없었지. 러시아 사람들은 고통을 참으며 주인인 몽골 족의 말을 고분고분 잘 듣거나, 그게 싫으면 죽음을 각오하고 죽기 살기로 도망쳐야 했어. 물론 유럽이 개입할 수도 있었어. 하지만 유럽은 교황과 황제가 서로 싸우고, 종파가 갈라져 서로가 서로를 이단이라며 다투는 바람에 러시아까지 신경 쓸 겨를이 없었어. 결국 슬라브 족은 스스로 운명을 개척해 나갈 수밖에 없었지.

모스크바 공국을 중심으로 러시아의 미래를 꿈꾸다

마침내 등장한 러시아의 구원자는 초기에 스칸디나비아 사람들이 세운 작은 공국 가운데 하나였단다. 이 나라는 러시아 평원의 중심부

선사 시대

고대 동방 문명

고대 그리스 문명

고대 로마 문명

중세 시대

르네상스와 종교 개혁

혁명의 시대

근대 민족 국가의 등장

현대 세계의 형성

에 위치해 있었어. 그 나라의 수도인 모스크바는 모스크바 강 옆 가파른 언덕에 자리하고 있었어. 이 작은 공국은 때로는 타타르 족의 비위를 맞추고 때로는 저항하기도 했는데, 14세기 중반에 이르면 러시아를 이끄는 지도국으로 부상하게 되지. 타타르 족은 정치적인 능력이 매우 부족했어. 할 수 있는 거라곤 파괴하는 것밖에 없었지. 그들의 주요 목적은 새로운 영토를 정복해서 수입을 얻는 것이었어. 세금의 형태로 수입을 얻어야 했기 때문에 어떤 경우는 피정복 국가의 정치 체제를 그대로 유지해야 할 때도 있었어. 위대한 칸의 은총 덕택에 살아남은 작은 도시들은 몽골 족의 세금 징수원 역할을 하면서 주변 지역을 약탈해야 했지.

이렇게 해서 몸집을 키워 간 모스크바 공국은 마침내 주인인 타타르 족에 대해 반란을 일으킬 만큼 충분히 강력한 힘을 갖게 되었단다. 이 반란은 성공적이었고 러시아의 독립을 위해 싸운 모스크바 공국은 당연히 슬라브 족의 밝은 미래를 꿈꾸는 자들의 중심지가 되었어. 한편, 1453년 콘스탄티노플은 투르크 족에게 점령당했어. 이반 3세의 통치 아래 있던 10년 동안 모스크바 공국은 서양 세계를 향해 이렇게 밝혔어. 로마 제국의 전통이 콘스탄티노플에 남아 있듯이, 비잔틴 제국의 유산을 우리 슬라브 족이 이어갈 것이라고. 한 세대가 지나서는 모스크바 공국의 이반 대제가 카이사르라는 뜻의 '차르'라는 칭호를 사용하면서 서유럽 강대국들에게 국가의 지위를 인정하라고 요구했지.

1598년, 표도르 1세를 끝으로 류리크를 계승한 모스크바 공국의 시대는 막을 내렸단다. 그 후 7년 동안 슬라브 족과 타타르 족의 혼혈인 보리스 고두노프가 차르가 되어 나라를 다스렸어. 바로 이 시기에 러시아 사람들의 운명은 결정지어졌지. 이 제국은 땅은 넓었지만 매우 가난했어. 무역이 발달한 것도 아니고 공장이 많은 것도 아니었지. 그나마 있는 도시들도 낙후된 상태였어. 나라는 강력한 중앙 정부와 무수히 많은 무지한 농민들로 구성되어 있었어. 슬라브 족, 스칸디나비아, 비잔틴, 타타르의 영향이 짬뽕되어 있던 정부는 오로지 나라의 이익에만 관심이 있었지. 나라를 지키기 위해서는 군대가 필요했어. 그리고 군인들에게 봉급을 주려면 세금을 거둘 필요가 있었지. 세금을 거두려면 공무원이 필요했고 공무원에게 봉급을 주려면 땅이 필요했어. 동쪽과 서쪽으로 광대한 땅이 있었지만, 곡식을 가꾸고 가축을 돌볼 일꾼들이 없으면 아무 소용이 없었지. 따라서 17세기 초반에는 공식적으로 유랑 농민들이 자기가 사는 토지의 일부가 되어 버렸어. 러시아의 농민들은 이제 자유민이 아니었단다. 농노 아니면 노예였지. 1861년까지 그들은 이 가혹한 운명에서 벗어날 수 없었어.

17세기에 시베리아까지 영토를 확장하면서 성장한 이 새로운 제국은 유럽 국가들이 의식해야 할 정도로 힘이 강해졌단다. 1605년 보리스 고두노프가 세상을 떠난 뒤, 러시아의 귀족들 가운데 한 명이 차르로 선출되었어. 그는 바로 모스크바의 로마노프 가문 출신인 표도르의 아들 미하일이었지.

표트르 1세

표트르 1세, 러시아의 통치자가 되다

1672년에는 미하일의 증손자인 표트르 1세(표트르 대제)가 태어났어. 이 아이가 열 살 때 이복누이인 소피아가 러시아의 왕좌를 차지했지. 아이는 그때 외국인들이 사는 교외에서 살았어. 스코틀랜드 인 술집 주인, 네덜란드 인 장사꾼, 스위스 인 약사, 이탈리아 인 이발사, 프랑스 인 무용 강사, 독일인 학교 교장 등이 표트르의 이웃들이었던 거야. 그래서 이 어

선사 시대
고대 동방 문명
고대 그리스 문명
고대 로마 문명
중세 시대
르네상스와 종교 개혁
혁명의 시대
근대 민족 국가의 등장
현대 세계의 형성

린 왕자는 멀고도 신비한 땅 유럽에 대해 강력한 첫인상을 받았지.

표트르 1세는 열일곱 살이 되던 해에 갑자기 누이 소피아를 왕좌에서 몰아내고 스스로 러시아의 통치자가 되었어. 그는 반은 야만적이고 반은 동양적인 사람들의 차르가 되는 것에 만족하지 않았지. 문명국의 군주가 되는 게 그의 꿈이었어. 하지만 비잔틴-타타르 국가를 유럽의 제국으로 바꾸는 건 크나큰 작업이었지. 강한 힘과 뛰어난 두뇌가 필요했는데, 표트르 대제는 이 둘을 모두 가지고 있었어. 1698년 드디어 고대 러시아에 근대 유럽을 이식하는 대수술이 이루어졌단다. 수술 후 환자는 죽지 않았어. 하지만 수술로 인한 쇼크를 극복할 수는 없었지. 이후 5년 동안 일어난 일을 보면 이게 무슨 말인지 분명히 이해할 수 있을 거야.

러시아 vs. 스웨덴

선사 시대

고대 동방 문명

고대 그리스 문명

고대 로마 문명

중세 시대

르네상스와 종교 개혁

혁명의 시대

근대 민족 국가의 등장

현대 세계의 형성

표트르 1세, 급진적인 개혁을 추진하다

1697년 표트르 1세는 처음으로 서유럽을 방문했어. 그는 베를린을 거쳐 네덜란드와 영국으로 갔지. 어릴 때 표트르는 아버지의 영지에 있는 연못에서 작은 보트를 타고 놀았단다. 이때 생긴 물에 대한 열망이 평생토록 남게 되었어. 그것은 육지로 둘러싸인 조국에서 끝없이 펼쳐진 바다로 나가고 싶은 야망으로 드러났지.

이 젊은 통치자가 자리를 비운 사이에 모스크바에서는 옛 러시아의 사고방식에 젖어 있는 동료들이 그의 개혁 정책을 막으려고 했어. 갑자기 친위대인 스트렐치 연대가 반란을 일으켰다는 소식을 듣고 표트르는 서둘러 귀국했어. 그는 스스로 집행관이 되어 스트렐치 연대를 모조리 처형했지. 반란군의 우두머리인 이복누이 소피아를 수도원에 감금해 버렸어. 그러고는 신중하게 나라를 통치하기 시작했지. 1716년 서유럽을 다시 방문했을 때도 똑같은 일이 되풀이되었어. 이번에 반란을 주동한 사람은 다름 아닌 표트르의 멍청한 아들 알렉세이였어. 표트르는 다시 서둘러 귀국했지. 알렉세이는 감옥에서 죽도록 두

들겨 맞았고, 옛 비잔틴의 사고방식에 젖은 친구들은 시베리아의 납 광산까지 수천 킬로미터를 걸어가야 했어. 그 후부터는 더 이상 반란이 일어나지 않았지. 표트르는 세상을 떠나는 날까지 순탄하게 개혁을 진행해 나갈 수 있었어.

　표트르의 개혁은 연대순으로 정리해서 말하기가 쉽지 않단다. 아주 빠른 속도로 개혁을 단행해 나갔거든. 아무 체계도 없이 말이야. 생각할 새도 없이 관련 법령을 발표해 버렸지. 표트르는 이전의 것들은 모두가 잘못되었다고 생각했던 것 같아. 그래서 러시아 전체가 가능한 짧은 시간 안에 변화되어어 했지. 그는 세상을 떠나면서 잘 훈련된 육군 20만 명과 해군 함정 50척을 남겨 두었어. 옛 정치 제도도 하룻밤 사이에 폐지해 버렸어. '두마(Duma)'라는 귀족 회의는 없애고 원로원이라는 관료로 구성된 자문 위원회를 두었지.

　러시아는 전국이 여덟 개의 큰 지방 정부로 나뉘어 통치되었단다.

네덜란드에서
조선술을 배우는
표트르 1세

도로가 만들어졌고 도시가 세워졌지. 차르가 맘에 드는 곳이라면 원료가 없어도 어디든 공장을 세웠지. 수로가 뚫렸고 동쪽의 산악 지대에는 광산이 개발되었어. 문맹을 퇴치하고자 학교가 세워졌고 대학이나 직업 학교, 병원도 설립되었지. 네덜란드의 선박 기술자와 무역업자, 다양한 기술자들을 전 세계에서 불러왔어. 인쇄소를 세우기도 했지만 모든 책은 출간되기 전에 국가의 검열을 받아야 했어. 각 계급의 의무에 관한 새로운 법률과 민법과 형법을 모아서 일련의 법전을 제정했어. 옛 러시아의 관습들은 황제의 칙령에 의해 폐지되었고, 경찰은 가위를 들고 다니며 머리가 긴 농부들을 잡아다가 서유럽 사람들처럼 머리와 수염을 깔끔하게 잘라 버렸어.

　차르는 종교에 관한 권력을 그 누구와도 나누어 가지지 않았단다. 유럽처럼 교황과 황제의 경쟁 관계가 생길 가능성이 없어야 했지. 1721년 표트르 1세는 스스로 러시아 정교회의 수장이 되었어. 모스크바의 총주교 제도를 폐지하고 교회와 관련된 모든 문제를 논의하는

남자들의 수염을 자르는 러시아 경찰

선사 시대
고대 동방 문명
고대 그리스 문명
고대 로마 문명
중세 시대
르네상스와 종교 개혁
혁명의 시대
근대 민족 국가의 등장
현대 세계의 형성

'러시아 정교회 최고 회의'를 만들었단다.

하지만 모스크바라는 도시에는 구 러시아적인 잔재가 남아 있었기 때문에 이 수많은 개혁이 성공하기가 어려웠단다. 그래서 표트르 1세는 수도를 다른 곳으로 옮기려고 마음먹고는 발트 해 연안의 늪지에 새로운 도시를 세웠지. 1703년부터 이 땅을 개간하기 시작했어. 약 4만 명에 달하는 농민들이 수년 동안 제국의 도시를 세우기 위해 동원되었어. 그 사이에 스웨덴 군대가 쳐들어와 도시를 파괴하려 했고 또 질병과 사고로 수많은 농민들이 목숨을 잃었어. 그럼에도 작업은 멈추지 않았고 마침내 도시가 점차 성장하기 시작했지. 1712년에 이곳을 공식적으로 '황제의 거주지'(지금의 상트페테르부르크)로 선포했어. 그리고 10년 정도 지난 후에는 도시 인구가 약 7만 5,000명에 이르렀지. 일 년에 두 차례씩 네바 강이 범람해 도시가 물에 잠겼지만, 엄청난 의지력의 사나이 차르는 피해를 없애기 위해 제방을 쌓고 수로를 만들었어. 1725년 표트르 1세가 세상을 떠날 때 이 도시는 북부 유럽에서 가장 큰 도시가 되었단다.

러시아가 경쟁자인 스웨덴을 물리치다

이처럼 러시아가 급격하게 성장하자 주변의 경쟁국들은 걱정이 안될 수가 없었지. 표트르 1세는 발트 해 연안의 경쟁자 스웨덴 왕국이 여러 모험을 시도하는 걸 관심 있게 지켜보았어. 스웨덴에서는 1654년, 30년 전쟁의 영웅 구스타프 아돌프의 외동딸인 크리스티나가 왕좌를 포기하고 로마로 가서 여생을 독실한 가톨릭교도로 보냈어. 대신 구스타프 아돌프의 신교도인 조카가 바사 왕가의 마지막 여왕의 뒤를 이었지. 새로운 왕조인 카를 10세와 카를 11세의 통치 아래 스웨덴은 전성기를 누렸어. 그런데 1697년 카를 11세가 갑자기 죽자 열다섯 살의 카를 12세가 그 뒤를 이었지.

복수의 칼을 갈고 있던 북부 유럽의 나라들이 그토록 기다리던 순간이 찾아온 거야. 유럽에서 종교 전쟁이 한창이었던 17세기에 스웨덴은 주변국을 정복하면서 성장해 나갔어. 때가 오자, 스웨덴에게 당한 나라들이 당한 걸 되갚아 주기 위해 움직이기 시작했어. 곧 러시아, 폴란드, 덴마크, 작센이 한편이 되어서 스웨덴을 공격했지. 하지만 1700년 11월 표트르 1세의 어설픈 러시아 군대는 카를 12세의 스웨덴 군대에게 나르바 전투에서 참패를 당하고 말지. 불세출의 군사 천재였던 카를 12세는 곧장 폴란드, 작센, 덴마크, 그 밖의 발트 해 연안의 나라들을 돌아다니며 닥치는 대로 죽이고 불태워 버렸어. 그동안 표트르 1세는 이를 갈며 군사를 훈련시켰지.

그 결과 1709년에 모스크바 군대는 폴타바 전투에서 스웨덴을 크게 무찔렀단다. 카를 12세는 위대한 민족의 영웅이었지만 무리하게 복수전을 감행하다가 결국 조국을 파멸로 몰고 갔어. 1718년 카를 12세는 전사인지 암살인지 모르겠지만 갑자기 세상을 떠났고, 1721년에는 니스타트에서 평화 조약을 맺었어. 스웨덴은 핀란드를 제외한 발트 해 연안의 모든 땅을 잃고 말았지. 그리고 표트르가 만든 새로운 러시아는 북부 유럽의 새로운 강자로 떠올랐어. 한편 새로운 경쟁자가 이미 부상하고 있었으니, 그 나라는 바로 프로이센이었지.

선사 시대

고대 동방 문명

고대 그리스 문명

고대 로마 문명

중세 시대

르네상스와 종교 개혁

혁명의 시대

근대 민족 국가의 등장

현대 세계의 형성

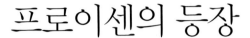

프로이센의 등장

변경의 나라 프로이센

프로이센의 역사는 변경 지역의 역사란다. 9세기에 샤를마뉴는 문명의 중심을 지중해에서 북서 유럽의 황야로 옮겨 놓았어. 샤를마뉴의 프랑크 족 군대는 유럽의 경계를 동쪽으로 밀고 나갔어. 그들은 발트 해와 카르파티아 산맥 사이에 살고 있는 슬라브 족과 리투아니아 족으로부터 많은 땅을 빼앗았지. 미국이 국가로서의 지위가 확립되기 전에 자기의 영토를 관리했던 것처럼 프랑크 족도 이 변경 지역을 관리했단다.

브란덴부르크라는 변경 국가는 원래 샤를마뉴가 야만적인 색슨 족을 방어하기 위해 세운 나라였어. 그 지역에 거주하는 슬라브 족의 하나인 벤트 족은 10세기에 정복당했는데, 그 부족의 시장인 브레나보르가 중심지로 성장하면서 브란덴부르크라는 이름이 붙었던 거야.

11~14세기 동안, 귀족 가문들이 이 변경 국가에서 제국의 총독 역할을 했어. 마침내 15세기에는 호엔촐레른 왕가가 등장해 브란덴부르크의 선제후로서 이 황량한 변방 지역을 가장 발전된 근대 국가로 성

장시켰지.

　제1차 세계 대전 당시 유럽과 미국의 연합군에 의해 역사의 무대에서 밀려난 이 호엔촐레른 왕가는 원래 남부 독일 출신의 변변찮은 가문이었어. 그런데 12세기에 이 가문의 프리드리히라는 사람이 운 좋게도 명문 가문과 결혼하는 바람에 뉘른베르크 성의 관리자로 임명되었단다. 그의 후손들은 가문의 세력을 키우기 위해 모든 기회를 이용했고 그렇게 몇 세기가 지나 이 가문은 고대 게르만 제국의 황제를 뽑는 선제후라는 직위를 얻게 되었지. 종교 개혁 시기에 이들은 신교의 편에 섰고 17세기 초에는 북부 독일에서 가장 강력한 가문이 되었어.

　30년 전쟁 기간에 신교와 구교 세력 둘 다 브란덴부르크와 프로이센을 약탈했어. 하지만 대선제후인 프리드리히 빌헬름은 피해를 빠르게 복구했고 나라의 경제력과 지적 자원을 현명하게 활용해 한 나라를 세우기 되지.

프리드리히 대왕, 프로이센을 강국으로 발전시키다

　근대 프로이센은 개인적인 소망이나 염원은 국가 전체의 이익을 위해서 희생해야 하는 나라였어. 이 나라의 기원은 프리드리히 대왕의 아버지인 프리드리히 빌헬름 1세까지 거슬러 올라간단다. 프리드리히 빌헬름 1세는 부지런하면서도 인색한 프로이센의 군인 출신이었어. 술집에서 잡담하는 것과 독한 네덜란드산 담배를 매우 좋아했고 주름 장식과 깃털을 몹시 싫어했지. 그는 한 가지 이상을 가지고 있었는데, 바로 '의무'였어. 자기 자신에게 엄격했을 뿐 아니라 장교든 병사든 나약한 부하를 보면 참지 못했지. 그래서인지 아들 프리드리히 대왕과 사이가 별로 좋지 않았어. 성격이 투박한 아버지와 고상하고 세련된 아들은 매번 부딪칠 수밖에 없었지. 아들이 프랑스의 예절이나 문학, 철학이나 음악을 좋아하면 아버지는 계집애같이 그런 걸 좋

선사 시대

고대 동방 문명

고대 그리스 문명

고대 로마 문명

중세 시대

르네상스와 종교 개혁

혁명의 시대

근대 민족 국가의 등장

현대 세계의 형성

프리드리히 대왕

아하냐고 꾸짖었단다. 급기야는 기질이 다른 두 사람은 심각한 충돌을 일으켰어. 아들 프리드리히가 영국으로 도망가려다가 붙잡혀 군사 법정에 서게 되었던 거야. 그는 자기를 도와주려고 했던 친구가 처참하게 처형당하는 걸 지켜봐야 했단다. 왕은 이 젊은 왕자를 훗날 왕이 되기 위한 교양을 쌓으라며 지방의 어느 작은 요새로 추방했어. 겉으로 보기에 이 일은 왕자에게는 불행 같았지만 실은 축복이었지. 왜냐하면 1740년 프리드리히 대왕이 왕위에 올랐을 때, 그는 귀양 생활에서 얻은 다양한 경험을 통해 가난한 사람의 출생 신고부터 국가 예산까지 나랏일에 관해 빠삭하게 알고 있었던 거야.

　　프리드리히 대왕은 저술가이기도 했어. 그는 『반마키아벨리론』에서 국가의 이익을 위해 거짓말을 하고 사기를 쳐도 좋다는 고대 피렌체 역사가(마키아벨리)의 정치 신조에 대한 경멸감을 표현했어. 책에서 그는 이상적인 통치자란 먼저 백성의 종이 되어야 하고 루이 14세처럼 계몽 군주여야 한다고 주장했어. 하지만 실제로 그는 하루에 20시간씩 일하면서도 주변의 조언에는 전혀 귀를 기울이지 않았지. 장관들은 그저 우수한 비서에 불과했고 프로이센이라는 나라는 그의 사유지나 마찬가지였지. 또한 국가의 이익에 방해되는 것이 있으면 어떤 것도 용납하지 않았어.

　　1740년에 오스트리아의 황제 카를 6세가 세상을 떠났어. 그는 외동딸인 마리아 테레지아에게 황제 자리를 물려주려고 큰 양피지 위에 엄숙하게 약정서를 써 두었어. 하지만 이 늙은 황제가 합스부르크 왕가의 지하 묘소에 안장되기가 무섭게 프리드리히 대왕의 군대가 슐레지엔을 향해 오스트리아의 국경을 넘어 진격해 들어왔어. 수많은 전투 끝에 결국 프리드리히 대왕은 슐레지엔 지방을 전부 손에 넣었어. 오스트리아에게 거의 질 뻔한 적도 여러 차례 있었지만, 어쨌든 적의 반격을 막아내고 새로운 영토를 얻게 되었지.

유럽은 갑자기 출현한 이 새로운 강대국에 주목했지. 18세기에 독일인들은 종교 전쟁으로 거의 파멸에 이르렀고 사람들은 이들을 비웃고 조롱했어. 하지만 프리드리히 대왕은 러시아의 표트르 1세처럼 무서운 속도로 발전을 이루어 독일을 조롱의 대상에서 공포의 대상으로 바꾸어 놓았지. 프로이센은 국내 정치도 잘 이끌어 나가 다른 나라에 비해 국민들의 불만도 적었어. 국가 재정은 해마다 증가했어. 고문 제도는 폐지되고 사법 제도도 개선되었지. 도로망과 학교, 대학들이 새롭게 생겨나고 깨끗하고 정직한 행정이 이루어져 국민들에게 어떤 의무가 부과되어도 그들은 의무를 다한 만큼 대가를 얻을 수 있었지.

사실 독일은 지난 몇 세기 동안 프랑스, 오스트리아, 스웨덴, 덴마크, 폴란드의 전쟁터나 다름없었어. 그런 독일이 프로이센의 눈부신 부상을 보면서 자신감을 얻게 되지. 프로이센은 지저분한 제복을 입고 매부리코를 가진 작고 늙은 한 남자의 작품이었어. 그는 주변국들에 대해 풍자적으로 악평을 해댔고, 자국의 이익을 위해서라면 거짓말도 서슴지 않았지. 이것이 『반마키아벨리론』을 쓴 저자의 실상이었어. 1786년 그에게도 마지막 때가 찾아왔어. 친구들은 모두 떠나고 자녀도 없었지. 그의 곁을 지킨 것은 신하 한 명과 충직한 개 한 마리가 전부였어. 그는 인간보다 개를 더 좋아했지. 그의 말에 따르면 개는 인간보다 충실하고 인간의 진정한 친구가 되어 준다는구나.

선사 시대

고대 동방 문명

고대 그리스 문명

고대 로마 문명

중세 시대

르네상스와 종교 개혁

혁명의 시대

근대 민족 국가의 등장

현대 세계의 형성

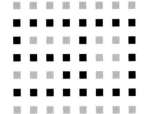

중상주의

유럽의 근대 국가는 어떻게 부유해졌을까?

앞에서 우리는 16~17세기에 유럽의 근대 국가가 어떻게 형성되기 시작했는지 살펴보았어. 이 국가들의 기원은 제각기 달랐지. 어떤 나라는 왕 한 사람이 부지런히 노력한 결과였고 어떤 나라는 그저 우연히 근대 국가로 진입한 경우였지. 또 어떤 나라는 지리적인 조건이 유리하게 작용하기도 했어. 어쨌든 근대 국가가 세워진 이상 그들은 국내 행정을 강화하고 외교 관계에서 영향력을 행사할 수 있도록 있는 힘을 다해야 했어. 물론 이 과정에서 엄청난 비용이 들어갔지. 중앙 권력이 미미했던 중세의 봉건 국가는 나라 재정에 의존할 수 없었어. 왕은 왕실의 소유지에서 수입을 올렸고, 왕실의 신하들도 알아서 생계를 꾸려야 했지. 그런데 중앙 집권적인 근대 국가는 상황이 훨씬 복잡했단다. 봉건 기사들이 사라지고 그 자리에 정부 관료들이 새롭게 고용되었어. 육군과 해군을 유지하고 국내 행정을 관리하기 위해서는 어마어마한 비용이 들어갔지. 그럼 이런 질문이 생기겠지. 도대체 어디서 이 많은 돈을 구할까?

중세 시대에는 금이나 은을 구경하기가 참 힘들었어. 앞에서도 얘기했지만 보통 사람들은 평생 금 쪼가리 한 번 보지 못했어. 큰 도시에 사는 주민들이나 은화를 만질 수 있었지. 그런데 아메리카 대륙을 발견하고 페루의 광산을 개발하면서 상황이 완전히 바뀌게 되었어. 우선 무역의 중심지가 지중해에서 대서양 연안으로 옮겨졌단다. 이탈리아의 옛 '상업 도시들'이 누리던 경제적 지위를 이제는 '상업 국가들'이 차지하게 된 거야. 금과 은은 더 이상 진기한 물건이 아니었어.

스페인, 포르투갈, 네덜란드, 영국을 통해 금과 은 같은 귀금속들이 유럽으로 흘러 들어가기 시작한 거야. 16세기에는 정치경제학을 연구하는 학자들이 등장했는데, 이들은 자기 나라에 최대의 이익을 가져다줄 국부(國富)의 이론을 발전시켜 나갔어. 그들이 보기에 금과 은은 실제로 국부의 원천이었어. 따라서 나라와 은행에 돈을 많이 공급할수록 부유한 국가로 여겼던 거지. 그리고 돈이 있으면 군사력을 높일 수 있었기 때문에 가장 부유한 나라가 가장 강력한 나라가 되어 세계를 제패할 수 있다고 보았어.

중상주의란 무엇일까?

이러한 체제를 우리는 '중상주의'라고 부른다. 초기 기독교인들이 기적을 아무 의심 없이 믿었던 것처럼 당시 사람들도 중상주의를 무조건 믿었지. 실제로 중상주의는 다음과 같이 작용했어. 귀금속을 최대한 보유하기 위해서는 한 나라가 무역에서 유리한 고지를 차지해야 했지. 이웃 나라와 무역을 하는데 우리가 수출이 수입보다 많으면 상대 국가는 우리에게 빚을 지는 것이니 금을 보내야겠지. 따라서 우리는 이득을 얻고 상대는 손해를 보는 거야. 이러한 신념에 따라 17세기 대부분의 유럽 국가들은 다음과 같은 경제 원리를 따랐단다.

선사 시대

고대 동방 문명

고대 그리스 문명

고대 로마 문명

중세 시대

르네상스와 종교 개혁

혁명의 시대

근대 민족 국가의 등장

현대 세계의 형성

1. 가능한 한 귀금속을 많이 손에 넣어라.

2. 국내 거래보다는 외국과의 교역을 장려하라.

3. 원료를 수출 가능한 완제품으로 바꾸는 제조업을 장려하라.

4. 인구 증가를 장려하라. 공장에서 일할 노동자가 필요한데, 농업 사회에서는 노동 인구가 부족하다.

5. 국가는 이러한 과정을 지켜보다가 필요한 경우에는 개입하도록 한다.

16~17세기에는 국제 무역을 인간의 개입 없이 자연법에 따르는 '자연력'과 비슷한 걸로 보지 않았어. 사람들은 공식적인 법령이나 국왕의 칙령, 정부의 재정 지원으로 무역을 관리하려고 했지.

장 바티스트 콜베르

유럽의 근대 국가들이 중상주의를 채택하다

16세기에 독일의 황제 카를 5세는 중상주의를 채택해 독일의 많은 속령에 이를 적용시켰어. 영국의 엘리자베스도 이 방식을 모방했어. 프랑스의 부르봉 왕조, 특히 루이 14세는 중상주의의 광신도였고 당시 재무장관인 콜베르는 모든 유럽 국가가 우러러보는 중상주의 주창자였어.

영국의 크롬웰은 모든 외교 정책에 중상주의를 실제적으로 적용했어. 그의 정책은 항상 부유한 네덜란드 공화국을 겨냥했지. 유럽의 물건들을 도맡아서 운반하던 네덜란드의 배들은 자유 무역에 기울어져 있었기 때문에 무슨 수를 써서라도 이들을 무너뜨려야 했어.

유럽의 중상주의가 식민지에는 어떤 영향을 미쳤는지는 쉽게 이해할 수 있을 거야. 중상주의 아래 있는 식민지는 본국에 금과 은, 향신료를 제공하는 공급 창고처럼 되어 버렸단다. 아시아, 아메리카, 아프리카 대륙에서 나오는 귀금속과 천연자원은 특정 식민지를 소유한 나라가 독점했어. 다른 나라 사람들은 그 구역에 들어갈 수 없었고, 원주민들도 다른 나라와는 교역할 수 없었지.

당연히 중상주의는 유럽의 공업 발전도 이끌었단다. 물품을 보다 더 잘 운반하기 위해 도로도 깔고 운하도 팠지. 또 노동자들에게는 좀 더 고도의 기술을 요구했고, 상인들의 사회적 지위는 더 좋아진 반면 토지를 소유한 귀족들의 힘은 점점 약해졌어.

그런데 중상주의는 엄청난 고통을 낳기도 했어. 식민지의 원주민들을 착취의 희생물로 만들어 버린 거야. 뿐만 아니라 본국의 시민들도 끔찍한 운명에 처했어. 모든 국토는 병영 기지가 되었고 유럽의 각국은 자신의 이익을 위해 전 세계를 갈갈이 찢고 전쟁터로 바꾸어 버렸지. 항상 상대를 무너뜨리고 상대방의 재물을 가로채는 데 혈안이 되었어. 또 중상주의는 부를 소유하는 것만 지나치게 강조해서 시민들은 '부자가 되는 것'을 유일한 덕목처럼 여겼지. 하지만 경제 체제는 유행처럼 왔다가 사라지는 거란다. 19세기가 되자 경제 체제는 중상주의에서 자유롭고 개방적인 경쟁 체제로 바뀌었어.

선사 시대

고대 동방 문명

고대 그리스 문명

고대 로마 문명

중세 시대

르네상스와 종교 개혁

혁명의 시대

근대 민족 국가의 등장

현대 세계의 형성

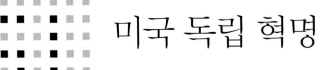

미국 독립 혁명

영국, 주변국과 치열한 식민지 쟁탈전을 벌이다

편의를 위해서 몇 세기 거슬러 올라가 식민지 쟁탈전의 역사부터 다시 살펴보자꾸나.

30년 전쟁 때부터, 유럽의 각국은 왕조나 국가의 이익을 위한 새로운 발판을 마련했단다. 그들은 무역 회사의 선박과 상인들의 자본에 힘입어 아시아와 아프리카, 아메리카의 영토를 서로 더 많이 차지하기 위해 끊임없이 싸움을 벌였어.

네덜란드와 영국이 무대에 오르기 100여 년 전에 이미 스페인과 포르투갈이 인도양과 태평양을 탐험했단다. 그래서 네덜란드와 영국은 훨씬 유리했지. 이미 앞에서 어려운 일들을 끝낸 상태였으니까. 게다가 초기의 항해자들은 아시아나 아메리카, 아프리카 원주민들에게 별로 인기가 없었지만, 영국과 네덜란드의 항해자들은 친구로, 구원자로 환영을 받았어. 그렇다고 이 두 나라의 사람들이 더 성격이 좋았다고 단정할 순 없어. 하지만 이들은 상인이라 현실적인 상식에서 벗어나는 종교적 관념 따위는 생각하지 않았지. 초기에 유럽 사람들은 약소민족의 원주민들을 충격적일 만큼 잔인하게 대했어. 하지만 영국과 네덜란드 사람들은 어디까지 선을 그어야 하는지 잘 알고 있었지. 금과 은, 향료, 그리고 세금을 얻을 수 있다면 원주민들을 자유롭게 내버려 두었어.

따라서 이 두 나라는 세계에서 풍요로운 곳마다 식민지를 세우는 일이 크게 어렵지 않았지. 하지만 식민지가 어느 정도 확보되자 서로 더 많은 영토를 차지하려고 쟁탈전을 벌이기 시작했어. 신기하게도 식민지 쟁탈전은 식민지 안에서 일어나지 않았지. 약 5,000km나 떨어진 바다 위에서 벌어진 해전에서 승패가 결정 났던 거야. 고대의 전쟁이든 근대의 전쟁이든 흥미로운 원칙 중 하나는 바다의 패권을 장악한 자가 육지의 패권도 장악한다는 거야. 물론 오늘날은 전투기가 등장하면서 상황이 바뀌긴 했지. 아무튼 18세기에는 비행기가 없었기 때문에 영국은 해군력으로 미국과 인도, 아프리카의 식민지를 확보할 수 있었어.

17세기에 일어난 영국과 네덜란드의 여러 해전에 대해 굳이 여기서 자세히 이야기할 필요는 없을 것 같구나. 영국의 전투력이 너무 강했기 때문에 전쟁이 싱겁게 끝나고 말았거든. 하지만 영국과 그의 라이벌인 프랑스 사이에 벌어진 전쟁은 좀 더 중요한 의미를 갖지. 바다 위에서 우세한 영국의 함대가 프랑스의 해군을 무참히 무너뜨리는 동안에도 아메리카 대륙에서는 크고 작은 전투가 벌어졌어. 영국과 프랑스는 이 넓은 땅을 서로 자기네 땅이라고 우겼지. 1497년에 캐벗은 북아메리카 지역에 상륙해 영국 깃발을 휘날렸고, 그로부터 27년 뒤에는 조반니 베라치노가 아메리카에 도착해 프랑스 깃발을 꽂았어. 그래서 두 나라는 대륙 전체의 주인이 서로 자기라고 주장했던 거야.

선사 시대

고대 동방 문명

고대 그리스 문명

고대 로마 문명

중세 시대

르네상스와 종교 개혁

혁명의 시대

근대 민족 국가의 등장

현대 세계의 형성

아메리카 대륙에 영국 식민지를 세우다

17세기에 메인 주와 캐롤라이나 주 사이에 10개 정도의 작은 영국 식민지가 세워졌어. 식민지들은 주로 영국의 비국교도 중 특정 종파의 도피처였지. 청교도*들은 1620년에 뉴잉글랜드에 정착했고, 퀘이커 교도*들은 1681년에 펜실베이니아에 자리를 잡았어. 개척민들은 바닷가에 작게 둥지를 틀었지. 그들은 새로운 보금자리에서 영국 왕실의 압박과 간섭에서 벗어나 비교적 행복한 삶을 누렸단다.

반면에 프랑스의 식민지는 프랑스 왕실의 소유였어. 프랑스의 신교도인 위그노들은 식민지에 들어갈 수 없었지. 혹시라도 위험한 신교의 교리로 인디언들을 오염시켜서 예수회 신부들의 선교 사업에 방해가 될까 염려했던 거야. 따라서 영국의 식민지는 경쟁자 프랑스의 식민지보다 훨씬 건전하게 세워졌다고 볼 수 있지. 영국의 정착민들은 상업적인 열망이 대단한 중산층이었다면, 프랑스의 이주자들은 왕의 명령에 어쩔 수 없이 끌려온 사람들이었어. 그들은 가능하면 파리로 다시 돌아가고 싶어 했지.

하지만 정치적으로 보았을 때 영국의 식민지도 그렇게 만족할 상황은 아니었어. 프랑스 인들은 16세기에 세인트로렌스 강의 어귀를 발견했어. 그들은 오대호 연안에서 미시시피 강을 따라 남쪽으로 내려와서 멕시코 만 연안 여러 곳에 요새를 구축했단다. 한 세기가 지난 뒤에 프랑스의 요새는 60개로 늘어났고 이것이 대서양 연안의 영국 식민지와 내륙의 영국 식민지 사이를 갈라놓았어. 따라서 이 장벽을 뚫고 지나가려면 많은 인원과 돈이 필요했지. 그래서 내륙과 연안 양쪽에서는 인디언 부족의 도움을 받아 가며 백인들끼리 서로 죽고 죽이는 끔찍한 국경 분쟁이 벌어졌던 거야.

스튜어트 왕가가 영국을 통치할 때는 프랑스와 전쟁이 일어날 위험이 없었단다. 스튜어트 왕가는 의회의 힘을 꺾고 전제 정권을 세우기 위해 프랑스의 부르봉 왕가의 도움을 필요로 했기 때문이지. 하지만

* 청교도
16세기 후반에 영국 국교회에 저항해 생겨난 개신교 교파이다. 칼뱅주의를 바탕으로 쾌락을 멀리하고 금욕적인 생활을 중시했다.

* 퀘이커 교도
영국에서 조지 폭스가 창설한 개신교 교파이다. 정형화된 교리를 부정하고 인간은 신에게 직접 계시를 받을 수 있다고 주장한다. 전쟁과 노예제를 반대했고 평화주의를 옹호했다.

1689년 스튜어트 왕가의 마지막 왕이 영국 땅에서 사라지고 네덜란드의 윌리엄이 왕위를 계승했어. 윌리엄은 프랑스의 루이 14세와 철천지원수였어. 이때부터 상황이 바뀌면서 1763년 파리 조약이 체결되기 전까지 영국과 프랑스는 인도와 북아메리카에서 치열한 전쟁을 벌였던 거야.

영국이 북아메리카를 손에 넣다

아까도 이야기했지만 영국의 해군은 프랑스의 해군을 여지없이 무너뜨리지. 프랑스 본국은 식민지와 차단되는 바람에 영토를 상실했고 평화가 선포될 즈음엔 북아메리카 대륙 전체가 영국의 손에 들어가 있었어. 프랑스 사람 카르티에, 샹플랭, 라살, 마켓 등이 발견한 땅이 모두 영국의 식민지로 넘어간 거야.

광활한 아메리카 대륙에서 이주민들이 사는 곳은 극히 일부에 지나지 않았단다. 1620년에 도착한 순례자들(영국 국교회나 네덜란드 칼뱅파와 공존하기 어려워 영국에서 건너온 청교도의 일파)은 북쪽의 메사추세츠에서 캐롤라이나나 버지니아(수입을 얻기 위한 담배 재배 지역)까지 드문드문 마을을 이루고 살았지. 하지만 공기도 맑고 하늘도 높은 이 새로운 땅에서 살게 된 사람들은 모국에 있는 형제들과는 많이 달랐어. 이 거친 광야 위에서 이들은 독립심을 배웠던 거야. 이들은 강인하고 열정적인 선조의 후예들이었어. 게으르고 겁이 많은 사람들은 대서양을 건너올 엄두조차 못 냈지. 아메리카의 이주민들은 과거 조국에서 느꼈던 숨 막히는 통제와 억압을 무척 싫어했어. 그들은 스스로 삶의 주인이 되고 싶었던 거야. 영국의 지배층들은 이것을 이해하지 못했던 것 같아. 영국 정부는 이주민들을 괴롭혔고, 괴롭힘을 당하는 이주민들 역시 정부에 반항했지.

선사 시대
고대 동방 문명
고대 그리스 문명
고대 로마 문명
중세 시대
르네상스와 종교 개혁
혁명의 시대
근대 민족 국가의 등장
현대 세계의 형성

아메리카 식민지와 영국 정부가 7년간 전쟁하다

나쁜 감정은 더 나쁜 감정을 낳았어. 당시 어떤 일이 일어났는지, 또는 조지 3세보다 더 현명한 왕이 등장했다면 갈등을 피할 수 있었을 거라는 이야기 등은 구체적으로 할 필요가 없을 것 같구나. 영국의 식민지 주민들은 평화적인 논의가 어려울 거라는 사실을 깨닫자 손에 무기를 들었어. 왕의 백성이 되는 걸 거부했고 조지 3세가 고용한 게르만 용병에게 잡히면 처형당할 걸 알면서도 끝까지 저항했던 거야.

영국과 아메리카 식민지는 7년간 전쟁을 지속했어. 전쟁이 진행되는 동안 반란군이 최종적으로 승리하리라고는 누구도 예상하지 못했어. 당시 영국의 많은 사람들, 특히 도시 사람들은 왕에 대한 충성심이 남아 있었단다. 이들은 타협을 좋아했고 싸우지 않고 평화롭게 지내려고 했어. 하지만 왕에 저항하던 식민지 주민들은 워싱턴이라는 위대한 인물을 따랐지.

워싱턴은 소수의 용감한 사람들과 함께 비록 낡은 무기를 가지고 싸웠지만 왕의 군대를 약화시킬 수 있었어. 패배를 눈앞에 둔 순간에도 그는 탁월한 전략으로 전세를 바꾸어 놓았지. 부하들은 굶주렸고 한겨울에는 신발과 옷도 제대로 지급받지 못한 상태로 지저분한 참호 속에서 지내야 했어. 하지만 승리의 순간까지 자신들의 지도자를 절대적으로 신뢰했어.

미국이 독립 선언문을 발표하다

그런데 워싱턴의 군사 작전이나 여기저기서 자금을 모은 벤자민 프랭클린의 외교적 승리보다 더 중요한 사건은 혁명 초기에 발생했어. 당시 여러 식민지의 대표들이 공통의 중대한 문제를 의논하기 위해 필라델피아에 모였지. 이때가 바로 독립 혁명이 시작된 해였어. 바닷

미국의 독립 선언

가 근처의 식민지들은 대부분 영국의 손에 넘어가 있었지. 또 영국에
서는 병력을 계속해서 보내고 있었어. 하지만 식민지 대표들은 이에
신경 쓰지 않고 자신들의 신념에 따라 1776년 6월과 7월에 중대한 결
정을 내렸어.

6월에 버지니아의 리처드 헨리 리는 식민지의 대표자 회의인 '대륙
회의'에서 다음과 같이 발의했어. '이 식민지 연합은 자유롭고 독립적
인 국가가 될 권리가 있다. 따라서 영국 국왕에게 충성할 의무는 해제되
어야 하고 대영 제국과의 모든 정치적 연계는 완전히 사라져야 한다.'

이 발안은 메사추세츠의 존 애덤스가 제청을 했고 7월 2일과 4일에
통과되었어. 이어서 토마스 제퍼슨이 기초한 '독립선언문'이 공식적
으로 발표되었지. 당시 제퍼슨은 진지하고 뛰어난 정치학도였는데 훗

선사 시대
고대 동방 문명
고대 그리스 문명
고대 로마 문명
중세 시대
르네상스와 종교 개혁
혁명의 시대
근대 민족 국가의 등장
현대 세계의 형성

날 미국의 대통령이 될 사람이기도 했단다.

이 소식이 유럽에 전해지고 뒤이어 식민지 주민들이 최종적으로 승리를 거두고 1787년의 헌법이 채택되었다는 소식까지 전해지자 유럽 사람들은 이 사건에 엄청난 관심을 보였어. 유럽에서는 17세기 종교 전쟁 이후 고도로 중앙 집권화된 절대 왕정 체제가 한계점을 드러내고 있었어. 어딜 가나 왕궁은 화려하고 웅장했지만 주변의 도시는 빠르게 빈민굴로 전락하고 있었지. 이 빈민가의 사람들은 동요하기 시작했어. 귀족이나 전문 직업인 같은 상류층들도 자신들의 정치·경제적 상황에 대해 의문을 품기 시작했어. 유럽 사람들은 아메리카 식민지의 성공을 보면서 얼마 전까지만 해도 불가능했던 일들이 실현될 수도 있다는 걸 깨달았어.

어느 시인의 말처럼, 렉싱턴 전투(미국 독립 전쟁의 첫 전투 - 역주)의 총성이 '전 세계에 울려 퍼졌어.' 하지만 이 말은 약간 과장된 표현이라 할 수 있지. 아직 중국과 일본, 러시아는 이 총성을 듣지 못했거든. 이 총탄의 불똥이 대서양을 건너서 불만이 가득한 유럽인들의 화약고에 떨어졌지. 그 불똥으로 프랑스로부터 시작해 러시아의 페테르부르크에서 스페인의 마드리드까지 유럽 전역을 뒤흔든 대폭발이 일어났어. 낡은 정치가들은 민주주의라는 거대한 벽돌 더미에 파묻히고 말았지.

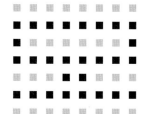

프랑스 혁명

선사 시대

고대 동방 문명

고대 그리스 문명

고대 로마 문명

중세 시대

르네상스와 종교 개혁

혁명의 시대

근대 민족 국가의 등장

현대 세계의 형성

국가가 힘없는 국민을 착취하다

혁명에 대해 이야기하기 전에 '혁명'이 무엇인지 설명하는 게 좋을 것 같구나. 어느 러시아의 저술가는 혁명에 대해 이렇게 말했단다. '혁명이란 오랜 세월 땅속에 깊이 뿌리박혀 있어 꿈쩍도 하지 않고, 아무리 열정적인 개혁가라도 감히 공격하지 못하는 체제를 한순간에 뒤집어엎는 것이다. 그것은 한 나라의 사회, 종교, 정치, 경제적 생활의 본질을 구성하는 모든 것을 한순간에 허물어 버리는 것이다.'

이러한 혁명이 18세기 프랑스에서 발생한 거야. 그 무렵 프랑스의 오래된 문명은 이미 낡을 대로 낡아 있었지. 루이 14세가 통치하던 시절에 왕은 모든 것을 의미했고 왕은 곧 국가였어. 과거 봉건 국가의 공무원 노릇을 했던 귀족들은 이제 더 이상 의미가 없었고 왕실을 꾸며 주는 장식품에 지나지 않았지.

18세기에 프랑스는 국가를 운영하는 데 엄청나게 많은 돈을 필요로 했어. 이 돈은 세금이라는 형식으로 모아들였지. 불행히도 프랑스의 왕은 귀족이나 성직자들에게서 세금을 거두어들일 정도로 강하지는

왕과 귀족에게 시달리는
농민을 그린
프랑스의 풍자화

않았어. 결국 세금은 힘없는 농민들로부터 모두 걷어야 했지. 가축우리 같은 집에 살아도 봉건 영주와 친밀한 관계를 맺었던 과거와 달리 농민들은 이제 잔인하고 무능한 토지 관리인에게 시달려야 했단다. 농민들의 상황은 갈수록 악화되었어. 농민들이 땅에서 소출을 많이 내 봤자 나라에서는 그만큼 세금을 더 많이 거둬 갔어. 그러니 누가 열심히 일하고 싶은 맛이 나겠어? 자신들에게 돌아오는 게 별로 없으니 굳이 정성을 들여 논밭을 가꿀 생각을 하지 않았던 거야.

왕과 귀족의 호화로운 생활이 극에 달하다

왕은 호화로운 궁전을 여유롭게 걸어다녔어. 그 뒤로는 관직에 목마른 자들이 늘 따라다녔지. 이 사람들은 모두 논밭에서 짐승처럼 일하는 사람들에게서 거둔 세금으로 먹고살았단다. 전혀 유쾌하지 않은 장면이지만 이건 조금도 과장하지 않은 현실 그대로였어. 하지만 우리가 기억해야 할 '앙시앵 레짐*(Ancien Régime)'의 또 다른 측면도 있었단다.

* 앙시앵 레짐
프랑스 혁명 때 타도의 대상이 되었던 정치·경제·사회의 구체제를 말한다. 주로 절대 왕정 시기에 농민과 시민을 억압한 사회 질서를 가리킨다.

귀족과 밀접한 관계를 유지한(부유한 은행가의 딸과 가난한 남작의 아들이 결혼하는 식으로) 부유한 중산층과 왕실을 가득 메운 프랑스의 한량들은 품위를 지키는 예절을 한껏 발전시켰어. 당시 유능한 인재들은 정치나 사회 문제에 대해 언급을 할 수 없었기 때문에, 추상적인 문제들을 가지고 한가롭게 토론하며 시간을 보냈지.

사고방식이나 개인의 행동에 나타나는 유행은 패션의 유행처럼 극단에서 극단으로 흘러가는 경향이 있었어. 당시 상류 사회가 지나치게 인위적으로 변해 가자 '소박한 삶'에 대해 지나치게 관심을 보였지. 프랑스 본국과 그에 딸린 식민지를 소유하고 있던 왕과 왕비가 무엇이 아쉬웠는지 마부와 우유 짜는 여자의 옷차림을 하고 작은 시골로 가서 양치기 흉내를 냈던 거야. 주위에서는 신하들이 비위를 맞추고 있었고 궁중 악사들은 감미로운 미뉴에트를 작곡했어. 궁중 이발사들은 더 공을 들여 값비싼 가발을 만들었지. 전체적으로 인위적인 베르사유 궁전에 있던 사람들은 하도 할 일이 없고 권태감에 빠져 자기들과는 전혀 상관없는 주제만 가지고 이야기를 했다고 해. 마치 굶주린 사람들이 먹을 것 얘기만 하는 것처럼 말이야.

베르사유 궁전

지식인들의 사회 비판서가 민중의 혁명을 촉발시키다

대담한 철학자이자 극작가, 역사가이자 소설가인 볼테르는 당시 온갖 종교적, 정치적 폭압에 증오를 느꼈어. 그런 그가 '구체제'에 대해

선사 시대

고대 동방 문명

고대 그리스 문명

고대 로마 문명

중세 시대

르네상스와 종교 개혁

혁명의 시대

근대 민족 국가의 등장

현대 세계의 형성

장 자크 루소

비난을 쏟아 붓자 프랑스 전체가 그에게 환호하기 시작했단다. 그의 연극이 상영될 때는 늘 매진이었어. 원시 사회의 인간에 대해 동경한 장 자크 루소는 초기 인간들의 행복한 삶을 경쾌한 필치로 써 내려갔어. 프랑스 사람들은 너도 나도 그가 쓴 『사회계약론』을 읽었지. 왕이 곧 국가인 프랑스에 사는 사람들은 나라의 주권은 실제로 국민에게 있고 왕은 국민의 종에 지나지 않는다는 루소의 간절한 호소에 뜨거운 눈물을 흘렸단다.

몽테스키외는 『페르시아 인의 편지』라는 책을 냈어. 이 책에는 페르시아의 여행자 두 명이 등장하는데, 두 사람은 당시 프랑스 사회를 돌아본 뒤 왕부터 최하층에 있는 사람까지 모든 계층의 사람을 거침없이 풍자했어. 이 책은 출간되자마자 바로 4쇄까지 찍었다고 해. 그 뒤에 나온 『법의 정신』도 엄청나게 많은 독자들이 읽었어. 몽테스키외는 탁월한 영국의 제도와 낙후된 프랑스의 제도를 비교했지. 그러면서 전제 군주제 대신 행정, 입법, 사법이 분리되고 그것이 독립적으로 기능하는 '삼권 분립 제도'를 옹호했단다. 파리의 서적상 르브레통이 디드로, 달랑베르, 튀르고 등 당대의 유명한 작가들의 '신사고와 신학문, 신지식'을 모두 담은 『백과사전』을 출간하겠다고 발표하자 대중들은 열광적인 반응을 보였어. 22년 후에 마지막 28권까지 완간되었을 땐 경찰 당국이 뒤늦게 개입할 정도였지. 하지만 이 책에 대한 사람들의 열정까지 억누를 순 없었어.

여기서 너희가 주의해야 할 사항이 있단다. 프랑스 혁명을 다룬 소설이나 영화를 보면 파리 빈민가의 폭도들이 혁명을 일으킨 것처럼 나오지. 하지만 실상은 많이 달랐어. 군중들이 혁명의 무대에 등장하기도 하지만 언제나 배후에서 중산층 지식인이 그들을 선동했지. 왕에 저항하는 전쟁에서 배고픈 하층민들을 효율적인 협력자로 이용해 먹었던 거야. 혁명을 야기한 근본적인 사상은 소수의 뛰어난 사람들의 머리에서 나왔어. 처음에 이런 사상은 '앙시앵 레짐'의 우아한 살롱에서 권태를 느끼는 귀족들을 즐겁게 해 주기 위한 지적 유희에 불과했어. 이들은 부주의하게 '사회 비판'이라는 위험한 불꽃놀이를 한 거야. 그러다가 불똥들이 마룻바닥에 떨어진 거지. 그런데 불행히도 불똥 하나가 바닥의 갈라진 틈 사이로 떨어져 지하실의 오래 묵은 쓰레기를 불태우고 말았어. 여기저기서 사람들이 "불이야!" 하고 소리를 질렀단다. 하지만 집에는 관심 없고 다른 것에 한눈팔던 집주인은 이 작은 불길을 어떻게 꺼야 할지 몰랐어. 그사이 불길은 빠르게 번져 집 전체를 홀랑 태우고 말았는데, 이것이 바로 이른바 '프랑스 대혁명'이야.

샤를 루이 드
몽테스키외

편의상 프랑스 대혁명은 두 부분으로 나눌 수 있단다. 1789년부터 1791년까지는 입헌 군주제를 도입하려는 다소 평화로운 시도가 이루어졌어. 하지만 군주 자신이 이 체제에 대한 믿음이 부족했고 아무도 이 상황을 제대로 주도하지 않아 결국 실패하고 말았어.

그리고 1792년부터 1799년까지는 공화국을 수립하고 처음으로 민주주의 정부를 만들려는 시도가 진행되었어. 하지만 몇 년간 정국이 불안하고 개혁의 시도가 비효율적으로 이루어지는 바람에 실제로는 폭력 사태만 벌어졌지.

선사 시대

고대 동방 문명

고대 그리스 문명

고대 로마 문명

중세 시대

르네상스와 종교 개혁

혁명의 시대

근대 민족 국가의 통합

현대 세계의 형성

파산 위기에 처한 프랑스, 무감각한 루이 16세

루이 16세

프랑스는 40억 프랑이나 되는 빚을 진 상황에서 국고는 바닥이 나 있었어. 그런데 세금도 제대로 거둬들일 수 없는 상태였지. 당시 루이 16세(뛰어난 자물쇠공이자 사냥꾼이었지만 정치에는 영 소질이 없었음)도 막연히 뭐라도 해야겠다는 생각을 하고는 튀르고를 불러 재무 장관에 임명했어. 급격히 쇠락해 가던 지주 계층의 대표였던 튀르고는 지방 관리직을 성공적으로 수행했고, 유능한 아마추어 경제학자이기도 했어. 그는 재무 장관으로서 최선을 다 했단다. 하지만 기적을 이루어낼 수는 없었지. 거지나 다름없는 농부들에게서 세금을 짜내는 것은 불가능한 일이었어. 그래서 돈 한 푼 낸 적 없는 귀족과 성직자들에게서 세금을 거둘 필요성을 느꼈던 거야. 그래서 튀르고는 베르사유 궁전에서 미운털이 박힌 사람이 되어 버렸지. 더군다나 '경제'라는 말을 듣기 싫어한 왕비 마리 앙투아네트도 튀르고를 무척 언짢아했어. 그는 곧 '비현실적인 몽상가', '탁상공론하는 학자'라는 말을 들으며 1776년에 장관 자리에서 물러나야 했지.

'학자' 튀르고의 뒤를 이어 현실적인 사업가 감각이 있는 사람이 재무 장관직에 올랐어. 그는 네케르라고 하는 부지런한 스위스 사람이었지. 곡물 중개업과 국제 금융업을 통해 돈을 많이 모은 부자였어. 네케르의 아내는 남편을 관직에 밀어 넣어서 자기 딸을 파리 주재 스웨덴 공사에게 시집을 보내려는 야심을 품었지. 당시 스웨덴 공사는 19세기 초에 문인으로 이름을 날린 스퇼 백작이었어.

마리 앙투아네트

네케르도 튀르고 못지않게 엄청난 열정을 보이며 일을 진행했단다. 1781년 프랑스 재정에 관한 보고서를 발표했는데, 왕은 이에 대해 전혀 이해하지 못했지. 당시 왕은 아메리카 식민지에서 영국에 대항하는 프랑스 이주민을 위해 군대를 파견했어. 이 원정에 막대한 비용이 들었으므로 왕은 네케르에게 자금을 충당하라고 명령했지. 하지만 네케르는 자금은 충당하지 않고 현재 재정 상태가 위험하다고 경고하는 보고서만 제출했어. 그도 이제 물러날 때가 된 거야. 1781년 네케르는 무능한 관리라는 이유로 잘리고 말았어.

'학자'와 '사업가'의 뒤를 이어 이번에는 유쾌한 자본가가 임명되었어. 자기의 정책을 믿고 따라온다면 모든 국민이 100퍼센트 소득을 올릴 거라고 장담했지. 그는 샤를 알렉상드르 칼론이라는 저돌적인 관리였어. 부지런하긴 했지만 진실함이나 겸손함은 찾아보기 힘든 사람이었지. 칼론은 프랑스가 엄청난 빚을 지고 있는 걸 알고는 모든 사람에게 도움이 될 만한 빠른 해결책을 찾았어. 그건 새로운 빚을 얻어 이전의 빚을 갚는 방법이었는데 사실 전혀 새로울 건 없었어. 예로부터 이런 방식은 비참한 결과만 초래했지. 3년도 되지 않아 국가의 빚은 8억 프랑이나 더 늘어났어. 이 유쾌한 재무 장관은 왕과 왕비가 자

선사 시대

고대 동방 문명

고대 그리스 문명

고대 로마 문명

중세 시대

르네상스와 종교 개혁

혁명의 시대

근대 민족 국가의 등장

현대 세계의 형성

금을 요구하는 청구서마다 여유롭게 웃으며 모두 서명을 해 버렸던 거야.

거듭된 실정에 분노한 민중

왕에 대한 충성심이 변함없던 파리 의회(입법 기구가 아닌 사법 재판소)도 이제는 더 이상 가만히 있을 수 없다고 생각했지. 그런데 칼론은 8,000만 프랑을 더 빌리려고 했어. 엎친 데 덮친 격으로 그해에 흉년이 들어 전국이 굶주림과 고통에 시달려야 했지. 뭔가 특별한 조치를 취하지 않으면 프랑스가 파산할 위기에 처하게 되었어. 하지만 왕은 그때까지도 사태의 심각성을 전혀 깨닫지 못했단다. 이런 상황에서는 왕이 국민의 대표들과 만나는 게 좋은 방법 아니었을까? 하지만 1614년 이후에 삼부회는 한 번도 열리지 않았어. 사태가 악화되어 가자 의회를 소집하라는 요구가 날로 높아졌지만 루이 16세는 요구를 받아들이지 않았지.

1787년 왕은 민중의 요구를 진정시키기 위해 명사회(名士會)를 소집했어. 이 기관은 영주나 성직자들의 조세 감면 문제를 제외한 이러저러한 문제들을 논의하는 최고 가문의 모임이었어. 사실 어떤 계층이 다른 계층을 위해 자신의 정치적, 사회적 특권을 내려놓는 건 있을 수 없는 일이었지. 당연히 127명의 명사들은 기존의 권리 중 어느 하나도 포기하려 하지 않았어. 굶주림에 시달리고 있는 거리의 군중들은 자신들이 신뢰했던 네케르를 다시 임명하라고 요구했단다. 하지만 명사들은 그럴 수 없다고 했지. 그러자 군중들은 돌로 궁전의 유리창을 깨뜨리는 등 과격한 행동을 보였어. 명사들은 그 자리에서 도망쳤지. 칼론도 재무 장관 자리에서 물러났어.

새로운 재무 장관에 중립적인 로메니 드 브리엔이라는 추기경이 임명되었단다. 폭력적인 민중의 저항에 위협을 느낀 루이 16세는 '가능

들라크루아가 그린
'민중을 이끄는
자유의 여신'

선사 시대

고대 동방 문명

고대 그리스 문명

고대 로마 문명

중세 시대

르네상스와 종교 개혁

혁명의 시대

근대 민족 국가의 등장

현대 세계의 형성

한 빨리' 삼부회를 소집할 거라고 약속했지. 물론 이 어중간한 약속에 만족한 사람은 아무도 없었어.

그해 겨울, 거의 100년 만에 처음으로 혹한이 찾아왔어. 들판의 농작물들은 여름엔 홍수에 쓸려 가고 겨울엔 추위에 얼어 죽었지. 프로방스 지방의 올리브 나무들도 모두 얼어 죽었어. 자선 단체들도 뭔가 해 보려 했지만 굶주린 사람들이 1,800만 명이나 되는 상황에서는 어찌할 도리가 없었지. 결국 여기저기서 빵을 달라며 폭동이 일어났어. 한 세대 전만 해도 이런 폭동은 군대가 금방 진압할 수 있었지. 하지만 새로운 철학 사상이 열매를 맺기 시작했어. 사람들은 총으로 굶주린 배를 달랠 수 없다는 걸 알았고, 심지어 평민 출신인 군인들조차 더 이상 왕을 의지하지 않았지. 민중의 호의를 얻기 위해서는 뭔가 분명한 조치를 취할 시기였지만 루이 16세는 여전히 머뭇거리고 있었어.

'대표자 없는 곳에는 세금도 없다'

　지방에서는 여기저기에서 새로운 사상을 가진 사람들이 작은 독립 공화국을 세우기 시작했단다. 중산 계층은 '대표자 없는 곳에는 세금도 없다.' 라고 외쳤지. 프랑스 전체가 무정부 상태에 빠지고 말았어. 사람들을 진정시키고 조금이라도 인기를 얻어 보려고 왕실은 도서 검열 제도를 폐지했어. 그러자 온갖 출판물들이 홍수처럼 쏟아져 나왔단다. 신분이 높건 낮건 누구나 비판하고 비판받았지. 당시 출간된 소책자만 해도 2,000종이 넘었다고 하는구나. 곧 로메니 드 브리엔은 비난에 휩싸였고 결국 네케르가 서둘러 재무 장관 자리에 다시 오르게 되지. 그 즉시 주가가 약 30퍼센트나 뛰어올랐어. 국민들은 잠시 어떻게 해야 할지 판단을 보류했어. 드디어 1789년 5월 삼부회*가 소집되었고, 사람들은 온 나라가 지혜를 모아 프랑스를 다시 건강하고 행복한 나라로 만들길 염원했지.

　하지만 국민이 지혜를 모으면 모든 문제가 해결될 거라는 생각은 꿈 같은 이야기에 지나지 않았어. 중요한 시기의 노력들이 모두 수포로

* 삼부회
성직자, 귀족, 평민 출신 의원이 한자리에 모이는 프랑스의 의회이다. 1302년에 처음 시작했는데, 절대 왕정 시대가 들어서면서 1614년에 폐쇄되었다. 그리고 다시 1789년에 소집되었다.

삼부회의 모습

돌아간 거야. 네케르는 중요한 시기임에도 정부에서 역할을 감당하는 대신 모든 일을 그냥 흘러가도록 내버려 두었어. 따라서 낡은 왕국을 개혁할 방법에 대해 과격한 논의들이 새롭게 일어났지. 경찰력이 약해진 틈을 타 파리 근교의 민중들은 혁명 지도자의 선동으로 차츰 자신의 힘을 깨닫기 시작했어. 혁명 기간에 그들은 합법적인 방법으로는 얻을 수 없는 것을 얻기 위해 폭력적인 방법을 사용했지.

농민과 중산 계급에 대한 회유책으로 네케르는 삼부회에서 그들의 대표 수를 두 배로 늘려 주었단다. 이 주제에 대해 아베 이에예스는 『제3계급은 어느 정도의 몫을 가져야 하는가?』라는 소책자를 출간했어. 이 소책자에서 제3계급(중산 계급)은 과거의 몫이 아니라 현재 요구되는 몫을 얻기 위해 전체를 차지해야 한다고 말했지. 이 작은 책자에 국민의 대다수가 바라는 바가 나타났던 거야.

제3계급 대표들, 테니스 코트에서 서약하다

드디어 최악의 상황 속에서 선거가 치러졌어. 선거 결과 성직자 대표 308명, 귀족 대표 285명, 제3계급 대표 621명이 베르사유로 가기 위해 짐을 챙겼지. 제3계급은 짐을 하나 더 챙겨야 했어. 유권자들의 수많은 불만을 기록한 두꺼운 보고서였어. 그렇게 프랑스를 재앙에서 구해 낼 마지막 무대가 마련되었지.

1789년 5월 5일 삼부회가 마침내 소집되었단다. 왕은 기분이 몹시 안 좋았어. 성직자 대표들과 귀족 대표들은 이미 알려진 대로 자신의 특권을 하나도 포기하지 않으려 했거든. 왕은 세 계급의 대표들에게 각각 따로 모여 불만 사항에 대해 토의하라고 명령했지. 제3계급 대표들은 왕의 명령을 거부했어. 그러고는 테니스 코트에서 1789년 6월 20일 헌법이 제정될 때까지 이 의회는 해산하지 않는다고 엄숙히 맹세했어. 그들은 귀족과 성직자, 제3계급이 한자리에 모여야 한다고 왕

선사 시대

고대 동방 문명

고대 그리스 문명

고대 로마 문명

중세 시대

르네상스와 종교 개혁

혁명의 시대

근대 민족 국가의 등장

현대 세계의 형성

에게 주장했어. 왕은 그 주장을 받아들였지.

삼부회의 이름을 '국민 의회'로 바꾸고 이들은 프랑스 왕정에 대해 논의를 시작했어. 왕은 화가 났지만 이 상황에서 어찌할 도리가 없었지. 왕은 자신이 가진 절대 권력만은 절대 포기할 수 없다고 말했어. 하지만 머리가 복잡해 사냥을 하러 나갔다가 다시 돌아와서는 의회의 요구를 어쩔 수 없이 받아들였지. 나쁜 시기에 나쁜 방식으로 바람직한 일을 하는 게 왕실의 습관이었단다. 대중이 A를 요구하자 왕은 그들을 꾸짖고는 아무것도 들어주지 않았어. 화가 난 대중이 궁전을 둘러싸고 위협하면 그때서야 요구하는 것을 들어주었지. 그런데 이때 대중은 요구 사항 A에 B를 추가했어. 이 웃지 못할 상황은 계속 반복되었지. 왕이 사랑하는 백성의 A와 B 요구를 수용했을 때, 대중은 또 다시 A와 B와 C를 모두 승인하지 않으면 왕족을 모조리 죽이겠다고 협박했어. 이런 식으로 요구 사항이 A부터 Z까지 채워지면서 왕은 결국 단두대까지 올라가게 되었지.

불행하게도 왕은 지금의 상황을 제대로 이해하고 있지 못했어. 심지어 단두대의 칼 아래 자신의 머리를 내려놓았을 때도 최선을 다해 사랑한 국민들 손에 자신이 부당한 대우를 받고 있다고 생각했으니까.

아빠가 여러 번 강조했듯이 역사에서 '만약'이라는 가정은 아무런 가치가 없단다. '만약' 루이 16세가 좀 더 강력하고 덜 관대했다면 프랑스 왕정은 계속 유지되었을 거라고 생각하긴 쉽다. 하지만 왕은 혼자가 아니야. '만약' 그가 나폴레옹처럼 무자비한 권력을 가진 왕이었다고 해도 그의 힘이나 업적은 아내 때문에 모두 깎아내려졌을 거야. 오스트리아의 마리아 테레지아의 딸인 왕비 마리 앙투아네트는 가장 전제적이고 중세적인 왕실에서 모든 악덕과 미덕을 갖춘 여자였지.

바스티유 감옥 습격 사건이 일어나다

마리 앙투아네트는 뭔가 행동을 보여야겠다고 생각하고는 반혁명을 계획했어. 네케르가 갑자기 재무 장관에서 잘리고 파리에 군대가 투입되었어. 소식을 접하고 화가 난 사람들은 1789년 7월 14일 바스티유 감옥으로 몰려가 이 끔찍한 전제 왕권의 상징물을 파괴했지. 한때는 정치범 수용소였다가 지금은 소매치기 밤도둑을 가두는 감옥으로 사용되는 곳이었어. 많은 귀족들은 낌새를 알아차리고 이미 외국으로 도망간 상태였어. 하지만 왕은 평상시처럼 아무것도 하지 않았어. 바스티유 감옥이 함락된 날도 사냥터에서 사슴 몇 마리를 잡고는 싱글벙글하고 있었던 거야.

파리 시민들의 요구의 목소리가 거세지는 상황에서 8월 4일 국민의회는 왕실의 모든 특권을 폐지하는 작업에 들어갔단다. 그리고 8월 27일 최초의 프랑스 헌법 전문(前文)이 된 '인권 선언'을 발표했어. 그럼에도 왕실은 여전히 정신을 못 차리고 있었지. 왕이 오히려 개혁을 방해하려 한다는 소문이 널리 퍼지기 시작했고, 그 결과 10월 5일 파리에서 두 번째 폭동이 일어났단다. 폭동의 물결은 베르사유까지 확

선사 시대
고대 동방 문명
고대 그리스 문명
고대 로마 문명
중세 시대
르네상스와 종교 개혁
혁명의 시대
근대 민족 국가의 등장
현대 세계의 형성

**바스티유 감옥을 함락하는
프랑스 혁명군**

산되었지. 왕이 파리에 있는 왕궁에 돌아오기 전까지는 폭동의 열기
가 식지 않았어. 왕이 베르사유에 머물러 있는 동안에는 사람들이 왕
을 믿을 수 없었거든. 시민들은 왕을 가둬 놓고 왕이 오스트리아의 빈
이나 스페인의 마드리드와 접촉하지 못하도록 감시하길 원했어.

그동안 의회에서는 제3계급의 대표인 귀족 미라보가 상황을 혼란
속에 빠트리고 있었단다. 그는 왕을 구하지 못하고 1791년 4월 2일에
세상을 떠나지. 이제야 목숨에 위협을 느낀 왕은 6월 21일 프랑스를
빠져나가려고 했어. 하지만 동전에 새겨진 초상 때문에 얼굴을 알아
본 국경 수비대는 바렌에서 왕을 체포하여 다시 파리로 돌려보냈지.

루이 16세, 한 표 차이로 처형당하다

1791년 9월에 최초의 프랑스 헌법이 제정되었고, 국민 의회의 의원들은 다시 고향으로 돌아갔어. 1791년 10월 1일에는 입법 의회가 소집되어 국민 의회의 역할을 이어 나갔지. 새롭게 구성된 민중의 대표자들 중에는 과격한 혁명 분자들이 많았어. 가장 과격한 사람들은 자코뱅 당원들이었지. 예전에 자코뱅 사원에서 정치 모임을 가졌다고 해서 붙여진 이름이야. 대부분 지식인층에 속했던 이 청년들은 과격한 발언을 아끼지 않았고 이들의 연설은 신문을 통해 베를린과 빈까지 전해졌어. 프로이센의 왕과 오스트리아의 황제는 루이 16세를 비롯한 왕실 사람들을 구하기 위해 무언가를 결정해야 했어. 당시 폴란드 왕국을 분할하는 문제로 정신이 없는 상태였지만 그들은 프랑스의 왕을 구하기 위해 군대를 출병시켰지.

그때 프랑스에는 무시무시한 분위기가 온 땅을 짓누르고 있었어. 지

처형장으로 끌려가는
마리 앙투아네트

선사 시대

고대 동방 문명

고대 그리스 문명

고대 로마 문명

중세 시대

르네상스와 종교 개혁

혁명의 시대

근대 민족 국가의 등장

현대 세계의 형성

난 세월 굶주림과 고통으로 인해 쌓인 민중의 분노가 폭발했던 거야. 파리 시민들은 튈르리 궁전으로 쳐들어갔어. 충실한 스위스 호위대원들은 주인을 보호하려고 했는데, 이때 이 우유부단한 왕은 사격 중지를 명령하지. 시민들이 후퇴하고 있던 상황이었는데도 말이야. 전세가 역전되어 피와 함성, 값싼 포도주에 취하고 흥분한 사람들은 호위대원들을 모조리 죽여 버렸어. 그러고는 루이 16세의 뒤를 좇아 궁전으로 들어갔어. 의회실 안으로 피한 루이 16세는 이제 템플 성에 피신한 죄수처럼 꼼짝 없이 갇히고 말았지.

그런데 오스트리아와 프로이센에서 군대가 몰려온다는 소식이 전해졌어. 소식을 들은 파리 시민들은 남녀 할 것 없이 너무나 흥분한 나머지 야수처럼 변해 버렸지. 1792년 9월 첫째 주에 군중이 감옥에 침입해 죄수들을 모조리 죽인 사건이 발생했어. 프랑스 정부는 이를 막을 수가 없었지. 당통이 이끄는 자코뱅 당은 이러한 위기 상황에서 잔

조르주 자크 당통

인하도록 대담해야 혁명에서 승리한다는 걸 알았기 때문에 이 사건에 개입하지 않았어. 입법 의회가 폐지되고 1792년 9월 21일에는 새로운 국민 의회가 소집되었어. 이번 의회는 주로 극단적인 혁명주의자들로 구성되었지. 왕은 공식적으로 정치범으로 기소되어 의회에 끌려 나왔어. 루이 16세는 361표 대 360표, 한 표 차이로 유죄 판결을 받고 사형 선고를 받았단다. 1793년 1월 21일, 왕은 묵묵히 위엄을 잃지 않은 채 처형장으로 발걸음을 옮겼어. 그는 죽는 순간까지도 이 대혼란이 무엇을 의미하는지 이해하지 못했어. 자존심이 너무 강한 나머지 아예 질문조차 하지 않았던 거야.

루이 16세의 처형 장면

선사 시대

고대 동방 문명

고대 그리스 문명

고대 로마 문명

중세 시대

르네상스와 종교 개혁

혁명의 시대

근대 민족 국가의 등장

현대 세계의 형성

자코뱅 당, 반대파를 제거하다

그 다음 자코뱅 당원들은 의회에서 온건파에 속하는 지롱드 당원들에게 비난의 화살을 돌렸어. 지롱드 당은 프랑스 남부 지롱드라는 지역 이름을 따서 붙인 이름이야. 곧 특별 혁명 재판소가 세워지더니 지롱드 당의 지도자 가운데 스물한 명을 사형에 처했어. 나머지도 스스로 목숨을 끊는 사태가 벌어졌지. 그들은 유능하고 정직한 사람들이었지만 너무 현학적이고 온건했기 때문에 이 무시무시한 시기에 도무지 살아남을 수가 없었던 거야.

1793년 10월에 자코뱅 당은 '평화가 선언될 때까지' 헌법을 중지시켰단다. 모든 권력은 당통과 로베스피에르가 지도자로 있는 공안 위

막시밀리앙 드
로베스피에르

원회의 손에 넘어갔지. 이 위원회는 기독교를 탄압하고 기존 달력 대신 혁명 달력을 사용하도록 했어. '이성의 시대(미국 독립 혁명 시기에 토마스 페인이 자주 사용한 표현)'가 '공포'와 함께 찾아온 거야. 1년 이상 매일같이 70~80명이 죽어 나갔단다.

왕의 전제 정치는 끝이 났지만, 그 뒤를 이어 민주주의적 가치를 사랑하는 소수의 사람들이 자신과 생각이 다른 사람들을 탄압했어. 프랑스는 도살장처럼 변하고 말았지. 서로가 서로를 의심했고 모두가 불안에 떨었어. 자기가 다음 처형 대상이라는 걸 알게 된 옛 의회 의원들은 마침내 로베스피에르에게 대항했단다. 로베스피에르는 이미 많은 동지들을 참수한 상태였지. '유일하게 진실하고 순수한 민주주의자'였던 로베스피에르는 스스로 목숨을 끊으려 했지만 실패했어. 그는 부러진 턱뼈를 붕대로 감은 채 단두대에서 처형당했지. 1794년 7월 27일, 드디어 공포 정치가 막을 내리자 파리 시민들은 기쁨의 춤을 추었단다.

하지만 혁명의 적들이 프랑스 땅에서 쫓겨날 때까지는 몇몇 소수의 사람들이 정부를 운영하는 위태로운 상태가 지속되었어. 헐벗고 굶주린 혁명군은 라인 강, 이탈리아, 벨기에, 이집트에서 사력을 다해 반혁명 세력과 싸우는 동안, 다섯 명의 집정관이 임명되어 프랑스를 다스렸단다. 그러고 나서 1799년 프랑스의 '제1통령'이 된 나폴레옹 보나파르트라는 장군에게 권력이 넘어갔어. 그 후 15년 동안 유럽 대륙은 이전에는 볼 수 없었던 정치적 실험장이 되었단다.

나폴레옹

선사 시대

고대 동방 문명

고대 그리스 문명

고대 로마 문명

중세 시대

르네상스와 종교 개혁

혁명의 시대

근대 민족 국가의 등장

현대 세계의 형성

코르시카 출신 나폴레옹이 프랑스의 군인이 되다

나폴레옹은 1769년 코르시카 섬 아작시오에서 태어났어. 청렴한 공증인이었던 아버지 카를로 마리아 부오나파르테와 어머니 레티치아 라몰리노의 셋째 아들이었지. 그래서 나폴레옹은 프랑스 인이 아니라 이탈리아 인이었단다. 그의 고향인 코르시카 섬(지중해에 있는 이 섬은 그리스, 카르타고, 로마의 식민지였음)은 처음에 제노바로부터 독립을 얻기 위해 수년간 투쟁을 벌였지. 18세기 중반 이후에는 코르시카의 독립 운동을 도와주겠다던 프랑스가 오히려 점령군이 되어 버리자 이에 맞서 싸웠단다.

나폴레옹은 스무 살 때까지 코르시카의 열렬한 애국자였어. 조국이 프랑스의 압제에서

나폴레옹의 아버지 카를로 마리아 부오나파르테

해방되기를 간절히 원했지. 그런데 프랑스 혁명이 일어나고 예상치 않게 코르시카의 요구가 받아들여졌어. 이후 나폴레옹은 브리엔 군사 학교에서 교육을 받은 뒤 새로운 조국 프랑스를 위해 봉사할 마음을 먹었지. 비록 프랑스 어를 정확하게 쓸 줄도 모르고 말에 이탈리아 억양이 강하게 남아 있었지만, 어쨌든 그는 프랑스 사람이 되었고 머지않아 프랑스 인의 미덕을 모두 갖추었지. 오늘날 나폴레옹은 프랑스 사람 특유의 기질을 보여 주는 상징적인 인물이 되었어.

내세울 것 하나 없던 젊은 시절

나폴레옹은 일을 빨리빨리 해치우는 사람이었단다. 그가 역사 무대에서 활동한 기간은 20년도 채 되지 않았어. 하지만 짧은 시간에 (알렉산더 대왕과 칭기즈 칸을 포함해) 그 누구보다 더 많은 전쟁을 치르고 더 많은 승리를 거두고 더 많은 거리를 행진했지. 또 더 많은 땅을 정복하고 더 많은 사람들을 죽였으며 더 많은 개혁을 단행했어.

나폴레옹은 체구가 작았고 어린 시절에는 건강이 그렇게 좋지도 않았어. 외모가 눈에 띄게 준수한 것도 아니었고 사교장에서 사람들과 어울리는 것도 서툴렀지. 그는 교양이나 출생, 재산 중 어느 하나 내세울 것이 없었어. 어린 시절에는 너무 가난해 밥도 제대로 챙겨 먹지 못하는 일이 많았고 돈 몇 푼 벌기 위해 일을 해야만 했단다.

나폴레옹은 문학적인 재능도 별로 없었어. 리옹 학술원에 논문을 제출했는데, 후보 총 16명 중 15등을 차지했다고 하는구나. 하지만 미래에 대해 낙관적인 생각을 하며 마음을 굳게 먹고 모든 어려움과 시련을 이겨 나갔단다. 야망은 그의 삶의 원동력이었지. 누구보다 자아의식이 강했고 자신의 이름을 하늘의 신 다음으로 유명하게 만들겠다는 확고한 의지가 있었기 때문에 나폴레옹은 그 누구도 도달하지 못한 최정상까지 올라갈 수 있었던 거야.

젊은 보나파르트는 군인 시절 고대 그리스의 역사가 플루타르코스의 『영웅전』을 즐겨 읽었단다. 하지만 고대 영웅들이 제시한 높은 이상에 따라 살려고 하진 않았어. 나폴레옹은 신중하거나 사려 깊은 사람은 아니었지. 자기 자신 외에 다른 누군가를 사랑했는지 알 수가 없을 정도였어. 그는 어머니 이야기는 입 밖에 꺼내지도 않았어. 어머니 레티치아는 보통의 이탈리아 여인처럼 기품이 있었고 자녀들을 잘 다룰 줄 알았어. 한때 나폴레옹은 크리올 출신의 아름다운 아내 조제핀을 사랑했단다. 조제핀의 아버지는 마르티니크의 프랑스 관리였고, 그녀는 프로이센군과의 전투에서 패배해 로베스피에르에게 처형당한 알렉상드르 드 보아네르의

나폴레옹의 아내 조제핀

아내이기도 했어. 그런데 황제인 나폴레옹은 조제핀이 후계자가 될 아들을 낳지 못하자 그녀와 이혼하고 오스트리아 황제의 딸과 정략결혼을 하고 말았단다.

고약한 성격의 소유자

톨롱 공략전에서 나폴레옹은 포병 지휘관으로서 명성을 떨치게 되는데, 이때 그는 마키아벨리를 탐독했다고 하는구나. 이 피렌체 정치가의 충고를 따라 자기에게 유리하다면 언제든지 거짓말을 했지. 나

선사 시대

고대 동방 문명

고대 그리스 문명

고대 로마 문명

중세 시대

르네상스와 종교 개혁

혁명의 시대

근대 민족 국가의 등장

현대 세계의 형성

폴레옹 사전에 '감사'라는 단어는 없었어. 당연히 다른 사람에게 그런 말을 기대하지도 않았지. 그는 인간의 고통에는 전혀 무관심했어. 1798년 이집트 원정 때 목숨을 살려 주겠다고 약속한 전쟁 포로들을 처형했고, 시리아에서는 부상당한 부하들을 배로 태워 나를 수 없자 클로로포름으로 마취시켜 죽여 버렸어. 또 편파적인 군법 회의로 앙기앵 공작에게 사형 선고를 내리고는 부르봉 왕가 사람들에게 경고가 필요하다며 그를 총살시키기도 했단다. 이밖에도 나라의 독립을 위해 싸운 독일 장교들을 총살시켰고 티롤의 영웅인 안드레아스 호퍼도 사로잡은 뒤 반역자처럼 처형했지.

나폴레옹 황제의 성격이 어땠는지 단적으로 보여 주는 예가 있단다. 영국의 어머니들은 아이들을 잠자리에 들게 하려고 이런 말을 하지. "말을 안 들으면 아이들을 잡아먹는 보나파르트가 올 거야!" 이 특이한 폭군에 대한 불쾌한 이야기는 아주 많단다. 그는 자기 부하들을 매우 아끼긴 했지만 이상하게도 부상병은 잘 돌보지 않았어. 또 병사들의 땀 냄새가 진동하면 향수를 자주 뿌리는 바람에 자기 군복이 망가지기도 했지. 아빠는 이런 불쾌한 이야기를 하면서, 그리고 나폴레옹의 나머지 이야기를 준비하면서 마음속에 의구심이 있다는 걸 고백하지 않을 수 없구나.

알 수 없는 마력의 소유자

아빠는 지금 책 더미가 쌓여 있는 책상 앞에 앉아 있단다. 한 번은 타자기를 쳐다보고 또 한 번은 카본지를 좋아하는 사랑스러운 고양이 리코리스를 보고 있어. 그러면서 아빠는 나폴레옹을 가증스러운 사람이라고 이야기하고 있지. 하지만 창문 밖 7번 가를 내다보았는데 갑자기 군 마차와 포차 행렬이 멈추고, 귓가에 웅장한 북소리가 들리며 눈앞에는 푸른 색 제복을 입은 백마 탄 사나이가 보인다면, 아빠 역시

선사 시대

고대 동방 문명

고대 그리스 문명

고대 로마 문명

중세 시대

르네상스와 종교 개혁

혁명의 시대

근대 민족 국가의 등장

현대 세계의 형성

책과 고양이, 가정 모든 것을 뒤로한 채 그가 가는 곳이라면 어디든 따라 나설지도 모르겠다는 두려운 마음이 드는구나. 아빠의 할아버지는 자신이 영웅으로 태어나지 않았다는 걸 알면서도 그렇게 하셨단다. 다른 사람들의 할아버지도 마찬가지였지. 그들은 아무런 보상도 받지 못했고 기대도 하지 않았어. 오히려 이 이방인에게 온몸을 바쳤고 고향을 멀리 떠나 러시아, 영국, 스페인, 이탈리아, 오스트리아 등지에서 빗발치는 포탄을 뚫고 적진을 향해 돌격했지.

너희가 이유를 설명해 달라고 해도 아빠는 어떻게 대답해야 할지 모르겠구나. 한 가지 이유를 추측해 볼 수는 있지. 나폴레옹은 유럽 대륙 전체를 자신의 무대로 삼은 위대한 배우였어. 언제 어디서나 관객들에게 깊은 인상을 남길 줄 알았지.

나폴레옹 보나파르트

이집트 사막에서 피라미드와 스핑크스를 배경으로 연설할 때나, 이슬 젖은 이탈리아의 초원에서 추워서 덜덜 떠는 병사들 앞에서 연설할 때도 마찬가지였어. 어떤 상황에서도 그는 주인공이었어. 심지어 영국 정부에 의해 대서양 한복판 어느 작은 바위섬에 갇혀 지낼 때도 그는 무대의 중심에 서 있었단다.

워털루 전투에서 패한 이후 몇몇 친한 친구를 제외하고는 나폴레옹을 본 사람은 아무도 없었어. 유럽 사람들은 이 위대한 황제가 세인트헬레나 섬에 갇혀 지내고, 영국 수비대가 밤낮 그를 감시하고, 또 그 뒤에서 영국 함대가 수비대를 엄호하고 있다는 사실

워털루 전투

을 알고 있었단다. 하지만 위대한 황제는 적군이든 아군이든 누구의
기억 속에서도 사라지지 않았지. 질병과 절망 속에서 생의 마지막을
맞이할 때까지도 그는 계속해서 잠잠히 세상을 주시하고 있었단다.
한때 나폴레옹이 러시아의 성스러운 궁전인 크렘린을 마구간으로 사
용하고 교황을 마치 자기 하인 부리듯 하는 걸 보고 사람들은 놀라 기
절할 뻔했지. 이런 나폴레옹은 오늘날에도 많은 사람들의 기억 속에
선명하게 남아 있단다.

　나폴레옹의 생애를 간단하게 정리만 해도 거의 두세 권 분량의 책으
로 나올 것 같구나. 그가 프랑스에서 추진한 정치 개혁, 유럽 각국의
법전을 채택하여 만든 새로운 법전, 공적 분야에서의 활동만 이야기
한다고 해도 수천 페이지가 넘을 거야. 그런데 활동 초기에 어떻게 성
공을 거두었고 말년에는 왜 실패했는지에 대해서는 짧게 설명할 수
있단다. 1789년부터 1804년까지 나폴레옹은 프랑스 혁명의 위대한
지도자였어. 그는 자신의 명예만을 위해 싸우지는 않았지. 오스트리
아, 이탈리아, 영국, 러시아를 무찌를 수 있었던 것은 나폴레옹과 그
의 부하들이 '자유, 박애, 평등'이라는 새로운 신조의 전도사로서 역
할을 톡톡히 했기 때문이야. 그리고 왕실에는 적이었지만 민중에게는
벗이었기 때문이지.

스스로 황제의 자리에 오르다

　하지만 1804년에 나폴레옹은 스스로 프랑스의 황제가 되었단다. 서기 800년에 교황 레오 3세가 프랑크 족의 왕 샤를마뉴에게 왕관을 씌어 준 것처럼, 당시 교황인 피우스 7세를 대관식에 불러 왕관을 씌우게 했지.

　황제의 자리에 오르자, 이 옛 혁명의 우두머리는 합스부르크 왕가의 군주를 어설프게 흉내 내기 시작했어. 정신적 모체인 자코뱅 당의 정치 이념은 잊어버린 지 오래였지. 더 이상 탄압받는 민중들의 수호자 역할은 하지 않았고, 도리어 압제자들의 우두머리가 되었지. 황제의 뜻을 거스르는 자들을 응징하기 위해 항상 총살반을 대기시켜 두었어. 1806년 이탈리아 농부의 손자가 신성 로마 제국의 슬픈 잔재를 되

**나폴레옹의
황제 대관식**

선사 시대

고대 동방 문명

고대 그리스 문명

고대 로마 문명

중세 시대

르네상스와 종교 개혁

혁명의 시대

근대 민족 국가의 등장

현대 세계의 형성

살리고 고대 로마의 마지막 유물을 파괴할 때는 아무도 눈물을 흘리지 않았단다. 그러나 나폴레옹이 군대를 이끌고 스페인에 침입해 자신을 왕으로 받들게 하고 이에 거역하는 마드리드 사람들을 학살하는 일이 벌어지자, 그때 비로소 여론은 한때의 혁명 영웅에게서 등을 돌리기 시작했어. 이제 나폴레옹은 혁명의 영웅이 아니라 앙시앵 레짐의 화신이 되고 말았지. 영국은 이처럼 급속하게 퍼져 나가는 증오의 감정을 이용해 정직하고 올바른 사람들을 프랑스 황제의 적으로 만들었어.

영국의 함대에 패하다

영국인들은 신문을 통해 섬뜩한 공포 정치의 소식을 접하고는 극도로 혐오감을 느꼈단다. 영국도 100년 전 찰스 1세가 통치할 때 위대한 혁명을 이루어 냈었지. 그렇지만 영국의 혁명은 파리의 대변동에 비하면 그렇게 큰일도 아니었어. 영국의 보통 사람들이 보기에 자코뱅 당은 눈에 띄면 바로 제거해야 할 괴물 같았고 나폴레옹은 악마의 수장처럼 보였지. 1798년부터는 영국 함대가 프랑스의 해안을 봉쇄해 버렸어. 그 바람에 이집트를 통해 인도를 침공하려던 나폴레옹의 계획이 물거품이 되고 말았지. 나일 강 유역에서 연이은 성공을 거두었지만 수치스럽게 퇴각을 할 수밖에 없었어. 1805년 드디어 영국은 오랫동안 고대하던 기회를 잡게 되었단다.

스페인의 남서부 해안에 있는 트라팔가르 곶 근처에서 넬슨 제독은 나폴레옹의 함대를 회복할 수 없을 정도로 완패시켰어. 그때부터 나폴레옹 황제는 육지에 갇힌 신세가 되었단다. 만일 나폴레옹이 시대의 흐름을 깨닫고 더 이상 욕심을 내지 않았다면 대륙의 공인된 지배자로 남았을지도 몰라. 하지만 나폴레옹은 영광의 불길에 눈이 멀어 있었지. 그는 자신과 동등한 권력이나 경쟁자를 인정하지 못했어. 그의 증오심은 다시 러시아로 향했어. 끝없이 펼쳐진 저 신비로운 땅에 자신의 총알받이들을 계속해서 투입시켰지.

러시아군에 처참히 패하다

당시 러시아는 예카테리나 여제의 얼간이 아들 파벨 1세가 통치하고 있었어. 나폴레옹은 이런 상황을 어떻게 다루어야 하는지 잘 알았지. 하지만 파벨은 점점 더 무책임한 모습을 보이다가 결국 화가 난 신하들에게 죽임을 당하고 말았단다. 그렇지 않았다면 신하들이 모두 시베리아의 광산으로 쫓겨날 판이었어. 파벨의 아들인 알렉산드르 1세는 아버지와 달리 평화를 파괴하는 나폴레옹을 인류의 적으로 생각했지. 그는 자신이 나폴레옹의 저주로부터 인류를 구원하기 위해 선택받은 사람이라고 믿었단다. 하지만 프로이센, 영국, 오스트리아와 연합하여 나폴레옹과 다섯 번이나 싸웠지만 모두 패하고 말았어. 1812년에 알렉산드르는 다시 한 번 나폴레옹의 심기를 건드렸고, 분노에 찬 프랑스 황제는 모스크바를 장악하겠다고 마음먹었지. 스페인, 독일, 네덜란드, 이탈리아, 포르투갈 등 사방에서 마지못해 몰려든 연합 군대는 위대한 황제의 자존심을 회복시켜 주기 위해 북쪽으로 진격해 들어갔단다.

그 다음 나오는 이야기는 많이들 알고 있는 내용일 거야. 약 2개월 정도 행군한 나폴레옹의 군대는 러시아의 수도에 도착했고 크렘린 궁전에 본부를 설치했어. 1812년 9월 15일 밤에 모스크바에 갑자기 불길이 치솟더니 도시 전체가 나흘 내내 불바다가 되고 말았어. 불이 난지 5일째 되던 날 저녁, 나폴레옹은 군대에 퇴각 명령을 내렸어. 그로부터 2주 후에 눈이 내리기 시작했단다. 부대는 진눈깨비가 내리는 진흙탕 속을 힘겹게 걸어서 마침내 11월 26일 베레지나 강에 이르렀어. 바로 그때 러시아 군대가 총공격을 퍼붓기 시작했어. 코사크 군대는

선사 시대

고대 동방 문명

고대 그리스 문명

고대 로마 문명

중세 시대

르네상스와 종교 개혁

혁명의 시대

근대 민족 국가의 등장

현대 세계의 형성

러시아에서
철군하는
나폴레옹

이제 폭도나 다를 바 없는 이 '위대한 군대(Grande Armée)'를 포위했지. 12월 중순 겨우 살아남은 프랑스 병사들이 동부 독일의 도시에 처음으로 모습을 드러냈어.

그때 봉기할 시기가 임박했다는 소문이 나돌았어. 유럽인들은 이렇게 말했지. "이 참을 수 없는 굴레로부터 우리 자신을 해방시킬 때가 도래했다!" 그들은 프랑스 첩자들의 눈을 피해 숨겨 두었던 총을 손질하기 시작했어. 하지만 반란을 일으키기 전에 나폴레옹이 새로운 군대를 끌고 돌아올 것을 알고 있었지. 그 무렵 나폴레옹은 패배한 병사들을 남겨 둔 채 작은 썰매를 타고 파리로 돌아와서는 외적으로부터 신성한 프랑스를 지키려면 더 많은 군대가 필요하다고 호소했단다.

나폴레옹은 16~17세 정도 되는 어린 병사들을 이끌고 동쪽으로 가서 동맹군과 만났어. 1813년 10월 16일, 18일, 19일에 라이프치히에서 처절한 전투가 벌어졌지. 사흘간 초록색 군복을 입은 소년들과 파란색 군복을 입은 소년들이 엘스터 강이 피로 붉게 물들 때까지 싸웠던 거야. 10월 17일 오후에 러시아의 예비대가 프랑스의 전선을 뚫자 나폴레옹은 퇴각할 수밖에 없었어.

엘바 섬으로 쫓겨나다

나폴레옹은 파리로 돌아와 어린 아들에게 황제의 자리를 물려주려고 했어. 그런데 동맹군은 마지막 왕 루이 16세의 동생인 루이 18세에게 자리를 물려줘야 한다고 주장했지. 머잖아 이 흐리멍덩한 부르봉 왕가의 왕자는 카자크 군대의 호위를 받으며 파리로 의기양양하게 입성했어.

한편 나폴레옹은 지중해에 있는 조그마한 엘바 섬에서 왕 노릇하면서 어린 병사들을 데리고 체스 놀이나 하는 신세가 되었지.

하지만 나폴레옹이 프랑스를 떠나자마자 사람들은 자신이 무엇을 잃었는지 깨닫게 되었어. 지난 20년은 대가를 치러야 하긴 했지만 그만큼 영광의 시절이었지. 그동안 파리는 세계의 수도였어. 반면 망명 기간에 아무것도 깨닫지 못하고 아무것도 버리지 못한 루이 18세는 모든 사람에게 실망감과 증오심을 불러일으켰지.

워털루 전투에서 패배하다

1815년 3월 1일, 동맹국의 대표들이 유럽의 지도를 재편성하려고 할 때 나폴레옹이 느닷없이 프랑스 남부의 칸 근처에 상륙했어. 일주일도 안 돼 프랑스 군대는 부르봉 왕가를 버리고 이 '꼬마 하사'(나폴레옹의 별명)에게 칼과 총검을 바치기 위해 남쪽으로 내려왔지. 3월 20일 나폴레옹은 곧장 파리로 행진했어. 이번에는 조심스럽게 처신하며

선사 시대

고대 동방 문명

고대 그리스 문명

고대 로마 문명

중세 시대

르네상스와 종교 개혁

혁명의 시대

근대 민족 국가의 등장

현대 세계의 형성

평화를 요구했지만 동맹군은 전쟁을 주장했어. 유럽 전체가 이 '믿을 수 없는 코르시카 사람'에 대항해 들고일어났던 거야. 나폴레옹은 동맹군이 힘을 합치기 전에 공격하기 위해 북쪽으로 급하게 진격해 갔어. 하지만 나폴레옹은 더 이상 옛날의 나폴레옹이 아니었단다. 몸이 좋지 않았고 쉽게 피로를 느꼈던 거야. 선발대 투입을 지휘해야 하는 긴박한 상황에서도 꾸벅꾸벅 졸기 일쑤였지. 더군다나 예전에 충실했던 장군들도 이제는 세상을 떠나고 없었어.

6월 초에 나폴레옹의 군대는 벨기에를 쳐들어갔고, 같은 달 16일에는 블뤼허가 지휘하는 프로이센 군대를 물리쳤어. 하지만 나폴레옹의 명령을 받은 부대 지휘관은 후퇴하는 프로이센군을 완전히 몰살시키진 못했어.

이틀 후인 6월 18일 일요일, 나폴레옹은 워털루 근처에서 웰링턴이 이끄는 영국군과 마주쳤단다. 오후 2시쯤엔 프랑스군에게 전세가 유리하게 돌아가는 듯했어. 그런데 3시쯤 되자 저 멀리 동쪽 지평선에서 먼지 구름이 보이는 거야. 나폴레옹은 프랑스 기병이 영국 군대를 무찌르고 다시 돌아오는 줄 알았어. 4시 정도 되자 나폴레옹은 사태를 파악할 수 있었어. 프로이센의 장군 블뤼허가 부대를 이끌고 이곳으로 진격해 오고 있었던 거야. 깜짝 놀란 프랑스 군대는 전열이 흐트러지고 말았지. 나폴레옹에게는 예비 병력도 없었어. 그는 부하들에게 최선을 다해 목숨을 보존하라고 말하고는 혼자 도망가 버렸어.

나폴레옹은 두 번째로 자기 아들에게 황제의 자리를 물려주었어. 엘바 섬에서 빠져나온 지 딱 100일째 되는 날 그는 다시 해안으로 갔어. 미국으로 갈 생각이었거든. 1803년에 그는 프랑스의 식민지였던 루이지애나를 신생 아메리카 공화국에 헐값에 넘겨준 일이 있었어. 그곳은 영국에 넘어갈 위험이 많은 땅이었지. 나폴레옹은 속으로 생각했어. '미국인들은 나에게 고마운 마음이 있으니 내가 여생을 편안하게 보낼 수 있도록 땅과 집 정도는 마련해 주겠지.' 하지만 당시 영국 함대는 프랑스의 모든 항구를 철저히 감시하고 있었어. 동맹군과 영국 함대 사이에 끼어 있던 나폴레옹은 더 이상 움직일 수가 없었어. 프로이센은 그를 총살시키려고 했어. 영국은 그보다는 관대했지. 나폴레옹은 뭔가 변화가 있길 기대하며 로슈포르에서 기다렸어. 그런데 워털루 전투가 끝나고 한 달 후, 새로 수립된 프랑스 정부로부터 나폴레옹은 24시간 내에 프랑스 영토 내에서 나가라는 통지를 받았단다. 늘 비극 배우였던 나폴레옹은 영국 국왕에게 편지를 써서 도움을 요청했어. 고대 그리스의 장군인 테미스토클레스처럼 적군에게 받아들여지기를 고대하고 있노라고 말이야.

세인트헬레나 섬에서 생을 마감하다

7월 15일, 나폴레옹은 벨레로폰 호에 올라타고 무기는 호담 제독에게 넘겨주었어. 그런 다음 다시 플리머스에서 노섬벌랜드 호로 갈아타고 유배지인 세인트헬레나 섬으로 갔지. 그는 생의 마지막 7년을 그곳에서 보냈어. 회상록을 쓰려다가 간수들과 마찰이 일어나기도 했지. 그는 옛날을 회상하며 다시 출발점으로 돌아가 있었어. 혁명의 전선에서 싸웠던 때를 떠올렸지. 그는 자신이 헐벗은 군대를 이끌고 다니며 이 세상 끝까지 '자유, 박애, 평등'을 전하는 진실한 사도라고 믿고 싶어 했어. 그는 특히 자신이 최고의 사령관이자 집정관일 때를 회상하는 걸 좋아했어. 하지만 제국에 대해서는 말을 아꼈지. 가끔씩 빈에 살고 있는 아들 라이히슈타트 공작도 생각이 났어. 아들은 그곳에서 합스부르크 왕가의 어린 사촌들에게 푸대접을 받고 있었지. 그 사촌들의 아버지들은 나폴레옹의 이름만 들어도 치를 떨었단다. 나폴레옹은 미셸 네에게 감시병들을 공격하라고 명령을 내리고는 세상을 떠났어.

나폴레옹의 인생 역정에 대해 더 알고 싶다면, 어떻게 한 사람이 의지력만으로 그렇게 많은 사람들을 통치할 수 있었는지 정말 알고 싶

선사 시대

고대 동방 문명

고대 그리스 문명

고대 로마 문명

중세 시대

르네상스와 종교 개혁

혁명의 시대

근대 민족 국가의 등장

현대 세계의 형성

다면, 그에 대해 쓴 책은 읽지 않았으면 좋겠구나. 그런 책의 작가는 나폴레옹을 좋아하거나 싫어하는 사람일 거야. 책을 읽으면 여러 가지 사실들을 배울 수는 있겠지. 하지만 역사는 아는 것보다 '느끼는 것'이 더 중요하단다. 그러니 책을 읽기보다 '두 사람의 척탄병'이라는 노래를 들어보길 바란다. 그 노래의 가사는 나폴레옹 시대에 살았던 독일 시인 하이네가 썼고, 곡은 독일인 슈만이 만들었어. 슈만은 조국의 원수인 나폴레옹이 장인인 오스트리아 황제를 만나러 올 때마다 그 모습을 지켜보았다고 하더구나. 그래서 이 노래는 독재자를 미워할 수밖에 없었던 두 사람의 작품인 셈이지. 노래를 꼭 들어보길 바란다. 수백 권의 책이 알려줄 수 없는 걸 알게 될 거야.

근대 민족 국가의 등장

THE ROCKET *of Mr. Robert Stephenson of Newcastle*

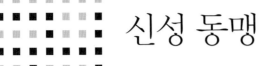

신성 동맹

프랑스 혁명 이전으로 돌아가다

황제와 국왕, 공작과 고위 관료, 전권 대사 그리고 비서관, 하인들까지 함께 추진하던 일이 갑자기 엘바 섬에서 나폴레옹이 돌아와 방해하는 바람에 중단되었어. 그러다가 다시 원래대로 시작할 수 있었지. 승리를 축하하는 파티가 열리고 사람들은 '왈츠' 라는 춤곡을 추었는데, 앙시앵 레짐 시절 '미뉴에트' 에 익숙한 신사 숙녀들에게는 꽤 충격적이고 낯부끄러운 일이었지.

거의 한 세기를 숨어 지내던 그들은 위기가 사라지자 자신이 겪었던 어려움을 토로하기 시작했어. 입에 담기조차 싫은 자코뱅 당에게 빼앗긴 돈을 돌려받기 원했지. 자코뱅 당은 감히 신성한 왕을 죽이고 가발 착용을 금지하고 베르사유 궁전에서 반바지(퀼로트) 대신 파리 빈민가에서나 입는 긴바지(판탈롱)를 입게 했어. (당시 귀족들이 반바지를 입고 양말을 신었기 때문에 이에 저항하는 의미로 긴바지를 입음 - 역주)

너희는 이런 자질구레한 이야기들을 하는 아빠가 우스꽝스럽게 느껴질지도 모르겠구나. 그런데 빈 회의에서 실제로 이처럼 우스운 주제를 가지고 길게 토론을 이어나갔다고 하더구나. 작센 지방이나 스페인의 향후 문제보다는 '반바지냐 긴바지냐'를 놓고 몇 달 동안 씨름을 한 거지. 프로이센의 국왕은 심지어 혁명과 관련된 모든 것을 경멸한다는 의미로 반바지를 입으라고 명령을 내렸단다.

끝없는 혁명과 전쟁에 지치다

남들 못지않게 혁명을 싫어했던 또 다른 독일의 권력자는 프랑스의 강도(나폴레옹)에게 냈던 세금의 두 배를 합법적인 통치자인 자기에게 내라고 명령했어. 국민들이 나폴레옹에게 괴롭힘을 당하는 동안 자신이 멀리서 지켜보며 안쓰럽게 여겼다는 거야. 모든 게 그런 식이었어. 이런 말도 안 되는 상황에 대해 어떤 사람은 이렇게 질문할 수도 있을 거야. "왜 도대체 당시 사람들은 어처구니없는 횡포에 반대하지 않았나요?" 진짜 왜 그랬을까? 그건 사람들이 완전히 지치고 절망했기 때문이야. 다시 말해, 세상이 평화로워진다면 무슨 일이 일어나든 어디서 누가 어떻게 통치하든 상관없었던 거야. 전쟁과 혁명, 개혁에 넌더리가 났던 거지.

1780년대에 사람들은 자유라는 나무 주위를 둘러싸고 춤을 추었어. 이 더러운 세상에 드디어 평등과 박애라는 새 시대가 열린다고 믿었던 거야. 귀족들이 한낱 요리사들과 얼싸안았고 귀족 부인들은 하인들과 카르마뇰이라는 거리의 춤을 출 정도였지. 하지만 새 시대가 오기는커녕 혁명군들이 쳐들어와 집 안에 있는 식기들을 훔쳐 갔지. 그런 다음 파리로 가서는 '해방된 나라들'이 프랑스 국민들이 제시한 새로운 정치 체제를 열성적으로 받아들인다고 보고했어.

젊은 장교 보나파르트가 파리에서 일어난 혁명의 소용돌이를 진압하고 폭도들에게 총을 겨누었다는 소식을 듣고는 이웃 나라 사람들은 안도의 한숨을 내쉬었어. 자유와 평등, 박애가 덜 강조되는 게 더 낫

선사 시대

고대 동방 문명

고대 그리스 문명

고대 로마 문명

중세 시대

르네상스와 종교 개혁

혁명의 시대

근대 민족 국가의 등장

현대 세계의 형성

다고 여겼던 거야. 하지만 머잖아 보나파르트라는 젊은 장교가 프랑스 공화국의 3인의 집정관 중 한 사람이 되었고, 이어서 1인 집정관이 되더니 마지막에는 황제의 자리까지 올라갔어. 이전의 어떤 통치자보다 유능했던 나폴레옹은 프랑스 국민들을 무자비하게 짓눌렀단다. 아들들은 군대로 끌려갔고 딸들은 군대 장교들과 결혼해야 했지. 국민들의 그림과 조각을 가져다가 나폴레옹 자신의 박물관에 가득 채웠어. 나폴레옹은 유럽 전역을 병영으로 만들었고 남녀노소를 가리지 않고 많은 사람을 죽였지.

빈 회의가 개최되다

나폴레옹이 역사의 무대에서 사라진 뒤 사람들은 한 가지 소원을 갖게 되었어. 바로 자신들을 가만히 내버려 두기를 바랐던 거야. 얼마 동안은 국민이 스스로를 다스리고 시장과 시의원, 판사 등을 투표할 수 있었어. 하지만 이런 자치 제도는 실패로 돌아갔어. 새로운 지도자들은 경험이 부족해서 재정 낭비가 심했던 거야. 이에 실망감을 느낀 사람들은 앙시앵 레짐의 대표자들을 찾아가 이렇게 말했어. "당신들이 예전에 했던 대로 우리를 다스려 주시오. 우리가 내야 할 세금 액수만 알려 주고 우릴 가만히 내버려 두시오. 우리는 자유의 시대에 손해 봤던 걸 다시 회복하느라 정신이 없습니다."

빈 회의를 주최한 사람들은 조용한 휴식을 바라는 대중을 위해 최선을 다했단다. 회의의 결과 신성 동맹을 맺게 되었는데, 이 동맹은 경찰에게 중요한 지위를 부여했고 공적인 일에 대해 하나라도 비판하는 사람에게는 엄청난 벌을 부과했어.

이렇게 유럽에는 평화가 다시 찾아왔지만 적막한 공동묘지 같은 느낌이었단다.

빈 회의에서 외교 수완을 발휘한 탈레랑

빈 회의에서 가장 중요한 세 인물은 러시아 황제 알렉산드르 1세, 오스트리아 합스부르크 왕가의 이익을 대변한 메테르니히, 프랑스 오 튐의 옛 주교인 탈레랑이야. 탈레랑은 급변하는 프랑스 정치에서 살아남을 정도로 교활하고 똑똑한 사람이었어. 지금은 나폴레옹 시대를 거치며 폐허가 된 프랑스를 살리기 위해 무엇이든 하겠다는 각오로 이곳 빈에 온 거야. 이 명랑한 젊은이는 자기가 비웃음을 받고 있는지도 몰랐어. 회의에 초대받지도 않았지만 마치 초대받아서 온 손님처럼 차려 놓은 음식들을 실컷 먹었지. 이윽고 그는 뛰어난 화술로 사람들을 즐겁게 해 주고 정중한 몸가짐으로 모든 사람에게 호감을 얻었단다.

빈 회의

탈레랑은 빈에 도착한 지 하루도 지나지 않아 동맹이 두 개의 상반된 진영으로 나뉘져 있다는 것을 눈치챘어. 한쪽은 폴란드를 차지하고 싶은 러시아와 작센 지방을 병합하고 싶은 프로이센이었어. 또 한쪽은 러시아와 프로이센이 유럽을 지배하려는 걸 막고자 한 오스트리아와 영국이었지. 탈레랑은 교묘하게 두 진영 사이를 오가며 뛰어난 외교 수완을 발휘했단다. 덕분에 프랑스는 나폴레옹이 저질러 놓은 일에 대한 동맹국의 보복을 감당하지 않아도 되었지. 탈레랑은 나폴레옹의 독단

선사 시대

고대 동방 문명

고대 그리스 문명

고대 로마 문명

중세 시대

르네상스와 종교 개혁

혁명의 시대

근대 민족 국가의 등장

현대 세계의 형성

샤를 모리스 드 탈레랑

으로 프랑스 국민들에게는 아무런 선택권이 없었다고 주장했어. 그러면서 이제는 나폴레옹이 물러났고 루이 18세가 즉위하니 그에게 기회를 달라고 호소했지. 동맹국은 혁명이 일어난 나라에 합법적인 왕이 즉위하는 게 더 낫다고 판단하고 부르봉 왕가에 한 번 더 기회를 주기로 했어. 하지만 부르봉 왕가는 자리를 되찾은 지 15년 만에 다시 자리에서 쫓겨나고 말지.

자유보다 평화를 추구한 메테르니히

빈 회의의 주요 인물 세 사람 중 두 번째 인물은 메테르니히였어. 그는 오스트리아의 수상이자 합스부르크 왕가의 외교 정책을 맡은 사람이었지. 정확한 이름은 메테르니히 비네부르크 공 벤첼 로타르였어. 대영주인 그는 매너도 좋고 엄청난 부와 능력을 가진 잘생긴 신사였단다. 하지만 도시나 농장에서 땀 흘려 일하는 노동자들과는 거리가 먼 귀족이었지. 프랑스 혁명이 일어났을 때 젊은 메테르니히는 스트라스부르 대학에 다니고 있었어. 스트라스부르는 프랑스 국가 '라 마르세예즈'가 만들어진 도시였고 자코뱅 당원들의 중심지이기도 했어. 메테르니히에게는 끔찍한 기억이 남아 있었단다. 이 혁명 세력 때문에 즐거웠던 시절이 사라지고, 무능한 시민들이 억지로 혁명이라는 과제를 수행하고, 폭도들은 무고한 사람들을 죽이며 자유의 시대가 새롭게 찾아왔다며 자축했던 거야. 하지만 그는 대중의 가슴속에 살아 있는 열정을 보지 못했어. 조국 프랑스를 위해 전쟁터로 나가는 남루한 병사들에게 먹을 것과 마실 것을 날라다 주는 여자들이나 아이들 눈에서도 희망의 빛이 보이지 않았지.

그래서 이 오스트리아 청년에게는 혁명에 대한 혐오감밖에 없었어.

혁명은 너무 야만적이었지. 만일 싸움을 해야 한다면 제복을 잘 차려 입은 병사들이 손질이 잘된 말을 타고 푸른 들판을 가로질러 돌격해야 폼이 날 텐데 말이야. 그런데 나라 전체를 악취 나는 병영으로 만들고 보잘것없는 부랑자가 하루아침에 장교가 되니 이 얼마나 어처구니없는 현실이었을까! 그는 조촐한 만찬 자리를 마련한 뒤 거기서 프랑스 외교관들에게 이렇게 말하곤 했어. "여러분이 만든 그 좋은 이념이 어떤 결과를 불러왔는지 한번 보세요. 당신들은 자유와 평등, 박애를 원했지만 결국 얻은 건 나폴레옹밖에 없습니다. 기존의 질서를 그대로 유지했다면 지금보다 훨씬 나았을 것입니다." 그런 다음 '안정적인' 정치 체제에 대해 설명을 늘어놓았지. 전쟁 이전의 좋았던 시

클레멘스 메테르니히

절, 모두가 행복하고 아무도 '만인은 평등하다' 라는 허튼 소리를 하지 않았던 그 시절로 돌아가자고 호소했어. 의지가 강하고 설득력을 가진 사람이 이런 태도를 보였으니 그는 누구보다도 혁명적 이념에 대한 위험한 적일 수밖에 없었어. 메테르니히는 1859년까지 살았어. 그래서 자신이 제시한 정책들이 1848년의 혁명으로 완전히 물거품이 되는 걸 지켜봐야 했지. 어느새 그는 유럽에서 가장 미움 받는 사람이 되어 분노한 시민들에게 폭행을 당할 뻔한 적도 있어. 하지만 메테르니히는 마지막까지도 자신이 옳았다고 굳게 믿었단다.

메테르니히는 언제나 국민은 자유보다 평화를 더 좋아한다고 믿었고, 그래서 그 평화를 주기 위해 노력했어. 엄밀하게 말하면 보편적인 평화를 이루려는 노력은 나름대로 성공적인 결과를 거두었다고 할 수 있지. 이후 거의 40년간, 그러니까 1853년 러시아, 영국, 프랑스, 이탈리아, 터키 사이에 벌어진 크림 전쟁*이 발발하기 전까지 이들 강대국이 서로의 목을 조르려고 한 일이 없었던 거야. 이건 유럽 대륙에서

* 크림 전쟁
러시아가 남진 정책의 일환으로 흑해로 진출하려고 터키, 영국, 프랑스, 사르디니아 공국 연합군과 벌인 전쟁을 말한다. 1856년 러시아가 패배하고 파리 조약을 체결하면서 종결되었다. 영국의 나이팅게일의 간호 활동으로 유명하다.

주목할 만한 기록이라 할 수 있어.

빈 회의에서 주목 받은 알렉산드르 1세

빈 회의의 세 번째 영웅은 러시아의 황제 알렉산드르 1세였단다. 알렉산드르 1세는 할머니인 예카테리나 여제의 궁중에서 자랐어. 예카테리나는 손자에게 러시아의 영광이 인생에서 가장 중요한 가치라고 가르쳤지. 한편 알렉산드르의 개인 교사는 볼테르와 루소를 흠모하는

알렉산드르 1세

스위스 사람이었어. 그는 알렉산드르에게 인류에 대한 보편적인 사랑을 가르쳤단다. 그래서인지 이 아이에게는 독단적인 독재자 기질과 감상적인 혁명가 기질이 묘하게 섞이게 되었지. 그는 얼간이 아버지 파벨 1세가 통치할 때 러시아가 당한 큰 수모로 고통스러웠어. 또 나폴레옹과의 전투에서 벌어진 끔찍한 살육을 두 눈으로 똑똑히 지켜봐야 했지. 하지만 이제 상황은 완전히 뒤바뀌었어. 알렉산드르의 군대는 동맹군에 참가하여 승리를 거두면서 러시아는 유럽의 구세주가 되었고 막강한 차르는 신과 같은 존재로 추앙받았지.

하지만 알렉산드르는 그다지 똑똑한 사람이 아니었어. 탈레랑이나 메테르니히처럼 사람들의 심리를 깊이 꿰뚫지는 못했지. 또 교묘한 외교 게임도 이해할 줄 몰랐어. 그러면서도 한껏 우쭐해 있었고 사람들에게 박수갈채를 받는 것만 좋아했어. 메테르니히와 탈레랑, 캐슬레이(유능한 영국 대표)가 테이블에 둘

선사 시대

고대 동방 문명

고대 그리스 문명

고대 로마 문명

중세 시대

르네상스와 종교 개혁

혁명의 시대

근대 민족 국가의 등장

현대 세계의 형성

러앉아 토카이 와인을 마시면서 어떤 일을 진행시킬까 결정하는 동안 알렉산드르는 회의에서 '주목'을 받았어. 그들에게는 러시아가 필요했기 때문에 알렉산드르를 매우 정중하게 대했지. 하지만 속으로는 그가 회의에 나서지 않길 기대했어. 그들은 심지어 메테르니히가 제안한 신성 동맹에도 적극 동의했지.

알렉산드르 1세 배후의 여인

알렉산드르 1세는 파티에 가서 사람들 만나는 걸 좋아하는 사교적인 사람이었어. 그런 걸 보면 행복하고 밝은 사람 같지만 그에게도 어두운 면이 있었지. 그는 도저히 잊혀지지 않는 사건을 잊으려고 무진 애를 썼단다. 1801년 3월 23일 밤에 페테르부르크에 있는 성 미카엘 궁전 어느 방 안에서 아버지의 퇴위 소식을 기다리고 있었어. 하지만 아버지 파벨 1세는 술 취한 장교들이 탁자 위에 올려놓은 서류에 서명하지 않으려고 했어. 그러자 화가 난 장교들은 스카프로 황제의 목을 졸라 질식시켜 죽여 버렸단다. 그러고는 아래층으로 내려가 알렉산드르에게 네가 러시아의 황제가 되었다고 말해 주었어.

이 끔찍한 사건을 겪은 뒤 알렉산드르는 매우 예민한 사람이 되었단다. 프랑스의 철학자들은 신이 아닌 인간의 이성을 믿으라고 했지만, 이성이 황제의 고통을 해결해 주지는 못했어. 그는 헛것을 보고 환청을 듣기 시작했어. 양심에 따라 스스로를 바로잡을 길을 찾으려고 애썼지. 얼마 있지 않아 그는 신비주의에 빠지게 되었고 테베나 바빌론의 사원들처럼 신기하고 불가사의한 것들에 집착하기 시작했어.

혁명의 시대는 당시 사람들의 정서에도 막대한 영향을 미쳤단다. 20년 동안 불안과 공포 속에 살아온 사람들이 정상적인 삶을 살기는 어려웠지. 초인종이 울릴 때마다 사람들은 놀라서 펄쩍 일어났어. 혹시라도 외아들이 전사했다는 소식일지도 몰랐으니 말이야. 혁명이 내건

'형제애'와 '자유'라는 구호는 큰 타격을 입은 농민들에게는 공허한 외침에 지나지 않았어. 사람들은 이 끔찍한 인생의 문제들을 해결해 줄 수 있는 것이라면 무엇이든 매달렸어. 슬픔과 절망 속에 지친 사람들은 사이비 예언가들에게 쉽게 넘어갔지. 이들은 『요한계시록』에서 잘 알려지지 않은 구절들을 뽑아서 새로운 교리를 만들어 예언가 행세를 했어.

1814년에 이미 많은 마술사들을 만나 본 알렉산드르는 어떤 여자 예언사에 대해 듣게 된단다. 그녀는 세상의 종말이 가까이 왔으니 어서 회개하라고 사람들을 촉구했어. 폰 크뤼데너 남작 부인이라는 이 의문의 여인은 파벨 황제 시절 러시아 외교관의 아내였다고 하는구나. 그녀는 남편의 돈을 모두 써 버리고 다른 남자와 추문을 일으켜 남편의 이름에 먹칠을 했어. 그리고 매우 방탕한 생활을 하다가 반미치광이가 되고 말았어. 그러다가 한 친구의 갑작스런 죽음을 목격하고는 지금까지 살아 온 인생을 반성하고 모든 쾌락에 대해 경멸하게 되었어. 그녀는 자신의 구두를 만드는 한 제화공에게 이전의 모든 죄를 털어 놓았지. 그 제화공은 모라비아교도였고 종교 개혁가 존 후스(1415년 콘스탄츠 종교 재판에서 이단으로 찍혀 화형을 당했음)를 추종하는 사람이었어.

그 후 10년 동안 남작 부인은 독일에서 왕과 귀족들을 '개종'시키는 데 온 힘을 기울였어. 그중에도 잘못된 길을 걸어온 유럽의 구세주 알렉산드르를 회개시키는 것이 그녀의 큰 야망이었지. 당시 도탄에 빠져 있던 알렉산드르는 자신에게 희망의 빛을 던져 주는 사람이라면 누구의 말도 들을 준비가 되어 있었기 때문에 황제를 만나는 건 쉬운 일이었어. 1815년 6월 4일 저녁에 남작 부인은 황제의 침실에 들어갔고 그때 황제는 『성경』을 읽고 있었지. 부인이 황제에게 무슨 말을 했는지 알 순 없지만, 세 시간 뒤 그녀가 그곳을 떠날 때 황제는 눈물 젖은 얼굴로 이렇게 고백했어. "마침내 내 영혼이 평안을 얻었구나!" 그날 이후로 남작 부인은 알렉산드르의 충성스러운 동반자이자 영적 조언자가 되었어. 그녀는 황제를 따라 파리에도 가고 빈에도 갔지. 알렉산드르는 춤추며 여가를 보낼 시간에 남작 부인이 이끄는 기도 모임에 참석했단다.

혹시 왜 이런 시시콜콜한 이야기를 이렇게 자세히 하는지 궁금할지도 모르겠구나. 기억할 필요도 없는 어느 미친 여자의 이야기보다 19세기의 사회적 변화가 더 중요하다고 반문할 수도 있지. 물론 다 맞는 말이야. 역사적 사실들을 보다 더 정확하게 자세히 알려 주는 책들은 얼마든지 많단다. 그런데 아빠는 너희가 역사에서 단순한 사실의 나열보다 더 중요한 무언가를 배울 수 있으면 좋겠어. 모든 역사적 사건을 대할 때 아무것도 당연한 게 없다는 태도를 가지길 바란다. '이러이러한 일이 그때 거기서 일어났다'는 단순한 서술에 만족해서는 안되지. 모든 행동의 이면에 숨겨진 동기를 찾아내려고 노력하렴. 그러면 주변 세계를 더 잘 이해할 수 있고 다른 사람들을 도울 수 있는 기회가 더 많아지게 될 거야. 아빠는 이런 삶이야말로 가장 가치 있는 삶이라고 생각한단다.

따라서 아빠는 너희가 신성 동맹을 1815년에 서명한 후 기록 보관소 구석에 보관 중인 한낱 종이쪽지 정도로만 생각하지 않길 바란다. 그건 잊혀졌을지는 모르지만 사라진 건 아니란다. 신성 동맹은 미국의 외교 방침인 '먼로 독트린'을 공포하는 데 직접적인 원인이 되었고, 먼로 독트린은 미국인들의 삶에 분명히 영향을 미쳤지. 그래서 이 문서가 어떻게 생겨났는지, 또 겉으로 명시된 기독교적 의무에 대한 헌신 이면에 존재하는 실제 동기는 무엇인지 너희가 알길 바라는 거야.

신성 동맹은 정신적 충격을 진정시키려고 애쓴 한 남자와 메시아를 자처하며 허영심과 욕망을 채우려고 하는 한 여자의 공동 작품이었어. 이런 이야기를 하면서 어떤 비밀을 드러낼 생각은 없단다. 캐슬레이와 메테르니히, 탈레랑과 같은 분별력 있는 사람들은 당연히 지나치게 감상적인 남작 부인의 행태를 모를 리 없었을 거야. 사실 메테르

선사 시대

고대 동방 문명

고대 그리스 문명

고대 로마 문명

중세 시대

르네상스와 종교 개혁

혁명의 시대

근대 민족 국가의 등장

현대 세계의 형성

니히가 그 부인을 독일로 돌려보내는 일은 누워서 떡 먹기였어. 독일의 제국 경찰에게 몇 마디만 하면 모든 게 완료될 일이었지.

유럽의 대표들, 신성 동맹을 체결하다

그렇지만 프랑스와 영국, 오스트리아는 러시아의 눈치를 봐야 했어. 굳이 알렉산드르의 심기를 불편하게 할 필요는 없었지. 그래서 하는 수 없이 노부인을 그대로 내버려 두었던 거야. 신성 동맹을 쓸데없는 종잇조각이라고 생각했지만 차르가 『성경』에 바탕을 둔 인류애를 실현코자 작성한 조약의 초안을 읽을 때 가만히 듣고만 있었지. 바로 이렇게 하는 게 신성 동맹이 추구하는 바였기 때문이지. 조약에 서명한 사람들은 다음과 같이 엄숙하게 선언했단다. "각 나라는 자국의 정치와 외교 관계에서 기독교의 가르침, 즉 정의와 자비, 평화를 유일한 지침으로 삼아야 한다. 이 가르침은 개인 간의 관계뿐 아니라 군주 회의에도 직접 적용되어야 한다. 또 인간의 제도를 강화하고 불완전한 요소들을 해소하는 유일한 수단이 되어야 한다." 그리고 서로에게 이렇게 약속했지. "우리는 진실하고 불가분한 형제애로 연합되어 있고 서로를 동포로 여기며 모든 상황과 모든 장소에서 서로를 돕고 지원할 것이다." 나머지 조항은 이와 비슷한 내용이었어.

오스트리아의 황제는 이 조약의 내용을 이해하지 못했지만 서명했어. 나폴레옹의 적들과 우정을 맺고 싶었던 부르봉 왕가도 서명했지. '더 위대한 프로이센'을 계획하던 프로이센의 국왕도 알렉산드르의 마음을 얻기 위해 서명을 했단다. 러시아의 권력 앞에 휘둘리는 유럽의 중소 국가들도 모두 서명했어. 다만 영국의 캐슬레이는 이 모든 게 허튼 소리라 생각해 서명하지 않았어. 교황도 그리스 정교와 신교가 자신의 일을 방해하는 것에 분개해 서명하지 않았지. 오스만 제국의 군주 술탄도 들은 바가 없어 서명하지 못했어. 하지만 유럽의 일반 대중들은 머지않아 이 조약에 주의를 기울일 수밖에 없었어. 신성 동맹의 공허한 조약 뒤에는 메테르니히가 강대국을 끌어 모아 만든 '5국 동맹(Quintuple Alliance)'이 있었기 때문이지. 이들의 군대는 무시무시한 권력이나 마찬가지였어. 5국 동맹은 혁명 시절로 돌아가고 싶어 하는 자코뱅 당원과 같은 자유주의자들 때문에 유럽의 평화가 방해받아서는 안 된다고 호소했지. 1812년~1815년에 일어났던 자유를 위한 전쟁은 점차 열기가 식어 갔어. 그리고 곧 행복한 시대가 올 거라는 믿음이 있었지. 전쟁을 직접 경험했던 군인들은 평화를 원했단다.

하지만 유럽의 강대국들이 회의를 열어 신성 동맹을 맺고 부여한 평화는 사람들이 원하던 것이 아니었어. 그들은 배신당했다고 말했지만 그런 말을 할 때조차 혹시 누가 감시하지 않나 주위를 둘러봐야 했지. 반동 세력은 승리를 거두었어. 반동을 주도한 사람들은 인류를 위해 필요한 일을 했다고 생각했지만 오히려 불필요한 고통과 정치 발전을 가로막는 결과를 가져왔단다.

선사 시대

고대 동방 문명

고대 그리스 문명

고대 로마 문명

중세 시대

르네상스와 종교 개혁

혁명의 시대

근대 민족 국가의 등장

현대 세계의 형성

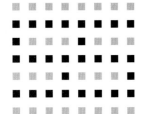

대반동의 시대

빈 회의의 결과 유럽의 질서가 재편되다

　나폴레옹이라는 대홍수가 쓸고 간 유럽은 회복하기 어려울 정도로 막대한 피해를 입었단다. 40여 개 왕가의 궁전이 사람이 더 이상 살 수 없을 정도로 파괴되었어. 그 덕분에 나머지 궁전들은 훨씬 더 규모가 커졌지. 물이 빠져나간 뒤 남은 혁명의 잔재들은 여전히 제거되지 않은 채 전체 사회를 위협했어. 하지만 빈 회의의 정치공학자들은 최선을 다해 다음과 같은 일들을 해냈지.

　프랑스는 오랫동안 세계의 평화를 불안하게 만들었기 때문에 사람들은 거의 본능적으로 이 나라에 대해 두려움을 갖고 있었어. 부르봉 왕가는 탈레랑의 입을 통해 좋은 나라를 만들겠다고 약속했지만 나폴레옹의 '백일천하'를 겪은 사람들은 언제 또 나폴레옹이 프랑스로 탈출해 올지 모른다는 불안감을 가지고 있었지. 그래서 네덜란드 공화국은 왕국으로 바뀌었고 벨기에도 네덜란드 왕국에 편입되었어. 벨기에 북부의 신교도나 남부의 구교도 모두 합병을 원하지 않았지만 그렇다고 불만을 제기하지는 않았지. 이것이 유럽의 평화를 위해 좋은 일이라고 보았기 때문이야. 그만큼 평화가 당시 최우선 과제였어.

폴란드 국민들은 폴란드의 아담 차르토리스키 공작이 러시아의 차르 알렉산드르와 가까운 친구이자 충실한 조언자였으므로 내심 큰 기대를 하고 있었단다. 하지만 폴란드는 기대와 달리 러시아의 속국처럼 되어 버렸어. 이런 결과에 대해 폴란드 국민들은 분노를 느꼈고 마침내 세 차례나 혁명을 일으켰지.

마지막까지 나폴레옹의 충실한 동맹국으로 남았던 덴마크는 혹독한 보복을 당했어. 이미 7년 전에 영국 함대는 덴마크의 카테가트 해협에 접근해 아무 선전 포고나 경고도 없이 코펜하겐에 폭격을 가하고는 덴마크의 함대를 훔쳐서 달아났어. 빈 회의에서는 덴마크에서 노르웨이(1397년 칼마르 동맹으로 덴마크에 합병됨)를 분리해 스웨덴 국왕 카를 14세가 다스리도록 조치했어. 카를 14세는 나폴레옹을 배신한 대가로 노르웨이를 선물로 받은 거지. 스웨덴 국왕은 원래 베르나도트라는 이름을 가진 프랑스 장교였어. 그는 나폴레옹의 부관으로 스웨덴에 왔었지. 그런데 홀슈타인 고토르프 왕가의 군주가 자식 없이 세상을 떠나자 그가 스웨덴의 왕위에 오르게 된 거야. 1815년부터 1844년까지 이 왕은 스웨덴과 노르웨이를 열심히 다스렸어. 두 나라 국민들은 이 유능한 군주를 존경했지만 왕은 자연 환경과 역사적 배경이 다른 두 나라를 통합시키지는 못했어. 이후로도 스칸디나비아 반도의 두 나라는 통합을 이루지 못했고 1905년 노르웨이가 평화로운 방식으로 독립 왕국을 세우자 지혜로운 스웨덴도 '행운'을 빌며 놓아주었어.

르네상스 시대 이후 수많은 외적의 침

카를 14세

선사 시대

고대 동방 문명

고대 그리스 문명

고대 로마 문명

중세 시대

르네상스와 종교 개혁

혁명의 시대

근대 민족 국가의 등장

현대 세계의 형성

페르난도 7세

입을 받았던 이탈리아 사람들 역시 나폴레옹 장군에게 큰 희망을 걸고 있었단다. 하지만 황제의 자리에 오른 나폴레옹은 이들에게 실망감만 안겨 주었지. 사람들은 통합된 이탈리아를 원했지만 오히려 이탈리아는 수많은 공국, 공작령, 공화국, 교황령으로 쪼개지고 말았어. 교황령은 나폴리 다음으로 최악의 통치가 이루어지는 비참한 지역이 되었지. 빈 회의는 나폴레옹이 만든 몇몇 공화국을 폐지하고 옛 공국을 부활시킨 뒤 이곳을 합스부르크 왕가 사람들에게 나눠 주었어.

빈 회의의 결정에 따라 스페인 국왕을 왕위로 복귀시키자 스페인 국민들은 엄청난 시련을 겪어야 했어. 이들은 예전에 나폴레옹에 대항해 봉기를 일으키고 스페인 국왕을 위해 희생을 마다하지 않았는데 말이야. 페르난도 7세라는 이 포악한 군주는 지난 4년간 나폴레옹의 죄수로 살아야 했어. 그동안 그는 자기가 좋아하는 수호성인의 조각상에 입힐 옷을 만들면서 세월을 보냈지. 왕위에 복귀한 페르난도 7세는 혁명 때 폐지된 심문실과 고문실을 부활시켰어. 이 스페인 국왕은 국민뿐 아니라 네 명의 아내에게도 경멸을 당할 만큼 넌더리가 나는 사람이었어. 그러나 신성 동맹은 합법적으로 이 사람을 왕위에 복귀시켜 주었지. 이 골칫거리를 제거하고 스페인을 입헌 군주국으로 만들려고 노력했던 사람들은 결국 처형당하고 말았단다.

포르투갈은 1807년에 왕족이 브라질에 있는 식민지로 피신한 뒤로 왕좌가 비어 있었어. 1808년~1814년에 벌어진 반도 전쟁* 때는 포르

* 반도 전쟁
프랑스 혁명 당시 나폴레옹 1세가 이베리아 반도를 침략하지 못하도록 프랑스에 맞서 스페인, 포르투갈, 영국이 벌인 전쟁이다.

투갈이 웰링턴 부대의 공급 기지로 이용되었지. 1815년 이후부터 브라간사 왕가가 왕족 가운데 한 명을 브라질의 황제로 남겨 두고 돌아올 때까지 포르투갈은 영국의 영토나 마찬가지였어. 브라질은 아메리카 대륙에서 수십 년간 제국을 유지하다가 1889년에 공화국으로 바뀌었지.

유럽 대륙의 동쪽에서는 슬라브 족과 그리스 인들이 여전히 술탄의 지배를 받고 있었어. 하지만 비참한 처지에서 벗어날 방법은 전혀 없었지. 1804년 세르비아의 돼지 기르는 사람이었던 블랙 게오르게(카라조르제비치 왕조의 창시자)는 투르크 족에 맞서 반란을 일으켰지만 적에게 패하고 결국 동료이자 또 다른 세르비아 지도자인 밀로슈 오브레노비치(오브레노비치 왕조의 창시자)에게 죽임을 당했단다. 이후 투르크 족은 명실상부한 발칸 반도의 주인이 되었어.

2,000년 전 주권을 상실한 그리스는 마케도니아, 로마, 베네치아, 투르크 족의 지배를 받아 왔어. 그리스는 동포인 코르푸 출신 카포디스트리아스나 알렉산드르 황제와 친한 차르토리스키가 자국을 위해 무언가를 해 주길 간절히 바라고 있었지. 하지만 빈 회의는 그리스에 관해서는 별 관심이 없었어. 기독교도든 이슬람교도든 '합법적인' 군주들이 오로지 각자의 왕좌를 유지하는 데만 관심이 있었지. 따라서 그리스가 얻은 건 아무것도 없었어.

빈 회의로 갈가리 찢어진 독일

빈 회의는 독일에 대한 처리 문제에서 가장 큰 실수를 저질렀어. 종교 개혁과 30년 전쟁은 독일의 번영을 파괴한 건 물론이고 이 나라를 아무 희망도 없는 정치적 쓰레기 더미로 만들어 버렸단다. 독일은 두 왕국과 여러 대공령, 수많은 공작령, 후작령, 남작령, 선제후령 등으로 영토가 갈가리 찢어져 웃지 못할 코미디가 벌어지고 있었어. 프리드리히 대제가 등장해 이런 상황을 바꿔 보려고 프로이센이라는 강력한 국가도 세웠지만, 이 나라도 프리드리히가 죽자 원 상태로 돌아오고 말았지.

독일의 수많은 소국들이 독립을 요청했지만 나폴레옹은 보기 좋게 묵살해 버렸어. 300개 넘는 소국들 중에 52개 나라만 1806년까지 살아남았어. 독립 전쟁을 벌이는 동안 젊은 군인들은 하나로 통합된 강력한 조국을 원했어. 그러려면 통일을 이룰 강력한 지도자가 있어야 했지. 과연 누가 지도자의 자리에 올라야 했을까?

그 당시 독일어를 사용하는 나라는 5개 왕국이었어. 이들 중 오스트리아와 프로이센은 신의 은총을 받는 왕들이 지배했고, 바이에른, 작센, 뷔르템베르크는 나폴레옹의 은총을 받는 왕들이 지배했단다. 이들은 당연히 나폴레옹의 충실한 심복이었고, 따라서 독일 사람들은 이 세 나라에 애국심을 기대할 수 없었어.

빈 회의는 오스트리아의 왕을 의장으로 세우고 38개국을 연합한 새로운 독일 연방을 수립했단다. 이것은 누구도 만족하지 못하는 임시방편에 불과했어. 프랑크푸르트에서 열린 독일 의회가 '중요한 공통의 정책'을 논의하기 위해 만들어진 건 사실이야. 하지만 이 의회에 모인 38개국의 대표들은 저마다 이해관계가 모두 달랐어. 만장일치가 아니면 아무것도 결정할 수 없었으므로 독일 연방은 금세 유럽의 웃음거리가 되고 말았지.

국가의 이상을 위해 모든 걸 희생했던 독일 국민들에게는 참으로 굴욕적인 사건이었어. 하지만 빈 회의는 독일 국민들이 무엇을 느끼든 신경 쓰지 않았기 때문에 그렇게 일단락이 되고 말았지.

평화와 안정을 빌미로 감시와 억압을 강화하다

하지만 누가 반대하고 나섰겠어? 나폴레옹에 대한 증오심이 점차

선사 시대

고대 통방 문명

고대 그리스 문명

고대 로마 문명

중세 시대

르네상스와 종교 개혁

혁명의 시대

근대 민족 국가의 등장

현대 세계의 형성

가라앉고, 대전쟁의 열기가 진정되고, '평화와 안정'이라는 이름으로 자행되는 범죄를 알아차리자 사람들은 불평하기 시작했어. 반란이 일어날 낌새가 보이기도 했어. 하지만 힘없는 국민들이 무엇을 할 수 있었겠어? 전례 없이 무자비하고 빈틈없는 경찰 제도 앞에서 속수무책이었지.

빈 회의에 참여한 사람들은 혁명 때문에 나폴레옹과 같은 자가 왕좌를 찬탈했다고 굳게 믿었단다. 펠리페 2세가 신교도들을 화형에 처하고 무어 인들을 목매달아 죽였을 때 양심에 따랐다고 믿었던 것처럼 이들 역시 '프랑스 사상'을 지지하는 사람들을 뿌리 뽑는 것이 자신의 임무라고 생각한 거야. 16세기 초에는 교황의 신성한 권리를 부정하는 사람들을 '이단'으로 여겼고 충성스러운 백성이라면 이들을 죽이는 게 당연한 의무였어. 마찬가지로 19세기 초에도 왕이나 재상의 신성한 권리를 부정하는 사람들은 '이단'으로 여겨졌고 충성스러운 국민들은 이들을 경찰에 고발해야 했지.

1815년의 통치자들은 나폴레옹에게 효율적인 통치 기술을 배웠기 때문에 1517년 때보다 훨씬 능숙하게 이런 일들을 처리할 수 있었단다. 1815년~1860년은 정치 첩보원의 시대였어. 첩보원들은 도처에 깔려 있었지. 왕궁에도 있었고 시골 마을의 술집에도 있었어. 장관실의 열쇠구멍을 통해 안을 엿보기도 하고 공원 벤치에서 바람을 쐬고 있는 사람들의 대화도 엿들었어. 국경에서는 통행증 없이 아무도 나가지 못하게 했고, 위험한 '프랑스 사상'을 가지고 왕국에 들어오지 못하도록 사람들의 짐을 샅샅이 뒤지기도 했지. 강의실에서는 학생들 사이에 앉아서 교수의 입에서 기존 질서에 대해 비판하는 말이 나오진 않는지 감시했어. 심지어 꼬마들이 교회를 가다가 혹시 땡땡이를 칠까 봐 졸졸 쫓아가기도 했지.

성직자들은 이러한 첩보원의 활동을 적극 지원했어. 교회는 혁명 기간에 큰 시련을 겪었지. 교회 재산은 몰수당했고 죽임을 당한 성직자들도 있었어. 1793년 10월 공안 위원회*가 교회 예배를 폐지하자 볼

* 공안 위원회
프랑스 혁명 시기인 1793년에 국민 공회가 창설한 위원회이다. 자코뱅 당 독재의 중심 기관으로서 정적을 탄압하고 공포 정치를 집행하는 역할을 맡았다.

공안 위원회

테르와 루소 등 프랑스 철학자들에게 혁명 사상을 배운 세대는 '이성의 제단' 앞에서 춤을 추었단다. 이때 성직자들은 기나긴 망명 생활을 해야 했는데, 그들이 이제 동맹군의 뒤를 따라 돌아왔고 혁명 세력에게 복수하기 시작한 거야.

1814년에 예수회 회원들도 돌아와 청년들을 다시 가르치기 시작했고 교회의 적과 맞서 싸우는 데 어느 정도 성공을 거두었단다. 그들은 세계 곳곳에 '교구'를 설치하고 원주민들에게 기독교의 복음을 전했어. 그런데 머지않아 이것은 무역 회사로 발전했고 끊임없이 행정 당국을 괴롭혔지. 포르투갈의 개혁적인 수상 마르케스 데 폼발이 통치하던 당시 이들은 포르투갈령에서 쫓겨났어. 1773년에는 유럽의 가톨릭 국가의 요청에 따라 교황 클레멘스 14세가 예수회를 탄압했지. 그들은 다시 돌아와 아이들에게 '복종'의 원리와 '합법적인 왕조에 대한 사랑'에 대해 설교했단다.

프로이센과 같은 신교 국가도 다를 바 없었어. 예전에 나폴레옹에 맞서 성스러운 전쟁을 치르자고 외쳤던 시인과 작가, 지도자들이 이제는 위험한 '선동가'로 찍힌 거야. 그들은 가택 수색을 당하고 편지도 검열받았어. 또 정기적으로 경찰에게 자신의 근황을 보고해야 했지. 프로이센의 교련 교관들은 젊은 세대에게 가감 없이 분노를 드러냈어. 학생들이 바르트부르크 종교 개혁 300주년 기념 축제를 열었을

때 프로이센의 관료들은 금방이라도 혁명이 다시 닥칠 거라고 생각했
거든. 어느 정직한 신학생이 독일에서 활동하던 러시아의 정치 첩보
원을 죽인 일이 발생하자 경찰 당국은 곧 대학을 감시하기 시작했고
대학 교수들은 감옥에 끌려가거나 해직을 당해야 했어.

러시아의 반혁명 활동은 이보다 더 어이가 없었어. 알렉산드르 1세
는 병적인 신앙에서 벗어났지만 다시 우울증에 빠져 들었단다. 그는
자기 능력의 한계를 깨달았고 그동안 빈의 메테르니히와 크뤼데너 부
인에게 당했다는 것을 알게 되었어. 그리고 점차 서양과 담을 쌓고 슬
라브 족의 스승이라 할 수 있는 신성한 도시 콘스탄티노플에만 관심
을 기울였지. 나이가 들수록 더 열심히 일을 했지만 얻는 건 더 줄어
들었어. 알렉산드르가 서재에만 머물러 있는 동안 관료들은 러시아
전체를 병영으로 바꾸어 나가고 있었단다.

대반동의 시대는 별로 좋은 풍경은 아니란다. 어쩌면 이 시대에 대
해 너무 짧게 서술했는지도 모르겠지만, 어쨌든 너희가 잘 알아둘 필
요가 있는 시대인 건 분명해. 역사의 시계 바늘을 거꾸로 돌리려는 시
도는 이번이 처음은 아니야. 그리고 결과는 매번 똑같았지.

선사 시대

고대 동방 문명

고대 그리스 문명

고대 로마 문명

중세 시대

르네상스와 종교 개혁

혁명의 시대

근대 민족 국가의 등장

현대 세계의 형성

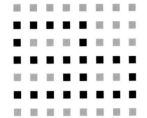

민족의 독립

프랑스 혁명으로 민족의식이 자라나다

"만약 빈 회의에서 이러이러한 방식이 아닌 저러저러한 방식으로 일을 처리했다면 19세기 유럽의 역사는 달라졌을 텐데." 사실 이렇게 말하는 건 아무 소용없는 일이야. 빈 회의는 프랑스 혁명과 20년간의 끔찍한 전쟁을 경험한 사람들의 모임이었지. 그들은 사람들이 필요로 하고 원한다고 생각한 '평화와 안정'을 유럽에 제공하기 위해 그 자리에 모였던 거야. 모인 사람들은 이른바 '복고주의자'였어. 그들은 민중이 스스로를 다스릴 능력이 없다고 생각했어. 그래서 이 평화와 안정을 영원히 보장하는 방식으로 유럽의 지도를 재편하고자 했지. 이들은 실패했지만 그렇다고 악의가 있었던 건 아니야. 그저 행복하고 평화로운 어린 시절을 추억하며 그 시절로 다시 돌아가고 싶은 열망이 강했던 것뿐이야. 그래서인지 혁명의 원리들이 유럽 사람들의 마음을 사로잡고 있는 현실을 제대로 인식하지는 못했지. 이는 불운한 일이긴 했지만 그렇다고 죄를 짓는 건 아니었어. 프랑스 혁명이 유럽뿐 아니라 아메리카에 가르쳐 준 것 중 하나는 민중에게는 '민족'에 대한 권리가 있다는 사실이었어.

그 어떤 것도 어떤 사람도 존중하지 않았던 나폴레옹은 민족적 열망이나 애국심에 대해서 무자비한 모습을 보였어. 하지만 혁명 초기의 장군들은 '민족은 정치적 국경이나 둥근 두개골, 너부죽한 코의 문제가 아니라 정신과 영혼의 문제이다.' 라며 새로운 소신을 밝혔지. 그들이 프랑스 어린이들에게 프랑스 민족의 위대함을 가르치는 동안, 그것에 영향을 받은 스페인, 네덜란드, 이탈리아에서도 각자 자기 나라에서 자기 민족의 우수성을 가르쳤어. 자연 상태의 원초적 인간이 가장 뛰어나다는 루소의 말을 믿었던 이들은 봉건제의 폐허 아래 묻혀 있던 위대한 민족의 과거를 파내기 시작했어.

19세기 전반은 위대한 역사적 발견의 시대였단다. 각 나라의 역사가들은 중세를 연구하고 그 결과물들을 발표하느라 정신이 없었어. 덕분에 사람들은 조국의 역사에 대해 자부심을 갖기 시작했지. 이러한 자부심은 대개 역사적 사실을 잘못 해석한 데서 비롯되었어. 그렇지만 정치에서는 사실 여부가 중요하지는 않아. 그것보다는 국민들이 사실로 믿느냐 믿지 않느냐가 중요한 거지. 대부분의 나라에서는 왕과 국민 모두 민족의 과거가 영광스러웠다고 굳게 믿었어.

자기 입맛대로 지도를 재편성하는 유럽의 여섯 왕조를 그린 풍자화

그런데 빈 회의는 이런 감상주의에 빠지지 않았어. 이 위대하신 각하들은 여섯 왕조의 이익에 맞게 유럽의 지도를 재편성하고, '민족적 열망'은 '프랑스 사상'과 함께 금서 목

선사 시대

고대 동방 문명

고대 그리스 문명

고대 로마 문명

중세 시대

르네상스와 종교 개혁

혁명의 시대

근대 민족 국가의 등장

현대 세계의 형성

록에 올려놓았지. 하지만 역사는 빈 회의가 이끄는 대로 흘러가지 않았어. 몇 가지 이유로 '민족'은 인류 사회의 발전에 필요한 듯 보였어. 메테르니히가 사람들의 생각을 통제하려는 노력이 실패했듯이 이러한 역사적 조류를 막으려는 시도도 성공할 수는 없었단다.

남아메리카에서 빈 회의의 반동 정책에 저항하다

신기하게도 처음으로 분쟁이 일어난 곳은 유럽에서 멀리 떨어진 남아메리카였어. 나폴레옹 전쟁이 일어난 시기에 남아메리카의 스페인 식민지들은 비교적 독립을 누리고 있었지. 그들은 스페인의 국왕이 프랑스의 황제에게 포로로 잡혀 있을 때도 왕에게 끝까지 충성했어. 조제프 보나파르트가 동생인 나폴레옹의 명령에 따라 스페인의 왕이 되었을 때도 그를 왕으로 인정하지 않았지.

아메리카에서 혁명 때문에 혼란을 겪은 곳이 있었는데, 바로 콜럼버스가 최초 항해 때 발견했던 에스파뇰라 섬, 즉 아이티 섬이야. 1791년에 인류애를 가지고 갑자기 등장한 프랑스군은 지금껏 백인들이 누려 왔던 특권을 흑인 형제들에게도 부여해 주었어. 하지만 프랑스는 머잖아 이러한 조치를 후회했고 애초의 약속을 철회하려고 했지. 그러다 보니 나폴레옹의 처남인 르클레르 장군과 흑인 족장인 투생 루베르튀르 사이에 수년간 끔찍한 전투가 벌어졌어.

1801년에 투생은 르클레르 장군으로부터 만나서 평화를 논의하자는 제안을 받았어. 프랑스는 더 이상 간섭하지 않겠다고 약속했지. 투생은 순진하게 이 백인의 말을 믿고 배에 올라탔는데, 오래지 않아 프랑스 감옥에서 죽고 말았어. 그럼에도 아이티 섬의 흑인들은 독립을 쟁취하고 끝내 공화국을 건설했지. 어쨌거나 그들은 최초의 위대한 남아메리카의 애국자의 수고 덕분에 스페인의 멍에로부터 자기 나라를 구해 낼 수 있었어.

시몬 볼리바르, 베네수엘라를 스페인으로부터 해방시키다

1783년에 베네수엘라의 카라카스에서 시몬 볼리바르가 태어났어. 그는 스페인에서 교육을 받고 파리를 방문해 혁명 정부의 활동을 지켜보았고 다시 미국으로 가서 잠시 머물다가 조국으로 돌아왔지. 당시 베네수엘라에는 스페인에 대한 적대감이 퍼져 있었고 점차 구체적인 봉기의 움직임을 보이기 시작했단다. 그러다가 1811년 베네수엘라는 독립을 선포했고 볼리바르는 혁명군의 장군이 되었어. 하지만 혁명 운동이 일어난 지 두 달도 되지 않아 혁명군은 패했고 볼리바르는 달아났지.

시몬 볼리바르

그 후 볼리바르는 5년 동안 실패한 것처럼 보이는 혁명 운동의 지도자로 활동했어. 그는 운동에 자신의 재산을 다 써 버렸기 때문에 아이티 대통령의 지원으로 스페인에 대한 투쟁을 이어 나갈 수 있었지. 이후 봉기가 남아메리카 전역으로 확산되었단다. 스페인은 누군가의 도움 없이는 반란을 진압할 수 없게 되었고 결국 신성 동맹에 지원을 요청했지.

상황이 이렇게 되자 영국은 몹시 걱정하기 시작했어. 네덜란드의 뒤를 이어 세계의 무역을 독점한 영국은 남아메리카가 독립을 선언했을 때 얻게 될 이익을 기대했지. 영국은 미국이 이 독립 문제에 개입하기를 바랐지만 미 상원은 그럴 계획이 없었고 백악관 역시 그냥 스페인이 알아서 하도록 내버려 두자는 목소리가 높았어.

바로 그때, 영국에서는 내각에 개편이 일어났어. 휘그당이 물러나고 토리당이 집권을 한 거야. 그리고 조지 캐닝이 국무 장관에 올랐어. 조지 캐닝은 만약 미국이 신성 동맹의 개입을 반대한다면 영국의 함대가 미국을 지원하겠다고 넌지시 암시했지. 그러자 미국 대통령 먼로는 1823년 12월 2일 의회에서 이렇게 연설했어. "미국은 신성 동맹이 서반구에서 세력을 확대한다면 미국의 평화와 안전을 위협하는 것으로 간주할 것이다. 미국 정부는 신성 동맹의 그러한 행위를 미국에 대한 비우호적인 행위로 볼 것이다." 4주 뒤에 이 '먼로 독트린'이 영국 신문에 실렸고 신성 동맹은 선택을 해야 했지.

메테르니히는 밍설이고 있었어. 개인적으로는 미국을 무시하고 일을 추진하고 싶었지만, 캐닝의 위협적인 태도와 유럽 대륙 내의 분쟁 때문에 신중하게 판단해야 했지. 결국 신성 동맹의 원정은 이루어지지 않았고 남아메리카와 멕시코는 독립을 쟁취할 수 있었어.

유럽 대륙 안에서 분쟁은 미친 듯이 일어나고 있었어. 1820년 신성 동맹은 스페인에 평화를 유지한다는 명목으로 프랑스군을 보냈지. 카르보나리당이 통일을 선동하며 나폴리의 페르디난도 1세에 대항해 반란을 일으키자 신성 동맹은 역시 평화 유지를 목적으로 오스트리아군을 파견했어.

러시아와 발칸 반도에서 혁명이 발생하다

나쁜 소식이 러시아에서도 들려왔어. 알렉산드르가 죽자 상트페테르부르크에서 유혈 혁명이 일어난 거야. 소위 데카브리스트(Deka-berist) 혁명이라고 하는데, 12월(December)에 일어났다고 해서 그렇게 불러. 이 혁명은 수많은 애국자들이 형장의 이슬로 사라지면서 끝을 맺지. 이들은 알렉산드르 말년의 반동 정치를 증오하고 러시아를 입헌 국가로 만들려고 했던 사람들이야.

사태는 점점 나빠졌어. 메테르니히는 프랑스의 엑스라샤펠, 체코의 트로파우, 독일의 라이바흐, 마지막으로 이탈리아의 베로나에서 회담

선사 시대

고대 동방 문명

고대 그리스 문명

고대 로마 문명

중세 시대

르네상스와 종교 개혁

혁명의 시대

근대 민족 국가의 등장

현대 세계의 형성

데카브리스트 혁명

을 가지면서 유럽 왕실의 지지를 확인하려 했지. 각국의 권력자들은 오스트리아 수상이 여름철 휴가를 보내곤 하는 피서지에 함께 모였어. 권력자들은 늘 반란을 억누르기 위해 최선을 다하겠다고 약속했지만 누구도 성공을 장담하지는 못했지. 민중의 분위기는 점점 흉악해졌고 특히나 프랑스 국왕의 지위는 위태위태했지.

그런데 분쟁은 예상외의 장소인 발칸 반도에서 일어났단다. 발칸 반도는 예부터 유럽 대륙의 침략자들이 관문으로 삼았던 곳이기도 하지. 최초의 봉기는 몰다비아에서 발생했어. 몰다비아는 다키아라는 고대 로마 제국의 주(州)였는데 3세기에 제국에서 떨어져 나간 뒤로는 아틀란티스 섬처럼 잊혀진 땅이 되어 버렸지. 하지만 이 지역 사람들은 스스로를 로마 인이라고 생각했고 여전히 고대 로마 어를 사용했어. 그래서 나라 이름도 루마니아야.

1821년에 이곳에서 그리스 청년인 알렉산데르 입셀란테스 공작이 투르크 족에 대항해 반란을 일으켰어. 추종자들에게는 러시아의 지원을 믿으라고 말했지. 하지만 메테르니히는 사람들을 급히 보내 차르를 설득했고, 러시아는 '평화와 안정'이라는 명목으로 입셀란테스를 지원하지 않았어. 입셀란테스는 할 수 없이 오스트리아로 도망쳤고 그곳 감옥에서 7년을 갇혀 지냈지.

그리스에서 독립 투쟁이 일어나다

같은 해인 1821년, 그리스에서도 분란이 발생했어. 1815년부터 반란을 준비한 그리스의 애국 비밀 단체가 모레아(고대 펠로폰네소스)에서 독립을 선언하고 투르크 수비대를 몰아낸 거야. 이에 투르크 세력은 늘 하던 방식대로 대했지. 1821년 부활절 날, 그리스 인들에게는 교황과 같은 존재인 그리스 정교의 총대주교를 체포한 뒤 다른 주교들과 함께 처형해 버렸어. 이에 맞서 그리스 인들은 모레아 공국의 수도인 트리폴리차에서 이슬람교도인 투르크 족을 대량으로 학살했어. 투르크 족도 다시 키오스 섬을 공격해 약 2만 5,000명의 기독교도를 죽이고 약 4만 5,000명을 포로로 잡아 아시아와 이집트에 팔아넘겨 버렸지.

위기에 처한 그리스는 유럽 왕실에 도움을 요청했어. 하지만 메테르니히는 '자업자득'이라고 하면서 지원하지 않았지. 지원병들은 애국심 깊은 그리스 인들을 당장에 도우러 가고 싶었지만 그들 앞에는 국경이 가로막고 있었어. 그리스의 반란은 이제 끝나는 것처럼 보였지. 투르크의 요청으로 이집트군은 모레아에 상륙했고, 곧 고대 아테네의 중심지인 아크로폴리스에 투르크 족의 깃발이 휘날리기 시작했어. 이집트군은 투르크 족을 위해 그리스의 소동을 완전히 진압했지. 한편 메테르니히는 이와 같이 그리스가 일으킨 '유럽의 평화를 방해하려는 시도'가 과거의 일로 잊혀지길 기다리며 잠잠히 상황을 지켜볼 뿐이었어.

영국이 신성 동맹의 반동 정책을 방해하다

　다시 한 번 영국은 메테르니히의 계획을 틀어지게 만들었단다. 영국이라는 나라가 지닌 가장 위대한 영광은 엄청난 규모의 식민지나 해군이 아니었어. 영국의 평범한 시민들이 가지고 있는 의기와 독립성이 영국을 빛나게 했지. 영국인들은 타인에 대한 존중이 문명사회를 가축 사육장과 다르게 만드는 것임을 알았기 때문에 법을 준수하는 사람들이었어. 하지만 다른 사람이 사상의 자유를 침해하는 것에 대해서는 결코 용납하지 않았지. 만약 옳지 않은 일이라고 생각하는 바를 국가가 행했을 때, 그들은 들고일어나서 국가를 규탄했어. 정부는 국가를 비판하는 사람의 말을 존중해 주었고, 자기보다 우월한 사람을 끌어내리기 좋아하는 사람들로부터 그 사람을 보호해 주었지. 그렇다고 영국에서 대의(大義)를 내세우거나 그것을 지지하는 사람들이 많은 것도 아니었어. 대다수의 영국인들은 다른 나라 사람들과 별반 다를 게 없었지. 그들은 당장 눈앞의 일들을 처리하느라 바빴기 때문에 비실용적인 '모험'에 뛰어들 여유가 없었어. 물론 잘 알지도 못하는 아시아나 아프리카 사람들을 위해 싸우러 가는 별난 이웃들에 대해 존경하는 마음은 있었어. 그 이웃이 죽으면 장례식을 성대하게 치러 주고 자식들에게 본받으라면서 칭찬을 아끼지 않았지.

　신성 동맹의 경찰 첩보원들조차 이런 국민적 기질을 가지고 있는 영국인들 앞에서 무력했단다. 1824년에 영국의 바이런 경이 요트를 타고 그리스를 돕기 위해 남쪽으로 내려갔어. 바이런 경은 온 유럽을 눈물바다로 만든 시인이었어. 그리스에 도착한 지 3개월이 지나 이 젊은 영웅은 최후의 격전지인 메솔롱기온에서 전사했고 그 소식이 유럽 전역에 퍼져 나갔어. 그의 의로운 죽음은 사람들의 마음에 감동을 일으켰고, 유럽 각지에서 그리스를 돕기 위해 여러 단체들이 생겨나기 시작했어. 미국 독립 전쟁 때 활약했던 라파예트도 프랑스에서 그리스인들의 큰 뜻을 옹호했어. 바이에른에서는 왕이 수백 명의 장교를 그

선사 시대
고대 동방 문명
고대 그리스 문명
고대 로마 문명
중세 시대
르네상스와 종교 개혁
혁명의 시대
근대 민족 국가의 등장
현대 세계의 형성

리스로 파견했단다. 메솔롱기온의 굶주린 주민들을 위해 돈과 지원 물품이 쏟아져 들어갔지.

영국에서는 조지 캐닝이 수상이 되었어. 그는 전에 남아메리카에 대한 신성 동맹의 계획을 무산시킨 적이 있었는데, 다시 한 번 메테르니히의 계획을 방해할 생각이었어. 영국과 러시아의 함대는 이미 지중해를 항해하는 중이었단다. 그리스의 시민들을 구하려는 민중의 열망에 떠밀려 정부가 파견한 배들이었지. 십자군 원정 이래로 이슬람 세력으로부터 기독교를 보호하기로 자치한 프랑스도 함대를 보냈어. 1827년 10월 20일에 세 나라의 함대가 그리스 해안의 나바리노 만에서 투르크의 전함을 무너뜨렸어. 이번 승전보는 어느 승리의 소식보다 사람들이 기쁘게 맞이했단다. 자기네 나라에서 자유를 누리지 못하던 서유럽과 러시아 사람들이 자기가 그리스의 해방을 위해 참전한 것처럼 좋아했고 정신적인 위안까지 얻었던 거야. 1829년 드디어 그리스는 독립 국가가 되었고, 신성 동맹의 반동 정책은 두 번째로 큰 실패를 겪어야 했지.

이 작은 책 안에 모든 나라의 독립 투쟁을 자세하게 설명하는 건 힘들 것 같구나. 이 주제를 다룬 책들이 많이 있으니 그걸 참고하길 바란다. 아빠가 그중에 그리스의 독립 투쟁을 소개한 건 이것이 빈 회의의 반동 정책을 처음으로 무너뜨린 기념비적인 사건이기 때문이지. 물론 자유를 억압하는 신성 동맹은 여전히 견고했고 우두머리인 메테르니히도 자리를 지키고 있었어. 하지만 이 동맹도 서서히 종말이 보이기 시작했어.

1830년, 프랑스에서 혁명의 불길이 타오르다

프랑스에서는 부르봉 왕가가 시민전쟁을 통해 만들어진 법과 규칙을 완전히 무시했고, 역사를 프랑스 혁명 이전 상태로 돌리려고 무자

선사 시대

고대 동방 문명

고대 그리스 문명

고대 로마 문명

중세 시대

르네상스와 종교 개혁

혁명의 시대

근대 민족 국가의 등장

현대 세계의 형성

비한 경찰 정치를 펼치고 있었어. 1824년에 루이 18세가 세상을 떠나기 전까지 프랑스 국민들은 나폴레옹이 통치한 10년보다 더 불행한 9년의 평화 시대를 살아야 했지. 그리고 루이 18세 뒤를 이어 샤를 10세가 왕위에 올랐어.

루이 18세는 프랑스 혁명을 통해 아무것도 배우지 못한 왕이었지만 샤를 10세는 달랐어. 형인 루이 16세가 단두대에서 목이 잘려 나갔다는 소식을 들었던 그날의 아침이 기억 속에 생생히 살아 있었지. 그래서 그는 시대의 흐름을 제대로 읽지 못하면 무슨 일이 일어나는지 똑똑히 알고 있었어. 그럼에도 샤를 10세는 스무 살도 되기 전에 50만

▶ 샤를 10세

프랑이라는 거액의 개인 빚을 지게 되면서, 아무것도 기억하지 않으려 했고 아무것도 배우려 하지 않았어. 형으로부터 왕위를 물려받자마자 '성직자에 의한, 성직자를 통한, 성직자를 위한' 정부를 세웠어. 샤를 10세는 법과 질서를 옹호하는 사람마저 무시했어. 정부를 비판하는 언론을 탄압하려 했고 의회가 언론을 지지한다고 해서 의회도 무시해 버렸어. 이제 그의 시대도 얼마 남지 않았던 거야.

1830년 7월 27일 밤 파리에서 혁명이 일어났어. 같은 달 30일에 왕은 영국으로 배를 타고 달아났지. 이렇게 '15년간의 웃지 못할 희극'은

막을 내렸고 부르봉 왕가는 프랑스의 왕좌에서 영원히 자취를 감추었단다. 부르봉 왕가는 너무 무능해 아무런 희망도 없었지. 프랑스는 공화정으로 정부의 형태를 바꾸려고 했지만 메테르니히는 이를 가만히 보고 있을 사람이 아니었지.

혁명의 불꽃이 유럽으로 번져 가다

유럽의 상황은 갈수록 험악해졌어. 혁명의 불꽃은 프랑스를 넘어 민중의 불만이 가득한 다른 나라로 번져 갔어. 신생 네덜란드 왕국은 상황이 그다지 좋지 않았지. 네덜란드와 네덜란드에 편입된 벨기에는 국민의 성향이 너무도 달랐어. 국왕인 오라녜 빌렘 공은 부지런하고 유능한 사람이긴 했지만 뜻이 맞지 않는 두 국민을 서로 조화시키기에는 요령이나 융통성이 부족했지. 더군다나 프랑스로 갔던 성직자들이 벨기에로 돌아오면서 '가톨릭교회의 자유'를 요구하는 군중들이 신교도 군중에게 아우성을 쳤단다. 8월 25일, 벨기에 지역의 브뤼셀에서 반란이 일어났고 2달 뒤에 벨기에 사람들은 독립을 선포했지. 그리고 레오폴트를 왕위에 앉혔어. 어쩌면 이것이 어려운 문제를 해결하는 탁월한 해결책이었을지도 몰라. 통합되기 힘든 두 나라는 결국 각기 제 갈 길을 가면서 친한 이웃으로 평화롭게 지내게 되었지.

당시는 아직 철도가 길게 놓여 있지 않아 프랑스와 벨기에에서 혁명이 성공했다는 소식이 폴란드에는 뒤늦게 전해졌어. 폴란드 인들은 소식을 접하자마자 폴란드를 지배하고 있던 러시아와 충돌을 일으켰지. 충돌 이후 일 년 동안 전쟁을 벌였지만 결국 러시아가 승리하고 말았어. 1825년 형 알렉산드르의 뒤를 이어 러시아의 황제가 된 니콜라이 1세는 자신의 왕가에 신성한 권리가 있다는 걸 굳게 믿었단다. 서유럽으로 피신한 수많은 폴란드 망명인은 신성 동맹의 원칙이 신성 러시아에서는 여전히 효력이 있다는 사실을 보여 주는 증인들이었지.

이탈리아도 불안한 시기를 보냈어. 나폴레옹의 아내였던 여공작 마리 루이즈가 나라 밖으로 추방 당하자 화가 난 군중은 교황령에 독립적인 공화국을 세우려고 했어. 하지만 오스트리아군이 로마로 진군해 상황은 다시 원래대로 돌아왔지. 메테르니히가 합스부르크 왕가의 외무 장관의 궁전에 머물고 경찰 첩보원이 다시 제 역할을 하면서 평화의 시대가 찾아왔어. 빈 회의의 끔찍한 굴레에서 벗어나려는 시도가 다시 한 번 성공한 건 그로부터 18년이 지나고 나서였지.

니콜라이 1세

1848년, 프랑스에서 또 한 번 혁명이 일어나다

유럽 혁명의 풍향계나 다름없는 프랑스에서는 또 한 번 혁명의 징후를 드러냈어. 샤를 10세의 뒤를 이어 루이 필리프가 왕위를 이었단다. 루이 필리프의 아버지인 오를레앙 공작은 자코뱅 당원이 되었고 사촌인 루이 16세를 사형시키는 데 한 표를 던졌지. 혁명 초기에는 '평등 왕 필리프'로 불리기도 했어. 하지만 로베스피에르가 '반역자'를 모두 숙청할 때 그도 죽임을 당했고, 아들 루이는 혁명군에서 도망쳐 나왔어. (로베스피에르는 자기와 생각이 다른 사람을 '반역자'라고 불렀어.) 젊은 루이 필리프는 갈 데 없어 이리저리 방랑 생활을 하다가 스위스에서 학교 교사 일을 했어. 그리고 2년 동안 아메리카 서부 지역을 탐험하기도 했지. 그때 나폴레옹이 권좌에서 물러나면서 루이 필리프도 다시 파리로 돌아왔어. 그는 다른 부르봉 왕가의 사촌들보다 훨씬 지적인 사람이었어. 평범한 아버지들처럼 어린 자녀를 데리고 산책을 나서는 소박한 사람이기도 했지. 하지만 프랑스가 더 이상 국왕을 필요로 하지 않는다는 사실은 전혀 모르고 있었어. 1848년 2월 24일 시민들이 튈르리 궁전에 침입해 왕을 내쫓고 공화국을 선포한 그날 아침까지도 그 사실을 몰랐던 거야.

프랑스의 소식이 빈에 전해졌어. 메테르니히는 이번 봉기도 1793년 때와 동일한 소란에 지나지 않으므로 동맹군을 보내 이 지긋지긋한 혁명을 완전히 끝장내야 한다고 목소리를 높였어. 하지만 2주 뒤에 메테르니히의 조국인 오스트리아의 수도에서도 봉기가 일어난 거야. 메테르니히는 성난 군중들을 피해 궁전 뒷문으로 달아났어. 그 사이에 페르디난드 황제는 혁명의 원리들을 구체화시킨 법률을 채택하겠다고 국민들 앞에서 약속할 수밖에 없었단다.

혁명의 불길이 유럽을 휩쓸다

이번에는 유럽 전체가 큰 충격에 휩싸였어. 헝가리의 민중은 독립을 선포했고 로요슈 코슈트 지휘하에 오스트리아 합스부르크 왕가에 저항하며 전쟁을 일으켰지. 헝가리 민중은 세력이 약했지만 일 년 이상 전쟁을 이어 나갔어. 그러다가 결국 카르파티아 산맥을 넘어온 차르니콜라이의 군대에 의해 진압되고 말았지. 헝가리는 다시 전제 군주의 통치를 받게 되었어. 합스부르크 왕가는 서둘러 비상 군법 회의를 설치한 뒤 전쟁에서 죽이지 못한 수많은 헝가리의 애국자들을 처형했단다.

이탈리아에서는 시칠리아 섬이 나폴리로부터 독립했고 부르봉 왕가의 왕을 쫓아냈어. 교황령에서는 수상인 로시가 살해당하고 교황도 몸을 피해야만 했지. 교황은 이듬해에 프랑스 군대와 함께 다시 돌아왔어. 그리고 프랑스 군대는 1870년까지 신성한 교황을 보호하기 위해 로마에 머물러 있었단다. 프랑스 군대가 프로이센으로부터 조국을 지키기 위해 돌아가자 로마는 이탈리아의 수도가 되었어. 이탈리아 북부에서는 밀라노와 베네치아의 시민들이 오스트리아의 폭압에 저

선사 시대

고대 동방 문명

고대 그리스 문명

고대 로마 문명

중세 시대

르네상스와 종교 개혁

혁명의 시대

근대 민족 국가의 등장

현대 세계의 형성

항해 봉기를 일으켰어. 이들은 사르데냐의 왕 알베르토에게 지원을 받았지. 하지만 라데츠키가 이끄는 강력한 오스트리아 군대가 진군해 사르데냐 군대를 물리쳤고 알베르토 왕에게 아들 비토리오 에마누엘레 1세에게 왕위를 물려주라고 강제했어. 결국 에마누엘레 1세는 통일된 이탈리아의 초대 국왕이 되었지.

비토리오
에마누엘레 1세

비스마르크, 통일 독일을 꿈꾸다

1848년에 독일에서는 정치적 통합과 대의제(국민이 선출한 대표자를 통해 국가 권력을 행사하는 제도 - 역주)를 요구하는 대규모 국민 시위가 일어났어. 바이에른에서는 왕이 스페인 무희로 가장한 아일랜드 여자에게 홀딱 빠져 돈과 시간을 낭비하고 있었는데, 이를 보고 화가 난 대학생들이 왕을 자리에서 쫓아냈지. 프로이센에서는 왕이 가두시위에서 죽임을 당한 사람들의 장례식에서 입헌제를 실시하겠다고 약속해야 했어. 그리고 1849년 3월, 전국 각지의 대표 550명으로 이루어진 독일 의회가 프랑크푸르트에서 개최되었고 프로이센의 왕 프리드리히 빌헬름을 연합 독일 연방의 황제로 세우자고 제안했어.

하지만 그 이후에 상황이 바뀌기 시작했단다. 무능한 오스트리아의 페르디난트가 조카인 프란츠 요제프에게 왕위를 물려주었어. 잘 훈련된 오스트리아 군대는 계속해서 충성을 맹세했지. 교수형을 집행하는 사람들은 반란 세력의 목을 매다느라 쉴 틈 없이 바빴어. 합스부르크 왕가는 동유럽과 서유럽의 통치자로서 입지를 강화시키고 있었고 이들은 교묘한 술수로 다른 게르만 국가의 질투심을 이용해 프로이센의 왕이 황제 자리에 오르지 못하게 막았단다. 수차례 패배를 겪어서인

파울 교회에서 열린
프랑크푸르트 의회

지 이번에는 나름대로 인내하며 기다릴 줄도 알았지. 실전 정치에 아직 미숙한 독일의 자유주의자들이 말로만 떠들고 있을 때, 조용히 때를 기다리며 힘을 기르던 오스트리아는 프랑크푸르트 의회를 해산시키고 빈 회의가 바라던 옛 독일 연방을 부활시켰단다.

그런데 비현실적인 열성가들이 모인 프랑크푸르트 의회에 비스마르크라고 하는 프로이센의 지방 의원도 참석하고 있었어. 비스마르크는 참석자들이 말로만 떠들고 있는 걸 보면서 깊은 경멸감을 느꼈지. 행동을 중시하는 사람들은 다 알 듯이, 그도 말로는 어떤 것도 이룰 수 없다는 걸 잘 알고 있었어. 그는 나름대로 진실한 애국자였어. 예전의 외교술을 훈련받은 비스마르크는 상대를 이기려면 그들보다 더 빨리 움직여야 한다는 걸 잘 알고 있었어.

　비스마르크는 독일이 다른 유럽 강대국들 사이에서 살아남으려면 느슨한 연맹체가 아닌 강력한 통일 국가로 바뀌어야 한다고 믿었단다. 왕실에 대한 봉건적인 사상 속에서 자라난 그는 무능한 합스부르크 왕가보다는 자신이 충성한 호엔촐레른 왕가가 새로운 국가를 통치해야 한다고 스스로 단정했어. 이를 위해서는 우선 오스트리아 세력을 제거해야 했지. 그는 이 고통스러운 수술을 감행하기 위해 필요한 것들을 준비하기 시작했어.

이탈리아 반도, 통일을 이루다

젊은 시절의 비스마르크

　그동안에 이탈리아는 국내의 문제들을 해결하고 오스트리아의 지배에서 벗어났어. 이탈리아의 통일은 카보우르, 마치니, 가리발디 세 사람의 작품이었지. 근시에 금테 안경을 쓴 카보우르는 정치의 운전수 역할을 했어. 오스트리아의 경찰을 피해 다락방에서 숨어 살던 마치니는 대중 선동가였고, 붉은 옷을 입은 기병대를 거느린 가리발디는 대중의 인기를 한몸에 받았어.

콩테 디 카보우르

　마치니와 가리발디는 둘 다 공화정을 신봉하는 사람인 반면, 카보우르는 왕정을 지지하는 사람이었어. 하지만 카보우르가 국가 운영에 탁월한 능력을 가지고 있었지. 그렇기 때문에 나머지 두 사람은 사랑하는 조국에 더 좋은 꿈을 심어 주는 걸 포기하고 카보우르의 결정을 받아들였지.

　비스마르크가 호엔촐레른 왕가에 애정을 품었듯이 카보우르는 사르데냐 왕가를 흠모했어. 비상한 능력을 가진 카보우르는 사르데냐의 국왕이

주세페 마치니

주세페 가리발디

이탈리아 전체를 지배할 수 있도록 치밀하게 작업에 착수했지. 당시 유럽의 불안한 상황이 그에게 유리하게 작용했고 믿을 만한 (가끔은 믿기 어려울 때도 있었지만) 오랜 친구 프랑스만큼 이탈리아가 독립하는 데 기여한 나라도 없었지.

프랑스가 이탈리아 독립에 기여하다

1852년 11월에 저 파란만장한 프랑스에서 공화국이 세워졌다가 갑자기 붕괴되고 말았어. 나폴레옹 3세(네덜란드의 왕이었던 루이 보나파르트의 아들이자 나폴레옹 보나파르트의 조카)는 제국을 부활시킨 뒤 '신의 은총과 국민의 뜻에 의해' 스스로 황제가 되었어.

독일에서 교육을 받고 거친 억양으로 프랑스어를 구사하던 젊은 나폴레옹 3세는 삼촌 나폴레옹의 전통을 자기에게 유리한 쪽으로 사용하려고 무진 애를 썼어. 하지만 주위에 적들이 많아 항상 불안한 마음을 가지고 있었지. 나폴레옹 3세는 머리도 나쁘고 귀도 얇은 영국의 빅토리아 여왕을 잘 구슬려 환심을 샀지만, 유럽의 다른 왕들에게는 따돌림과 무시를 당했어.

나폴레옹 3세는 우호 관계를 맺든 위협을 가하든 이 반대 세력을 막을 방법을 찾아야 했단다. 그는 '영광'이라는 단어가 국민들에게 여전히 매력을 준다는 사실을 알았어. 이제 왕좌를 놓고 도박을 할 수밖에 없는 상황이 되었어. 마침내 나폴레옹 3세는 러시아가 투르크를 공격했다는 것을 빌미 삼아 크림 전쟁을 일으켰지. 영국과 프랑스가 연합해 차르에 반대하고 술탄을 옹호한 거야. 크림 전쟁은 값비싼 대가를 치렀지만 아무런 이익도 얻을 수 없었어. 프랑스와 영국, 러시아 어느 나라도 영광을 거두지 못했던 거지.

하지만 이 전쟁에서 이득을 본 나라가 있었어. 사르데냐에는 전쟁에서 이기는 쪽에 지원병을 보낼 기회가 주어졌고, 평화가 선포되었을 때 카보우르는 영국과 프랑스 두 나라에게 감사를 받을 권리가 생겼던 거지.

영리한 카보우르는 사르데냐가 유럽의 강대국 가운데 하나

나폴레옹 3세

선사 시대

고대 동방 문명

고대 그리스 문명

고대 로마 문명

중세 시대

르네상스와 종교 개혁

혁명의 시대

근대 민족 국가의 등장

현대 세계의 형성

로 인정받을 수 있도록 국제적인 정세를 잘 활용했어. 그런 다음 1859
년 6월에 오스트리아와 전쟁을 일으켰지. 그는 원래 이탈리아 땅인 사
보이와 니스를 넘긴다는 조건으로 나폴레옹 3세의 지원을 약속 받았
어. 프랑스와 이탈리아 연합군은 마젠타와 솔페리노에서 오스트리아
군대를 무찌르고 오스트리아의 속령과 공작령을 단일한 이탈리아 왕
국에 편입시켰지. 프랑스 인들이 독일로부터 조국을 지키기 위해 로
마에게 지원을 요청했던 1870년까지 피렌체는 로마의 수도가 되었어.
프랑스 군대가 철수하자 이탈리아 군대가 로마로 들어갔고, 예전에
교황이 콘스탄티누스 황제의 목욕탕 자리에 세운 퀴리날리스 언덕의
궁전으로 사르데냐 왕가가 거처를 옮겼어.

하지만 교황은 티베르 강을 건너 바티칸 성벽에 숨어 지냈어. 그곳
은 1377년 아비뇽 유수 이래 선대 교황들의 거처가 된 곳이기도 하지.
교황은 자신의 영토를 훔친 도둑에게 항의했고 충실한 가톨릭교도 군
주들에게 호소문을 보냈어. 하지만 도움을 요청할 동지들은 수가 적
었고 그나마 있던 수도 점점 줄어들었지. 한편 나라를 돌보는 일에서
해방된 교황은 오로지 영적인 문제에 집중할 수 있었어. 이 때문에 치
고 박고 싸우는 유럽의 정치가들 위에 서게 된 교황은 교회에 유리한
새로운 지위를 얻게 되었어. 그리고 근대의 경제 문제에 관해 신교계
보다 더 탁월한 평가를 내림으로써 사회적 · 종교적 진보를 위한 국제
적인 힘을 갖출 수 있었지.

이렇게 이탈리아 반도를 오스트리아의 속령으로 만들려는 빈 회의
의 시도는 물거품이 되고 말았어.

독일이 빠른 속도로 통합되어 가다

그러나 독일의 문제는 여전히 해결되지 않은 상태였어. 독일은 가장
다루기 힘든 나라였지. 1848년에 일어난 혁명이 실패하자 가장 열정

적이고 자유주의적인 사람들은 대부분 미국, 브라질, 아시아, 아메리카로 이주해 버렸어. 그리고 이들이 추진하던 일은 전혀 다른 부류의 사람들이 이어 나갔지.

독일 의회가 해체된 뒤 자유주의자들이 통일 국가를 세우려고 했지만 계획이 수포로 돌아갔어. 그리고 다시 프랑크푸르트에서 새 의회가 열렸는데, 이때 오토 폰 비스마르크가 대표로 있는 프로이센 왕국이 주도권을 행사했어. 비스마르크는 프로이센 왕의 무한한 신임을 얻고 있었지. 이것이 바로 비스마르크가 원하는 전부였어. 프로이센의 의회나 국민의 의견 따위는 전혀 관심이 없었어. 비스마르크는 그동안 자유주의자들이 패배하는 걸 두 눈으로 지켜보았지. 전쟁 없이 오스트리아 세력을 제거할 수 없다는 걸 알게 된 그는 프로이센 군대를 강화시키기 시작했어. 프로이센 의회는 비스마르크의 강압 정책에 몹시 화를 냈고 그가 지원금을 요구할 때 거부했지만 비스마르크는 별로 흔들리지 않았단다. 프로이센의 귀족원과 왕에게 자금을 얻어 군사력을 계속 강화시켜 나갔지. 그리고 독일인들 사이에 애국심을 불러일으킬 만한 민족적 명분을 찾았어.

독일 북부에 슐레스비히와 홀슈타인 공작령이 있었는데, 두 지역은 중세 때부터 분쟁의 소지를 안고 있었어. 덴마크 사람들과 독일 사람들이 섞여 산데다가 덴마크 왕이 통치하고 있었지만 또 덴마크의 땅이 아니었기 때문에 여러모로 문제가 많았지. 베르사유 협정으로 이미 마무리된 문제를 다시 들추어낼 필요까지는 없을 것 같구나. 하지만 홀슈타인에 거주하는 독일 사람들은 덴마크 사람들을 비난했고, 슐레스비히에 거주하는 덴마크 사람들은 자신들의 민족성을 가지고 야단법석을 떨었지. 유럽 전체가 이 문제를 심각하게 여겼고 독일에서는 '잃어버린 형제'에 대한 감상적인 연설들이 판을 쳤어. 결국 프로이센은 '잃어버린 영토를 구하기' 위해 군대를 동원했고 유럽의 각국은 사태를 주의 깊게 지켜보았지. 독일 연방의 공식적인 우두머리인 오스트리아도 중요한 문제를 프로이센 혼자 나서서 해결하는 것을

선사 시대

고대 동방 문명

고대 그리스 문명

고대 로마 문명

중세 시대

르네상스와 종교 개혁

혁명의 시대

근대 민족 국가의 등장

현대 세계의 형성

오토 폰 비스마르크

가만히 보고 있을 수 없어 합스부르크 왕가의 군대를 파견했어. 두 강대국의 연합군은 덴마크의 저항을 물리치고 두 공작령을 점령했지. 덴마크 사람들은 이 문제를 유럽 각국에 호소해 보았지만 반응은 냉담했고 어쩔 수 없이 덴마크는 이 운명을 받아들여야만 했어.

비스마르크는 제국을 건설하기 위해 두 번째 계획을 준비했어. 점령 지역에 대한 분배 문제를 두고 오스트리아에게 시비를 걸었지. 그러자 오스트리아의 합스부르크 왕가는 비스마르크가 놓아둔 덫에 걸리고 말았어. 비스마르크는 충실한 장군들과 함께 새롭게 군대를 조직하고 보헤미아를 침공했어. 6주 만에 쾨니히그레츠와 사도바에서 마지막으로 오스트리아 군대를 무찌르고 오스트리아의 수도 빈으로 진출할 길을 열어 놓았지. 하지만 비스마르크는 더 욕심을 부리진 않았어. 유럽에서 사이좋게 지낼 우방국이 필요하다는 걸 알았지. 비스마르크는 전쟁에서 패한 합스부르크 왕가에게 독일 연방의 의장직을 물러나는 조건으로 평화 조약을 맺자고 했어. 다만 오스트리아 편에 있던 소연방국들에게는 처벌을 내리고 모두 프로이센에 합병시켰어. 그렇게 독일 북부의 대부분 나라들이 모여 북독일 연맹을 결성하고 프로이센은 비공식적으로 독일 민족의 지도 국가가 되었단다.

프랑스, 독일의 통일을 견제하다

유럽은 독일이 빠른 속도로 통합되는 과정을 지켜보며 경악을 금치 못했단다. 영국은 대체로 이 문제에 대해 무관심했지만 프랑스는 거부감을 보였어. 한편 프랑스 국민에 대한 나폴레옹 3세의 장악력은 점차 약해지고 있었어. 크림 전쟁으로 재정 손실이 막대했을 뿐 아니라 그 전쟁이 실제로 프랑스에게 아무런 이득을 주지 못했기 때문이지.

1863년 프랑스는 오스트리아의 막시밀리안 대공을 멕시코의 황제로 삼으려 했어. 하지만 미국 남북 전쟁이 북부의 승리로 끝나면서 프랑스의 시도는 실패하고 말았지. 미국의 워싱턴 정부가 프랑스 군대를 철수시키는 바람에 멕시코도 자신들을 점령하고 있던 적을 몰아낼 수 있었던 거야.

이러한 상황에서 나폴레옹 3세는 왕의 권위를 높여야 할 필요성을 느꼈어. 몇 년 뒤 북독일 연맹과 치열한 라이벌 싸움이 예상되고 있었는데, 나폴레옹 3세는 독일과 전쟁을 벌이다 보면 왕좌를 유지할 수 있을 거라고 생각했어. 그래서 전쟁을 일으킬 명분을 찾던 중 혁명의 희생자가 된 불쌍한 스페인이 나폴레옹에게 좋은 빌미를 제공해 주었지.

바로 그때 스페인의 왕좌가 비어 있었어. 이 자리는 호엔촐레른 왕가의 한 가톨릭교 가문에 주어졌지. 하지만 프랑스 정부는 이런 결정에 반대했고 호엔촐레른 왕가도 공손히 왕관을 사양했단다. 그런데 질병의 징후가 보이기 시작하던 나폴레옹 3세는 아름다운 아내 외제니 드 몽티조에게 적잖게 영향을 받고 있었어. 그녀는 포도로 유명한 말라가 주재 미국 대사인 윌리엄 커크패트릭의 손녀이자 스페인 신사의 딸이었지. 외제니는 영리한 사람이긴 했지만 대부분의 스페인 여성들이 그렇듯 교육을 많이 받진 못했어. 그녀 주위에는 정신적인 조언자들이 늘 있었는데, 그들은 신교도인 프로이센의 국왕을 별로 좋아하지 않았지. 그녀는 남편 나폴레옹 3세에게 페르시아의 속담을 인용해 항상 "대담하게 행동하세요!"라고 충고했어. 하지만 그 뒤에 나오는 말은 빼먹었지. "다만 너무 지나쳐서는 안 돼요." 나폴레옹 3세는 프로이센 왕에게 '스페인의 후계자로 호엔촐레른 왕가의 왕자를 세우지 않겠다.'는 다짐을 받아내고 싶었어. 비스마르크는 이미 호엔

선사 시대

고대 동방 문명

고대 그리스 문명

고대 로마 문명

중세 시대

르네상스와 종교 개혁

혁명의 시대

근대 민족 국가의 등장

현대 세계의 형성

촐레른 왕가가 왕좌를 사양한 상태라 굳이 그런 요구를 할 필요가 없다고 답했지. 그렇지만 나폴레옹은 이것으로 만족하지 못했어.

1870년 프로이센의 왕 빌헬름은 엠스에서 휴가를 즐기고 있었단다. 그러던 어느 날 프랑스의 대사가 찾아와 스페인의 문제를 다시 한 번 논의하자고 제안했지. 프로이센 왕은 오늘 참 날씨가 좋다고 하고는 스페인 문제는 이미 끝났기 때문에 더 이상 할 말이 없다고 했어. 평소처럼 이 면담 내용이 담긴 보고서가 비스마르크에게 전해졌어. 비스마르크는 이 소식을 편집해서 프로이센과 프랑스 언론에 넘겼어. 많은 사람들이 비스마르크가 이런 짓을 했다는 것을 알고 있었지. 하지만 비스마르크는 공식적인 소식을 조정하는 건 문명화된 정부의 특권이라고 변명했어. 이 '편집된' 기사가 언론에 발표되자 베를린 시민들은 자신들이 존경하는 국왕이 버릇없는 젊은 프랑스 인에게 굴욕을 당했다고 생각했어. 파리 시민들도 예의 바른 프랑스 대사가 프로이센의 왕궁에서 문전박대를 당했다고 보고 분노했지.

새로운 독일 제국이 탄생하다

두 나라는 결국 전쟁을 일으켰고 두 달도 채 안 돼 나폴레옹 3세의 군대는 독일군의 포로가 되고 말았어. 이 때문에 갑자기 프랑스의 제2제국이 막을 내렸고, 독일 침략군에게서 파리를 지키기 위해 제3공화국이 세워졌단다. 파리는 5개월 동안 버텨내다가 결국 항복했지. 항복하기 열흘 전에는 베르사유 궁전 근처에서 프로이센 왕이 독일 제국의 황제가 되었음을 공식적으로 선포했어. 이를 기념하는 대포 소리가 요란하게 울려 퍼지자 헐벗은 파리의 시민들은 아무 힘도 없던 독일 연맹 대신 이제 새로운 독일 제국이 세워졌다는 걸 알 수 있었지.

이런 우여곡절 끝에 독일의 문제는 마침내 종결되었어. 1871년 말에는 56년을 이어 온 빈 회의의 효력이 완전히 끝이 났지. 메테르니히

와 알렉산드르, 탈레랑은 유럽에 영원한 평화를 가져오려고 노력했어. 하지만 그들이 이용한 방법은 끝없이 전쟁과 혁명을 불러왔고 동포애라는 감정을 일으켰지. 이는 지금까지도 영향력을 발휘하는 민족주의로 이어졌어.

베르사유 궁전 거울의 방에서 열린 독일 제국 선포식(하얀 제복을 입은 사람이 비스마르크)

선사 시대

고대 동방 문명

고대 그리스 문명

고대 로마 문명

중세 시대

르네상스와 종교 개혁

혁명의 시대

근대 민족 국가의 등장

현대 세계의 형성

발명의 시대

> 유럽 사람들이 민족의 독립을 위해 투쟁하는 사이,
> 그들이 사는 세계는 발명으로 큰 변화를 겪고 있었다.
> 18세기 발명된 증기 기관은 인간에게 가상 충실하고
> 효율적인 노예가 되어 주었다.

짤막한 과학 기술의 역사

인류의 큰 은인인 유인원은 50만 년 전에 지구상에서 사라졌어. 이마는 좁고 눈은 움푹 들어가고 턱은 튼튼하고 치아는 호랑이처럼 강한 털북숭이였지. 이제 그렇게 생긴 사람은 현대 과학자들의 모임에서 볼 수 없지만 과학자들의 위대한 스승으로 존경받아 마땅할 거야. 그는 돌을 이용해 견과류 껍질을 깼고 막대기로 무거운 물건을 들어 올렸어. 다시 말해, 인류 최초로 망치와 지렛대를 사용한 거야. 그들은 많은 도구를 사용해 인류에게 많은 이점을 남겨 주었지.

이후로 줄곧 인간은 수많은 도구를 이용해 보다 편리한 삶을 살려고 노력해 왔어. 약 10만 년 전에 최초로 수레바퀴가 발명되었을 때는 비행기가 처음 발명되었을 때처럼 세상을 흥분의 도가니에 빠뜨렸지.

1830년대 초에 워싱턴 특허국의 한 책임자는 이런 말을 했다고 하더구나. "이제 발명될 수 있는 건 모조리 발명되었으니 특허국을 폐지

해야 합니다." 물론 선사 시대에 최초로 뗏목을 물에 띄웠을 때도 이와 같은 생각은 널리 퍼져 있었을 거야.

사실 역사에서 가장 흥미로운 부분은 남에게 자기 일을 맡겨 놓기 위해 애썼다는 사실이야. 그러면서 자신은 바위에 그림을 그리거나 늑대와 호랑이 같은 사나운 짐승을 길들이며 여가를 즐겼지.

물론 옛날에는 약한 이웃을 노예로 삼아 그다지 즐겁지 않은 일을 시키는 게 가능했어. 현대인 못지않게 뛰어났던 고대 그리스 인과 로마 인들이 기계를 발명하지 못한 이유 가운데 하나는 당시 광범위하게 퍼진 노예제 때문이야. 시장에만 가면 값싼 노예를 살 수 있는데 왜 굳이 수학자들이 철사나 도르래, 톱니바퀴 같은 것에 시간을 낭비하고 소음 공해를 만들어 내겠어?

중세 시대에는 노예제가 폐지되고 좀 더 온건한 농노제가 남았어. 하지만 길드는 사람들이 일자리를 잃을 것을 우려해 기계를 만들지 못하게 했지. 게다가 중세 시대에는 상품의 양을 엄청나게 만들어야 한다는 생각을 하지 않았어. 양복점 주인, 푸줏간 주인, 목수들은 자기 마을 사람들이 먹고살 정도로만 일했지 이웃과 경쟁하면서 물건을 많이 만들고 싶지 않았어.

르네상스 시대에는 과학적 탐구에 대한 교회의 편견이 예전처럼 강하지 않았단다. 그래서 수많은 사람들이 수학, 천문학, 물리학, 화학을 연구하는 데 일생을 바치기도 했지. 1618년 30년 전쟁이 발발하기 2년 전에 스코틀랜드 사람 존 네이피어는 새로 발견한 대수(로그)에 관해 기술한 책을 발간하기도 했어. 그리고 30년 전쟁이 진행되고 있는 기간에 라이프치히의 고트프리트 라이프니츠는 미적분학 체계를 완성했지. 1648년 베스트팔렌 조약이 체결되기 8년 전에 영국의 위대한 자연철학자인 아이작 뉴턴이 세상에 태어났고, 같은 해에 이

아이작 뉴턴

선사 시대
고대 동방 문명
고대 그리스 문명
고대 로마 문명
중세 시대
르네상스와 종교 개혁
혁명의 시대
근대 민족 국가의 등장
현대 세계의 형성

중세의 연금술사

탈리아의 천문학자인 갈릴레오가 세상을 떠났어. 30년 전쟁으로 중부 유럽에서 더 이상 발전이 이루어지지 않고 있었는데, 갑자기 '연금술'에 대한 관심이 증가하기 시작했어. 연금술이란 천연 금속을 금으로 바꾸려고 했던 중세의 사이비 과학이었어. 물론 연금술은 불가능한 시도였지만 그 과정에서 새로운 생각들이 떠올라 후대의 과학자들에게 큰 도움을 주기도 했단다.

증기 기관을 발명하다

이처럼 과학자들의 연구는 세상에 견고한 과학적 토대를 제공해 주었어. 그 덕분에 복잡한 증기 기관도 만들 수 있게 되었고 수많은 사람들이 이를 유용하게 활용할 수 있었지. 중세 시대에는 기계의 부품을 보통 나무로 만들었단다. 하지만 나무는 쉽게 닳는다는 단점이 있었지. 쇠는 훨씬 훌륭한 재료이긴 했지만 영국을 제외하고는 쉽게 구할 수가 없었어. 그래서인지 제련업은 주로 영국에서 발달했지. 쇠를 녹이려면 엄청난 화력이 필요했어. 처음에는 나무로 화력을 얻었는데, 그러다 보니 숲이 점차 사라지게 된 거야. 그래서 '무연탄(선사 시대의 나무가 석화된 것)'을 사용하기 시작했어. 너희도 알다시피 석탄은 땅을 깊이 파서 캐낸 뒤 용광로까지 운반해야 했지. 광산은 물이 흘러들어가지 못하도록 막아 건조한 상태를 유지해야 했어.

이 두 가지 문제는 급히 해결해야 할 사항이었단다. 처음에는 말을 이용해 석탄차를 끌었지만 시간이 갈수록 뭔가 특별한 기계가 필요해졌지. 발명가들은 이 문제를 해결하기 위해 연구에 돌입했어. 연구 끝에 증기를 이용해 새로운 기관을 만들 수 있다고 생각했어. 사실 사람들은 오래전부터 증기 기관에 대한 생각을 갖고 있었어. 기원전 1세기에 알렉산드리아의 영웅은 증기를 이용해 움직이는 기계에 대한 기록들을 남겨 놓았지. 르네상스 시대 사람들도 증기로 움직이는 전차에 대한 개념을 갖고 있었어. 뉴턴과 동시대 사람인 우스터의 후작이 저술한 발명에 관한 저서에도 증기 기관이 언급되어 있지. 1698년에 런던의 토머스 세이버리라는 사람은 증기를 이용한 펌프를 개발해 특허를 얻기도 했어. 같은 시기에 네덜란드 사람 크리스티안 호이겐스는 오늘날 자동차 모터에 가솔린을 사용하는 방식과 비슷하게 화약의 주기적인 폭발을 이용하는 기관을 만들려는 시도를 했고.

유럽 전역에서 사람들은 열심히 새로운 아이디어를 찾아내려 했어. 호이겐스의 친구이자 후원인 프랑스인 파팽은 여러 나라를 돌아다니며 증기 기관을 실험했고, 그 결과 증기로 움직이는 작은 수레와 배를 만들었지. 파팽은 자기가 발명한 교통수단으로 여행을 떠나려 했지만 생계에 위협을 느낀 선원 조합의 항의로 발명품들이 당국에 압수되었어. 파팽은 전 재산을 털어 발명품을 만드는 바람에 생활고에 시달리다가 세상을 떠났지. 그즈음 기계에 미친 또 다른 사람이 나타났어. 바로 토머스 뉴커먼

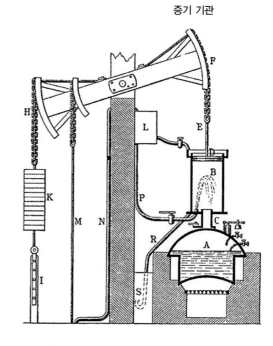

토머스 뉴커먼의 증기 기관

선사 시대

고대 동방 문명

고대 그리스 문명

고대 로마 문명

중세 시대

르네상스와 종교 개혁

혁명의 시대

근대 민족 국가의 등장

현대 세계의 형성

제임스 와트

이라는 사람인데 새로운 증기 기관 발명에 열을 올리고 있었지. 50년 뒤 글래스고의 기계 기술자인 제임스 와트는 뉴커먼의 증기 기관을 개선해 1777년에 세계 최초로 실용적인 증기 기관을 만들어 냈단다.

몇 백 년 동안 '열기관'에 대한 실험이 진행되는 동안 정치 세계에도 큰 변화가 일어났어. 영국이 네덜란드의 뒤를 이어 세계 무역의 중심 국가로 등장했지. 영국은 새로운 식민지를 개척했어. 식민지에서 원자재를 가져와 자국에서 가공한 뒤 세계 곳곳에 수출했지. 17세기에 미국 조지아와 캐롤라이나의 주민들은 '면'을 생산할 수 있는 목화를 재배하기 시작했어. 이들이 목화솜을 영국에 보내면 랭커서 사람들이 옷감을 만들었지. 옷감 만드는 일은 집에서 직접 손으로 했는데, 얼마 지나지 않아 방직 기계가 많이 등장하게 되었어. 1730년에 존 케이는 방직기의 부속품 중 하나인 '북(梭)'이라는 것을 발명했어. 1770년에 제임스 하그리브스는 방적기 특허를 내기도 했어. 미국인 엘리 휘트니는 목화에서 씨를

와트의 증기 기관

제거하는 조면기를 발명해 일의 효율성을 훨씬 높였지. 마침내 리처드 아크라이트와 에드먼드 카트라이트는 수력으로 움직이는 방직기를 발

명해 냈어. 그리고 1780년대 프랑스에서 삼부회를 소집해 유럽 정치 구조가 혁명적인 변화를 겪고 있을 때, 와트의 증기 기관은 세계 각지의 인간관계를 변화시켜 경제 · 사회 분야에서 일대 대혁명을 일으키지.

증기 기관이 다양하게 활용되다

증기 기관이 개선되자 발명가들은 이를 적용한 배와 수레를 만들려고 노력했어. 와트는 '증기 기관차'를 만들 계획을 세웠지. 하지만 그가 이 계획을 현실화시키기 전에 이미 1804년 리처드 트레비식이 만든 기관차가 웨일스의 광산촌에서 석탄 20톤을 운반한 적이 있었어.

그즈음 미국의 보석상이자 초상화가인 로버트 풀턴이 파리에서 나폴레옹을 설득하고 있었어. 바로 자신이 발명한 잠수함 '노틸러스' 호와 증기선을 이용한 프랑스 해군이 영국의 제해권을 무너뜨릴 수 있다고 말이야.

풀턴이 증기선을 최초로 고안한 건 아니었어. 미국 코네티컷 주의 기계 천재 존 피치의 아이디어를 모방했던 거지. 존 피치는 1787년 초기발한 증기선을 만들어서 델라웨어 강을 최초로 항해했어. 하지만 나폴레옹은 자동 프로펠러로 배가 실제로 움직일 수 있다는 것을 믿지 않았어. 증기 기관을 장착한 배가 센 강을 미끄러져 나가는 것을 보면서도 풀턴의 제안을 받아들이지 않았지. 트라팔가르 해전의 패배를 보복해 줄 이 엄청난 무기를 자기 발로 차 버린 거야.

이후에 풀턴은 미국으로 돌아와 독립 선언의 서명자인 로버트 리빙스턴과 함께 증기선 회사를 설립했어. 리빙스턴은 프랑스에서 미국 공사로 있을 때 파리에 살던 풀턴의 발명품을 팔아 주기 위해 애를 쓰기도 했었지. 뉴욕 주의 해상권을 독점한 이 회사에서 '클러몬트' 호라는 첫 증기선이 나왔어. 이 배는 1807년에 뉴욕과 올버니 사이를 정

선사 시대

고대 동방 문명

고대 그리스 문명

고대 로마 문명

중세 시대

르네상스와 종교 개혁

혁명의 시대

근대 민족 국가의 등장

현대 세계의 형성

기 운항하기 시작했지.

존 피치는 누구보다도 먼저 증기선을 상업적인 목적으로 이용하려고 했어. 하지만 비참하게 생을 마감하게 되지. 건강도 나빠지고 지갑도 텅 빈 상태로 스크루 프로펠러를 장착한 다섯 번째 배를 완성했지만 이내 부서지고 말았어. 이웃들은 그를 비웃었지. 존 피치는 동포들이 서쪽의 넓은 강으로 쉽게 다가갈 수 있길 바랐지만 사람들은 나룻배를 타거나 걸어 다니는 걸 더 좋아했어. 1798년 절망에 빠진 피치는 결국 독야을 먹고 자살했단다.

그 뒤로 20년이 지나서 1,850톤급 증기선인 '서배너' 호는 시속 6노트로 서배너에서 항해를 시작해 리버풀까지 25일 만에 건넜어. 그러자 지금껏 배 만드는 사람들을 비웃었던 대중은 이제 열렬하게 그들을 신뢰하기 시작했지.

6년 뒤 스코틀랜드의 조지 스티븐슨은 탄광에서 용광로와 면화 공장까지 석탄을 실어 나르기 위해 기관차를 만들었어. 이 유명한 '움직이는 증기 기관' 때문에 석탄 가격이 70퍼센트나 떨어졌단다. 그리고

조지 스티븐슨과 그의 아들 로버트 스티븐슨이 만든 증기 기관차 '로켓' 호

THE ROCKET of Mr. Robert Stephenson of Newcastle

처음으로 승객을 수송하기 시작했어. 사람들은 시속 25km로 달리는 기관차를 타고 이 도시에서 저 도시로 이동할 수 있었지. 12년 뒤에는 속력이 시속 30km 이상으로 증가했어.

전신을 발명하다

실용적인 기술자들이 '열기관'을 향상시키는 동안 순수 과학자들은 자연의 신비한 영역을 탐구하기 시작했어.

약 2,000년 전, 많은 고대 그리스와 로마의 철학자들(특히 탈레스와 플리니우스)은 양털로 호박(琥珀)을 문지른 후 깃털이나 짚을 가까이 가져가면 이상한 움직임이 나타난다는 걸 발견했어. 중세의 스콜라 학자들은 이 신비로운 '전기'의 힘에 대해 별로 관심이 없었지. 하지만 르네상스 시대 직후에 엘리자베스 여왕의 주치의인 윌리엄 길버트가 자석의 성질과 작용에 관한 논문을 썼어. 30년 전쟁 기간에 마크데부르크 시장이자 공기 펌프를 발명한 오토 폰 게리케는 처음으로 전기로 움직이는 기계를 발명했단다. 그 다음 세기에는 수많은 과학자들이 전기를 연구하는 데 전념했지. 1795년에는 단 세 명의 교수가 전기를 저장할 수 있는 레이던 병을 만들어 냈어. 벤저민 톰슨에 버금가는 세계적인 천재 벤저민 프랭클린도 이 문제에 대단히 관심이 많았지. 프랭클린은 번개와 스파크가 모두 전력 때문에 발생하는 현상이라는 사실을 발견했고 평생 전기에 대한 연구에 매진했지. 뒤이어 전지를 발명한 볼타, 갈바니, 데이, 덴마크의 교수 한스 크리스티안 외르스테드, 앙페르, 아라고, 패러데이 등 전력을 연구하는 사람들이 줄을 이었어.

이 과학자들은 자신이 발견한 걸 세상에 아낌없이 공개했어. 새뮤얼 모스는 전류를 이용하면 이 도시에서 저 도시로 메시지를 전달할 수 있을 거라 생각했지. 모스는 구리선과 자기가 만든 작은 기계를 이용

선사 시대
고대 동방 문명
고대 그리스 문명
고대 로마 문명
중세 시대
르네상스와 종교 개혁
혁명의 시대
근대 민족 국가의 등장
현대 세계의 형성

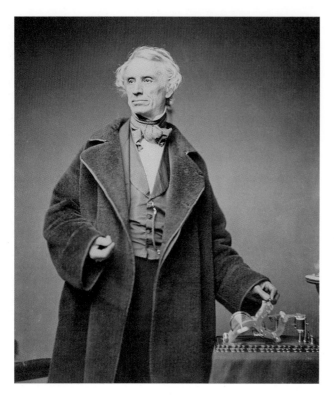
전신을 발명한 모스

해서 전신을 만들려고 했지만 사람들은 말도 안 된다며 비웃었어. 모스는 연구에 자신의 재산을 모두 쏟아 붓는 바람에 빈털터리가 되었고 사람들은 더 손가락질했지. 그는 의회에 도움을 요청했고 상공위원회에서 지원을 해 주겠다고 약속했어. 하지만 의원들은 모스의 계획에 별로 관심이 없었던 터라 지원금이 나오기까지는 12년이라는 긴 세월이 걸렸지. 마침내 모스는 워싱턴에서 볼티모어까지 '전신'을 설치했어. 1837년에는 뉴욕 대학의 어느 강의실에서 '전신' 실험을 성공하게 되었지. 그리고 1844년 5월 24일에 워싱턴에서 볼티모어까지 최초의 원거리 통신이 이루어진 거야. 지금은 온 세계에 통신망이 깔려 있어 실시간으로 소식을 전하고 공유할 수 있지. 1876년에 알렉산더 그레이엄 벨은 전류를 이용해 전화를 만들었어. 반세기 후 마르코니는 이 방식을 개선해 무선으로 메시지를 전달하는 방식을 개발했지.

뉴잉글랜드의 모스가 '전신'을 발명하는 동안, 요크셔의 마이클 패러데이는 최초로 '발전기'를 만들었단다. 이 작은 기계는 유럽에서 7월 혁명으로 빈 회의의 계획을 무산시켰던 1831년에 완성되었어. 발전기는 해가 지날수록 발전해 지금은 우리에게 열과 빛과 동력을 제공해 주고 있단다. 아빠의 판단이 틀리지 않다면, 전력 기관은 머지않아 '열기관'을 완전히 몰아낼 거야. 아빠 기계에 대해서는 잘 모르지만 수력으로 이렇게 되면 좋겠다는 생각이 드는구나. 수력으로 움직이는 전기 기관은 깨끗하고 친환경적인 데 반해 '열기관'은 대기 오염의 주범이기도 하고 석탄을 캐기 위해서 사람들이 땅속 깊이 파고 들어가는 건 위험한 일이기도 하니까. 만일 아빠가 사실만을 기록해야 하는 역사가가 아니라 상상력을 발휘할 수 있는 소설가라면, 증기 기관차를 공룡이나 익룡처럼 자연사 박물관에서나 볼 수 있는 날을 꿈꿔 봤을 거야.

선사 시대

고대 동방 문명

고대 그리스 문명

고대 로마 문명

중세 시대

르네상스와 종교 개혁

혁명의 시대

근대 민족 국가의 등장

현대 세계의 형성

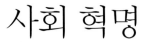

사회 혁명

기계가 사회를 바꿔 놓다

과거에는 집 앞의 소규모 작업장에 앉아서 일하는 독립 수공업자들이 물건을 만들었어. 그들은 자기 연장을 가지고 있었고 아래 도제를 훈련시키면서 나름대로 자기 사업을 이어 나갔지. 소박한 삶을 살았고 비록 오랜 시간 일을 해야 했지만 자기가 삶의 주인이었어. 아침에 날씨가 좋아 낚시를 하러 가도 누가 안 된다고 막는 사람이 없었지.

하지만 기계가 등장하면서 상황은 완전히 뒤바뀌고 말았어. 기계는 사실 거대한 연장에 불과해. 짐을 운반하는 기차는 빠른 발이고 스팀 해머는 쇠로 만들어진 큰 주먹이나 마찬가지야. 하지만 우리는 그렇게 빠른 다리와 강한 주먹을 가지고 있지 않지. 그런데 기차나 스팀 해머나 방직 공장은 너무 비싸서 한 사람이 소유하기 어렵고 여러 사람이 모여 많은 회사가 이런 생산 수단을 소유했어. 즉 일정 금액을 투자하고 투자한 만큼 회사에서 나오는 수익을 나눠 가졌지.

따라서 이 기계가 실제로 이익을 얻을 수 있을 만큼 개발되었을 때 기계를 만든 사람은 돈을 투자할 사람들을 찾았어.

중세 초기에 토지가 부의 유일한 형태였을 때는 귀족들만 부를 누릴 수 있었단다. 그런데 앞에서도 이야기했듯이 귀족들이 소유한 금과 은이 가치가 없어지자 소와 말을 바꾸거나 달걀과 꿀을 바꾸는 식의 물물 교환이 이루어졌어. 십자군 원정 기간에는 도시민들이 동양과 서양의 무역을 기반으로 엄청나게 돈을 벌면서 지주와 기사들을 위협하는 경쟁자로 우뚝 섰지.

프랑스 혁명 때 귀족들은 완전히 몰락해 버렸고 '부르주아'라고 하는 중산층이 엄청난 부를 소유하게 되었어. 대혁명 이후의 불안한 시대에는 중산층이 더 많은 부를 축적했지. 교회의 재산은 혁명군에 몰수당해 경매에 부쳐졌는데, 그 과정에서 부당하게 이득을 취하는 자들이 생겨났지. 부동산 투기업자들은 어마어마한 땅을 차지했고 나폴레옹 전쟁 기간에는 곡물과 화약으로 폭리를 취해 많은 재산을 소유하게 되었지. 이들 중산층은 이렇게 모은 돈으로 공장을 세우고 기계를 다룰 사람들을 고용했어.

도시 빈민이 급격하게 늘어나다

이로 말미암아 수많은 사람들의 생활 방식이 갑작스럽게 변화하게 되었단다. 얼마 지나지 않아 도시 인구가 배로 증가했고 시민의 안식처였던 도시 주변에는 판자촌이 들어섰어. 노동자들은 11~13시간을 공장에서 일하고 집으로 돌아와 잠을 자다가 또 호각 소리가 들리면 공장으로 돌아가야 했지.

시골에서는 도시로 가면 많은 돈을 벌 수 있다는 소문이 나돌았어. 넓게 트인 곳에서 살던 시골 청년들이 비좁은 도시로 몰려들었어. 그들은 환기 시설이 없는 공장에서 일하느라 먼지와 연기를 뒤집어 써야 했고 건강이 급격히 나빠져 지저분한 빈민 구제소나 병원에서 목숨을 잃는 경우가 많았지.

선사 시대

고대 동방 문명

고대 그리스 문명

고대 로마 문명

중세 시대

르네상스와 종교 개혁

혁명의 시대

근대 민족 국가의 등장

현대 세계의 형성

물론 농장에서 공장으로 일터가 바뀌면서 많은 사람들에게 문제가 생기지 않을 수가 없었어. 기계 한 대가 사람 100명이 할 일을 했기 때문에 실업자가 된 99명은 불만을 품었지. 화가 난 실업자들은 공장을 습격해서 불을 지르는 일도 많았어. 하지만 17세기 초에 보험 회사가 생기면서 공장주들은 이러한 손실로부터 보호를 받을 수 있었지.

곧 더 성능이 좋은 기계가 설치되었고, 공장도 높은 담으로 둘러쳐지면서 폭동도 일어나지 않았어. 예전의 길드는 증기 기관과 쇳덩어리가 주도하는 새로운 시대에 더 이상 살아남을 수 없었지. 길드기 사라지면서 노동자들은 조직적인 노동조합을 결성하려고 했어. 하지만 돈으로 정치가들에게 영향력을 행사하는 공장주들은 국회에서 노동조합의 결성을 금지하는 법을 통과시키게 했지. 그들은 노동조합이 노동자들의 '행동의 자유'를 침해한다고 주장했어.

의회의 의원들이 노동조합 결성 금지법을 통과시켰다고 해서 그들을 사악한 폭군이라고 매도하지 않았으면 좋겠구나. 그들은 혁명 시

안 로베르 자크 튀르고

대의 산물이었어. 이 혁명 시대에는 모두가 '자유'에 대해 이야기했고, 자유를 사랑하지 않는다고 해서 이웃을 죽이던 시대였어. 자유가 가장 중요한 미덕이었으므로 노동조합이 노조원에게 노동 시간과 임금에 관해 이러쿵저러쿵 지시를 내리는 것은 바람직하지 않다고 본 거야. 노동자는 언제 어디서나 공개적인 시장에서 자신의 노동력을 팔 '자유'가 있어야 하고 고용주도 자신의 사업을 자기 방식대로 운영할 '자유'가 있어야 했어. 국가가 모든 산업을 주도하던 중상주의 시대는 이미 끝난 지 오래되었어. 새로운 '자유'의 사상에 따르면 국가는 산업이 제 갈 길을 가도록 내버려 두어야 했지.

18세기 후반에는 지적 정치적인 문제에 대해서만 의문을 제기한 것이 아니라 경제 사상에 대해서도 의문이 제기되었어. 과거의 경제 사상이 시대가 요구하는 방향으로 바뀌어야 했지. 프랑스 혁명이 일어나기 몇 년 전에 루이 16세의 재무 장관이었던 튀르고는 '경제적 자유'라는 새로운 주장을 내세웠어. 당시 프랑스 사람들은 너무 많은 행정 절차와 법률 때문에 고통을 겪어야 했지. 튀르고는 이렇게 말했어. "정부의 행정적인 개입을 줄이고 국민들이 원하는 대로 하게 내버려 두라. 그러면 모든 게 잘될 것이다." 튀르고의 '자유방임주의'에 대한 충고는 당시 경제학자들을 결집시키는 하나의 슬로건이 되었어.

영국의 노동자들이 참정권을 요구하다

그 시기에 영국의 애덤 스미스는 『국부론』이라는 방대한 양의 책을 집필하고 있었어. 이 책은 '자유'와 '자유 무역에 대한 천부적 권리'에 대해서 주장하고 있지. 나폴레옹이 몰락하고 30년이 지난 뒤에 빈에서 유럽의 반동 세력이 승리를 거두었어. 그들은 정치에서 자유를 배제했지만 경제에서는 자유를 강요했지.

이 장 앞에서 이야기했듯이, 기계의 보편적 사용은 국가에 거대한 부를 안겨 주었단다. 기계는 영국과 같은 단일 국가가 나폴레옹 전쟁을 치를 수 있게 해 주었어. 자본가들(기계를 사는 데 돈을 투자한 사람들)은 기계 때문에 막대한 이익을 거둘 수 있었지. 야심이 생긴 자본가들은 정치에도 관심을 갖기 시작했어. 유럽 각국의 정부에 여전히 영향력을 행사하고 있는 지주 귀족들과 겨루려고 했지.

영국에서는 아직도 1265년의 왕령에 따라 의회

애덤 스미스

선사 시대
고대 동방 문명
고대 그리스 문명
고대 로마 문명
중세 시대
르네상스와 종교 개혁
혁명의 시대
근대 민족 국가의 등장
현대 세계의 형성

의 의원들을 선출하고 있었어. 신흥 자본가들은 수없이 늘어났지만 그들을 대표할 사람이 없었어. 그러다가 1832년에 선거법 개정안이 통과되어 새로운 선거 제도가 도입되었지. 이제 공장 소유주들도 입법 기관에 더 많은 영향력을 미칠 수 있었어. 하지만 수백만 명의 노동자들은 이에 불만을 토로했고 이들 역시 참정권을 얻기 위해 들고 일어났지. 노동자들은 자신이 원하는 바를 '인민 헌장'에 적어 발표했어. 이 헌장을 둘러싸고 치열한 논쟁이 벌어졌는데, 1848년 혁명이 발발할 때까지 좀처럼 사그라지지 않았지. 새로운 자코뱅주의와 폭력의 위협 앞에 놓인 영국 정부는 여든 살의 웰링턴 공작을 군사령관에 임명하고 의용군을 모집했어. 런던은 계엄 상태에서 다가올 혁명을 진압하기 위해 만반의 준비를 하고 있었지.

하지만 차티스트 운동*은 지도력의 무능 때문에 자체적으로 소멸되었고 어떤 폭력 사태도 일어나지 않았어. 부유한 공장 소유자 계급은 점차 정부에 대한 영향력을 확대해 가고 있었단다. 반면 대도시의 공장 노동자들은 비참한 빈민으로 전락하고 말았지.

* 차티스트 운동
1838년부터 1848년까지 영국 노동자들이 전개한 참정권 운동이다. 노동자들은 투표권이 유산 계급에게만 부여되는 것에 불만을 품고 보통 선거권을 포함한 요구 사항을 인민 헌장에 제시하며 시위했다.

차티스트
운동

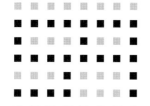

노예 해방

선사 시대

고대 동방 문명

고대 그리스 문명

고대 로마 문명

중세 시대

르네상스와 종교 개혁

혁명의 시대

근대 민족 국가의 등장

현대 세계의 형성

아동 노동의 문제가 드러나다

1831년 최초로 선거법 개정안이 통과되기 바로 전에, 영국의 법학자이자 정치 개혁가인 제러미 벤담은 한 동료에게 이렇게 편지를 보냈단다. '편안한 삶을 살려면 다른 사람을 편안하게 해야 한다. 다른 사람을 편안하게 하려면 그에게 사랑을 표현해야 한다. 그에게 사랑을 표현하려면 진정으로 사랑해야 한다.' 제러미는 정직한 사람이었어. 그가 진실이라고 믿는 바를 말하자 많은 영국 사람들이 그의 생각에 동의를 표했지. 그들은 불행한 이웃의 행복에 대한 책임을 느끼고 모두가 행복하게 살 수 있도록 도와야 한다고 느꼈어. 이제 무언가가 이루어져야 할 때가 다가온 거야!

산업의 발달을 막는 중세적인 규제를 없애려면 무엇보다도 '경제적 자유'의 사상(튀르고의 자유방

제러미 벤담

19세기 아동 노동

임주의)이 필요했어. 하지만 이 '행위의 자유'는 끔찍하고 무시무시한 상황을 낳았단다. 공장의 노동 시간은 노동자의 체력에 따라 정해졌어. 여성 노동자들은 피로로 쓰러질 때까지 방적기 앞에 앉아 있어야 했어. 대여섯 살짜리 아이들은 길거리가 위험하고 게으른 생활을 피해야 한다는 이유로 방적 공장에 보내졌지. 법은 빈민층 아동의 노동을 허용해서 그들이 기계에 묶이게 만들었어. 이렇게 일한 대가로 겨우 밥을 먹고 돼지우리 같은 집에서 잠을 잘 수 있었단다. 아이들이 일하다가 피곤해 잠이 드는 경우가 많았어. 그럴 때면 감독관이 채찍으로 후려쳤고 깜짝 놀란 아이들은 다시 정신을 차리고 하던 일을 계속했지. 이런 환경 속에서 수많은 아이들이 목숨을 잃었단다. 참으로 마음 아픈 일이었고, 인간의 마음을 가지고 있던 고용주들도 '아동 노동'이 폐지되길 진심으로 바랐을 거야. 하지만 인간은 '자유로운' 존재이므로 아동 역시 노동할 '자유'가 있어야 했지. 게다가, 만일 존스 씨가 대여섯 살짜리 아이들을 고용하지 않고 공장을 운영한다고 해 보자. 그럼 경쟁자인 스톤 씨가 그만큼 남는 아이들을 싼값에 고용해 존스 씨는 파산할 수밖에 없는 처지가 되지. 따라서 존스 씨는 아동 노동을 금지하는 법안이 통과될 때까지 어쩔 수 없이 아동을 고용해야 했어.

의회가 옛 지주 귀족이 아닌 자본가들의 대표에 의해 장악되어 있고 노동자들이 노동조합을 결성하지 못하도록 법으로 규정되어 있는 상황에서는 아무것도 나아질 가능성이 없었어. 물론 당시 지식인들은 이런 처참한 상황에 눈감고 있지만은 않았지만 속수무책이었지. 이미 기계가 끔찍할 만큼 세상을 지배하고 있었기 때문에 기계를 인간의 주인이 아닌 종으로 만드는 데 오랜 시간이 걸렸던 거야.

극악무도한 노예 제도가 폐지되다

세계 곳곳에서 이런 극악한 고용 행태가 나타나고 있었는데, 특이하게도 아프리카와 아메리카의 흑인 노예를 고용하는 문제가 가장 먼저 공격을 받기 시작했어. 노예 제도는 스페인 사람들이 최초로 아메리카 대륙에 도입했지. 스페인 사람들은 농장과 광산에서 인디언에게 일을 시키려고 했지만 인디언들은 고향에서 벗어나자마자 생을 포기하고 말았어. 이러다가 인디언이 완전히 사라질 것을 우려한 마음씨 좋은 일부 목사들은 아프리카에서 흑인들을 데려와 일꾼으로 부려 먹자고 제안했지. 흑인은 인디언보다 강하기 때문에 거칠게 다루어도 잘 참아 낸다고 생각했던 거야. 흑인들은 백인과 접촉하면서 기독교를 알게 되고 영혼 구원을 얻게 되니 흑인에게도 좋은 일이라고 생각했어. 하지만 목사들의 말과 다르게 기계가 도입되면서 더 많은 면화가 필요하게 되었고 흑인들은 심한 노동에 시달리다가 인디언들처럼 죽어 나가기 시작했지.

이 믿지 못할 이야기가 유럽으로 전해지면서 유럽 각국에서는 노예 제도를 폐지하자는 주장이 거세게 제기되었어. 영국에서는 윌리엄 윌버포스와 재커리 매콜리가 노예제 폐지를 위한 협회를 조직했지. 우선 그들은 '노예 무역'을 금지하는 법안을 의회에 통과시켰어. 그래서 1840년 이후에는 영국의 식민지에서 노예가 사라졌어. 1848년 혁명이 일어나면서 프랑스도 노예 제도를 폐지했어. 1858년에는 포르투갈도 20년 안에 모든 노예들에게 자유를 보장하겠다는 법안을 통과시

선사 시대

고대 동방 문명

고대 그리스 문명

고대 로마 문명

중세 시대

르네상스와 종교 개혁

혁명의 시대

근대 민족 국가의 등장

현대 세계의 형성

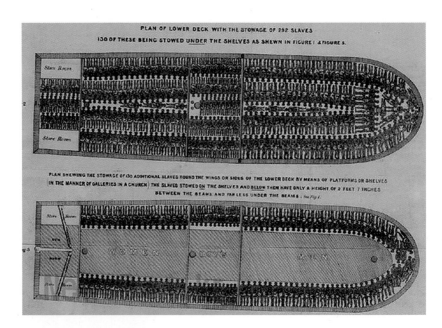

PLAN OF LOWER DECK WITH THE STOWAGE OF 292 SLAVES

130 OF THESE BEING STOWED UNDER THE SHELVES AS SHEWN IN FIGURE 1 & FIGURE 5.

Store Room

Store Room

PLAN SHEWING THE STOWAGE OF 130 ADDITIONAL SLAVES ROUND THE WINGS OR SIDES OF THE LOWER DECK BY MEANS OF PLATFORMS OR SHELVES (IN THE MANNER OF GALLERIES IN A CHURCH) THE SLAVES STOWED ON THE SHELVES AND BELOW THEM HAVE ONLY A HEIGHT OF 2 FEET 7 INCHES BETWEEN THE BEAMS AND FAR LESS UNDER THE BEAMS. See Fig 1.

WOMEN   BOYS   MEN

흑인 노예 적재
계획을 그린
배의 도면

월리엄 윌버포스

컸지. 1863년에는 네덜란드에서 노예 제도가 폐지되었고, 러시아의 차르 알렉산드르 2세는 농노들에게 200년 전에 빼앗겼던 자유를 돌려 주었단다.

미국에서는 노예 제도가 심각한 문제가 되어 장기간의 전쟁으로 발전했어. 미국 독립 선언문에는 '만인이 평등하다'는 원칙이 제시되어 있지만 남부 지역의 농장에서 일하는 흑인들에게는 이 원칙이 적용되지 않았던 거야. 시간이 지나면서 미국 북부 지역 사람들은 노예 제도에 대해 비난하기 시작했어. 하지만 남부 지역 사람들은 노예 노동 없이 목화를 재배할 수 없다고 주장했지. 결국 미국 의회와 상원에서 이 문제를 두고 거의 50년 동안 격렬한 토론을 벌였지.

목화를 재배하는
미국 남부의
흑인 노예들

미국에서 노예 해방 선언이 이루어지다

　북부는 자기주장을 꺾지 않았고 남부도 노예 제도를 포기할 생각을
안 했어. 타협이 불가능해지면서 남부의 여러 주들이 미합중국에서
탈퇴하겠다고 협박했어. 이때가 미국의 역사에서 가장 위험한 시기였
지. 참 많은 일들이 발생할 뻔했어. 다행히 아주 훌륭한 사람이 등장
해 사태가 마무리되긴 했단다.

　1860년 11월 6일, 일리노이 주의 변호사였던 에이브러햄 링컨이 노
예 제도를 반대한 공화주의자들에 의해 대통령에 당선되었어. 링컨은
노예 제도가 사악한 인간의 굴레라는 걸 알았고, 북미 대륙에 두 개의
경쟁 국가가 생기면 안 된다고 생각했어. 남부의 많은 주들이 '남부
연합'을 결성했을 때 링컨은 이 도전을 받아들였지. 북부에서 지원군
을 모집하자 청년들은 열정적으로 이에 응했고 4년 동안 끔찍한 내전
이 벌어졌단다. 리와 잭슨이 이끄는 잘 정비된 남부 군대는 북부 군대

선사 시대

고대 동방 문명

고대 그리스 문명

고대 로마 문명

중세 시대

르네상스와 종교 개혁

혁명의 시대

근대 민족 국가의 등장

현대 세계의 형성

애이브러햄 링컨

를 계속해서 무너뜨렸어. 하지만 북부는 이내 뉴잉글랜드와 서부의 경제력을 바탕으로 힘을 발휘하기 시작했지. 그리고 북부의 무명 장군인 그랜트가 두각을 드러내더니 마침내 노예 전쟁의 영웅이 되었어. 거침없이 진격해 남부의 방어벽을 모두 무너뜨렸지. 1863년에 링컨 대통령은 모든 노예에게 자유를 부여하는 '노예 해방 선언'을 발표했어. 1865년 4월에 남부의 총사령관인 리 장군이 애퍼매톡스에서 항복하고 말았지. 그로부터 며칠 뒤 링컨 대통령은 어떤 미치광이에게 암살당했지만, 그는 분명 업적을 달성했어. 스페인의 통치를 받고 있던 쿠바를 제외하고는 노예 제도가 모든 문명 세계에서 사라져 버렸으니까.

노동자의 형편은 전혀 나아지지 않다

이처럼 흑인들은 점차 자유를 누리게 되었지만 유럽의 '자유로운' 노동자들은 상황이 좀처럼 나아지질 않았단다. 사실 노동자 대중(이른바 프롤레타리아트)이 더할 수 없는 고통 속에서도 살아남았다는 사실에 당시 작가들이나 지식인들은 놀라움을 금치 못했어. 노동자들은 지저분한 집에 살면서 영양가 없는 음식을 먹었지. 작업장에서 필요한 정도로만 교육을 받았고, 일하다가 사고를 당하거나 죽어도 가족들은 아무것도 보상받지 못했어. 노동자들은 싼값으로 무제한 제공되는 술을 마시면서 고통을 달랠 수밖에 없었단다.

1830년대와 1840년대부터 많은 부분에서 개선이 일어났는데, 이는 몇 사람의 노력으로 된 게 아니었어. 두 세대 정도에 걸쳐 우수한 인재들이 기계의 등장으로 불행해진 세계를 구하기 위해 온갖 노력을 다했지. 이들은 자본주의* 체제 자체를 무너뜨리려고 하지는 않았어.

* 자본주의
생산 수단을 자본으로 소유한 자본가가 생산 활동을 통해 이윤을 얻을 수 있도록 보장해 주는 사회 경제 체제를 말한다. 이로써 사유 재산이 인정되고 시장에서 자유롭게 경제 활동을 할 수 있지만 자본가와 노동자 사이의 빈부 격차라는 모순이 발생한다.

다른 사람들이 축적한 부를 잘 이용하면 전 인류에게 큰 이익이 될 거라고 생각했던 거지. 하지만 부를 소유하고 있는 자본가와 처자식을 위해서라면 무엇이든 해야 했던 노동자가 진정한 평등을 이룰 수 있다는 생각에 대해서는 비판적인 입장을 취했지.

그들은 공장 소유자와 공장 노동자 간의 관계를 조정하기 위해 수많은 법을 도입하려고 애썼단다. 개혁가들은 각국에서 점차 뜻하는 바를 이루어 나갔지. 덕분에 오늘날 대다수의 노동자들은 법의 보호를 잘 받고 있는 편이란다. 노동 시간은 하루 평균 8시간으로 줄어들었고 노동자의 자녀들도 공장이 아니라 학교를 다니고 있지.

하지만 검은 연기를 내뿜는 굴뚝을 보고, 기차의 덜커덩거리는 소리를 들으며, 온갖 물건이 가득 쌓인 창고를 바라보며 깊은 생각에 잠긴 사람들이 있었어. 이들은 이러한 어마어마한 산업 활동의 궁극적인 종착지가 어디일지 의문을 품었어. 이 사람들은 인류가 수십만 년 동안 경제적으로 경쟁을 하지 않았다는 사실을 기억하고 있었지. 과연 그들은 인간의 행복을 희생시키는 이러한 경쟁 체제를 뒤집을 수 있었을까?

공장의 매연으로
뿌옇게 된 도시의 하늘

자본주의의 대안으로 사회주의*가 등장하다

이러한 생각(더 나은 미래를 위한 모호한 희망)은 한 나라에서만 나온 건 아니었어. 영국에서는 방적 공장을 여러 개 소유하고 있던 로버트 오언이 이른바 사회주의적 공동체(뉴 라나크)를 세워서 나름 성공을 거두었지. 하지만 그가 세상을 떠나자 이 실험 공동체도 끝이 나고 말았어. 프랑스의 저널리스트인 루이 블랑은 프랑스 전역에 '사회주의적 작업장'을 세우려고 했지만 좋은 결과를 거두지는 못했어. 결국 사회주의* 이론가들은 자본주의 사회에서 벗어나서 작은 개별 공동체를 세우는 건 불가능하고 생각했어. 그래서 해결책을 제시하기 전에 자본주의 사회의 근본 원리부터 연구할 필요가 있다고 보았지.

로버트 오언, 루이 블랑, 프랑수아 푸리에와 같은 실천적인 사회주의자들의 뒤를 이어 카를 마르크스와 프리드리히 엥겔스와 같은 이론적 사회주의자들이 등장했단다. 둘 중에 마르크스가 더 유명하지. 오랫동안 독일에 살았던 마르크스는 두뇌가 대단히 명석한 사람이었어. 그는 오언과 블랑의 실험 소식을 듣고는 노동과 임금, 실업과 관련된 문제에 관심을 갖기 시작했어. 하지만 자유주의적 사상을 갖고 있다는 이유로 독일 경찰의 감시를 받았어. 그는 할 수 없이 브뤼셀로 망명했고 다시 런던으로 근거지를 옮겼지. 마르크스는 런던에서 『뉴욕 트리뷴』이라는 잡지의 특파원으로 일하면서 근근이 살아갔단다.

그때까지도 마르크스의 책에 관심을 가지는 사람은 아무도 없었어. 하지만 1864년에 제1인터내셔널을 조직했고, 3년 뒤인 1867년에는 그 유명한 『자본론』 중 1권을 출간했어. 마르크스는 모든 역사는 '가진' 자와 '가지지 못한' 자의 기나긴

* 사회주의

사유 재산 제도를 폐지하고 생산 수단을 사회화함으로써 자본주의의 사회적 · 경제적 모순을 극복하려는 사상이나 운동을 가리킨다.

카를 마르크스

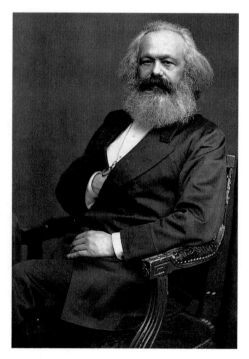

투쟁이라고 생각했어. 기계가 도입되어 널리 사용되면서 새로운 계급, 즉 자본가가 등장했지. 자본가는 잉여 재산을 가지고 더 많은 생산 수단을 사들였고 더 많은 노동자를 고용해 더 많은 재화를 생산하게 했어. 그리고 잉여 재산이 생기면 다시 공장을 세우는 일을 끝없이 반복했지. 따라서 마르크스는 제3계급(부르주아*)은 점점 부유해지고 제4계급(프롤레타리아*)은 점점 가난해지고 있다고 했어. 결국 한 사람이 세상의 모든 부를 소유하게 되고 반면 나머지는 모두 피고용인이 되어 고용주에 의존할 수밖에 없다고 예견했지.

　마르크스는 1848년에 발표한 '공산당 선언'에서 이런 사태를 막으려면 만국의 노동자들이 단결하여 정치적·경제적 수단을 쟁취하기 위해 투쟁해야 한다고 주장했어.

　물론 유럽 각국의 정부는 이런 주장이 불온하다고 생각했지. 특히 프로이센에서는 사회주의자들을 탄압하는 법안이 통과되었고 경찰들은 사회주의자들의 집회나 연설을 금지시킬 수 있었지. 하지만 이러한 탄압이 좋은 결과를 가져오지는 못했어. 사회주의의 순교자들이 오히려 사회주의를 알리는 최상의 홍보가 되었던 거야. 유럽에서 사회주의자는 계속해서 증가했어. 그들은 폭력을 통한 혁명이 아니라 노동자의 권익을 위해 의회에 진출하여 힘을 발휘하고자 했고, 나중에는 사회주의자들이 내각에 참여하기도 했지. 산업 혁명으로 발생한 사회 문제를 해결하고 기계의 도입으로 생긴 부를 공평히 나누기 위해 진보적인 가톨릭·개신교 세력과도 연대하여 활동했단다.

* 부르주아
원래는 중세에 제3계급인 중산 계급의 시민을 가리켰으며, 근대 사회에서는 자본가 계급에 속하는 사람을 말한다. 생산 수단을 가지고 있어 유산 계급이라고도 부른다.

* 프롤레타리아
자본주의 사회에서 노동력 외에 생산 수단을 가지고 있지 못한 노동자를 가리킨다. 무산 계급이라고도 한다.

선사 시대
고대 동방 문명
고대 그리스 문명
고대 로마 문명
중세 시대
르네상스와 종교 개혁
혁명의 시대
근대 민족 국가의 등장
현대 세계의 형성

과학의 시대

과학, 기나긴 역사 속에서 수난을 겪다

고대의 이집트, 바빌로니아, 칼데아, 그리스, 로마는 인류 역사상 처음으로 과학의 발전에 기여했단다. 하지만 4세기 게르만 족의 대이동으로 고대 지중해 세계는 파괴되고 말았지. 뒤이어 등장한 중세 교회는 육체보다 영혼에 더 관심을 가졌고 과학을 전능한 신의 영역을 침해하려는 인간의 교만이자 죄악으로 여겼어.

르네상스 시대에는 한계는 있었지만 분명히 중세의 편견을 깨뜨려 나갔어. 하지만 16세기 초 르네상스에 이어 등장한 종교 개혁은 '새로운 문명'에 대해 적대적이었단다. 이때도 과학자들은 『성경』의 한정된 지식을 감히 넘어설 수가 없었어.

지금은 역사상 위대한 장군들을 기념하는 동상이 많이 있지만, 앞으로는 상황이 많이 달라질 거야. 아이들은 세상을 뒤바꾼 과학자들의 빛나는 용기와 헌신을 기억할 거라 믿는다.

많은 과학의 선구자들은 가난과 박해, 멸시에 시달려야 했단다. 그들은 어두컴컴한 다락방에서 살아야 했고 지하 감옥에 갇혀 죽음을

선사 시대

고대 동방 문명

고대 그리스 문명

고대 로마 문명

중세 시대

르네상스와 종교 개혁

혁명의 시대

근대 민족 국가의 등장

현대 세계의 형성

당할 때가 많았어. 자기가 쓴 책 표지에 이름을 적지도 못했고 책 뒤에 출신지도 밝히지 못했지. 암스테르담이나 하를렘에 있는 인쇄소에서 몰래 책을 찍어야 했어. 그들은 구교 신교 가릴 것 없이 모든 교회의 적이었어. 성직자들은 설교에서 끊임없이 과학자를 '이단'으로 몰았지. 그래서 과학자는 이곳저곳으로 도망 다녀야 했어. 관용 정신이 가장 강했던 네덜란드에서는 과학적 탐구에 관해서 그다지 호의를 보이진 않았지만 사람들의 사상적 자유를 간섭하지는 않았어. 그래서 프랑스, 영국, 독일에서 온 철학자나 수학자, 의사들이 잠시 쉬면서 사상의 자유를 누릴 수 있었지.

앞에서 로저 베이컨에 관해 이야기했던 것 기억하니? 13세기의 위대한 천재였던 베이컨은 교회에 의해 수년 동안 글을 쓰지 못했지. 약 500년이 지난 뒤에 위대한 철학서인 『백과사전』을 편찬한 사람들도 베이컨처럼 프랑스 경찰에게 감시와 탄압을 받아야 했어. 반세기 후 다윈은 『성경』에 나타난 인간의 창조설에 의문을 제기하는 바람에 모든 성직자들에게 인류의 적으로 찍히고 말았단다. 심지어 오늘날도 미지의 세계에 접근하려는 과학자들에 대한 박해는 끝나지 않았어. 아빠가 이 책을 쓰고 있는 지금도 '원숭이 재판'을 맡은 브라이언 검사는 대중 앞에서 '다윈주의의 위험성'을 경고하면서 영국 자연주의가 저지른 잘못을 지적하고 있지.

17세기부터 본격적인 과학 탐구가 시작되다

17세기가 되면 그나마 우주를 탐구하고 태양계와 관련해 지구의 위치를 조사하는 작업을 할 수 있었어. 그렇긴 하지만 교회는 꼴사나운 호기심에 대해 탐탁찮아 했지. 지동설을 주장한 코페르니쿠스는 죽는 날까지도 자신의 저서를 출간하지 못했어. 갈릴레오는 평생 교회의 감시를 받으며 살았지만 망원경을 가지고 계속 천체를 관찰했고 이는

갈릴레오 갈릴레이

나중에 아이작 뉴턴에게 큰 영향을 미쳤어. 뉴턴은 '중력의 법칙'으로 알려진 물체가 떨어지는 속성을 발견했지.

아마도 그 순간부터 인류는 천국에 대한 관심을 줄이고 지상에 대해 연구하기 시작했을 거야. 17세기 후반에 안토비 반 레벤후크는 현미경을 발견해 질병의 근원인 미생물을 연구할 수 있도록 기반을 마련했어. 미세한 유기체를 발견함으로써 수많은 질병으로부터 인류를 해방시키는 '세균학'의 기초도 놓았지. 또한 현미경은 지질학자들이 화석이나 다른 여러 암석을 좀 더 깊이 연구할 수 있게 해 주었어. 이러한 조사를 통해 그들은 지구의 나이가 창세기에 기록된 것보다 훨씬 더 많다고 믿게 되었어. 찰스 라이엘 경은 『지질학의 원리』라는 책에서 창조설을 부정하고 지구상의 생물은 느리게 진화해 왔다고 설명했지.

당시 마르키 드 라플라스는 태양계가 성운의 반점에서 생겨났다는 새로운 창조론을 전개했단다. 분젠과 키르히호프는 분광기를 이용해서 행성과 태양의 화학적 구성을 조사했는데, 태양의 반점은 이미 갈릴레오가 발견했던 거야.

한편 구교와 신교 사이의 끔찍한 전쟁이 끝난 뒤에 해부학자와 생리학자들은 드디어 교회의 허락이 떨어져 신체를 해부할 수 있었어. 인간의 신체 기관에 대한 지식을 명확하게 파악해 중세 시대의 돌팔이 의사들이 어림짐작으로 행하던 수술에서 벗어나게 된 거야.

19세기 이후 엄청난 과학의 진보가 이루어지다

한 세대 안에(1810년부터 1840년까지) 다양한 과학 분야에서 엄청난 진보가 이루어졌단다. 인류가 별을 처음 보고 저게 왜 하늘에 있을까 의문을 가진 이래로 이때까지 지난 수십만 년보다 그 짧은 기간에 더 많은 발전이 이루어진 거야. 당시는 기존의 낡은 교육을 받은 사람에게는 불행한 시대였어. 그런 사람들은 진화론자인 라마르크나 다윈에 대해 증오심을 품고 있었지. 라마르크나 다윈은 직접적으로 '원숭이가 인류의 조상'이라고 언급하진 않았단다. 하지만 인류의 역사를 계속 거슬러 올라가다 보면 이 지구상에는 작은 해파리 같은 생명체들만 살았다는 걸 알 수 있다고 말했지.

다윈을 풍자한 만화

19세기를 지배했던 부유한 중산층은 위대한 발명의 산물인 가스와 전기 등을 기꺼이 활용했단다. 하지만 '순수 과학 이론가들'은 아무런 성과를 내지 못했기 때문에 신뢰를 받지 못했지. 그래도 시간이 지나면서 이들의 수고도 인정받기 시작했어. 과거에는 성당 건설에 기부하던 부자들이 오늘날에는 거대한 연구소를 설립하는 데 돈을 투자하고 있지. 덕분에 과학자들은 인류의 숨은 적들에 맞서 묵묵히 싸워 나가고 있단다. 그리고 다가올 세대의 행복과 건강을 위해 자신의 삶을 기꺼이 희생하고 있지.

조상들은 이 세상의 많은 질병이 '신의 뜻'이라고 여겼지만, 과학이 발전하면서 그건 우리의 무지와 나태에서 비롯되었다는 걸 깨닫게 되었단다. 이제는 아이들도 물을 가려서 조심히 마시면 장티푸스에 걸리지 않는다는 사실을 알고 있어. 하지만 이러한 사실을 의사들이 사람들에게 알리기까지는 수많은 세월이 걸렸지. 이제 치과 의자에 앉는 걸 두려워하는 사람은 없을 거야. 입속 세균에 대한 연구가 이루어지면서 치아가 썩는 걸 막을 수 있게 되었어. 이를 하나 뽑게 되더라도 더 이상 걱정하지 않지. 1846년에 언론을 통해 미국에서 마취제로 '무통 수술'이 이루어졌다는 소식이 전해지자 유럽의 경건한 사람들은 고개를 가로저었지. 신이 생물에 부여한 고통을 의도적으로 피하는 것을 신의 뜻에 거역하는 행위로 생각한 거야. 그래서 에테르나 클로로포름이 마취제로 보급되기까지는 상당한 시간이 걸렸단다.

그렇지만 진보를 향한 싸움은 늘 승리했지. 편견이라는 낡은 벽에 생긴 균열은 시간이 지나면서 점점 커져 갔어. 무지라는 오래된 돌 더미도 허물어졌지. 더 행복하고 새로운 사회를 바라는 열망의 십자군이 앞으로 진격해 나갔어. 그러나 또 다른 장애물이 그들의 앞을 가로막았지. 과거의 폐허 속에 자리한 또 다른 반동의 요새가 기다리고 있었던 거야. 이 최후의 보루를 무너뜨리기 위해 수많은 사람들이 희생해야 했지.

예술의 역사

선사 시대

고대 동방 문명

고대 그리스 문명

고대 로마 문명

중세 시대

르네상스와 종교 개혁

혁명의 시대

근대 민족 국가의 등장

현대 세계의 형성

인류가 등장하면서부터 예술이 시작되다

아기가 건강하고 음식을 잘 먹고 잠도 충분히 자면 옹알이로 행복한 기분을 표현한단다. 어른들은 이게 무슨 소리인지 잘 모르지만 아기에게는 이것이 하나의 완벽한 음악이야. 생애 최초로 예술 행위를 하는 거지.

아기가 좀 더 자라서 앉을 수 있게 되면 흙을 가지고 놀기 시작한단다. 세상의 수많은 아이들이 동시에 수많은 진흙 파이를 만들지. 그건 아이들이 즐거운 예술의 영역 속에 들어간다는 걸 뜻해. 이제 아이는 조각가가 되는 거지.

머리가 손을 통제할 수 있는 서너 살 정도가 되면 아이들은 화가가 된단다. 엄마가 크레파스를 사 주면 그걸 가지고 종이에다 온갖 기묘한 형상을 그려 넣지.

하지만 이 '무언가를 만드는' 행복도 곧 끝나고 말아. 학교를 다니면서 하루가 공부하는 시간으로 채워지지. 이제 무언가를 만드는 것보다 살아가는 것, 좀 더 정확히 말하면 먹고사는 일이 더 중요해지는

프랑스의 라스코 동굴 벽화

거야. 구구단을 외우고 국어 문법을 익히느라 '예술'에 들이는 시간은 거의 없어지고 만단다. 실제적인 대가 없이 오직 즐거움만 바라는 욕구가 사라지면서 아이들은 어른으로 자라는 거야. 그리고 대이나서 5년 동안 자신이 예술 활동에 열중했다는 사실은 잊어버리지.

인류도 아이들과 다를 바 없단다. 동굴 생활을 하던 원시인들은 들짐승들과 싸우는 데 아무런 도움이 되지 않았지만 자신이 아름답다고 생각하는 것을 만들기 시작했지. 자기가 사냥한 코끼리나 사슴을 동굴 벽에 그리거나 당시 가장 매력적이라고 생각되는 여성의 모습을 돌조각으로 표현하기도 했어.

빌렌도르프의 비너스

고대 문명, 다채로운 예술 세계를 창조하다

이집트와 바빌로니아, 페르시아 등 여러 고대 민족들은 나일 강과 유프라테스 강 유역에 작은 도시를 세우고는 왕을 위해 궁전을 짓고 여자들을 위해 화려한 보석을 만들었어. 또 다채로운 꽃들이 활짝 피어 있는 아름다운 정원을 가꾸기도 했지.

현재 유럽인의 조상은 머나먼 아시아 초원에서 자유롭게 돌아다니던 유목민이었어. 그들은 민족의 지

고대 이집트 네바문의 정원

선사 시대

고대 동방 문명

고대 그리스 문명

고대 로마 문명

중세 시대

르네상스와 종교 개혁

혁명의 시대

근대 민족 국가의 등장

현대 세계의 형성

도자를 영웅으로 추앙하는 노래를 지어 불렀단다. 이러한 영웅시들은 오늘날까지도 전해 내려오고 있지. 조상들은 천 년 후 그리스에 정착해 도시 국가를 세우고 기쁨이나 슬픔과 같은 인간의 감정과 정서를 사원, 조각, 희극, 비극 등 갖가지 예술 작품으로 표현했단다.

　로마 인이나 카르타고 사람들은 다른 민족을 지배하고 관리하느라 '쓸모없는' 영혼의 모험을 즐길 여유가 없었지. 로마 인들은 세계를 정복하고 도로를 만들고 다리를 세웠는데 이 기술 역시 그리스 인에게 빌려온 것이었어. 이들은 시대에 걸맞은 실용적인 건축 양식을 고안해 냈지. 하지만 조각이나 역사, 모자이크, 시 등 예술 작품들은 모두 그리스의 양식을 모방했단다. 인간에게 '개성'이라고 불리는 모호한 무언가가 없다면 독특한 예술이 나올 수 없지. 로마는 독특한 개성을 추구하지 않았고 다만 유능한 군인과 상인을 필요로 했어. 그래서 시를 쓰거나 그림을 그리는 일은 모두 이방인에게 맡겼지.

중세의 예술 세계는 암흑이었을까?

그 뒤로 '암흑의 시대'가 찾아왔단다. 서유럽으로 들어온 야만인들은 어리석고 둔한 사람들이어서 자신이 이해가 되지 않으면 쓸모없는 것으로 여겼지. 오늘날 식으로 말하자면 예쁜 여자가 나온 잡지 표지는 좋아했지만 렘브란트의 그림은 쓰레기통에 내던진 거야. 하지만 시간이 지나면서 자신의 어리석음을 깨달았고 잃어버린 것을 되찾으려고 했어. 하지만 이미 소중한 보물들을 버린 쓰레기통은 사라져 버렸지.

한편, 이 무렵 그들은 동쪽에서 가져온 자신들만의 예술을 발전시켜 나가고 있었어. 그들은 과거의 무지와 게으름으로 잃어버린 것을 이른바 '중세의 예술'로 채우려고 했지. 중세의 예술은 게르만 정신의 산물이었단다. 그리스와 로마로부터 빌려온 것도 거의 없었고 이집트나 아시리아, 인도와 중국과도 무관했어. 사실상 유럽 북부 지방에 사는 사람들은 남부 지방의 이웃들에게 영향을 받은 게 없었단다. 이탈리아 사람들은 북부 지방의 건축물을 도저히 이해하지 못했고 오히려 무시하고 깎아내렸지.

고딕, 중세의 독특한 건축 양식으로 등장하다

너희는 '고딕(Gothic)'이라는 용어를 들어본 적 있니? 아마 고딕이라고 하면 오래된 성당에 걸려 있는 그림이나 하늘 높이 솟아 있는 뾰족탑이 연상될 거야. 그런데 이 말의 진짜 뜻은 무엇일까?

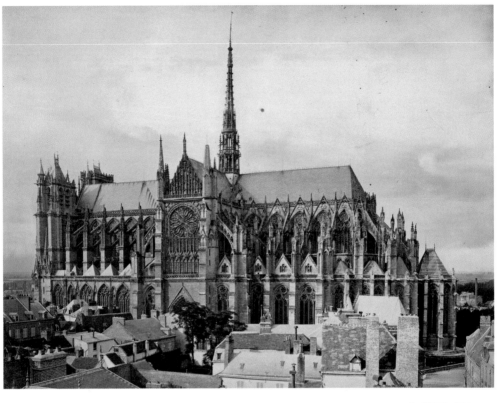

고딕 건축물(프랑스 아미앵 대성당)

　고딕이라는 말은 '미개한 고트 족(Goth)'과 관련해 투박하고 야만적인 무언가를 뜻하지. 고트 족은 고전 예술이나 그리스 광장과 아크로폴리스의 전형을 무시한 채 자신들의 취향을 발전시켜 나갔지.

　고딕 건축 양식은 수백 년 동안 북부 유럽 사람들에게 영감을 불어넣은 최고의 예술적 표현이었어. 앞에서 중세 시대 사람들이 어떻게 살았는지 이야기했던 것 기억나니? 그들은 시골에서 농부로 살거나 도시(civitas, 라틴어로 '부족'을 의미한다.)에서 도시민으로 살았지. 높은 성벽 너머에 살던 도시민들은 함께 위험을 감수하고 함께 서로를 지키며 살아간 진짜 부족이나 마찬가지였어.

　고대 그리스와 로마에서는 신전이 있는 광장이나 시장이 시민 생활의 중심지였다면, 중세 시대에는 교회가 중심지 역할을 담당했어. 오

선사 시대

고대 동방 문명

고대 그리스 문명

고대 로마 문명

중세 시대

르네상스와 종교 개혁

혁명의 시대

근대 민족 국가의 등장

현대 세계의 형성

늘날 기독교인들은 일주일에 한 번 교회에서 몇 시간 있다가 돌아오기 때문에 중세의 교회가 사회 공동체에 어떤 의미를 갖는지 이해하기 어려울 거야. 아기가 태어나면 일주일이 되기 전에 교회에 가서 세례를 받았고 어릴 때는 『성경』 이야기를 들으러 교회에 놀러갔지. 나중에는 교회의 신도가 되었고 돈을 많이 벌면 가족의 수호성인을 모시기 위해 작은 예배당을 만들기도 했어. 이 예배당은 밤낮으로 열려있었지. 어떤 의미에서 예배당은 오늘날의 친목 모임처럼 마을 사람들이 모임을 갖는 장소 역할을 했단다. 교회에서 만난 한 소녀에게 첫눈에 반해서 교회에서 결혼식을 올리고 마을 사람들에게 축하를 받기도 했어. 인생의 여정이 끝나면 교회 건물 지하에 있는 관 속에서 심판의 날이 올 때까지 기다렸지.

교회는 신이 거하는 집이었을 뿐 아니라 사람들이 공동생활을 하는 중심지이기도 했던 거야. 고대 이집트, 그리스, 로마의 신전은 지방신의 성지에 불과했어. 오시리스나 제우스, 주피터의 조각상 앞에서는 설교를 하지 않았기 때문에 군중을 위한 실내 공간이 필요하지 않았지. 그리고 지중해 연안에 사는 고대 민족의 종교 행사는 모두 실외에서 이루어졌단다. 하지만 평상시 날씨가 좋지 않은 북부 유럽에서는 종교 행사를 대부분 교회의 지붕 아래에서 행했지.

오랫동안 건축가들은 공간이 넓은 거대한 건물을 어떻게 세워야 할지 고민했어. 고심 끝에 고대 로마의 건물을 참고해 무거운 돌로 만든 벽을 세울 수 있었어. 건물 위에는 무거운 돌로 지붕을 올렸지. 십자군 원정이 시작된 12세기에는 유럽의 건축가들이 이슬람 신전의 끝이 뾰족한 아치형 지붕을 모방해 새로운 건축 양식을 창안했어. 그들은 이탈리아 사람들이 경멸의 뜻으로 이름을 붙인 '고딕' 양식을 발전시켜 나갔단다. 아치형 지붕을 늑재(肋材)로 바치는 구조를 만들어 내면서 원하던 바를 이룰 수 있었어. 하지만 지붕이 너무 무거우면 벽이 무너질 염려가 있었지. 130kg이 넘는 어른이 어린이용 의자에 앉으면 의자가 찌부러지는 것처럼 말이야. 이 문제를 해결하기 위해 프랑스 건축가들은 버팀벽으로 건물을 보강했어. 버팀벽은 지붕을 받치는 벽이 잘 견딜 수 있도록 무거운 돌을 쌓아놓은 것이지. 그리고 지붕에 더 안정감을 주기 위해 외부 버팀벽(플라잉 버트레스)을 적용하기도 했단다.

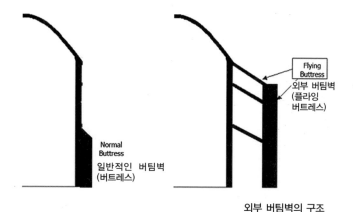

Flying Buttress
외부 버팀벽 (플라잉 버트레스)

Normal Buttress
일반적인 버팀벽 (버트레스)

외부 버팀벽의 구조

　이 새로운 건축 방식이 적용되면서 벽에 커다란 창문을 만들 수 있었어. 12세기에는 유리가 비싸고 진기한 물건이어서 귀족들조차 집에 유리 창문을 다는 경우가 드물었지.

다양한 장식과 회화 기법이 등장하다

　다행히 고대 지중해 연안에서 개발된 색유리 제조법이 그때까지 사라지진 않았어. 그래서 고딕 교회의 창문에 『성경』의 이야기를 다양한 색의 창문(스테인드 글라스)으로 나타낼 수 있었어.

　이곳이 바로 신에 대한 열망이 가득한 영광스러운 신의 집이었어! 신의 집이자 인간의 안식처였던 이 교회 건물은 최고로 아름답게 꾸미고 모든 정성과 돈을 들여도 문제가 되거나 아깝지 않았지. 로마 제국이 멸망하면서 일자리를 잃은 조각가들도 다시 일을 시작할 수 있었어. 그들은 출입구, 기둥, 버팀벽, 박공벽 등 곳곳에 예수와 성자들의 조각을 새겨 넣었지. 실내 장식가들도 태피스트리(벽에 꾸미는 융단)를 꾸미기 시작했어. 보석 세공사들은 신을 경배하는 마음으로 최선을 다해 성단을 꾸몄어. 도구나 재료가 부족했던 가난한 화가들조차 최선을 다해 그림을 그렸지.

성 비투스 성당에 설치된
알폰스 무하의 스테인드 글라스

초기 기독교 시대의 로마 인들은 신전이나 가정집 바닥과 벽을 다양한 색깔의 유리로 만든 모자이크 장식으로 채웠어. 그런데 이 기술은 너무 어려워 화가들이 자기가 나타내고자 하는 것을 제대로 표현하지 못했어. 색깔 나무 블록으로 어떤 모양을 만들려고 시도해 본 어린이들은 무슨 말인지 이해할 거야. 그래서 중세 말이 되면 러시아를 제외하고는 모자이크 그림이 사라지게 되지. 콘스탄티노플이 함락되고 비잔틴 제국의 모자이크 화가들이 러시아로 도망쳤고, 교회 건축을 금지한 볼셰비키 혁명 이전까지 그리스 정교회의 벽에 모자이크 장식일을 도맡아 했어.

중세의 화가들은 교회 벽에 석고 반죽을 바르고 석고가 마르기 전에 그 위에 물감을 칠했지. 이런 기법을 '프레스코'라고 하는데 오랫동안 유행했어. 오늘날은 이런 기법으로 그림을 그리는 사람은 거의 찾아보기 힘들 거야. 하지만 중세 시대에는 재료가 부족했기 때문에 어쩔 수 없이 프레스코 기법으로 그림을 그려야 했지. 그런데 이 기법은 큰 단점이 있었어. 몇 년 안 지나서 벽에서 석고가 떨어지거나 습기 때문에 그림이 망가져 버렸어. 사람들은 문제점을 개선하기 위해 별의별 시도를 다 해 보았어. 물감을 술이나 양초, 꿀, 계란 흰자 등과 섞어 보았지만 문제가 해결되지 않았어. 이러한 시도는 1,000년 이상 지속되었어. 중세의 화가들은 양피지에는 그림을 잘 그렸지만 큰 나무나 돌판 위에는 그리기 어려워했지.

마침내 15세기 초반에 네덜란드의 얀 반 에이크와 휘베르트 반 에이크가 이 문제를 해결했어. 플랑드르의 유명한 형제인 이들은 특별히 준비한 기름에 물감을 섞어서 나무, 천, 돌, 그 외의 어떤 것에도 그림을 그릴 수 있었지.

하지만 시간이 지나면서 중세 초기의 종교적 열정은 점차 식어 갔단다. 성직자들의 뒤를 이어 부유한 도시민들이 예술가들의 후원자가 되었어. 예술은 어쩔 수 없이 돈이 뒷받침되어야 했지. 예술가들은 이제 왕이나 귀족, 부유한 금융가를 위해 그림을 그렸단다. 짧은 기간

선사 시대

고대 동방 문명

고대 그리스 문명

고대 로마 문명

중세 시대

르네상스와 종교 개혁

혁명의 시대

근대 민족 국가의 등장

현대 세계의 형성

안에 기름을 이용한 새로운 화법인 유화가 유럽 전역에 퍼져 나갔어. 유럽 각국에 미술 학교가 생겨나면서 사람들은 자기가 원하는 초상화와 풍경화를 그리기 시작했지.

예를 들면, 스페인의 벨라스케스는 궁중의 난쟁이나 궁중에서 수를 놓는 사람 등 왕실과 관련된 그림을 그렸어. 네덜란드의 렘브란트나 프란스 할스, 베르메르는 상인의 집 안마당, 볼품없는 상인의 아내, 활달하면서도 건방진 아이들, 상인에게 부를 가져다주는 배 등을 그렸지. 반면 여전히 교황이 예술가의 큰 후원자인 이탈리아에서는 미켈란젤로와 코레조 같은 화가들이 성모 마리아와 성자를 주제로 그림을 계속 그렸어. 한편 귀족이 부와 권력을 쥐고 있는 영국과 왕권이 강한 프랑스에서는 화가들이 정부의 고위 관료나 왕과 친한 숙녀들을 그렸단다.

벨라스케스의 '시녀들'

문학과 연극에서도 예술적 변화가 나타나다

이처럼 교회가 등한시되고 새로운 계급이 등장하면서 회화 분야에서 커다란 변화가 나타났고 이러한 변화는 다른 예술 분야에도 영향을 끼쳤어. 인쇄술이 발명되면서 대중을 대상으로 책을 쓰는 작가들은 큰 인기를 얻기도 했지. 이에 따라 전문적인 소설가나 삽화가들이 등장했어. 신간 서적을 사 볼 정도로 경제적 여유가 있는 사람들은 아무것도 하지 않고 천장만 쳐다보며 앉아 있는 걸 좋아할 부류가 아니었어. 그들은 오락거리를 찾았지. 몇 안 되는 중세의 음유 시인들이 대중의 오락 욕구를 채워 줄 순 없었어. 제일 먼저 전문 극작가들이 활발하게 활동하기 시작했어. 중세 시대에는 연극이 교회의 성찬식의 일부 행사에 불과했고 13세기~14세기의 비극은 주로 그리스도의 수난만을 다루었지. 하지만 16세기에 들어서면서 세속적인 연극이 등장하기 시작했어. 사실 당시 전문 극작가들은 사회적 지위가 그렇게 높지 않았단다. 윌리엄 셰익스피어도 비극과 희극으로 대중에게 즐거움을 주는 서커스 단원 정도로 여겨졌으니 말이야. 그렇지만 1616년에 셰익스피어가 세상을 떠나자 사람들은 그에게 존경심을 품기 시작했어.

셰익스피어와 동시대인이었던 스페인의 로페 데 베가는 자그마치 1,800편의 세속극과 400편의 종교극을 써서 교황의 인정을 받기도 했다는구나. 1세기 후에 등장한 프랑스 극작가 몰리에르는 루이 14세와 둘도 없는 친구였지.

그 이후에 연극은 대중에게 큰 영향을 미쳤어. 오늘날 도시에는 극장이 없는 곳이 없고 시골 촌구석에서도 연극을 볼 수 있게 되었지.

인류의 친근한 벗, 음악

무엇보다도 가장 인기 있는 예술 분야는 음악이었어. 예술은 상당히 숙련된 기술을 요구했어. 몇 년을 훈련해야 캔버스나 대리석 위에 원하는 장면을 그려 낼 수 있지. 연기나 소설 쓰는 법도 평생에 걸쳐 배워야 한단다. 심지어 회화나 문학, 조각 작품을 제대로 감상하기 위해서도 훈련이 필요하지. 하지만 음악은 조금 다르지. 완전히 귀머거리

선사 시대
고대 동방 문명
고대 그리스 문명
고대 로마 문명
중세 시대
르네상스와 종교 개혁
혁명의 시대
근대 민족 국가의 등장
현대 세계의 형성

윌리엄 셰익스피어

가 아닌 이상 모든 사람은 음악의 곡조를 따라갈 수 있고 어떤 음악도 즐길 수 있어. 중세 시대에는 음악이 많이 없었고 그나마 교회 음악이 전부였지. 성가는 리듬과 화성에서 엄격한 법칙을 따라야 했기 때문에 단조로워질 수밖에 없었어. 게다가 길거리나 시장 같은 곳에서는 불릴 수 없었지.

르네상스는 이러한 상황을 바꾸었단다. 음악은 기쁠 때나 슬플 때 인간의 가장 좋은 벗이 되어 주었지.

고대의 이집트 인과 바빌로니아 인, 유대인들은 모두 음악을 사랑하는 사람들이었어. 여러 악기들을 모아서 정식으로 오케스트라를 구성하기도 했지. 하지만 그리스 인들은 이 야만적인 잡음에 눈을 찌푸렸어. 그들은 호메로스나 핀다로스의 시를 낭송하는 걸 좋아했는데, 이때 수금으로 반주하는 건 허용했지. 그래서 대중의 반대를 무릅쓰면서까지 음악을 발전시키려고 하지 않았어. 반면 로마 인들은 만찬이나 파티에서 오케스트라의 음악을 즐겼고 이 시기에 오늘날 우리가 사용하는 전통 악기들 대부분이 발명되었단다. 초기 교회는 이교도풍의 음악을 멸시했고 3~4세기 성직자들은 예배에서 몇 가지 음악만 허용했어. 하지만 예배 때 악기 없이 노래를 부르다 보니 음이 엉망이 되어 나중에는 오르간을 사용하게 되었지. 2세기에 발명된 오르간은 여러 개의 팬 파이프와 한 쌍의 풀무로 구성되어 있었어.

게르만 족의 대이동 이후 로마의 마지막 음악가들은 죽임을 당하거나 도시를 떠돌아다니는 방랑 음악가가 되었어. 이들은 길거리에서 연주하면서 돈을 구걸했지.

중세 후기에는 세속적인 문명이 부활하면서 음악가들에게 새로운 임무가 생겼단다. 사냥이나 전쟁에서 사용하던 뿔 나팔과 같은 악기를 무도회장이나 연회장에서 사용할 수 있는 악기로 탈바꿈시켜야 했거든. 중세가 끝나기 전에는 여섯 줄의 현악기(이 악기의 기원은 이집트와 아시리아까지 거슬러 올라감)가 네 줄 달린 바이올린으로 개량되었어. 18세기에 스트라디바리우스 등 이탈리아의 바이올린 제조업자들은 악기의 성능을 최대한 향상시켰단다.

마지막으로 피아노가 발명되었어. 오늘날 피아노는 가장 보편적인 악기란다. 정글 지대부터 그린란드의 얼음 벌판까지 인간이 사는 곳이라면 어디에든 보급되어 있지. 최초의 건반 악기는 오르간이었어. 그런데 당시 오르간은 보조로 풀무질을 해 주는 사람이 없으면 연주를 할 수 없었지. 물론 오늘날은 전기 장치가 그 일을 대신하고 있지만 말이야. 음악가들은 교회 성가대를 가르칠 때 좀 더 다루기 쉬운 악기를 찾아내려고 했어. 11세기에 이탈리아 아레초(시인 페트라르카의 고향)의 베네딕트회 수도사인 구이도는 오늘날 우리가 사용하는 악보를 만들어 냈단다. 음악의 인기가 높았던 그 시절에 건반과 현이 함께 붙어 있는 악기가 발명되었어. 아마 그 악기는 요즘 장난감 가게에서 살 수 있는 장난감 피아노 소리가 났을지도 몰라. 중세의 방랑 음악가들은 1288년 빈에서 처음으로 음악가 길드를 결성했어. 이곳 빈에서 일현금이 지금의 피아노와 같은 형태로 발전했단다. 그리고 '클라비코드'라는 건반 악기가 오스트리아에서 이탈리아로 건너가 조반니 스피네티에 의해 좀 더 개선되었지. 마침내 1709년에서 1720년 사이에 바톨로메오 크리스토포리가 강약을 조절할 수 있는 '클라비어'라는 건반 악기를 만들었어. 이탈리아 어로 약하게는 '피아노'이고 강하게는 '포르테'이므로 이 악기 이름은 '피아노포르테'가 되었어. 또는 피아노라고 불렀지.

이제 사람들은 2년 정도 연습하면 연주할 수 있는 쉽고 간편한 악기를 갖게 되었어. 이 악기는 하프나 바이올린처럼 매번 조율할 필요도 없었고 중세의 튜바, 클라리넷, 트롬본, 오보에 같은 악기보다 훨씬

선사 시대

고대 동방 문명

고대 그리스 문명

고대 로마 문명

중세 시대

르네상스와 종교 개혁

혁명의 시대

근대 민족 국가의 등장

현대 세계의 형성

듣기가 좋았지. 축음기가 많은 현대인들이 음악을 사랑하게 만들었던 것처럼, 당시의 '피아노포르테'도 음악에 대한 지식을 넓게 보급시켰어. 음악은 교양인이라면 남녀노소 할 것 없이 꼭 배워야 하는 과목이 된 거지. 왕족이나 부유한 상인들은 자기 집에 오케스트라를 두고 음악을 즐겼어. 이제 음악가들은 방랑하는 '음유 시인'이 아니라 사회에서 인정받는 자리에 올랐지. 음악은 연극과 합쳐져서 오페라로 발전하기도 했어. 처음에는 부유한 왕족들만 오페라단을 만들어 즐길 수 있었지. 하지만 오페라를 좋아하는 사람들의 수가 늘면서 도시에 극장이 생기기 시작했어. 이탈리아와 독일의 오페라단은 많은 사람들에게 즐거움을 전해 주었어. 다만 일부 엄격한 기독교도들은 아직도 음악이 영혼을 오염시킨다고 믿고 있었지.

18세기 중반, 유럽의 음악 수준은 최고조에 이르렀단다. 이때 다른 누구보다 뛰어난 음악가가 등장했는데, 그는 라이프치히의 토마스 교회에서 오르간 연주를 하는 요한 제바스티안 바흐였어. 그는 대중적인 악기를 가지고 가벼운 곡부터 엄숙한 곡까지 수많은 곡을 만들어 근대 서양 음악의 기초를 마련했지. 1750년 바흐가 세상을 떠나고 그 뒤를 이어 모차르트가 등장했어. 모차르트는 아름다운 하모니와 리듬으로 순수하고 사랑스러운 음악을 만들어 냈어. 그 다음에는 가장 비극적인 음악가인 루트비히 판 베토벤이 나타났어. 근대적인 오케스트라를 완성한 그는 가난하게 살면서 귀까지 먹는 바람에 자기가 만든 곡을 실제로 들을 수가 없었지.

예술이 홀대받는 세상은 행복할까?

프랑스 혁명 시기에 살았던 베토벤은 영광
의 시대가 새롭게 펼쳐질 것을 기대했단다.
영웅교향곡을 만들어 나폴레옹에게 바칠 정
도였지. 그러나 결국 자기 시대를 비관했어.
1827년 베토벤이 세상을 떠날 무렵 세상에
는 나폴레옹도 없었고 프랑스 혁명도 없었
어. 세상에는 교향곡 제3번 '영웅'과는 상관
없는 증기 기관의 소음만 가득했지.

사실상 증기와 철, 석탄과 거대한 공장이
만들어 낸 새로운 질서는 미술, 조각, 시, 음
악과 같은 예술을 필요로 하지 않았단다. 이
제는 중세 시대와 17~18세기에 예술의 후원
자였던 교회, 왕족, 상인들이 더 이상 존재하
지 않았지. 새로운 산업 사회를 이끌어 가는
지도자들은 너무 바빠서, 그리고 예술에 대
한 교육을 받지 못해서 예술가들에게 관심을
갖지 않았어. 창조자들은 사회에 별로 도움
이 되지 않는다고 생각했지. 공장 노동자들
은 매일같이 기계가 윙윙 돌아가는 소리를
듣다가 선조인 농부들이 연주하던 플루트와
바이올린의 선율을 까맣게 잊고 말았어. 예
술은 새로운 산업 시대에 의붓자식이 되었
어. 예술과 삶은 완전히 분리되고 말았지. 그
림은 모두 미술관에 처박혀 서서히 죽어 갔
어. 음악은 소수의 사람들만 좋아했고 가정
이 아닌 공연장에서만 들을 수 있었지.

요한 제바스티안 바흐

루트비히 판 베토벤

선사 시대

고대 동방 문명

고대 그리스 문명

고대 로마 문명

중세 시대

르네상스와 종교 개혁

혁명의 시대

근대 민족 국가의 등장

현대 세계의 형성

하지만 예술은 느리지만 꾸준하게 제자리를 찾아가고 있단다. 사람들은 렘브란트, 베토벤, 로댕과 같은 예술가들이 인류의 진정한 선지자요 지도자이며 예술과 행복이 없는 세상은 아이의 웃음소리가 없는 놀이방과 다를 바 없다는 사실을 깨닫기 시작한 거야.

현대 세계의 형성

식민지 팽창과 세계 대전

이 책에 대한 나름대로의 변명

　세계의 역사를 쓴다는 게 얼마나 어려운 일인지 알았다면 아빠는 시작하지도 않았을 거야. 물론 5~6년 정도 도서관에 틀어박혀 책과 자료 더미에서 버틸 수 있을 만큼 부지런한 사람이라면 모든 시기, 모든 나라, 모든 사건을 전부 다루는 육중한 책을 펴낼 수 있을 거야. 하지만 이 책의 목적은 그런 게 아니란다. 출판사는 리드미컬한 역사책을 원했어. 걷기보다는 말처럼 질주하는 역사책을 바랐던 거야. 책을 거의 마무리해 가는 시점에서 다시 돌아보니 어떤 장은 엄청난 속도로 뛰어가고 있고 또 어떤 장은 오래전 잊혀진 시대의 사막 길을 느릿느릿하게 걸어가고 있었지. 다시 말해, 어떤 부분은 전혀 진전이 없고 또 어떤 부분은 너무 요란스럽다는 생각이 들더구나. 아빠는 이런 점이 마음에 들지 않아 지금까지 쓴 원고를 전부 버리고 다시 시작하자고 제안했는데 출판사는 딱 잘라 거절했단다.

　이런 어려움을 해결하는 차선책으로 원고를 동료들에게 보내서 충고를 들어보려고 했어. 하지만 오히려 낙담만 했지 뭐야. 동료들은 저마다 편견과 기호를 가지고 있었어. 그들은 아빠가 왜, 어디서, 어떻게 자신들이 좋아하는 나라와 정치가, 심지어 범죄자를 넣지 않았는지 알고 싶어 했지. 어떤 사람은 나폴레옹과 칭기즈 칸을 가장 명예로운 인물로 부각시켜야 한다고 주장했어. 아빠는 그 사람에게 이 책은 나폴레옹을 최대한 공정하게 다루려 했다고 설명했지. 덧붙여 나폴레옹은 조지 워싱턴, 구스타프 바사, 아우구스투스, 함무라비, 링컨 등 이런 지도자들보다 훨씬 열등하다고 말했어. 그들이 좋아하는 사람들을 대체로 단 몇 줄만 언급하거나 완전히 빼 버렸단다. 칭기즈 칸의 경우, 아빠는 그가 살인자로서 최고의 능력을 가지고 있다는 것 외에 굳이 그 이름을 명예롭게 할 생각은 눈곱만큼도 없어.

또 이렇게 말하는 사람도 있었어. "이건 어느 정도 맞는 말 같네. 하지만 청교도는 어떻게 된 건가? 우리 미국인들은 청교도들이 플리머스에 도착한 날을 매년 기념하고 있지 않나? 그러니 청교도에 대한 서술은 더 추가하는 게 어떻겠는가?" 아빠의 대답은 이랬지. 만일 미국의 역사를 서술하는 것이라면 초반에 청교도에 관한 서술을 대폭 늘렸을 거야. 하지만 이 책은 인류의 역사에 관한 책이기 때문에 '플리머스의 바위' 사건은 전 세계적으로 중요한 의미를 갖고 있진 않아. 미국은 하나의 식민지가 아닌 13개의 식민지로 세워진 나라야. 건국 후 20년 동안 미국의 역사를 이끈 지도자들은 매사추세츠가 아닌 버지니아, 펜실베이니아, 네비스 섬 출신이었어. 따라서 청교도에 대한 서술은 한 페이지, 지도 한 장 정도면 충분하지.

선사 시대를 연구하는 전문가들은 1만 년 전에 문명을 발전시킨 크로마뇽인 같은 훌륭한 인류에 대해서 왜 더 많이 서술하지 않았냐고 물었지. 왜 그렇게 하지 않았을까? 대답은 간단해. 오늘날 유명한 인류학자들도 선사 시대의 인류에 대한 자료를 많이 확보하지 못한 것처럼 아빠도 그렇기 때문이야. 루소를 비롯한 18세기의 사상가들은 '고결한 야만인(noble savage)'이라는 개념을 만들고 이들은 태초에 완벽하게 행복한 상태에서 살았다고 가정했어. 하지만 현대 과학자들은 이 '고결한 야만인' 이라는 개념을 내버리고 대신 3만 5,000년 전까지 살았던 네안데르탈인과 같은 '훌륭한 야만인(splendid savage)'으로 그 개념을 바꾸었어. 과학자들은 크로마뇽인의 코끼리 그림과 조각들을 보여 주면서 이들이 훌륭하다고 말했지.

과학자들이 잘못되었다고 말하는 건 아니야. 초기의 서유럽 사회를 완벽하게 재구성하기에는 우리가 너무도 많은 걸 모르고 있다는 거야. 그래서 확실하지 않은 걸 자꾸 이야기하기보다는 침묵을 지키는 편이 더 낫다는 거지.

또 어떤 사람들은 아빠가 불공평하다고 말하기도 한단다. 왜 아일랜드, 불가리아, 태국과 같은 나라는 빼놓고 네덜란드, 아이슬란드, 스위스는 집어넣었냐고 말이지. 이런 나라들은 역사를 서술하다 보니 자연스럽게 언급된 것이고 나는 그걸 굳이 빼지 않았던 것뿐이야. 나의 관점을 이해할 수 있도록 이 역사책에 나오는 국가나 민족, 인물의 설정 원칙을 알려 줘야겠구나.

원칙은 단 하나야. '해당 국가나 인물이 전 인류의 역사를 바꿀 만한 새로운 사상을 만들어 내거나 독창적으로 행동했는가?' 이건 개인적인 취향의 문제가 아니야. 냉정하고 객관적인 판단에 가깝지. 역사의 무대에 몽골 족만큼이나 화려하게 등장한 민족도 없지만, 그들의 업적이나 지적인 성과를 보면 인류 문명에 기여한 바는 거의 없단다.

아시리아의 티글라트 필레세르라는 사람의 인생을 보면 참으로 드라마틱하지. 하지만 그의 인생은 우리와 관련해서 아무런 의미도 없단다. 마찬가지로 네덜란드 공화국의 역사가 흥미로운 이유는 '로이테르' 호의 선원들이 템스 강에서 낚시를 했기 때문이 아니야. 북해 연안에 자리 잡은 이 나라가 갖가지 사상을 지닌 특이한 사람들이 망명할 수 있도록 피난처 역할을 했기 때문이야.

그리스의 아테네나 이탈리아의 피렌체가 전성기를 누릴 때, 사실 이 도시들의 인구는 미국 캔자스시티 인구의 10분의 1밖에 되지 않았어. 그렇지만 현대 문명은 지중해 연안의 이 작은 두 도시가 없었다면 많이 달라졌을 거야. 물론 캔자스시티라는 도시 이야기를 꺼내지 못했을지도 몰라.

이 장에서는 아빠의 개인적인 생각을 많이 이야기하는 것 같구나. 이왕 이렇게 된 것 한 가지 이야기만 더 들어 주길 바란다.

우리는 병원에 갈 때 의사가 외과 의사인지 진찰 전문 의사인지 동종 요법 의사, 신앙 요법 의사인지 알아봐야 한단다. 왜냐하면 의사마다 우리의 질환을 보는 시각이 다르기 때문이지. 마찬가지로 우리는 의사를 선택할 때처럼 역사가를 선택할 때도 신중할 필요가 있단다. "역사는 다 똑같은 역사 아닌가요?"라고 하면서 별 문제 없다고 생각할지도 몰라. 하지만 예컨대 스코틀랜드의 보수적인 장로교 가정에서 태어나 교육을 받은 사람은 인간관계에 대해 우리와 다른 시각을 갖고 있을 거야. 그 사람은 미국의 정치가인 로버트 잉거솔의 교훈을 귀에 못이 박히도록 들으며 자랐을지도 몰라. 시간이 지나서 어릴 때 받은 교육을 잊어버리고 다시는 교회나 강의실에 발을 들이지 않을 수도 있어. 그렇지만 감수성이 예민한 시절에 받은 영향은 평생 남아 있어서 자기도 모르게 말이나 행동으로 나타나기도 한단다.

이 책 서문에서 아빠는 결코 완벽한 안내자가 아니라고 했던 말 기억나니? 책을 거의 마무리하는 이 시점에 한 번 더 그 말을 해야겠구나. 아빠는 19세기의 다윈과 여러 개척자들을 따르는 자유주의 사회에서 태어나 교육을 받았단다. 어린 시절에는 삼촌과 시간을 많이 보냈는데, 삼촌은 16세기의 위대한 프랑스 사상가 몽테뉴의 책을 거의 다 수집하고 계셨지. 아빠는 네덜란드 로테르담에서 태어났고 구다에서 교육을 받아 에라스무스의 사상을 접할 기회가 많았지. 그의 관용 정신이 관용적이지 못한 나를 사로잡았던 거야. 나중에는 아나톨 프랑스라는 사람을 알게 되었고, 우연히 읽게 된 새커리의 『헨리 에즈먼드』라는 역사책은 아빠에게 깊은 인상을 남겼지.

아빠가 만약 활기찬 중서부 유럽의 도시에서 태어났다면 어린 시절에 들던 찬송가에 영향을 받았을 거야. 그런데 아빠는 어릴 때 어머니

선사 시대

고대 동방 문명

고대 그리스 문명

고대 로마 문명

중세 시대

르네상스와 종교 개혁

혁명의 시대

근대 민족 국가의 등장

현대 세계의 형성

가 들려 준 바흐의 푸가가 아직도 기억에 생생히 남아 있단다. 한 치의 오차도 없는 이 완벽한 음악가는 아빠에게 너무나도 큰 인상을 남겨 주어서 교회에서 평범한 찬송가를 듣고 있으면 괴로울 정도였지.

아빠가 이탈리아에서 태어나 아르노 강 유역의 따사로운 햇볕을 받고 자랐다면 밝고 다채로운 그림을 좋아했을지도 모르겠구나. 하지만 지금 아빠는 그런 그림은 별로 좋아하지 않지. 비에 젖은 땅에 밝은 햇볕이 가끔씩 내리쬐어 빛과 어두움이 극명하게 나뉘는 나라에서 처음으로 예술적 영감을 받았기 때문이지. 아빠가 일부러 이런 사실들을 말하는 이유는 너희가 이 역사책을 쓴 사람의 개인적인 성향과 관점을 이해하길 원해서야.

유럽의 열강들, 전 세계로 식민지를 팽창하다

아빠의 변명은 여기까지 하고 다시 19세기 말에서 20세기 초의 역사로 돌아가자꾸나. 이 기간에는 많은 일들이 일어났지만 특별히 주목할 만한 사건은 없었어. 대부분의 강대국들은 정치보다는 경제에 더 관심을 가졌고 마치 거대한 대기업과 같은 역할을 수행했단다. 유럽 대륙에 철도를 건설하고 세계 곳곳에 항로와 통신망을 구축했지. 그리고 식민지를 꾸준히 확장해 나갔어. 강대국들은 아프리카나 아시아에 조금이라도 쓸 만한 땅이 있으면 서로 자기들 땅이라고 우겼지.

프랑스는 알제리, 마다카스카르, 안남(베트남), 통킹(베트남 북부)을 식민지로 삼았어. 독일은 서남아프리카와 동아프리카 지역, 아프리카 서해안의 카메룬, 뉴기니와 태평양의 여러 섬을 차지했지. 그리고 선교사들이 살해당한 걸 빌미로 황해를 접하고 있는 중국의 칭다오(靑島)를 손에 넣었어. 이탈리아는 아비시니아(에티오피아)를 점령했지만 네구스(에티오피아의 황제)의 군대에게 패배하여 북아프리카 트리폴리의 터키령을 차지하는 것에 만족해야 했어. 러시아는 시베리아 전체를 차지한 뒤 중국의 뤼순을 빼앗았지. 일본은 1895년 청일 전쟁에서 승리하고 나서 대만을 차지했고, 1905년에는 대한 제국과 강제로 을사조약을 맺어 외교권을 박탈했지. 세계에서 가장 많은 식민지를 차지했던 영국은 1883년에 이집트를 보호국으로 삼았어. 1869년에 이집트가 수에즈 운하를 개통한 뒤 외세의 침략에 방치되어 있었다는 것이 명목이었지만, 사실상 천연 자원이 풍부한 이집트를 교묘하게 손에 넣었던 거지. 이후 30년 동안 영국은 세계 여러 지역에서 수많은 식민 전쟁을 치렀고 (3년간의 치열한 전투를 치른 후) 1902년에 트란스발과 오렌지 자유국을 식민지로 삼았단

카이로와 케이프타운을 전신으로 연결하는 세실 로즈를 풍자한 그림

다. 또 영국의 식민지 정치가 세실 로즈를 통해 희망봉에서 나일 강 하구까지 거대한 아프리카 연방국을 세웠지.

벨기에의 국왕인 레오폴 2세는 헨리 스탠리가 아프리카를 탐험한 것을 계기로 1885년에 콩고 자유 공화국을 세웠어. 원래 이 열대 제국은 '전제 군주 국가'였어. 하지만 몇 년 동안 말썽이 많았다가 결국에는 1908년 벨기에에 합병되었고 원주민들을 착취하던 황제의 독재도 끝나고 말았지.

미국은 넓은 영토를 소유하고 있어 땅에 대해 더 욕심을 내진 않았어. 하지만 스페인이 서반구 최후의 식민지인 쿠바에서 실정을 거듭하자 미국 정부는 가만히 보고 있을 수 없었지. 단기간에 쿠바, 푸에

선사 시대

고대 동방 문명

고대 그리스 문명

고대 로마 문명

중세 시대

르네상스와 종교 개혁

혁명의 시대

근대 민족 국가의 등장

현대 세계의 형성

르토리코, 필리핀에서 스페인을 몰아냈고 푸에르토리코와 필리핀을 식민지로 삼았단다.

유럽의 화약고 발칸 반도의 문제가 극에 달하다

이와 같은 식민지 팽창은 당연히 세계의 경제가 발전하는 결과를 낳았어. 영국, 프랑스, 독일의 수많은 공장에서는 더 많은 원자재를 필요로 했고 그와 함께 노동자의 인구가 증가하면서 더 많은 식량을 요구했단다. 유럽과 미국 전역에서 석탄, 철광석, 고무와 같은 자원과 밀과 같은 식량을 얻기 위해 더 많은 식민지를 개척하라는 목소리가 터져 나왔지.

오스트리아, 러시아, 투르크가 발칸 반도에서 경쟁을 벌이는 모습을 그린 풍자화

빅토리아 호수에 증기선 항로를 개설하고 중국 산둥 지역에 철도를 개통하는 일에 몰두하는 정치인들은 유럽에서 일어나는 온갖 정치적 문제들에 무관심했어. 문제가 여전히 풀리지 않았지만 해결할 생각은 하지도 않았지. 이러한 무관심과 부주의가 결국에는 후손들에게 증오와 고통이라는 유산을 남겨 주었단다. 오랫동안 유럽의 남동쪽은 반란과 유혈 사태가 끊이지 않았어. 1870년대에 세르비아, 불가리아, 몬테네그로, 루마니아 등은 다시 독립을 쟁취하고자 했고 투르크는 서유럽 강대국의 지원을 받아 이를 저지하려고 했지.

1876년에 불가리아에서 잔인한 학살

이 벌어지자 러시아는 이에 개입할 수밖에 없었어. 미국이 웨일레르 장군의 부대를 해체시키기 위해 쿠바에 침공할 수밖에 없었던 것처럼 말이야. 1877년 4월 러시아군은 다뉴브 강을 건너고 시프카 고개를 넘어 불가리아의 플레벤을 점령했어. 이어서 남쪽으로 진군해 콘스탄티노플 입구까지 이르렀어. 위기를 느낀 투르크 제국은 영국에 도움을 요청했지. 영국의 많은 국민들은 정부가 투르크 술탄의 편을 든다고 비난했지. 하지만 영국의 수상 디즈레일리는 이 일에 개입하기로 마음먹었어. 결국 러시아는 터키와 1878년에 산스테파노 조약을 맺을 수밖에 없었고 발칸 반도의 문제는 같은 해 6월~7월에 열린 베를린 회의에 모두 맡겨졌단다.

벤저민 디즈레일리

이 유명한 베를린 회의는 전적으로 디즈레일리 한 사람에 의해 좌우되었어. 심지어 독일의 비스마르크마저 이 거만하고 능글맞은 영국의 수상을 두려워했지. 베를린 회의에서 이 영국 수상은 투르크 제국의 운명을 주의 깊게 지켜보았어. 몬테네그로, 세르비아, 루마니아는 독립 왕국으로 인정받았지. 불가리아 공국은 차르 알렉산드르 2세의 조카이자 바텐베르크의 공작인 알렉산드르의 지배를 받는 반독립국이 되었어. 그런데 이들 나라 중 누구도 자국의 정치권력과 자원을 발전시킬 기회를 얻지 못했단다. 영국은 러시아의 진출을 막기 위해 투르크를 방패막이로 활용하려고 했어.

엎친 데 덮친 격으로 이 회의는 투르크에게서 보스니아와 헤르체고비나를 분리해 오스트리아가 관리하도록 허락했단다. 오스트리아는 그동안 방치되었던 두 지역을 매우 잘 관리했지. 그런데 그 지역에는 세르비아 인들이 많이 살고 있었어. 옛날에는 이곳이 스테판 두샨이

선사 시대

고대 동방 문명

고대 그리스 문명

고대 로마 문명

중세 시대

르네상스와 종교 개혁

혁명의 시대

근대 민족 국가의 통창

현대 세계의 형성

다스리던 세르비아 제국에 속해 있었거든. 스테판은 14세기 초에 투르크의 침략으로부터 서유럽을 지켜냈고 세르비아 제국의 수도인 베오그라드는 이미 오래전에 문명이 발달한 도시였어. 옛 제국에 대한 자부심이 있었던 세르비아 인들은 자신의 영토를 오스트리아 인이 통치한다고 하니 화가 머리끝까지 났지.

발칸 반도의 폭발로 제1차 세계 대전이 일어나다

1914년 6월 28일 보스니아의 수도 사라예보에서 오스트리아의 왕위 계승자인 페르디난트 대공이 암살당하는 일이 벌어졌어. 암살자는 순수한 애국심을 가진 세르비아의 청년이었지.

이 끔찍한 참사는 곧 제1차 세계 대전으로 발전했어. 물론 전쟁의 원인이 애국심에 미친 세르비아의 청년이나 그에게 희생된 오스트리아 사람에게만 있었던 건 아니야. 진정한 원인을 찾으려면 베를린 회의까지 거슬러 올라가야 해. 유럽의 열강

사라예보 사건

들은 물질문명의 건설에만 정신이 팔린 나머지 발칸 반도에 사는 변방의 민족들에게 전혀 관심을 기울이지 않았기 때문에 이런 사태까지 벌어졌던 거야.

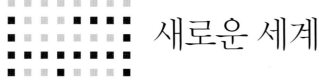

새로운 세계

선사 시대

고대 동방 문명

고대 그리스 문명

고대 로마 문명

중세 시대

르네상스와 종교 개혁

혁명의 시대

근대 민족 국가의 등장

현대 세계의 형성

세계 대전은 새로운 시대로 나아가는 디딤돌이다

콩도르세 후작은 프랑스 혁명을 이끈 사람들 중 가장 고결한 인품을 지닌 사람이었단다. 그는 평생 가난하고 불쌍한 사람들에게 헌신하며 살았어. 또 달랑베르, 디드로와 함께 『백과사전』을 만들었고 혁명 초반에는 국민 의회의 온건파를 이끌었지.

나중에 프랑스의 국왕과 왕당파가 배신하자 급진적인 혁명 세력은 정권을 장악했고 반대하는 세력을 제거했지. 이때 관용과 온정, 건전한 양식을 갖고 있던 콩도르세는 오히려 반대파로 의심을 받아 쫓기는 신세가 되었단다. 동료들은 위험을 무릅쓰고 콩도르세를 숨겨 주려 했지만 그는 동료들이 희생당하는 걸 바라지 않았어. 그는 오히려 고향이 더 안전할 거라 생각하고 파리에서 빠져나왔지. 사흘 밤낮을 헤맨 그는 옷이 찢기고 상처투성이가 된 채 여관으로 들어가 먹을 것을 구했어. 의심 많은 여관 주인은 그의 호주머니를 뒤졌는데, 고대 로마의 시인 호라티우스의 시집이 발견된 거야. 이는 그가 도망 다닐 필요 없는 교양 있는 상류층이라는 사실을 보여 주었지. 또 당시 지식

마르퀴스 드 콩도르세

인들은 대부분 혁명 정부의 적으로 간주되고 있었어. 마을 사람들은 콩도르세를 밧줄로 묶고 재갈을 물려 가둬 놓았어. 다음날 아침 군인들은 그를 파리로 끌고 갔고 결국 그는 감옥에서 세상을 떠났지.

모든 것을 헌신했지만 아무것도 돌려받지 못한 이 남자는 인류의 절망적 상황을 잘 보여 주는 예라 할 수 있단다. 그는 당시뿐 아니라 오늘날에도 감동을 주는 글을 남겼지. 너희에게도 도움이 될 것 같아 여기에 옮겨 보마.

'그 어느 것도 우리의 희망을 꺾을 수 없다. 지금 인류는 자유를 억누르는 속박을 끊고 진리와 미덕, 행복의 길로 힘차게 나아가고 있다. 이 힘찬 발걸음은 이 세상을 병들게 하는 온갖 죄악과 불의를 보며 마음 아파하는 철학자들에게 크나큰 위로가 된다.'

1차 세계 대전 당시
전투 장면

하지만 세상은 프랑스 혁명 때보다 훨씬 더 끔찍한 고통을 당해야 했단다. 충격이 말도 못하게 커서 수백만 명의 가슴 속에 남아 있던 마지막 희망의 불씨조차 모두 사라지고 말았지. 그전까지 사람들은 인류의 진보를 찬양했지만 4년 동안 대량 살육이 자행된 뒤에는 울부짖으면서 평화를 갈구했지. 사람들은 의문을 품기 시작했어. "아직도 야만인 상태에서 벗어나지 못하는 이 생명체들을 위해 굳이 힘들게

1차 세계 대전
종료 후 열린
파리 강화 회의

선사 시대

고대 동방 문명

고대 그리스 문명

고대 로마 문명

중세 시대

르네상스와 종교 개혁

혁명의 시대

근대 민족 국가의 등장

현대 세계의 형성

일할 가치가 있을까?"

대답은 오직 하나야.

"그렇다!"

1차 세계 대전은 처참한 재앙이었어. 하지만 인류의 종말을 의미한
다기보다는 새로운 시대의 시작을 알리는 것이었지.

현대가 역사의 최정상일까?

고대 그리스와 로마 또는 중세의 역사를 쓰는 건 쉬운 일이야. 옛 무대에서 활약하던 배우들은 이미 세상을 떠난 지 오래되었지. 그래서 우리는 냉철하고 객관적으로 그들을 평가할 수 있어. 그들을 추종하던 사람들도 이제 사라지고 없으니 기분이 상할까 봐 염려할 필요도 없지.

하지만 최근에 일어난 사건에 대해서는 판단을 제대로 내리기가 참 힘들어. 우리와 함께 살아가는 사람들의 마음속에 있는 문제들은 곧 우리 자신의 문제들이기도 하지. 이러한 문제들은 우리에게 큰 상처를 줄 수도 있고 우리를 기쁘게 해 줄 수도 있기 때문에 편견에 치우치지 않고 공정하게 현재의 역사를 서술한다는 건 쉽지 않은 일이야.

앞에서 아빠는 너희에게 인류의 역사를 고대, 중세, 르네상스 및 종교 개혁, 현대로 구분하는 게 위험할 수 있다고 경고했었어. 이 중 마지막 단계인 현대가 가장 위험하단다. '현대(modern)'라는 말 속에는 20세기의 인류가 최정상에 이르렀다는 의미가 포함되어 있기 때문이지. 50년 전에 노동자에게도 고용주와 동등한 참정권을 준다는 제2차 선거법 개정안이 통과되면서 글래드스턴이 이끄는 영국 자유당 당원들은 대의 민주 정치의 문제는 영원히 해결되었다고 믿었어. 디즈레일리 등 보수 세력이 위험하고 무모한 짓이라고 비난하자 자유당은 단호하게 아니라고 했지. 자유당은 자신들의 신념을 확신했고 전 사회 계층이 협력하여 국가를 성공적으로 이끌어 나갈 것이라고 생각했어. 하지만 그 이후에 많은 일들이 일어났고 아직 생존해 있는 당시 자유당 당원들은 자신들이 잘못 판단했다는 걸 이제 깨닫고 있어.

모든 세대는 시대적 과제를 안고 싸워 나가야 한다

역사에는 명확한 답이 없단다. 모든 세대는 각자 주어진 시대적 과제를 안고 싸워 나가야 해. 그렇지 않은 세대는 선사 시대에 게으른 동물들이 도태되었던 것처럼 자연스럽게 소멸되고 말지.

너희가 이 진리를 깨닫는다면 더욱 새롭고 폭넓은 세계관을 갖게 될 거야. 더 나아가 서기 1만 년에 살고 있을 후손들을 상상해 보렴. 그 후손들도 역사를 배울 거야. 그럼 우리가 기록한 지난 4,000년의 인류 역사를 그들은 어떻게 볼까? 나폴레옹을 아시리아의 티글라트 필레세르와 같은 시대의 인물로 놓고 볼 수도 있어. 어쩌면 나폴레옹이나 칭기즈 칸이나 마케도니아의 알렉산더 대왕을 보고 다 그 사람이 그 사람이라고 생각할 수도 있지. 1차 세계 대전을 지중해의 패권을 둘러싼 로마와 카르타고의 전쟁의 연장으로 볼 수도 있어. 19세기에 일어난 발칸 반도의 분쟁은 그들이 보기에 게르만 족의 대이동으로 말미암은 무질서가 그 시대까지 이어진 거라고 해석할 수도 있지. 1차 세계 대전 중에 독일군의 포격으로 파괴된 프랑스의 랭스 성당의 사진을 그로부터 250년 전에 투르크와 베네치아의 전쟁 중에 파괴된 아크로폴리스의 사진처럼 볼지도 몰라. 또 여전히 많은 사람들 안에 있는 죽음의 공포를 17세기에 마녀 사냥을 했던 사람들의 유치한 미신 정도로 여길 수도 있어. 심지어 우리 문명이 자부심을 갖는 병원 수술실이나 과학 실험실을 중세의 외과 의사나 연금술사의 작업실을 조금 개선한 정도로 생각할 수도 있단다.

아빠가 이렇게 추측하는 이유는 간단해. 우리 현대인들이 전혀 '현대적'이지 않기 때문이지. 반대로 우리는 원시 시대의 마지막 세대를 살고 있는 것일 수도 있어. 1차 세계 대전이 끝나고 이제 새로운 시대로 나아갈 기반이 다져졌어. 모든 것에 대해 의혹을 제기할 수 있는 용기를 갖고 더욱 합리적이고 건전한 사회를 만들고자 할 때, 비로소 인류는 진정으로 문명화될 기회를 얻게 되었지. 1차 세계 대전은 이

선사 시대
고대 동방 문명
고대 그리스 문명
고대 로마 문명
중세 시대
르네상스와 종교 개혁
혁명의 시대
근대 민족 국가의 등장
현대 세계의 형성

새로운 세계로 나아가기 위해 거쳐야 할 '성장의 고통'이었던 거야.

이제 오랫동안 사람들은 세계 대전을 일으킨 사람이 누구인지 가리기 위해 엄청나게 많은 책을 쓰게 될 거야. 사회주의자들은 돈을 벌려고 혈안이 된 '자본가'들을 맹비난하며 책을 내겠지. 이에 자본가들은 자신들이 가장 큰 피해자이고 전쟁에 나간 자식을 잃었다며 대꾸할 거야. 또 유럽 각 나라의 금융인들이 전쟁을 막기 위해 최선을 다했다고 주장할 거야. 프랑스의 역사가들은 샤를마뉴 시대부터 호엔촐레른 왕가의 빌헬름 황제 시절까지 독일이 저지른 만행을 낱낱이 밝힐 거야. 독일의 역사가들도 이에 뒤질세라 샤를마뉴 시대부터 푸앵카레 대통령 시절까지 프랑스가 행한 공포 정치의 내용을 사사건건 늘어놓겠지. 이처럼 두 나라는 전쟁의 책임을 서로에게 떠넘기면서 자기 만족을 얻으려 할 거야. 유럽 각국의 정치인들은 자신이 전쟁을 막으려 했지만 상대가 워낙 사악한 적이므로 어쩔 수 없이 전쟁에 휘말릴 수밖에 없었다고 토로하겠지.

인간의 정신은 과학 문명보다 느리게 성장한다

하지만 100년 후의 역사가들은 굳이 이런 변명을 하느라 애쓰진 않을 거야. 역사의 이면에 숨겨진 진실을 밝혀 개인의 야망이나 탐욕이 전쟁의 궁극적인 원인이 아니었다는 사실을 찾아낼 거라고 본다. 이 재앙은 과학자들이 인간에 대한 성찰 없이 강철, 화학, 전기로 이루어진 새로운 세상을 창조할 때부터 시작되었지. 과학자들은 인간의 정신이 과학의 발전에 비해 매우 느리게 성숙한다는 사실을 까맣게 잊고 있었던 거야.

늑대는 양의 탈을 써도 여전히 늑대인 거야. 개에게 자전거를 타고 파이프 담배를 피도록 훈련시켜도 개는 여전히 개일 뿐이야. 16세기의 장사꾼 마인드를 가진 사람이 최신형 롤스로이스를 탄다 해도 그는 여전히 16세기의 장사꾼에 지나지 않아.

이게 무슨 말인지 이해가 안 된다면 다시 한 번 읽어 보거라. 그럼 곧 이해하게 될 거야. 그리고 지난 6년간 일어난 세계 대전이 의미하는 바를 깨닫게 될 거야.

아빠의 말을 쉽게 이해할 수 있도록 좀 더 쉬운 예를 들어볼까? 영화관에 가서 영화를 보다 보면 가끔씩 배우들이 농담을 하거나 재미 있는 말을 할 때가 있지. 그때 관객의 반응을 살펴보렴. 어떤 사람들은 1초도 안 돼 그 말이 무슨 뜻인지 확실히 알지. 그렇지만 이해가 느린 사람들은 20~30초 정도 지난 다음에야 말뜻을 이해한단다. 다른 사람의 도움 없이는 의미를 파악하지 못하는 관객은 남들처럼 영화의 흐름을 따라가지 못하고 어리둥절한 상태로 머물러 있지. 인간의 삶도 이와 마찬가지란다.

앞에서 아빠는 마지막 로마 황제가 죽은 뒤에도 로마 제국의 이상이 어떻게 1,000년 동안 지속되었는지 이야기한 적이 있어. 로마의 이상 때문에 로마 황제를 모방하고자 하는 군주들이 엄청 많이 등장했어. 로마의 주교들은 로마의 이상을 대표하는 최고의 인물들이었기 때문에 모든 교회의 수장이 될 수 있는 기회를 얻었지. 죄 없는 야만인 족장들이 범죄와 전쟁 속에 끌려 들어갔는데 그것도 '로마' 라는 마법의 단어 때문이었어. 로마의 교황과 황제, 전사들은 지금 우리와 크게 다르지 않은 사람들이었어. 하지만 그 시대는 로마의 전통이 생생히 살아 있던 때였어. 그래서 오늘날에는 찾아보기 힘든 대의를 위해 목숨까지 바치며 살았던 거야.

또 다른 장에서는 어떻게 종교 개혁이 시작되고 어떻게 종교 전쟁이 100년 이상 전개되었는지 이야기했단다. 30년 전쟁과 발명의 시대를 시기적으로 비교해 보면 이 끔찍한 전쟁이 유럽 각국의 과학자들이 증기 기관을 만들었을 때까지도 지속되었다는 걸 알게 될 거야. 당시 세상은 이 신기한 발명품에는 별로 관심을 갖지 않았고, 지금 보면 하품 날 정도로 지루한 이론 논쟁만 거창하게 계속하고 있었지.

선사 시대

고대 동방 문명

고대 그리스 문명

고대 로마 문명

중세 시대

르네상스와 종교 개혁

혁명의 시대

근대 민족 국가의 등장

현대 세계의 형성

지금으로부터 1,000년 뒤의 역사가는 19세기의 역사를 보면서 같은 방식으로 서술할 거야. 그러니까 19세기에 끔찍한 민족 전쟁의 소용돌이 속에서 실험실은 정치에 관심 없이 자연을 정복하고자 하는 사람들로 꽉 차 있었다고 말이야.

너희는 아빠가 무슨 이야기를 하려고 하는지 차츰 이해하게 될 거야. 기술자와 과학자, 화학자들은 유럽, 아메리카, 아시아 대륙에 기계와 전신, 비행기와 콜타르 제품들을 빠르게 보급했어. 그들은 시간과 공간의 제약이 점차 사라지는 새로운 세상을 만들어 냈고 새로운 제품들을 싼값에 판매해 누구나 쉽게 손에 넣을 수 있게 했지. 앞에서 했던 이야기지만 여기서 다시 한 번 반복할 생각이란다.

세상의 지배자로 떠오른 자본가들은 계속 늘어나는 공장을 유지하기 위해 천연 자원과 석탄이 필요했지. 특히 석탄이 중요한 자원이었어. 한편 여전히 16~17세기 식으로 살던 국민들은 국가를 왕조나 정치 조직으로만 보는 낡은 사고방식에 매여 있었지. 이런 중세적 사고를 가진 사람들이 갑자기 기계화되고 산업화된 세계에서 발생하는 현대적인 문제들을 다루어야 했단다. 사람들은 오래전부터 써먹던 방식으로 문제를 해결하려고 했지. 강대국들은 머나먼 이방인의 땅을 식민지로 삼기 위해 대규모로 육군과 해군을 양성했어. 어디든 쓸 만한 땅이라도 나오면 모두 영국, 프랑스, 독일, 러시아 등의 식민지가 되었고, 만일 원주민이 반항이라도 하면 바로 총으로 쏴 죽였지. 그래서 원주민들은 감히 저항할 생각을 못했고 지배자들도 광산, 유전, 금광, 고무 농장에 간섭하지만 않으면 평화롭게 살도록 내버려 두었어. 이런 식으로 제국은 식민지에서 많은 이익을 얻었단다.

가끔은 두 나라가 같은 시기에 같은 장소에서 천연자원을 서로 차지하려고 맞붙는 경우가 생겼어. 이때는 전쟁이 벌어졌지. 러시아와 일본은 중국의 일부 지역을 차지하기 위해 전쟁을 일으켰어. 하지만 전쟁으로까지 발전하는 경우는 극히 드물었지. 아무래도 싸우는 걸 좋아하는 사람은 없었으니까. 사실 20세기 초에는 육군이나 전투함, 잠수함을 가지고 싸운다는 게 참 어처구니없는 일이라는 걸 깨닫기 시작했어. 그들은 폭력에 대해 과거의 절대 군주와 연관해 부정적으로 생각했지. 매일 신문을 통해 영국, 미국, 독일의 과학자들이 발명을 통해 과학 발전에 이바지한다는 소식을 접했단다. 이들은 무역이 활발히 이루어지고 공장이 쉴 새 없이 돌아가는 세계에서 살았지. 이 와중에 소수의 사람들이 국가(어떤 공통의 이상을 인식하고 있는 거대한 공동체)의 발전은 여전히 수백 년 뒤처져 있다는 사실을 경고했어. 하지만 다들 자기 일에 미쳐 있어 아무도 들으려 하지 않았단다.

새로운 시대에는 새로운 지도자가 필요하다

아빠가 지금까지 비유를 많이 사용했는데 양해를 구하고 한 번 더 사용해야겠구나. 고대 이집트, 그리스, 로마, 베네치아 그리고 17세기의 무역상들이 만든 '국가'는 잘 건조시킨 목재로 만든 튼튼한 배였어. 이 배는 선원과 배의 상태를 잘 알고 예로부터 전해오는 항해술의 한계를 잘 이해하는 선장이 지휘했지.

그러다가 강철과 기계의 시대가 찾아왔어. 이에 따라 '국가'라는 배도 규모를 늘리고 돛을 증기 기관으로 바꿨어. 선실도 좋아졌지만 선원들은 여전히 배 아래에 있는 기관실로 내려가야 했지. 작업도 안전하고 보수도 많아졌지만 돛을 올릴 때나 지금이나 힘든 건 마찬가지였어. 마침내 나무로 만든 범선은 점차 현대적인 원양 정기선으로 탈바꿈했어. 그러나 선장과 선원들은 별로 바뀐 게 없었지. 100년 전과 동일한 방식으로 임명되거나 선출되었어. 그리고 15세기의 선원들이 배운 항해술을 똑같이 배우고 있었어. 선실에는 루이 14세와 프리드리히 대제 시절에 사용한 낡은 지도와 신호기가 걸려 있었지. 한마디로 말하자면, (비록 이들의 잘못은 아니었지만) 선원들은 새로운 배를 운항할 자격이 없었어.

선사 시대

고대 동방 문명

고대 그리스 문명

고대 로마 문명

중세 시대

르네상스와 종교 개혁

혁명의 시대

근대 민족 국가의 등장

현대 세계의 형성

국제 정치라는 바다는 그렇게 넓지는 않았어. 제국의 배들이 서로 추월하려다가 충돌 사고가 자주 일어났단다.

아빠가 말하고자 하는 교훈은 간단해. 세계는 새로운 지도자를 간절히 원하고 있다는 거야. 바로 자기만의 비전과 용기를 갖고 지금은 항해의 시작 단계라는 걸 분명히 인식하면서 새로운 항해술을 제대로 터득한 사람을 말하는 거지.

이런 지도자들은 여러 해 동안 오로지 견습생으로서 훈련을 해야 할 거야. 그리고 정상에 오르는 데 방해되는 것들과 부딪혀 싸워야 하지. 그 과정에서 질투심 많은 선원들이 폭동을 일으켜 목숨을 잃을지도 몰라. 하지만 언젠가, 누군가는 배를 항구까지 안전하게 몰고 갈 거야. 바로 그 사람이 시대의 영웅이 되는 거지.

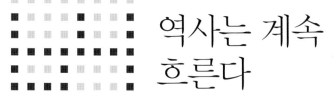

역사는 계속 흐른다

선사 시대

고대 동방 문명

고대 그리스 문명

고대 로마 문명

중세 시대

르네상스와 종교 개혁

혁명의 시대

근대 민족 국가의 등장

현대 세계의 형성

'삶의 문제를 생각하면 할수록, 고대 이집트 인들이 죽은 자를 이시스와 네프 티라는 신에게 맡겼던 것처럼 우리도 '풍자'와 '연민'이라는 신에게 우리의 삶을 맡겨야 한다는 생각이 든다.

풍자와 연민은 좋은 충고자이다. 풍자는 웃음으로 인생을 즐겁게 만들어 주고, 연민은 눈물로 인생을 정화시켜 준다.

내가 말하는 풍자라는 신은 절대 잔인한 신이 아니다. 사랑과 아름다움을 무시하지 않는다. 오히려 온화하고 친절하다. 풍자의 웃음소리는 우리의 무장을 해제시킨다. 그리고 연약한 우리가 감히 상대할 수 없는 악하고 어리석은 사람들은 비웃고 조롱하라고 가르친다.'

위대한 프랑스 인의 지혜로운 말로 너희와 작별 인사를 대신한다.

뉴욕 배로 8번가, 1921년 6월 26일 토요일

친절한 세계사 연표

B.C. 3500년경   메소포타미아 문명이 시작되다.
B.C. 3000년경   이집트 문명이 시작되다.
B.C. 2500년경   인더스 문명, 중국 문명이 시작되다.
B.C. 2000년경   미케네 문명이 등장하다.
B.C. 1800년경   함무라비 왕이 메소포타미아를 통일하다.
B.C. 753년   로마가 건국되다.
B.C. 600년경   붓다가 탄생하다.
B.C. 551년경   공자가 탄생하다.
B.C. 525년   페르시아가 오리엔트를 통일하다.
B.C. 492년   페르시아 전쟁이 발발하다.
B.C. 431년   펠로폰네소스 전쟁이 발발하다.
B.C. 334년   알렉산더 대왕이 동방 원정을 떠나다.
B.C. 264년   포에니 전쟁이 발발하다.
B.C. 221년   진(秦)이 중국을 통일하다.
B.C. 202년   중국에 한이 건국되다.
B.C. 27년   로마에서 아우구스투스가 제정을 시작하다.
B.C. 4년   예수가 탄생하다.

313년   로마가 기독교를 공인하다.
375년   게르만 족이 대이동을 시작하다.
395년   로마 제국이 동서로 분열되다.
476년   서로마 제국이 멸망하다.
486년   프랑크 왕국이 건국되다.
529년   유스티니아누스 법전이 편찬되다.
537년   콘스탄티노플에 성 소피아 대성당이 건립되다.
589년   수가 중국을 통일하다
610년   마호메트가 최초로 알라의 계시를 받다.
618년   중국에 당이 건국되다.
622년   마호메트가 헤지라를 단행하다.
645년   일본에서 다이카 개신이 일어나다.
771년   샤를마뉴가 프랑크 왕국을 통일하다.
829년   잉글랜드 왕국이 성립되다.
843년   베르딩 조약이 체결되다.
870년   메르센 조약이 체결되다.

960년	중국에 송이 건국되다.
962년	오토 1세가 신성 로마 제국의 황제가 되다.
987년	프랑스에서 카페 왕조가 시작되다.
1054년	기독교가 동서로 분열되다.
1066년	노르망디 공작 윌리엄이 잉글랜드를 정복하다.
1077년	신성 로마 제국 황제가 로마 교황에게 카노사의 굴욕을 당하다.
1095년	클레르몽 공의회가 소집되다.
1096년	십자군 원정이 시작되다.
1130년	시칠리아 왕국이 건설되다.
1192년	일본에 가마쿠라 막부가 세워지다.
1206년	칭기즈 칸이 몽골을 통일하다.
1215년	영국에서 대헌장이 제정되다.
1265년	영국 의회가 시작되다.
1271년	중국에 원 제국이 세워지다.
1302년	프랑스에서 삼부회가 성립하다.
1309년	교황이 아비뇽에 유폐되다.
1321년	단테가 『신곡』을 완성하다.
1337년	백년 전쟁이 발발하다.
1338년	일본에 무로마치 막부가 성립하다.
1368년	중국에 명이 건국되다.
1414년	콘스탄츠 공의회가 소집되다.
1429년	잔 다르크가 영국군을 격파하다.
1450년	구텐베르크가 활판 인쇄술을 발명하다.
1453년	동로마 제국이 멸망하다.
1455년	장미 전쟁이 발발하다.
1492년	콜럼버스가 아메리카 항로를 개척하다.
1498년	바스쿠 다 가마가 인도 항로를 개척하다.
1517년	루터의 종교 개혁이 일어나다.
1519년	마젤란이 세계 일주를 하다.
1536년	칼뱅의 종교 개혁이 일어나다.
1588년	영국이 스페인의 무적함대를 격파하다.
1598년	낭트 칙령이 발표되다.
1600년	영국이 동인도 회사를 설립하다.
1603년	일본에 에도 막부가 성립하다.

친절한 세계사 연표

1618년	독일에서 30년 전쟁이 발발하다.
1628년	영국에서 '권리 청원'이 제출되다.
1642년	영국에서 청교도 혁명이 일어나다.
1644년	청이 중국을 통일하다.
1648년	베스트팔렌 조약이 체결되다.
1666년	뉴턴이 만유인력의 법칙을 발견하다.
1688년	영국에서 명예혁명이 일어나다.
1689년	영국에서 '권리 장전'이 발표되다.
1710년	프랑스의 베르사유 궁전이 완성되다.
1740년	오스트리아에서 왕위 계승 전쟁이 발발하다.
1762년	루소가 『사회계약론』을 발표하다.
1765년	와트가 증기 기관을 완성하다.
1776년	미국이 독립을 선언하다.
1785년	카트라이트가 방직기를 발명하다.
1789년	프랑스 혁명이 일어나고 '인권 선언'이 발표되다.
1804년	나폴레옹이 황제에 즉위하다.
1814년	빈 회의가 소집되다.
1830년	프랑스에서 7월 혁명이 일어나다.
1832년	영국에서 선거법 개정이 이루어지다.
1838년	차티스트 운동이 일어나다.
1840년	아편 전쟁이 발발하다.
1848년	프랑스에서 2월 혁명이 일어나다.
1851년	청에서 태평천국 운동이 일어나다.
1858년	인도의 무굴 제국이 멸망하다.
1859년	다윈이 『종의 기원』을 출간하다.
1861년	미국에서 남북 전쟁이 발발하다.
1863년	미국에서 링컨이 노예 해방을 선언하다.
1868년	일본에서 메이지 유신이 일어나다.
1869년	수에즈 운하가 개통되다.
1871년	독일 제국이 통일되다.
1878년	베를린 회의가 소집되다.
1884년	청·프 전쟁이 발발하다.
1894년	청·일 전쟁이 발발하다.
1898년	파쇼다 사건이 일어나다.

1902년	영 · 일 동맹이 이루어지다.
1904년	러 · 일 전쟁이 발발하다.
1911년	신해혁명이 일어나다.
1912년	중화민국이 성립하다.
1914년	제1차 세계 대전이 발발하다.
1917년	러시아에서 10월 혁명이 일어나다.
1919년	베르사유 조약이 체결되다.
1920년	국제 연맹이 성립하다.
1922년	소련이 수립되다.
1929년	대공황이 발생하다.
1933년	독일에서 나치당이 정권을 잡다.
1936년	에스파냐에서 내전이 일어나다.
1939년	제2차 세계 대전이 발발하다.
1941년	태평양 전쟁이 발발하다.
1945년	국제 연합이 성립하다.
1946년	파리 강화 회의가 개최되다.
1965년	베트남 전쟁이 발발하다.
1967년	중국에서 문화 대혁명이 일어나다.
1972년	닉슨이 중국을 방문하다.
1989년	베를린 장벽이 붕괴되다.
1990년	독일이 통일되다.
1991년	소련이 해체되다.
1995년	세계 무역 기구가 출범하다.
2001년	미국에서 9 · 11 테러가 일어나다.